예수님 인격 재현

성령님을 바라보자

박 화 준 · 조 순 이 지음

치유와 영성

이 책을 마음의 정성을 담아

_____ 에게

드립니다.

예수님 인격 재현 기도

박화준

1월에는 내 마음이 청결하게 하소서
주님의 보혈로 온 마음을 말끔히 씻어 하얀 눈처럼 깨끗하게 하소서

2월에는 내 마음이 진실하게 하소서
오직 주님을 우러르므로 모든 크고 작은 일에 늘 진실하게 하소서

3월에는 내 마음에 믿음이 넘치게 하소서
불신으로 언 가슴을 주님의 마음으로 녹이는 믿음직한 사람이게 하소서

4월에는 내 마음에 사랑이 움트게 하소서
주님의 피사랑을 한 가슴에 받아 함께 하는 모든 이를 사랑하게 하소서

5월에는 내 마음에 희락이 번지게 하소서
주님이 거하시는 마음밭에 천국제 기쁨이 햇살같이 퍼져나가게 하소서

6월에는 내 마음이 화평하게 하소서
모든 갈등을 주님으로 마감하고 주님의 평화를 꽃피우게 하소서

4 예수님 인격 재현

7월에는 내 마음이 인내하게 하소서
환경의 모든 어려움을 주님의 인내로 극복하고 꿋꿋이 나아가게 하소서

8월에는 내 마음이 자비하게 하소서
너와 나의 허물을 주님의 자비로 품고 넉넉한 마음을 나누게 하소서

9월에는 내 마음이 양선하게 하소서
악은 모양이라도 버리고 드높은 가을 하늘처럼 맑고 선명하게 하소서

10월에는 내 마음이 온유하게 하소서
잘 익어 고개 숙인 주님을 고스란히 머금은 신령한 마음이게 하소서

11월에는 내 마음이 충성하게 하소서
거룩한 숨님을 호흡하며 주님만 앙망하는 "내가 아니오, 오직 그리스도 (Not I, But only Christ)"이게 하소서

12월에는 내 마음이 절제하게 하소서
마침내 주님께 잠겨 주님과 "완전한 일치(Perfect Unity)"를 이루게 하소서 아멘!!

머리말

　제가 목회 사역을 한지 30년이 되었습니다.

　그런데 가장 안타까운 일은 그렇게 수많은 설교를 하고 들었지만 도무지 다른 사람은 그만두고 저 자신조차도 변하지 않는다는 것이었습니다. 이 문제를 해결하기 위해 기도하고 전도하고 성경을 읽는 일에 전념하기도 하였습니다. 그러다가 너무나 쉬운 한 길을 찾았습니다. 이제 그 길을 모든 성도들과 함께 나누고자 이 글을 씁니다.

　이 글은 잔느 귀용, 브라더 로렌스, 앤드류 머레이, 썬다 싱, 까르데날, 마이클 웰즈, 김종주, 진실교회와 양촌치유센터, 그리고 사랑하는 아내와 자녀들, 무엇보다 늘 맘에 계신 성령님의 사랑의 결실입니다.

　이 글은 당신을 찾아, 하나님의 자녀다운 자녀로 다듬으시는 아버지의 따사로운 목소리입니다.

2013년 성령강림절에

예수인격재현원에서　박 화 준

추천의 글

나는 청년 박화준의 험난한 신앙여정을 30년 넘게 가까이에서 지켜 봤습니다. 드디어 그 불가마를 통과한 영롱한 보화를 한 권의 책으로 꿰었습니다.

그는 신앙생활의 목적을 '예수님 인격 재현'에 두고, 그 길을 아주 명쾌하게 제시했습니다. 실제로 박화준 목사와 함께 분초마다 오직 성령님을 바라보며 살고 있는 사람들은 그 인격이 예수님의 인격으로 하루가 다르게 변하는 것을 직접 보고 큰 감동을 받았습니다.

이 책을 성령님으로 읽고 성령님으로 숨 쉬는 사람들은 성령님과 실 제적인 교제를 이루어 언제 어디서나 예수님의 인격을 재현하는 아름 다운 삶을 살게 되리라 믿어 의심치 않으며 기쁨으로 이 책을 추천합 니다.

2013년 성령강림절에

김동환

목사 김동환 (대전중흥교회)

추천의 글

한국교회 성도들의 가장 큰 고민의 주제는 무엇일까?

신행불일치(信行不一致) : 배우고 믿는 대로 살지 못하는 것일 것이다.

『예수 인격 재현』! 이 책은 그 고민을 풀어주는 귀중한 책이다.

『예수 인격 재현』 초판을 오래 전에 저자로부터 선물 받아 여러 번 반복 독서한 것이 어제께 같은데 이번에 수정 중보판을 대하게 되어 감회가 새롭다.

이 책의 내용은 본인이 섬기고 있는 크리스찬치유영성연구원에서 저자가 영성과목을 가르치면서 삶에 적용한 것이 고스란히 농축되어 녹아있는 땀 냄새가 나는 내용들이다.

『예수 인격 재현』을 강력히 추천하는 3가지 이유는

첫째, 이 책은 영성에 관한 이론을 어렵게 설명한 것이 아니다. 저자가 몸으로 쓴 책이다. 독자들이 알겠지만 예수님 닮으려고 30년 이상을 몸부림치며 온갖 영적 체험을 하며 쓴 책이다. 지혜로운 독자라면 저자의 책을 활용하여 저자와 같이 시행착오를 되풀이 안 해도 되는 책이다.

소크라테스는 "남의 책을 많이 읽어라 남이 고생하여 얻은 지식을 아주 쉽게 내 것으로 만들 수 있고 그것으로 자기발전을 이룰 수 있다."고 했다.

저자는 성도의 삶은 신앙생활(信仰生活)이 아니고 생활신앙(生活信

仰)을 강조했고, 영성생활(靈性生活)이 아니고 생활영성(生活靈性)을 강조했으며 본인 부부가 그렇게 사는 모습을 보여왔다.

두 번째 추천 이유는 저자는 독서광(讀書狂)이다. 독서에 미친 사람이다. 책에 미친 사람을 간서치(看書痴)라고 한다. 책을 손에서 놓지 않는 책광(册狂)이요, 책벌레이다.

케노시스 영성 제1권 『하비루의 길』과 제2권이 출판되기 전 인터넷에 올린 글을 밤새워 1박 3일 만에 읽은 전력이 있는 분으로 책 읽는 재미로 사는 사람이다.

책을 많이 읽는 사람을 따라잡을 재간이 없다. 짧은 시일 안에 1,000권의 책을 읽으면 뇌에서 빅뱅이 일어난다고 한다. 두뇌혁명이 일어나므로 사고 수준이 비약적으로 도약된다고 한다. 아마 저자는 그것을 체험한 것 같다.

셋째로 저자부부는 부부가 하나 되어 모든 일을 같이 한다. 부부는 오래 살면 모든 면에서 닮는다고 하는데 저자부부는 오누이같이 닮았다. 의식수준, 영성의 깊이도 독서하는 모습까지도 닮아가는 모습을 지켜보고 있다. 또한 가정사역 과정을 다 마치고 교회에서, 치영원에서 부부가 하나 되어 우리가정을 작은 천국으로 만드는데 앞장서고 있다.

아무튼 모든 성도들에게 이 책의 일독을 강권하며 읽는 모든 독자들의 예수인격재현이 삶의 현장에서 일어나기를 간절히 소망한다.

2013년 8월에

크리스찬치유영성연구원   원장 김종주
양 촌 치 유 센 터

Contents

차 례

＊ 예수, 그리스도, 성령, 여호와 뒤에 모두 "님"자를 붙였습니다.

＊ 성경은 [개역개정]과 [NIV]를 주로 사용하였습니다.

제 1장
예수님 영접하기

영접하는 자 곧 그 이름을 믿는 자들에게는
하나님의 자녀가 되는 권세를 주셨으니
이는 혈통으로나 육정으로나
사람의 뜻으로 나지 아니하고
오직 하나님께로서 난 자들이니라
– 요한복음 1장 12~13절 –

제1장
예수님 영접하기

하나님께서 천지만물을 만드시고 맨 마지막에 하나님의 형상을 닮은 사람을 만드셨습니다. 여러분은 누구를 닮았습니까? 영락없이 하나님을 닮았지요. 우리 모두는 하나님을 닮도록 지음 받았습니다.

군대에서 있었던 일입니다.

한 장군이 밤늦게 간부숙소를 돌아보다가 불이 켜있는 집 문을 두드리니, 어린아이 하나가 "아빠다!"하며 달려 나왔습니다. 장군은 아이의 머리를 쓰다듬으며 아이 엄마에게 아빠가 누군지 묻고 격려한 후, 곧바로 부대 상황실로 갔습니다. 그 아이 아빠를 만나 지휘봉으로 배를 쿡 찌르며 물었습니다.

"오늘 우연히 자네 집에 가서 자네 아이를 보았는데 꼭 자넬 닮았더군, 자넨 누굴 닮았나?"

그 때 그 간부의 입에서 놀라운 대답이 나왔습니다.

"옛, 하나님 아버지를 닮았습니다."

다시 한 번 묻겠습니다. 여러분은 누구를 닮았습니까?

하나님께서 사람을 만드시면서, 겉 사람은 흙(the dust of ground)

으로 빚으시고, 그 사람 속에 하나님의 생기(the Breath of life)를 불어넣어 생령(the Living Soul)이 되게 하셨습니다(창 2:7). 하나님의 형상(Our image)을 따라 모양(Our likeness)대로 사람을 만드셨습니다(창 1:26).[1] 사람은 마음속에 하나님의 영(the Spirit of God)을 모시고 너무나 행복한 삶을 살았습니다. 이때의 사람은 하나님 아버지와 확실한 신분 관계를 유지하고, 날마다 사랑으로 교제하였습니다.

첫 사람 아담하와부부는 하나님 아버지와 함께 동산을 거닐다가 물었습니다.

> "아버지, 여기 이 꽃은 무엇이라고 하죠?"
> "어디 네가 한번 이름을 지어보렴."
> "장미꽃이라고 하면 어떨까요?"
> "참 잘 지었어. 그래 장미꽃이라고 하자!"

> "아버지, 저기 저 새 이름은 무엇이죠?"
> "어디 이번에도 네가 지어보렴."
> "종달새는 어때요?"
> "오호, 그것도 참 좋은 데……"

> "아버지, 저기 저 뿔 달린 동물은요?"
> "어디 이번에는 하와가 한번 지어볼래."
> "음, 사슴이라고 하면 어떨까요."
> "사슴이라, 그래, 사슴. 정말 잘 지었어. 참 귀엽지……."

> " …………"

그래서 그 동산은 "에덴" 즉, 기쁨이요 행복이요 평화입니다.

---

1) "창조주의 영 앞에서의 사람은 항상 껍데기뿐이다. 그것은 알맹이가 창조주의 영으로 채워져야 하기 때문이다. 알맹이가 창조주의 영으로 채워져야 하는 존재를 가리켜 '사람 (Personsein; 인격적 존재)'라고 한다." 한수환, 「영적 존재로의 인간학」,(서울: 도서출판 이레서원, 2004), p. 102.

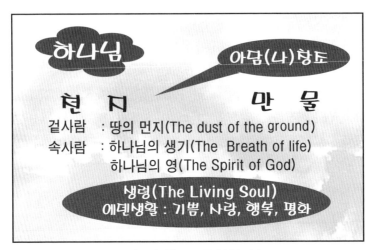

그림 1/ 창조, 무엇인가?

그러던 어느 날 이를 시샘한 사탄이 사람을 교묘히 유혹했습니다.

"너도 하나님처럼 될 수 있어…… 선악과를 따먹어 봐……."

이 유혹에 속아 넘어간 사람이 하나님의 말씀을 불순종하였으니, 이 것이 죄(hamartia)입니다.[2] 이처럼 죄로 말미암아 더러워진 인간의 마음속에 더 이상 살 수 없어서 하나님의 영이 나가셨으니, 알맹이인 형상(Imago Dei)은 나가시고 없고 껍데기뿐인 인간만 남았지요

이것이 '영적 죽음'입니다.

영적 죽음은 하나님 아버지와 사람과의 '신분(身分)관계'의 변질과 '교제(交際)관계'의 단절을 가져 왔을 뿐 아니라,

영원한 파멸에까지 이르게 되었습니다.[그림②]

---

2) "죄란 헬라어로 '하마르티아(hamartia)'라고 합니다. '표적에서 빗나갔다, 과녁을 벗어났다' 라 는 뜻입니다. 마땅히 가야 할 방향으로 가지 않은 것입니다. 한 걸음 더 나아가서 '파라바시 스(parabasis)'라는 단어도 있는데, 이 말은 '침입한다, 침해한다, 일정한 한계를 넘어간다.' 는 뜻입니다. 마땅히 하지 말아야 하는데 하고, 넘지 말아야 하는데 넘는 것입니다." 이윤재 「내가 죽어야 예수가 산다」,(서울: 규장, 2011), p. 46.

그림 2/ 영적 죽음, 무엇인가?

　이런 문제에 대한 응급조치로 하나님께서 친히 짐승을 잡아 피 묻은 "가죽옷"을 만들어 입히셨습니다.

　그리고 짐승의 피를 바치는 "제사/예배"를 제정하셨습니다.

　구약성경은 이런 죄와 속죄에 대한 이야기로 가득합니다.

　하나님의 의(Righteousness)의 수준에서 죄가 무엇인지를 보여주는 거울이 [율법(Law)]이요, 이 거울에 비추어 죄를 발견하고, 죄를 씻기 위해 짐승을 죽여 피와 살을 드려서 속죄함을 받는 곳이 [성전(Tabernacle)]입니다.

　그래서 죄를 지으면 피를 바치고, 또 죄를 지으면 또 피를 바치는 일을 죄를 지을 때마다 몇 번씩 되풀이해야 했습니다. 혹, 죄를 짓고도 무감각하게 있는 인간들, 특히 지도자들을 향하여 "죄를 회개하라"고 촉구한 것이 [예언서(豫言書)]이고요.

　성전에 가서 피를 바치고 죄를 사함 받고 하나님과의 교제가 회복된 감격을 노래하고 있는 것이 [성문서(聖文書)]입니다.

그런데 하나님은 사람과의 관계를 그 정도로 만족하지 아니하시고, 에덴에서의 관계 이상으로 온전히 복원(復元)하기 원하셔서 "인류구원계획"을 세우셨습니다.

마침내 때가 되어, "하나님의 독생자 예수님"께서 하나님의 심정을 고스란히 품고, 이 땅에 오셔서 사람과 함께 사시다가 사람의 죄를 대신(substitution) 지고, 십자가에 못 박혀 피와 생명을 쏟으시고, 장사된 지 3일 만에 무덤에서 다시 살아 나사, 하늘에 오르시어 하나님의 보좌 우편에 앉으시고, 성령님을 보내어 주셨습니다.

예수님의 생애는 예수님께서 십자가에 달려 하신 말씀, 곧 "다 이루었다"는 말씀으로 요약할 수 있습니다. 무엇을 다 이루었다는 것입니까? 구약의 율법과 예언, 그리고 성전과 찬양을 다 이루었다는 것입니다. 이 예수님을 구주(the Savior)로 믿는 사람은 누구든지 모든 죄를 사함 받고 하나님의 자녀로 거듭납니다. 이렇게 거듭난 사람의 마음속에는 '하나님의 생명'이 "성령님"으로 임하십니다.

그러니까, 성부 하나님은 구원의 진원지(震源地)요,
성자 예수님은 구원의 저수지(貯水池)요,
성령님 하나님은 구원의 강줄기입니다.

구원의 진원지로부터 흐르던 구원의 생명수가 예수님의 심장에 가득 차 있다가 마침내 십자가에서 그 구원의 저수지가 터져서, 예수님을 구주로 믿고 영접한 사람의 마음속에 구원의 강줄기로 흐르게 되었습니다. 에덴에서 죄로 말미암아 더러워진 인간의 마음속에 더 이상 살 수 없어 나가셔서, 줄곧 하나님의 품속, 예수님의 마음속에 계시던 성령님께서 예수님을 구주로 믿는 사람의 마음속에 다시 살러 오셨으니, 이것이 "구원의 성취"입니다.

당신은 예수님을 구주로 영접하였습니까?
그렇다면 당신은 구원을 받았습니다.
혹, 아직 예수님을 구주로 영접하지 못한 사람이 이 글을 읽고 있다면 무엇보다 먼저 예수님을 구주로 영접하시기 바랍니다. 지금 이 시간 아래에 있는 기도문을 진실한 마음으로 읽으면서 예수님을 영접합시다.

> 하나님, 저는 죄인입니다. 죄인은 죄 때문에 저주가운데 살다가 죽어서 심판 받고 지옥 갈 수밖에 없지만, 하나님의 아들, 예수님께서 저의 죄를 대신하여 십자가에서 피 흘려 죽으심으로 저의 모든 죄를 씻으시고 용서하신 것을 믿습니다.
> 이 시간 마음의 문을 열고 예수님을 나의 구주로 영접합니다. 제 마음속에 오셔서 지금부터 천국 갈 때까지 저의 삶의 주인이 되어 주시옵소서. 저를 구원하여주시니 감사합니다.
> 주 예수 그리스도님의 이름으로 기도합니다. 아멘!

그림 3/ 하나님의 구원계획, 무엇인가?

이렇게 예수님을 영접하면 구체적으로 어떤 결과를 가져옵니까?

요한복음 1장 12절에는 "영접하는 자 곧 그 이름을 믿는 자는 하나님의 자녀가 되는 권세를 주셨으니……"라고 하였습니다. 그렇습니다. 무엇보다 먼저 "하나님의 자녀의 권세"를 얻습니다.

하나님의 자녀의 권세는 세상을 이기는 권세 즉,
세상의 환경을 이기고,
더럽고 악한 어두움의 세력을 제어하고,
여기 이 땅에서 천국을 누리는 권세요,
사랑의 아들의 나라에 넉넉히 들어가는 권세입니다.

이보다 복된 소식이 또 어디에 있겠습니까?

이야말로 온 인류에게 미칠 크고 기쁘고 좋은 소식입니다.

그런데 어찌하여 세상 사람들은 이 기쁜 소식을 외면할까요?

이는 세상이 악하여 어둠을 좋아하기 때문이기도 하지만, 그보다 먼저 믿는 사람들이 올바른 모본(The exemplar)을 보여주지 못했기 때문입니다. 먼저 믿는 사람들이 각자의 삶의 자리에서 죄악의 유혹을 이기고, 어두운 환경을 극복하고, 자유롭고 행복한 그리스도인의 모습을, 아름다운 천국을 누리는 모습을 보여 주지 못한 것이 사실이지 않습니까? 여러분이 몸담고 있는 교회를 비롯한 주위의 교회를 두루 살펴보십시오. 그 교회는 과연 무엇을 보여주려고 거기에 있나요? 더 큰 교회당, 더 많은 성도, 더 좋은 설교, 더 좋은 프로그램…… 등을 보여 주기 위해 있지는 않은지요? 그런 것을 보여주는 것도 나쁘진 않을 것입니다.

그러나 정말로 보여 주어야 할 것이 무엇일까요?

그것은 '예수님의 인격을 닮은 사람'입니다.

성도가 이 땅에 존재하는 참된 이유가 있다면, 그것은 각자 선 자리에서 예수님의 인격을 보여주는 것이 아닐까요?

예배도 드려야 하고, 교육도 해야 하고,

교회당도 지어야 하고, 신학연구도 해야 하고,

사회정의도 부르짖어야 하고, 전도도 반드시 해야 마땅합니다.

그러나 그 모든 것의 근본 목적은 하나입니다.

그것은 오직 "그리스도님의 장성한 분량"에 이른 "하나님의 사람"을 보여주기 위함입니다.

예수님을 닮은 나를 통하여 하나님 아버지를 보여 주어야 합니다.

> 우리가 다 하나님의 아들을 믿는 것과 아는 일에 하나가 되어
> <u>온전한 사람을 이루어 그리스도님의 장성한 분량이 충만한 데</u>
> 까지 이르리니(엡 4:13)

그런데 어찌하여 우리 주위에는 교회와 성도가 이렇게 많은데, 정작 예수님의 인격을 닮은 사람은 왜 이렇게 적을까요? 무엇이 문제입니까? 이제 그 문제점을 인식하고 그 해답을 찾는 여행을 함께 해 봅시다.

길은 있습니다. 그것도 아주 쉬운 길이 있습니다.

사실 사람들은 너무 쉬워서 이 길을 외면(外面)합니다.

그러나 이 길은 올곧은 길입니다.

> 예수님을 바라보자!(히 12:2)
> Let s fix our eyes on Jesus!
> Looking unto Jesus![KJV]

이것이 그 길입니다. 이것이 전부입니다.

예수님은 거듭 거듭 말씀하셨습니다. "<u>아들이 아버지의 하시는 일을</u>

보지 않고는 아무것도 스스로 할 수 없나니 아버지께서 행하시는 그것을 아들도 그와 같이 행하느니라"(요 5:19), "내가 스스로 아무 것도 하지 아니하고 오직 아버지께서 가르치신 대로 이런 것을 말하는 줄도 알리라"(요 8:28).

신앙생활은 내가 하는 것이 아닙니다.

아니, 인간의 힘으로는 절대로 할 수 없습니다.

만약 신앙생활을 인간 스스로의 힘으로 할 수 있었다면, 예수님께서 육신을 입고 이 땅에 오시지 않았을 것이며, 성령님께서 우리 마음에 강림하실 필요도 없었을 것입니다. 예수님은 우리의 노력으로는 도저히 다다를 수 없는 하나님의 수준까지 끌어올리시기를 원하십니다. 그래서 예수님은 자신이 떠나가시는 것이 "유익(有益)"이라고까지 하셨습니다. 왜 그렇습니까? 예수님께서 십자가를 관통하고 올라가셔야 "보혜사(Paracletos) 성령님"을 보내주실 수 있기 때문입니다.

> 내가 너희에게 실상을 말하노니 내가 떠나가는 것이 너희에게 유익이라 내가 떠나가지 아니하면 보혜사가 너희에게로 오시지 아니할 것이요 가면 내가 그를 너희에게로 보내리니 (요 16:7)

사람은 어느 누가 되었든지 보혜사 성령님의 도움이 없이는 아무도 하나님을 올바로 섬길 수 없고, 바른 신앙생활을 할 수 없다는 것입니다. 이것이 인간의 실상입니다.

신앙생활, 그것은 사람의 힘으로는 불능(不能)입니다.

예수님을 3년 동안 따라다녔던 제자들조차도 그들 스스로의 힘으로는 결코 할 수 없었던 것이 신앙생활입니다. 그런데 하물며 너와 나, 우리이겠습니까? 그것은 망상(a fancy)입니다. 우리 힘으로는 절대로, 영원히 불가능합니다. 제자들도 못하고, 더더구나 예수님조차도 스스로 하시지 않으신 신앙생활을 우리가 스스로의 힘과 노력으로 감히 하려고 했으니, 이것이 오늘날 기형(deformed) 성도와 박제(stuffed) 교회를 양산한 주범(主犯)입니다. 이제는 본래(The Originally)로 돌아갑시다.

> 본래가 무엇입니까?
> 믿음의 저자(the author)요, 성취자(the finisher)이신 예수님,
> 개척자(the pioneer)요, 완성자(the perfector)이신 예수님!
> 이 예수님이 본래입니다.
> 성령님으로 잉태하시고, 태어나시고,
> 성령님으로 사셔서 죄가 없는 분이요,
> 성령님으로 세례/침례를 받으시고,
> 성령님에게 이끌리어 광야에서 시험을 이기시고,
> 성령님으로 말씀하시고, 전도하시고, 기뻐하시고,
> 성령님으로 십자가에 달려 보배로운 피를 흘리시고,
> 성령님으로 무덤에서 다시 살아나시고,
> 성령님으로 승천하시어, 보좌 우편에 앉으시고,
> 성령님으로 우리 마음속에 계십니다.
> 예수님은 이 모든 것을 "하나님께서 한량없이 주신 성령님"으로 하셨습니다.

> 하나님의 보내신 이는 하나님의 말씀을 하나니 이는 하나님이 성령님을 한량없이(without limit) 주심이니라(요 3:34)

우리도 예수님처럼 성령님으로 삽시다.
예수님의 발자취를 성령님으로 따라갑시다.

주 예수님과 함께 먹고 함께 살았던 제자들조차도 보혜사 성령님의 도움이 전적으로 필요했다면, 하물며 우리이겠습니까? 성령님을 모시기 전의 제자들과 성령님을 모신 후의 제자들을 비교해 보십시오. 제자들은 오순절에 강림하신 보혜사 성령님께서 그들의 삶 속에 함께 거하심을 확신하지 않고는 아무것도, 심지어 설교, 심방, 전도조차도 하지 않았습니다.

이런 기록으로 가득한 것이 '사도행전' 입니다.

> 성령님으로 나시고 사신 예수님!
> 제자들에게 가장 유익한 분은 '성령님'이라고 하신 예수님!
> 성령님이 제자들에게 오실 수 있도록 십자가에 달려 몸을 찢고 피와 생명을 쏟아 그 길을 내신 예수님!
> 예수님의 피로 얼룩진 십자가를 관통하여 우리 마음속에 강림하신 보혜사 성령님!
> 예수님의 피와 살을 움켜쥐고, 예수님의 마음을 그대로, 예수님의 인격을 고스란히 가지고 마음속, 깊은 곳에 임재하신 성령님!

이 성령님이 우리의 인격을 예수님의 인격으로 재창조하시는 유일한 건축가이십니다. 선지자 이사야는 11장 6-8절에서 주님의 영에 사로잡혀서 이런 아름다운 꿈을 노래했습니다.

> 그 때에 이리가 어린양과 함께 거하며 표범이 어린 염소와 함께 누우며 송아지와 어린 사자와 살찐 짐승이 함께 있어 어린 아이에게 끌리며 암소와 곰이 함께 먹으며 그것들의 새끼가 함께 엎드리며 사자가 소처럼 풀을 먹을 것이며 젖 먹는 아이가 독사의 구멍에서 장난하며 젖 뗀 어린 아이가 독사의 굴에 손을 넣을 것이라

이리와 같이 잔인한 우리가 어린양과 함께 거하는 그 날이,
표범처럼 포악한 우리가 어린 염소와 함께 눕는 그 날이,
사자와 같이 사나운 너와 내가 소처럼 풀을 먹는 그 날이,
독사의 굴과 같이 음흉한 우리 마음에,
어린아이가 손 넣고 장난쳐도 물지 않는,
예수님의 마음으로 바뀌는 그 날이, 그 때가 속히 오리라.

그 때가 언제 입니까?
그 날은 지금 마음속에 와 계시는 성령님께 너와 나의 마음을 드릴 때입니다. 언제 어디서나 성령님을 우러러 볼 그 때입니다.
새벽에 잠자리에서 일어나기에 앞서,
다른 모든 일을 하기에 앞서,
하루 일과를 마치고 잠들기에 앞서,
먼저 성령님께 마음을 드릴 때입니다.
심지어 무슨 일을 하든지 그 일을 하면서도,
마음만은 성령님께 드릴 그 때입니다.
한 여자가 한 남자를, 한 남자가 한 여자를 서로 사랑하면, 온통 그 마음은 연인(戀人)으로 가득합니다. 직장에서 일을 하면서도, 집에서 가사를 돌보면서도 그 마음은 언제나 사랑하는 연인에게로 향하겠지요. 이처럼 우리도 예수님을 향한 사랑으로 가득한 마음을 성령님께 드립시다.

지금 시작해 봅시다.
모든 일을 멈추고 한적한 장소를 찾으십시다!
조용히 눈을 감고 마음속에 계신 성령님을 바라보십시다!
처음에는 잘 안될 수도 있지만 낙심하지 마십시오.
우리가 성령님을 지속적으로 우러러 볼 때,

우리 심장 깊은 곳에 계신 성령님은,
너와 나의 마음을 받으시고 일하시기 시작하십니다.

이것은 실재(實在)입니다.
혹 전혀 아무런 느낌이 없어도 의심하지 마십시오.
저도 몇 개월간이나 그랬습니다.
갓 태어난 아기는 곧 바로 엄마와 눈을 맞추지는 못하지만,
몇 날이 못 되어 눈을 맞추고, 귀를 맞추고,
나중에는 마음까지 맞추게 됩니다.
그러니 마음을 푹 놓고 성령님을 바라보십시다!
마음이 산만해지면 "주님"을 잠잠히 부르며,
다시 마음을 보듬어 성령님을 바라보십시다!
머잖아 예수님의 인격을 닮아 있을 것입니다. 샬롬!!

> 내 영혼아 오직 여호와만 바라라!(시 42:5)
> O my soul? Hope thou in God![KJV]
> Dear soul? Fix my eyes on God![MSG]

한 평생 부르고 또 부르다가 내가 죽을 노래가 있습니다. 찬송가
463장(통 518장) 4절입니다. 저는 "진심으로"를 "성령님으로"로 바꾸
어 부르다가 나중에는 "으~, 아~, 오~"로 부릅니다. 이것이 저의 꿈/
비전입니다. 이 책을 읽는 모든 분들의 꿈/비전이 되었으면 좋겠습니다.

> 예수님 닮기 원합니다. 성령님으로 성령님으로
> 예수님 닮기 원합니다. 성령님으로
> 성령님으로 성령님으로
> 예수님 닮기 원합니다. 성령님으로. 아~멘

제 2장
예수님 닮기

우리가 다 하나님의 아들을 믿는 것과
아는 일에 하나가 되어
온전한 사람을 이루어
그리스도님의 장성한 분량이 충만한데 까지 이르리니
- 에베소서 4장 13절 -

제2장
예수님 닮기

여러분은 예수님을 구주로 영접하셨습니까?

참 잘 하셨습니다. 진심으로 환영합니다.

그대와 나는 한 아버지를 모신 형제자매가 되었습니다. 진심으로 축원합니다. 이렇게 하나님의 자녀가 된 우리는 누구를 닮아야 합니까? 여러분 주위에 있는 부모와 자녀들을 자세히 살펴보십시오. 누구를 닮았습니까? 영락없이 부모를 닮았지요. 그래서 '붕어빵'이라는 말까지 있지 않습니까? 어떤 자녀는 부모의 겉모습 뿐 아니라 웃는 모습, 걷는 모습, 심지어 성격과 독특한 버릇까지 닮기도 합니다.

그렇다면 하나님의 자녀는 누구를 닮아야 합니까?

마땅히 예수님을 닮아야지요. 예수님을 닮는 것은 어떤 특정한 인물에게 국한 된 것이 아닙니다. 적어도 예수님을 구주로 믿고, 성령님을 그 마음에 모신 사람이라면, 어느 누구나 예외 없이 반드시 예수님을 닮아야 합니다. 겉사람 뿐 아니라 속사람까지 예수님을 쏙 빼어 닮아야 마땅합니다.

이것이 예수님께서 이 땅에까지 오셔서,

우리의 죄와 저주를 대신하여 십자가를 지신 이유요,

성령님께서 믿는 사람의 마음속에 강림하신 이유요,
너와 내가 아직도 이 땅에 살아 있는 이유입니다.

[신앙생활 목표, 무엇입니까?]

그것은 예배를 열심히 드리는 것, 성전을 건축하는 것, 전도를 열심히 하는 것 이전에, 예수님을 닮는 것입니다. 예수님을 닮는 것이야말로 모든 성도에게 주어진 의무요, 성도들이 지금 이 땅에 존재하는 목적입니다. 신구약성경에 이런 말씀이 있습니다.

> 나는 너희의 하나님이 되려고 너희를 애굽(Egypt) 땅에서 인도하여 낸 여호와라 내가 거룩하니 너희도 거룩할지어다(Be holy, because I am holy.) (레 11:45)

> 그러므로 하늘에 계신 너희 아버지의 온전하심과 같이 너희도 온전하라(Be perfect, as your heavenly Father is perfect.) (마 5:48)

18세기의 신학자였던 조나단 에드워즈(Jonathan Edwards) 목사님은 아주 강한 어조로 이렇게 말한 바 있습니다. :

> 그리스도인들은 그리스도님을 닮아야 한다. 자신의 모든 면에 있어서 그리스도님의 성품을 닮지 않은 사람은 그리스도인이라 불릴 자격이 없다. …… 나무의 가지란 그 나무의 그루터기, 뿌리와 같은 본질을 가지며, 같은 수액을 가지고, 같은 종류의 열매를 맺는다.
> 이처럼 몸의 지체는 머리와 같은 종류의 생명을 갖는다. 그리스도인들이 그리스도님에게 속한 본성과 영을 가지고 있지 않다면

그것은 이상한 일이다. 그들이 예수님의 살과 뼈가 될 때, 그들은 한 영이 되어(고전 6:17), 한 영으로 산다. 이제 그들 안에서 사는 것은 그들이 아니라 그리스도님이시다.3)

사도들은 여러 곳에서 이렇게 말씀하고 있습니다.

우리가 다 하나님의 아들을 믿는 것과 아는 일에 하나가 되어 온전한 사람을 이루어 <u>그리스도님의 장성한 분량이 충만한 데 까지 이르리니</u>(엡 4:13)

하나님이 미리 아신 자들로 또한 <u>그 아들의 형상을 본받게 하기 위하여</u> 미리 정하셨으니 이는 그로 많은 형제 중에서 맏아들이 되게 하려 하심이니라(롬 8:29)

오직 사랑 안에서 참된 것을 하여 <u>범사에 그에게까지 자랄지라</u> 그는 머리니 곧 그리스도님이라(엡 4:15)

<u>사랑을 입은 자녀 같이</u> 너희는 <u>하나님을 본받는 자가 되고</u> 그리스도님께서 너희를 사랑하신 것 같이 너희도 사랑 가운데서 행하라(엡 5:1)

<u>너희 안에 이 마음을 품으라</u>(Let <u>the same mind</u>[NRSV]) 곧 그리스도 예수님의 마음이니(빌 2:5)

<u>그의 안에 산다고 하는 자는</u> 그가 행하시는 대로 자기도 행할지니라[개정](요일 2:6)
하나님 안에서 산다고 하는 사람은 <u>예수님이 하신 것과 똑같이 살아야 합니다.</u>[현대인]
He who says he abides in Him <u>ought himself also to walk just as He walked.</u>[NKJV]

---

3) 도날드 휘트니, 「당신의 영적 건강을 진단하라」, 편집부 역(성남: NCD, 2002), p. 15에서 재인용.

예수님께서 우리를 위하여 죽으사 우리로 하여금 깨어 있든지
자든지 자기와 함께 살게 하려 하셨느니라(살전 5:10)

그리스도님의 장성한 분량이 충만한 데까지 이름.(엡 4:13)
예수님의 형상을 본받음.(롬 8:29)
범사에 예수님에게까지 자람.(엡 4:15)
그리스도 예수님처럼 사랑 가운데서 행함.(엡 5:1)
그리스도 예수님과 동일한 마음을 품음.(빌 2:5)
예수님이 하신 것과 똑같이 걸음.(요일 2:6)
깨어 있든지 자든지 예수님과 함께 삶.(살전 5:10)

이것이 모든 성도의 사명일 진데, 누구나 다 될 수 있을 만큼 쉬운 방
법이어야 마땅하겠지요. 그렇습니다. 예수님을 닮는 것보다 쉬운 일은
없습니다. 너무나 쉽습니다. 아주 간단합니다. 어린아이로부터 노년에
이르기까지, 배운 사람이나 못 배운 사람이나, 가진 사람이나 못 가진
사람이나, 누구든지 될 수 있습니다. 그 방법은 오직 하나입니다. 그것
은 단지 믿는 사람의 마음속에 지금 와 계신 '성령님과 눈 맞추는 것'
이면 충분합니다.

우리가 예수님을 구주로 믿는다는 말은 예수님께서 우리를 위해 하
신 일을 믿는다는 뜻입니다. 예수님께서 육신을 입고 이 땅에 오셔서,
너와 나의 모든 죄를 대신하여 십자가에 달려 죽으시고, 부활하사 성
령님을 보내어 주신 것을 실시간으로 각자의 마음속에 받아들이는 것
입니다.

이는 예수님의 죽음을 나의 죽음으로 믿는 것이요,
예수님의 부활을 나의 부활로 믿는 것이요,

예수님의 생명이 성령님으로 내 마음속에 강림하셔서,
지금도 내 마음속에서 살아 역사하심을 믿는 것입니다.

[세례/침례예식, 무엇인가?]

이 모든 것을 확실히 온몸으로 체득(體得)하였다는 것을 공개적으로
보여주는 것이 [세례/침례예식]입니다. 이 세례/침례예식의 의미를 가
장 잘 말해주고 있는 말씀이 사도 바울이 쓴 로마서 6장 3-4절입니다.
이에 의하면, 물로 세례/침례를 받는 것은 예수님의 죽음과 합하는 것
이요 예수님의 죽음과 합하여 장사되는 것이요, 또한 예수 그리스도님
의 부활과 합하여 새생명으로 다시 태어나는 것입니다.

> 무릇 그리스도 예수님과 합하여 세례/침례를 받은 우리는
> 그의 죽으심과 합하여 세례/침례 받은 줄을 알지 못하느뇨 그
> 러므로 우리가 그의 죽으심과 합하여 세례/침례를 받음으로
> 그와 함께 장사되었나니 이는 아버지의 영광으로 말미암아 그
> 리스도님을 죽은 자 가운데서 살리심과 같이 우리로 또한
> 새 생명 가운데서 행하게 하려 함이니라

> 그러므로 세례/침례예식은,
> "나는 예수님과 함께 죽었다."
> "나는 예수님과 함께 장사되었다."
> "나는 예수님과 함께 새 생명으로 다시 태어났다."
> 이 놀라운 사실을 만천하에 공포하는 예식입니다.

> 그래서 세례/침례증서는,
> 옛사람인 나는 죽었다는 사망진단서(死亡診斷書)요,

옛사람인 나는 장사되었다는 매장확인서(埋葬確認書)요,
새사람으로 다시 태어났다는 출생신고서(出生申告書)입니다.

이렇게 다시 태어난 자녀의 마음속에는 더 이상 내가 사는 것이 아니라 '오직 그리스도님' 께서 사십니다.

내가 그리스도님과 함께 십자가에 못 박혔나니 그런즉 이제는 내가 산 것이 아니요 오직 내 안에 그리스도님께서 사신 것이라 이제 내가 육체 가운데 사는 것은 나를 사랑하사 나를 위하여 자기 몸을 버리신 하나님의 아들을 믿는 믿음 안에서 사는 것 이라(갈 2:20)

내가 아니요 오직 그리스도님!
Not I, But only Christ!

그리스도님의 생명이 성령님으로 내 마음속에 와 계십니다.
지금 살아 있는 나는 그전의 내가 아닙니다.
예수님을 믿기 이전의 나는 벌써 죽었습니다.
옛사람은 이미 장사되었습니다.
이제는 전혀 새로운 나로 다시 태어났습니다.
'예수님의 생명을 받은 나' 로 새로워졌습니다.
'성령님으로 거듭난 나' 로 사는 것입니다.
오직 성령님으로 나는 "새로운 피조물(a new creation)",
"새로운 사람(the new person)"이 되었습니다.

그런즉 누구든지 그리스도님 안에 있으면 새로운 피조물이라 이전 것은 지나갔으니 보라 새 것이 되었도다(고후 5:17)

할렐루야! 이것은 사실(事實)입니다.

이것은 실재(reality)입니다.

이 사실을 알고 믿으십시오.

그렇게 여기십시오.

> 너희도 너희 자신을 죄에 대하여는 죽은 자요 그리스도 예수
> 님 안에서 하나님을 대하여는 산 자로 여길지어다(You
> reckon yourselves to be dead indeed to sin, but alive
> to God in Christ Jesus our Lord.[NKJV])(롬 6:11).

"여길지어다(reckon/must consider)"는 말은 "장부에 기록하다, ~
을 계산해야 한다."는 뜻입니다. 돈을 저축하면 저금통장에 기록됩니
다. 그 돈을 당장 눈으로 볼 수는 없지만, 그 기록을 보고, 그만큼의 돈
이 있다고 확신합니다. 바로 그렇게 "새 것, 새로운 피조물, 하나님의
자녀"가 이미 되었다고 여기십시오. 그리고 그 새 사람을 온전히 하나
님께 드리십시오.

그런데 많은 사람들이 예수님을 구주로 믿고 이제 새사람이 된 것을
'알고, 여기고'는 있으나, '드리기'에서 많이 당황합니다.

사실 저도 여기서 많이 헤맸습니다.

왜, 그렇습니까?

> 알고, 여기는 것은 '머리'로 가능하지만,
> 드리는 것은 '마음'으로 하는 것이기 때문입니다.

머리로 그 사실을 알고, 여기고, 그래서 몸이 교회에 와 있어도 마음
을 드리지 않는다면, 하나님과 아름다운 교제를 경험할 수 없습니다.

심지어 예수님을 구주로 믿고 교회에 등록하여, 예배시간에 맞추어 와서 설교말씀을 듣고 고개를 끄덕이고, 따로 시간을 내어 성경을 읽고 헌금도 제법 하고, 주위 사람을 전도하고, 교회일이라면 발 벗고 나서고, 때로 각종 은사와 능력을 행하기도 하지만, 예수님의 인격을 닮지 않은 성도들이 허다합니다.

그 이유는 딱 한 가지뿐, 성령님께 마음을 드리지 않았기 때문입니다. 예수님을 구주로 믿는 사람이 성령님께 마음을 전혀 드리지 않기야 하겠습니까? 가끔은 드리겠지요. 그러나 그것으로는 부족합니다. 신앙생활은 머리로 알고 여기고 몸을 받치는 것과 아울러 마음을 온전히 드리는 것입니다. 마치 연애하는 사람이 서로 마음을 온전히 주지 않고는 진정한 교제를 이룰 수 없듯이, 하나님께 마음을 다 드리지 않고서는 하나님과 온전한 교제를 나눌 수 없습니다. 마음을 간간이 드리는 정도로는 부족합니다. 우리의 "마음을 다하고 목숨을 다하고 뜻을 다하여" 드릴 것을 요구하십니다.

> 예수님께서 가라사대 네 마음을 다하고 목숨을 다하고 뜻을 다하여(with all your heart and with all your soul and with all your mind.) 주 너의 하나님을 사랑하라 하셨으니(마 22:37)

> 네가 거기서 네 하나님 여호와님을 구하게 되리니 만일 마음을 다하고 성품을 다하여(with all your heart and with all your soul.) 그를 구하면 만나리라(신 4:29)

그러니 우리가 날마다 순간마다 마음속에 와 계신 성령님께 마음눈을 고정시키고 성령님께 마음을 드릴 때, 비로소 우리의 인격이 예수님의 인격을 닮을 수 있습니다.

[신령한 양식, 무엇입니까?]

또한 하나님의 자녀가 하나님의 자녀답게 자라기 위해서는 반드시 신령한 양식을 먹어야 합니다. 신령한 양식은 무엇입니까?

예수님께서 직접 하신 말씀을 들어 봅시다.

> 내가 곧 생명의 떡이니 내게 오는 자는 결코 주리지 아니할 터이요 나를 믿는 자는 영원히 목마르지 아니하리라 [55] 내 살은 참된 양식이요 내 피는 참된 음료로다(요 6: 35, 55)

무엇이 신령한 양식, '참된 양식' 입니까?

그것은 '예수님 자신' 곧, '예수님의 피와 살' 입니다.

예수님께서 육신을 입고 이 땅에 오셔서 십자가에 죽으시고 부활하사 피와 살을 주셨습니다. 이 예수님의 피와 살을 고스란히 간직하시고, 믿는 사람의 마음속에 임하신 분이 예수님의 영, 성령님이십니다. 성령님은 "참된 양식", 신령한 양식이신 예수님의 피와 살을 우리 마음과 몸 곳곳에 녹아 흐르게 하시는 "생명수의 강"이십니다.

> 명절 끝날 곧 큰 날에 예수님께서 서서 외쳐 이르시되 누구든지 목마르거든 내게로 와서 마시라 나를 믿는 자는 성경에 이름과 같이 그 배에서 생수의 강(rivers of living water[KJV])이 흘러나오리라 하시니 이는 그를 믿는 자들이 받을 성령님(the Holy Spirit[NKJV])을 가리켜 말씀하신 것이라(요 7:37-39)

또한, 우리가 성령님(A new Spirit)께 마음을 드릴 때, 마음속에 있는 모든 돌 자갈들을 제거하시고, 잡초를 하나하나 뽑아내시고, "돌같이 굳은 마음(the heart of stone)을 제하고 부드러운 마음(a heart of flesh)"(겔 36:26)으로 만들어 주십니다.

성령님은 우리 마음에 오실 때 '천국의/하나님의 씨알(God's seed)'을 가지고 오셨습니다.[4] 그래서 친히 갈아엎어 부드럽게 만드신 마음 밭에 '천국제(Made in Heaven) 씨알'을 심으십니다. 그 천국제 씨알이 자라서 맺을 성령님의 열매는 "사랑과 희락과 화평과 오래 참음과 자비와 양선과 충성과 온유와 절제"(갈 5:22-23)입니다. 이 성령님의 열매는 우리가 마음속에 계신 성령님을 날마다 매순간순간 바라보며, 자고 깨고 하는 사이에 저절로 풍성히 맺습니다.

그림 4/ 새 생명, 천국제 씨앗

---

4) (요일 3:9) 하나님께로부터 난 자마다 죄를 짓지 아니하나니 이는 하나님의 씨가 그의 속에 거함이요(God's seed abides in them[NRSV]) 그도 범죄하지 못하는 것은 하나님께로부터 났음이라

그가 밤낮 자고 깨고 하는 중에 씨가 나서 자라되 어떻게 그리 되는지를 알지 못하느니라 땅이 스스로 열매를 맺되 처음에는 싹이요 다음에는 이삭이요 그 다음에는 이삭에 충실한 곡식이 라(막 4:27-28)

지금, 갈증을 느끼십니까?
그 자리에서 성령님을 바라보십시다! 그러면 순식간에 그 갈증이 사라질 것입니다.

나는 목마른 자에게 물을 주며 마른 땅에 시내가 흐르게 하며 나의 영을 네 자손에게, 나의 복을 네 후손에게 부어 주리니 (사 44:3)

혹, 성질이 불같이 일어나십니까?
즉각 마음속에 계신 성령님께 마음을 드리고 숨을 내쉬십시다! 마음의 폭풍우가 금방 가라앉을 것입니다.

주께서 말을 타시고 바다 곧 큰 물의 파도를 밟으셨나이다(합 3:15)

실망으로 가슴이 아리신다고요?
그 마음 그대로 성령님께 드리고 "주~님" 하고 부르십시다!
주님과 눈 맞추며 심호흡을 몇 번 해 보십시다!
주님께서 주시는 희망으로 가슴이 벅찰 것입니다.

내 영혼아 네가 어찌하여 낙망하며 어찌하여 내 속에서 불안하여 하는 고 너는 하나님을 바라라 그 얼굴의 도우심을 인하

여 내가 오히려 찬송하리로다[개역](시 42:5)

사랑하는 하나님의 사람이여, 예수님께서 십자가에서 팔을 벌리신 것은 우리를 품에 안기 위함입니다. 너와 나의 마음속에 지금 계시는 성령님께서 우리를 향하여 사랑의 팔을 넓게 벌리고 계십니다. 우리 모두 온 몸과 마음을 다하여 그 분의 팔에 안깁시다.

성령님을 바라보는 시간만이 신령한 양식을 먹는 시간입니다.
성령님을 바라보는 시간만이 마음이 옥토가 되는 시간입니다.
성령님을 바라보는 시간만이 천국제 씨가 뿌려지는 시간입니다.
성령님을 바라보는 시간만이 씨알이 자라고, 꽃피는 시간입니다.
성령님을 바라보는 시간만이 열매가 잘 영글어 가는 시간입니다.

이제 무슨 말이 더 필요하겠습니까?
지체 없이 성령님을 바라보십시다!
세상으로 향하는 마음을 붙잡아 내면으로 향하게 하십시다!

우리에게 예수님의 피와 살을 적절히 공급하시는 성령님.
언제 어디서나 우리를 보살피고 도우시는 성령님.
우리의 인격을 예수님의 인격으로 가꾸시는 성령님.
우리보다 더 우리가 예수님 닮기를 갈망하시는 성령님.

그분은 세상 여기저기에 계시는 분이 아니라 바로 우리 마음속 깊숙한 곳, 은밀한 그곳에 성전삼고 임재하여 계십니다.
지금 이 시간 눈을 감고,
마음속에 계신 성령님께로 마음을 모아 드리며,
"주니임~, 성령니임~" 하고 잠잠히 불러보십시다!

갈망하는 심령으로 주님을 부르십시다!
눈물샘이 터질 때까지 그리하십시다!
당장 그렇게 하시고 그대로 있으십시다!

언제까지나 …. 샬롬!!

예수님 닮기 원합니다. 성령님으로   성령님으로
예수님 닮기 원합니다. 성령님으로
성령님으로   성령님으로
예수님 닮기 원합니다. 성령님으로. 아~멘

제 3장
믿는 것은 보는 것

제3장
믿는 것은 보는 것

예수님께서 요한복음 3장에서 "모세가 광야에서 뱀을 든 것같이 인자도 들려야 하리"라고 말씀하셨습니다. 이 말씀의 배경은, 애굽(이집트)에서 종살이를 하다가 모세의 인도로 광야로 나온 이스라엘 백성들이 더 이상 나아가지 못하고, 광야에서 헤매며 하나님을 불신하고 원망했습니다. 이때 광야 여기저기에서 불뱀이 나와서 많은 사람을 물어 죽였습니다. 이에 모세가 하나님께 기도하고 하나님의 응답을 받은 대로 놋으로 뱀을 만들어 장대에 매다니, 뱀에 물린 사람마다 놋뱀을 쳐다보고 살았습니다.[5]

> 쳐다본즉 살더라
> look at the serpent of bronze and live.[NRSV]
> look at the bronze snake and be healed![NLT]

예수님께서 이 세상에 육신을 입고 오신 것은 '죄라는 불뱀'에 물려 영원히 죽어가는 사람들을 구원하기 위해서입니다. 예수님은 죄가 하나도 없는 분이시지만, 인간의 죄를 대신하여 죄인의 모습으로, 놋뱀처럼 십자가에 달리셨습니다. 그러므로 불뱀에 물린 사람들이 그리했

---

5) (민 21:9) 모세가 놋뱀을 만들어 장대 위에 다니 뱀에게 물린 자가 놋뱀을 쳐다본즉 모두 살더라

듯이, 누구든지 이 예수님의 십자가를 바라보기만 하면 영원히 삽니다. 예수님께서 친히 하신 말씀을 들어보십시오.

> "모세가 광야에서 뱀을 든 것같이 인자도 들려야 하리니 이는 저를 믿는 자마다(everyone who looks up to Him[MSG]) 영생을 얻게 하려 하심이니라"[6]

믿는 사람은 무엇을 한 사람입니까?
쳐다본 사람입니다.

> 믿는 사람은 쳐다보았지만,
> 믿지 않는 사람은 쳐다보지 않았습니다.

[믿는 것, 무엇입니까?]

> 믿는 것은 보는 것입니다.
> 보는 것이 영생을 얻는 비결이요,
> 계속 바라봄이 신앙 성숙의 길입니다.

그런데 사람들은 '보려고(Looking)' 하기보다,
무엇인가 열심히 '하려고(Doing)' 합니다.
열심히 기도하고, 열심히 전도하고,
열심히 성경 읽고, 열심히 봉사하고,
열심히 헌금하고, 열심히 교회당 짓고,
열심히 인권운동하고, 열심히 사회사업하고,
열심히, 열심히, 열심히 …….
이것이 복음의 변질(變質)을 가져왔습니다.
이것이 믿는 사람을 지치게 만드는 주원(主原)입니다.

---

6) (요 3:14-15) [MSG] the Son of Man to be lifted up and everyone who looks up to Him, trusting and expectant, will gain a real life, eternal life.(인자도 들려야 한다, 그러면 그를 바라보는 사람, 그를 믿고 기다리는 사람마다 참된 생명, 영원한 생명을 얻게 될 것이다.)

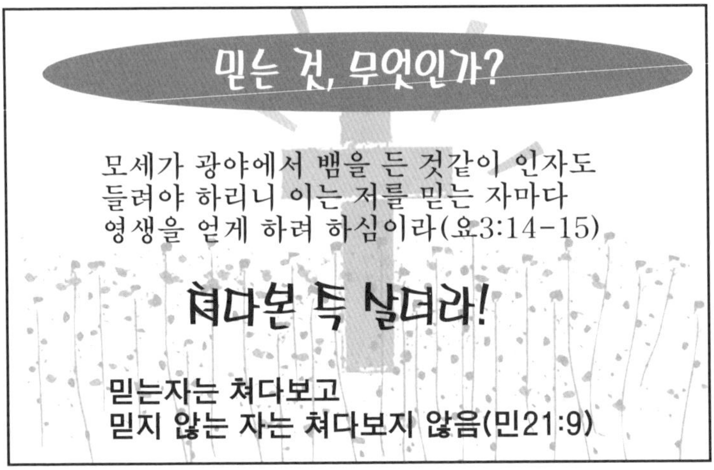

그림 5/ 믿는 것, 무엇인가?

믿음의 주요 온전케 하신 이인 예수님을 바라보자(히 12:2)
Let us fix our eyes on Jesus, the author and perfecter
of our faith.
Looking unto Jesus.[KJV]
Keeping our eyes on Jesus.[HCSB]
Let us keep our eyes fixed on Jesus.[GNT]

요즘 우리 사회는 TV, 영화, 스포츠 등의 영향을 받아 영화배우, 가수, 운동선수 ……등을 우상처럼 떠받듭니다. 그렇다면 우리 성도가 바라보아야 할 대상은 누구입니까? 눈을 통해 들어오는 것이 한 사람의 사고/생각을 지배(支配)합니다. 만일 성도들이 이 악한 세상의 것들에 마음을 빼앗긴다면, 자신도 모르는 사이에 점점 세속화(secularization)하여 결국 자기밖에 모르는 인간이 될 것입니다. 반면에 우리가 예수님을 바라보고 또 바라보면, '예수님 중심의 사람'이 될 것입니다. 이제 몇 분의 글을 요약해서 좀 길게 인용합니다.

마이클 웰즈(Michael Wells) ;

그는 Abiding Life Ministries International 대표이며, 오늘날 참으로 보기 드문 영성가입니다. 저는 그의 책을 읽고 "매순간순간 주님을 바라보는 훈련"을 하면서 참 많은 유익을 얻었습니다. :

성공적인 그리스인의 삶의 비결은 이미 주어진 것을 단순하게 인식하는 것이다. 우리가 처음 주님을 영접하고 우리의 생을 그분에게 의탁하던 날 이미 그것은 우리에게 주어졌고 이미 우리 안에 있었다. 문제는 이 생명을 삶 속에 자각하고 허심탄회하고 단순하게 받아들이지 못한 것이다! 이것은 결코 복잡한 것이 아니다. 너무 단순한 것이다. 단순한 삶—승리하는 생활(the Victorious Life)은 임재 하는 생명, 내재하는 생명을 통해서 경험되는 것이다. …… 그것은 "거하는 삶(Abiding life)"과 단순한 믿음(Simplicity Faith)이다.[7]

믿음(Faith)이란 어떻게 느껴져야 하는 감정이 아니다. …… 믿음이란 하나님의 인도함과 행하심을 무엇이든 받아들이도록 하는 성령님의 한 기관(Organ)이다. 겨자씨 한 알만한 믿음이 있으면 우리가 산을 옮길 수가 있다는 말씀이 어떤 것인지 우리는 이해할 수 있다. 개미의 눈이나 낙타의 눈이나 모두 빛을 받아들인다. 믿음의 본질은 어떤 양적인 것이 아니다. 믿음은 단일한 하나의 내용이다. …… 믿음은 모든 것의 창조주이신 하나님께 초점을 맞춘다.
하나님께서 아브라함에게 그의 아내 사라가 아들을 가질 것이라고 했을 때, 아브라함은 먼저 자신을 바라보았다. 그리고 말하기를 "나는 아기를 낳을 수 있는 나이가 못됩니다."라고 말했다. 자기 아내 사라를 바라보았다. "아내도 아기를 가질 수 없는 사람입니다." 어디를 봐도 희망이 없었다. 그런 다음 하나

---

7) 마이클 웰즈, 「영적 자기 진단과 치료」, 김순기 역(서울: 크리스챤서적, 1993), p. 19.

님을 바라보았다. 그의 생각은 달라졌다. "언제 우리가 아들을 가지겠습니까?"[8]

로이 헷숀(Roy Hession) ;

그는 영국그리스도교의 갱신에 크게 공헌한 목회자입니다. 그의 책 [갈보리 언덕 I, II]은 신앙생활의 목적을 분명하게 제시하고 있습니다. :

성경이 "삶의 목적이 무엇이냐"라는 질문에 대해 가르치고 있는 답변은 하나님을 알고 사랑하며 하나님과 함께 걷는 것인데, 그것은 한 마디로 말해서 하나님을 보는 것이다. 사실상 예전 사람들은 "생의 목적"을 "하나님을 보는 것"이라고 말한다. 17세기의 신학자들은 웨스트민스터 신앙고백에서 "사람의 제일 되는 목적이 무엇이뇨"라는 질문에, "사람의 제일 되는 목적은 하나님을 영화롭게 하고 영원토록 그를 즐거워하는 것이다."라는 말로 대답했다.[9]

그러나 오늘날에는 …… 무엇보다도 먼저 눈에 띄는 것은 하나님을 보기 위한 거룩함을 강조하는 대신에, 하나님을 위한 봉사를 강조하는 일이다. …… 하나님을 보며 그와 함께 살아있는 관계를 가지는 것이 삶의 최고의 목표이다. 그것은 우리가 창조되어진 바로 그 목적이며, 이 땅에서의 우리의 존재를 위한 유일한 존재이유(raison d'etre)인 것이다. 우리가 하나님을 더욱 더 가깝게 만나고 있게끔 한 것이 주 예수 그리스도님을 통하여 세계를 구속하시는 하나님의 유일한 목적이다.[10]

앤드류 머리(Andrew Murray, 1828-1917) ;

그는 주로 남아프리카에서 활동한 이 시대에 존경받는 목회자요 영

---

8) 같은 책, pp. 111~112.
9) 로이 헷숀,「갈보리 언덕 II」, 김철직 역(서울: 그리스도교문서선교회, 1983), pp. 14-15.
10) 같은 책, pp. 16~19.

성가입니다. 그는 주옥같은 글을 참 많이 썼는데, 특히 한 달에 한 번씩 반복해서 하나님임재를 연습할 수 있도록 [하나님을 바라라, 그리스도님처럼]을 썼습니다. :

신자는 성령님을 통하여 그와 같은 영광의 형상으로 변화하는 것입니다. 예수님을 바라봄으로써 예수님같이 되는 것입니다. …… 이 세상에서 예수님처럼 되며, 예수님처럼 행동하는 것보다 더 큰 영광을 도무지 생각할 수가 없게 될 것입니다. …… 예수님을 바라보며, 예수님을 흠모하고 칭송함으로 말미암아 우리 속에 주님이 지니셨던 마음이 생겨나고, 그리하여 우리가 그의 형상으로 변화하게 되는 것입니다.[11]

여러분, 그리스도님처럼 되기를 원하십니까? 여기에 그 길이 있습니다. 그리스도님 안에 있는 하나님의 영광을 바라보십시오. 그의 안에 있는 영광이라고 했습니다. 즉, 그의 영광이 나타나는 말씀이나 생각이나 은혜만을 바라보지 말고, 그리스도님 자신을 바라보는 것입니다. 살아 계셔서 사랑하시는 그리스도님을 말입니다. 그를 바라보십시오. 그의 눈동자를 깊이 들여다보십시오. 그의 얼굴을 보십시오. 사랑하는 친구요 살아 계신 하나님이신 그분을 바라보시기 바랍니다.

사모함으로 그를 바라보십시오. 하나님이신 그분 앞에 엎드리십시오. 그의 영광에는 전능한 살아 있는 능력이 있습니다. 그 능력이 우리에게 베풀어지고, 전달되며, 또한 그 능력이 우리를 가득 채울 것입니다. 믿음으로 그를 바라보십시오. …… 내가 그에게서 바라보는 영광이 반드시 내게도 임할 것이라는 기쁘고도 확실한 기대를 갖고서 그를 바라보십시오. 그가 그 영광을 나에게 주실 것입니다. 그의 영광을 바라보고 놀라며

---

11) 앤드류 머리, 「겸손, 하나님을 바라라, 그리스도님처럼」, 원광연 역(일산: 크리스챤다이제스트, 2001), pp. 339~340.

신뢰하는 가운데, 내가 그리스도님처럼 되는 것입니다.[12]

그리스도님처럼! 이것이 우리 신앙의 유일한 목표가 되도록, 우리 마음의 유일한 큰 소망이 되도록, 우리 삶의 유일한 큰 기쁨이 되도록, 함께 기도합시다. 오 여러분, 우리가 영광 가운데서 서로 만날 때에, 우리가 그리스도님의 모습을 뵈올 때에, 그리고 우리들이 서로 그리스도님처럼 되어 있는 모습을 볼 때에, 과연 그 기쁨이 어떠하겠습니까![13]

프랭크 루박(Frank Laubach, 1884-1970) ;

그는 주님만 바라보며 주님의 임재 안에서의 삶을 연습한 필리핀 선교사입니다. 하루도 빠짐없이 마음속에 계신 주님을 바라보며 말없는 대화를 시도한 결과 불과 2-3년 만에 전혀 딴 사람이 되었습니다. 그의 일기를 요약하여 소개합니다. :

1930년 1월 3일.

올해는 지난해에 하나님의 임재를 계속 체험했던 것보다 한층 더 매순간순간 온전히 하나님만 생각하는 체험을 계속하기로 결심했습니다.[14]

1930년 1월 26일.

우리 교회에서는 이런 찬송가 407장(통 465)을 즐겨 불렀습니다. 그렇지만 그 내용대로 실천해 본 적이 없습니다.

언제나 주는 날 사랑하사
언제나 새 생명 주시나니
영광의 기약이 이르도록
언제나 주만 바라봅니다

---

12) 같은 책, pp. 341-342.
13) 같은 책, p. 421.
14) 브라더 로렌스 · 프랭크 루박, 「하나님의 임재 체험하기」, 편집부 역(서울: 생명의말씀사, 2000), p. 20.

"순간순간" 깨어 있는 순간마다, 드림, 응답, 순종, 민감함, 유순함, "하나님의 사랑에 빠짐," 바로 이것이 지금 내가 마음을 다하여 찾기를 원하는 것입니다.[15]

1930년 3월 1일.
나는 내 마음을 하나님을 향해 활짝 열어야만 합니다. 나는 의식적으로 민감함을 유지하면서 기다리고 귀를 기울입니다. 나는 주의를 집중시킵니다. 때로는 이른 아침에 오랫동안 그렇게 해야 합니다. 나는 하나님께 내 마음이 고정될 때까지는 침대에서 나오지 않기로 결심합니다. 얼마 지나면 이것이 습관이 될 것이고, 따라서 애써서 노력한다는 느낌은 점차 줄어들 것입니다.[16]

1930년 3월 15일.
다시 말해서 끝없이 경건 서적을 읽는 방법에 비하면 하나님을 마주 대면하여 직접 체험하는 이것이야말로 한없이 풍성한 것이었습니다. 이제는 성경을 읽는 일조차도 영혼과 영혼, 얼굴과 얼굴을 맞대고 하나님을 뵙는 일을 대치할 수는 없다는 생각이 들 정도입니다.[17]

1930년 3월 23일.
잠이 깨어 있는 동안 내내 하나님의 임재를 체험하다가, 주님의 품에서 잠들고, 주님의 임재 속에서 깰 수는 없을까요? ······ "하나님께 끊임없이 굴복하는 이 일을 노동에 종사하는 사람이 성취할 수 있을까요? 기계 앞에서 일하는 사람이 온종일 사람들을 위하여 기도할 수 있으며, 온종일 하나님과 대화할 수 있으며, 그러면서도 자기 일을 효과적으로 해낼 수 있을까요?" "장사하는 사람이 장사를 하면서, 그리고 회계 일을 하는 사람이 회계 일을 보면서 동시에 끊임없이 자신을 하나님

---

15) 같은 책, p. 21.
16) 같은 책, p. 24.
17) 같은 책, pp. 27-28.

께 드리는 일을 할 수 있을까요?" "아기 엄마가 설거지를 하면서, 아기를 돌보면서, 끊임없이 하나님과 대화를 할 수 있을까요?" 이런 일이 가능할까요?[18]

1930년 10월 12일.
근심은 먹구름 사라지듯 사라지고 내 영혼은 영원한 평화의 햇빛 아래 안식을 누립니다. 나는 이 우주의 어디에 누워서도 내 아버지의 영으로 충만할 수 있습니다. 이 우주 자체가 매우 아늑하게 보입니다. …… 하나님에 대한 황홀한 전율이 넘칩니다. 나는 "하나님께 흠뻑 취한 것"이 무엇인지 압니다.[19]

1931년 9월 18일.
나는 다른 사람의 눈을 계속 바라보고 다른 사람의 말에 계속 귀를 기울이면서 동시에 마음으로 하나님과 말없는 대화를 계속하는 법을 익혀야 합니다.[20]

1932년 1월 2일.
모든 사람이 하나님을 붙드는 법을 배울 수는 있습니다. 그리하여 하나님께서 말씀하실 때가 되면, 하늘의 신선한 생각이 맑은 샘물처럼 흘러날 것입니다. 그 날의 끝에는 모든 사람이 안식할 것입니다. 모든 사람이 아버지의 기다리는 품안에서 안식하면서 귀를 기울여, 그의 세미한 음성을 듣는다면 얼마나 좋겠습니까?[21]

이제 신구약성경으로 눈을 돌려봅시다. 성경에 나오는 선배들의 위대한 승리는 하나같이 하나님을 바라봄으로써 가능했습니다.

---

18) 같은 책, pp. 28-30.
19) 같은 책, p. 41.
20) 같은 책, p. 43.
21) 같은 책, pp. 46~47

다윗은 어떻습니까?

그 유명한 다윗과 골리앗의 싸움을 봅시다. 당시 이스라엘군의 장수들은 블레셋군의 장수 거인 골리앗을 보고 벌벌 떨었습니다. 그러나 다윗은 하나님을 보았습니다. 골리앗은 젖비린내 나는 한 아이를 보았지만, 다윗은 골리앗 넘어 계시는 하나님을 보았습니다. 그 결과는 대승(大勝)이었습니다.

> 전쟁은 여호와께 속한 것인즉 그가 너희를 우리 손에 넘기시리라 블레셋 사람이 일어나 다윗에게로 마주 가까이 올 때에 다윗이 블레셋 사람을 향하여 빨리 달리며 손을 주머니에 넣어 돌을 가지고 물매로 던져 블레셋 사람의 이마를 치매 돌이 그의 이마에 박히니 땅에 엎드러지니라(삼상 17:47-49)

여호사밧(유다왕)은 모압 자손과 암몬 자손이 마온 사람과 함께 쳐들어 왔을 때, 이렇게 기도했습니다.

> 우리 하나님이여 저희를 징벌하지 아니하시나이까 우리를 치러 오는 이 큰 무리를 우리가 대적할 능력이 없고 어떻게 할 줄도 알지 못하옵고 오직 주만 바라보나이다(역대하 20:12)

이 기도와 함께 유다 모든 사람들이 아내와 자녀와 더불어 여호와 앞에 서서 찬송을 하였습니다. 그 결과는 역시 대승(大勝)이었습니다.

다니엘(바벨론 포로)은 사자굴 속에 던져져서도 주님을 바라보았습니다. 그 결과 그는 머리털 하나 상하지 않고 구출되었습니다.

> 다니엘이 왕에게 아뢰되 왕이여 원하건대 왕은 만수무강 하옵소서 나의 하나님이 이미 그의 천사를 보내어 사자들의 입을 봉하셨으므로 사자들이 나를 상해하지 못하였사오니(단 6:21-22)

다니엘의 친구 **사드락**과 **메삭**과 **아벳느고**는 풀무불속에서도 하나님만 보았습니다. 그들은 주님과 함께 불속에서 행복한 춤을 추었습니다.

> 느부갓네살이 맹렬히 타는 풀무불 아귀 가까이 가서 불러 이르되 지극히 높으신 하나님의 종 사드락, 메삭, 아벳느고야 나와서 이리로 오라 하매 <u>사드락과 메삭과 아벳느고가 불 가운데에서 나온지라</u>(단 3:26)

예수님께서 38년 된 병자를 치유하셨습니다. 그 날이 안식일이어서 당시 종교지도자들은 안식일 규례를 범하였다고 핍박했습니다. 그 때 예수님께서 요한복음 5장 19절에서 이렇게 말씀하셨습니다.

> <u>아들이 아버지의 하시는 일을 보지 않고는 아무것도 스스로 할 수 없나니</u> 아버지께서 행하시는 그것을 아들도 그와 같이 행하느니라

예수님은 하나님의 아들이십니다. 그런데 육신을 입고 오신 예수님께서 말씀하셨습니다.

> "보지 않고는 …… 할 수 없나니"
> can do nothing …… but only what He sees

무엇을 보셨습니까? "아버지께서 하시는 일"을 보셨지요.
어떻게 보셨을까요? "마음속에 계시는 성령님"으로 보셨지요.
예수님은 아버지께서 행하시는 그것을 성령님으로 보시고,
"바로 그 보신 그것을 그대로 행"하셨습니다.

> 마리아 뱃속에 잉태되심도 성령님으로,
> 이 땅에 태어나심도 성령님으로,
> 세례/침례를 받으심도 성령님으로,
> 광야에서 시험을 이기심도 성령님으로,

말씀을 선포하심도 성령님으로,
병자를 고치시고 귀신을 쫓아내심도 성령님으로,
십자가에 달리셔서 피 흘리심도 성령님으로,
부활하사 하늘에 오르심도 성령님으로 하셨습니다.
그리고 그 성령님을 우리에게 보내어 주셨습니다.
예수님은 이 모든 일을 성령님으로 하셨습니다.

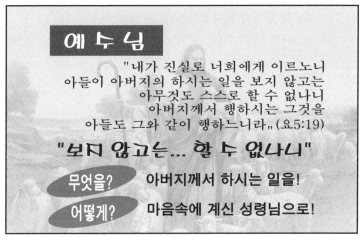

그림 6/ 예수님, 보지 않고는... 할 수 없나니

예수님의 마음속에서 아버지의 일을 보여주시던 바로 그 성령님이 우리의 마음을 성전 삼고 지금 임재하여 계십니다. 왜, 입니까? 아버지께서 하시는 일을 보여주기 위함이지요. 아버지께서 보여주시는 일을 그대로 행하기 위해서지요. 그런데 요즘 소위 잘 믿는다는 사람들은 마음속에서 보여주고 행하시는 성령님을 거들떠보지도 않고, 자기 마음대로 생각하고 판단하고 행동합니다.

이 얼마나 교만한 행태(行態)입니까?
이것이 오늘날 그리스도교의 왜곡(歪曲)을 가져왔습니다.

이것이 겉만 번지르르하고 생명 없는 '무늬만 그리스도교'로 전락시킨 요인입니다. 더 이상의 방치는 안 됩니다.

예수님처럼 삽시다.

예수님처럼 성령님을 바라봅시다.

예수님처럼 아버지께서 하시는 일을 봅시다.

예수님처럼 아버지의 일을 본 그대로 성령님으로 행합시다.

이 길이 성도와 교회가 올바르게 되는 지름길입니다.

이 길이 예수님을 닮는 복된 길입니다.

"예수님께서 베드로와 요한과 야고보를 데리고 기도하시러 산에 올라가사 기도하실 때에 용모가 변화되고(transformed) 그 옷이 희어져 광채가" 났습니다(눅 9:28-29). 예수님의 얼굴에서 나는 광채는 시내산에서 모세의 얼굴 피부에 비친 것과는 전혀 차원이 다른 광채입니다. 모세의 얼굴에서 나는 광채는 신령한 빛을 얼마간 얼굴에 쪼인 것으로, 그래서 곧 사라질 광채였지만,[22] 예수님의 얼굴에서 나는 광채는 내면에서부터 나오는 빛입니다. 그것은 예수님 자신이 참 빛이시기도 하지만, 무엇보다 영광의 영, 성령님께서 내면에 함께 계셨기 때문입니다.[23]

제자들은 그 산에 올라가서 기도하는 동안에 예수님만 보았습니다. 그때 찬란히 빛나는 주님을 뵈옵고 기쁨이 충만했지요. 그러다 "문득 두 사람이 예수님과 함께 말하니 이는 모세와 엘리야라 영광중에 나타나서 장차 예수님께서 예루살렘에서 별세하실 것을 말할새"(눅 9:30-31), 그 때부터 제자들은 마음에 혼동(混同)이 생겼습니다. 그들은 예수님과 모세와 엘리야를 함께 보기 시작했습니다.

---

22) (출 34:30) 아론과 온 이스라엘 자손이 모세를 볼 때에 모세의 얼굴 피부에 광채가 남을 보고 그에게 가까이 하기를 두려워하더니

23) (벧전 4:14) 너희가 그리스도님의 이름으로 치욕을 당하면 복 있는 자로다 영광의 영 곧 하나님의 영이 너희 위에 계심이라

모세는 율법을 대표하고, 엘리야는 은사를 대표하지요.

그러나 그들은 어디까지나 예수님을 예표(豫表)하는 그림자에 불과합니다. 오늘날 교회에도 이런 현상으로 혼란을 겪는 성도가 부지기수입니다. 예수님의 복음과 함께 모세 곧 율법을, 그리고 엘리야 곧 은사를 봅니다.

이처럼 모세와 예수님을 동일선상에 놓고 보기 때문에,

현대판 신종 율법으로 가득한 혼탁한 설교가 판을 치고,

역시 엘리야와 예수님을 동일선상에 놓고 봄으로써,

각종 기적과 은사를 추종하는 소위 은사자(恩賜者)로 넘쳐납니다.

율법주의자들은 예수님을 믿으라고 하면서도 끊임없이 목회방침이니, 교단 헌법이니, 무슨 규칙이니 하면서 자기들이 유리한 쪽으로 신종 율법을 만들어 두려움을 조장하고, 나아가 신종 죄인을 양산하고 있습니다. 그런가하면 은사주의자들은 '은사를 주시는 분(Giver)'은 제쳐놓고, "이 은사(gift)를 보라!", "저 기적(miracle)을 보라!"고 현혹하여 결국 그들의 주머니를 갈취하여 뱃속을 채우기에 급급하고, 추종 세력을 만들어 제왕처럼 군림하고 있으니…….

그래서 그들을 바라보는 이들의 가슴에는 혼돈의 먹구름이 잔뜩 끼어 온통 두려움으로 가득하게 됩니다. 제자들은 예수님과 함께 모세와 엘리야를 번갈아 보다가 혼동을 일으키고 말았습니다. "예수님의 영광과 및 함께 선 두 사람을 보더니 두 사람이 떠날 때에 베드로가 예수님께 여짜오되 주여 우리가 여기 있는 것이 좋사오니 우리가 초막 셋을 짓되 하나는 주를 위하여, 하나는 모세를 위하여, 하나는 엘리야를 위하여 하사이다 하되 자기가 하는 말을 자기도 알지 못하더라 이 말 할 즈음에 구름이 와서 그들을 덮는지라 구름 속으로 들어갈 때에 그들이

무서워하더니 구름 속에서 소리가 나서 이르되 이는 나의 아들 곧 택함을 받은 자니 너희는 그의 말을 들으라 하고 소리가 그치매 오직 예수님만 보이더라"(눅 9:32-36)

오직 예수님만 보이시더라!(눅 9:36)
Only Jesus was found.[HCSB]

오직 예수님만 보이는 삶!
오직 예수님이 전부인 삶!
오직 예수님 외에는 아무도 보이지 않는 삶!

이것이 신앙생활입니다.
이것저것, 이 사람 저 사람, 이 율법 저 은사를 바라보다,
먹구름이 잔뜩 끼어 답답한 가슴을 그대로 가지고 돌이켜,
주님을 바라보십시다!
그러면 서서히 마음속의 먹구름이 사라지고,
오직 예수님 외에 아무것도 보이지 않게 될 것입니다.

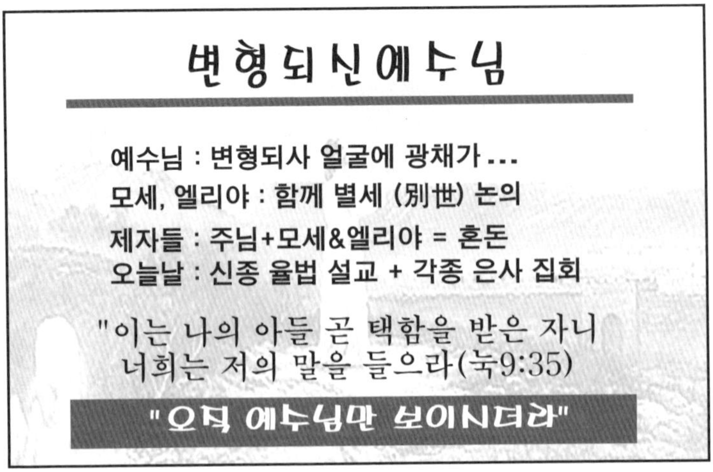

변형되신 예수님

예수님 : 변형되사 얼굴에 광채가 …
모세, 엘리야 : 함께 별세 (別世) 논의
제자들 : 주님+모세&엘리야 = 혼돈
오늘날 : 신종 율법 설교 + 각종 은사 집회

"이는 나의 아들 곧 택함을 받은 자니
너희는 저의 말을 들으라(눅9:35)

"오직 예수님만 보이시더라"

그림 7 / 변형되신 예수님

안산에서 집회를 마치고 기차를 타고 집으로 오고 있을 때의 일입니다. 집회를 한 교회의 담임목사님으로부터 전화가 왔습니다. 그분은 흥분해서 말했습니다.

"목사님, 이 노래를 한번 들어보세요."

> 보라 보라 주를 보라 주를 보라 주를 보라
> 보라 보라 주를 보라 안식하리라
> 안식하리라 안식하리라
> 보라 보라 주를 보라 안식하리라
>
> 보라 보라 ~ ~ 행복하리라
> 보라 보라 ~ ~ 사랑하리라
> 보라 보라 ~ ~ 자유하리라
> 보라 보라 ~ ~ 예수님닮으리

이는 어린이 찬송 가사 "오라 오라 내게 오라"를 개사(改詞)한 것입니다. 우리는 전화기를 붙들고 한참동안 함께 불렀습니다. 저는 기차를 타고 오는 내내 차창 밖을 내다보며, 너무나 감격하여 뜨거운 눈물을 줄줄 흘리며, 몇 번이고 부르고 또 불렀습니다. 그 후 몇 주간이나 계속해서 불렀고, 요즘도 나도 모르는 사이에 이 노랫말을 흥얼거리곤 합니다.

히브리서 11장은 믿음으로 '명예의 전당'에 오른 사람의 명단입니다. 그런데 그 유명한 "믿음으로" 대신에 "주님을 바라봄으로"를 넣어서 읽어 보십시오. 오히려 더 실감날 것입니다.

히브리서 11장 1-38절
-믿음의 명예의 전당-

[1] [주님을 바라봄]은 바라는 것들의 실상이요 보이지 않는 것들의 증거니 선진들이 이로써 증거를 얻었느니라

[3] [주님을 바라봄]으로 모든 세계가 하나님의 말씀으로 지어진 줄을 우리가 아나니 보이는 것은 나타난 것으로 말미암아 된 것이 아니니라

[4] [주님을 바라봄]으로 아벨은 가인보다 더 나은 제사를 하나님께 드림으로 의로운 자라 하시는 증거를 얻었으니 하나님이 그 예물에 대하여 증언하심이라 그가 죽었으나 그 [주님을 바라봄]으로써 지금도 말하느니라

[5] [주님을 바라봄]으로 에녹은 죽음을 보지 않고 옮겨졌으니 하나님이 그를 옮기심으로 다시 보이지 아니하였느니라 그는 옮겨지기 전에 하나님을 기쁘시게 하는 자라 하는 증거를 받았느니라

[6] [주님을 바라봄]이 없이는 하나님을 기쁘시게 하지 못하나니 하나님께 나아가는 자는 반드시 그가 계신 것과 또한 그가 자기를 찾는 자들에게 상 주시는 [주님을 바라보]야야 할지니라

[7] [주님을 바라봄]으로 노아는 아직 보이지 않는 일에 경고하심을 받아 경외함으로 방주를 준비하여 그 집을 구원하였으니 이로 말미암아 세상을 정죄하고 [주님을 바라봄]을 따르는 의의 상속자가 되었느니라

[8] [주님을 바라봄]으로 아브라함은 부르심을 받았을 때에 순종하여 장래의 유업으로 받을 땅에 나아갈새 갈 바를 알지 못하고 나아갔으며

[11] [주님을 바라봄]으로 사라 자신도 나이가 많아 단산하였으나 잉태할 수 있는 힘을 얻었으니 이는 약속하신 이를 미쁘신 줄 알았음이라

20] [주님을 바라봄]으로 이삭은 장차 있을 일에 대하여 야곱과 에서에게 축복하였으며

[21] [주님을 바라봄]으로 야곱은 죽을 때에 요셉의 각 아들에

게 축복하고 그 지팡이 머리에 의지하여 경배하였으며

[22] [주님을 바라봄]으로 요셉은 임종시에 이스라엘 자손들이 떠날 것을 말하고 또 자기 뼈를 위하여 명하였으며

[23] [주님을 바라봄]으로 모세가 났을 때에 그 부모가 아름다운 아이임을 보고 석 달 동안 숨겨 왕의 명령을 무서워하지 아니하였으며

[24] [주님을 바라봄]으로 모세는 장성하여 바로의 공주의 아들이라 칭함 받기를 거절하고 도리어 하나님의 백성과 함께 고난 받기를 잠시 죄악의 낙을 누리는 것보다 더 좋아하고 그리스도님을 위하여 받는 수모를 애굽의 모든 보화보다 더 큰 재물로 여겼으니 이는 상 주심을 바라봄이라

[31] [주님을 바라봄]으로 기생 라합은 정탐꾼을 평안히 영접하였으므로 순종하지 아니한 자와 함께 멸망하지 아니하였도다

[32] 내가 무슨 말을 더 하리요 기드온, 바락, 삼손, 입다, 다윗 및 사무엘과 선지자들의 일을 말하려면 내게 시간이 부족하리로다

[33] 그들은 [주님을 바라봄]으로 나라들을 이기기도 하며 의를 행하기도 하며 약속을 받기도 하며 사자들의 입을 막기도 하며 [34] 불의 세력을 멸하기도 하며 칼날을 피하기도 하며 연약한 가운데서 강하게 되기도 하며 전쟁에 용감하게 되어 이방 사람들의 진을 물리치기도 하며 [35] 여자들은 자기의 죽은 자들을 부활로 받아들이기도 하며 또 어떤 이들은 더 좋은 부활을 얻고자 하여 심한 고문을 받되 구차히 풀려나기를 원하지 아니하였으며 [36] 또 어떤 이들은 조롱과 채찍질뿐 아니라 결박과 옥에 갇히는 시련도 받았으며 [37] 돌로 치는 것과 톱으로 켜는 것과 시험과 칼로 죽임을 당하고 양과 염소의 가죽을 입고 유리하여 궁핍과 환난과 학대를 받았으니 [38](이런 사람은 세상이 감당하지 못하느니라) 그들이 광야와 산과 동굴과 토굴에 유리하였느니라

자, 어떻습니까? '믿음의 사람은 하나같이 주님을 바라보는 생활을 하는 자' 입니다. 성령님으로 거듭난 사람이 아름답게 성숙하여 예수님

의 인격을 재현하는 비결은 믿는 사람의 마음속에 계신 성령님께 두 눈을 고정시키는 삶입니다.

"두 눈을 예수님께 고정시킴(Fixing our eyes on Jesus)!"
이것이야 말로 너와 내가 할 일, 전부입니다.

자, 이제 시작합시다.
"보이는 것(what is seen)은 잠깐이요
보이지 않는 것(what is unseen)은 영원"합니다(고후 4:18).
보이는 것, 잠깐뿐인 것으로 향하던 눈을 돌이켜,
보이지 않는 분, 영원히 계신 분,
내면의 깊숙한 그곳에 계신 분,
나보다 더 나를 보고 싶어 하시는 분,

그 성령님을 향하여 마음의 눈을 고정시키십시다!
그렇게 한 동안 집중하십시다!
그분을 천천히 그리고 깊이, 길게 숨쉬어보십시다!
마음이 흐트러지려하면 다잡고 또 다잡으십시다!
그리고 마음속 깊이 고백합시다.

"사랑하는 주님, 사랑해요."
"사랑하는 주님, 보고 싶어요."
"사랑하는 주님, 고마워요." 샬롬!!

예수님 닮기 원합니다 성령님으로 성령님으로
예수님 닮기 원합니다 성령님으로
성령님으로 성령님으로
예수님 닮기 원합니다 성령님으로 아멘!

제 4장
내면을 향하여

그 날 후에 내가 이스라엘 집에 세울 언약은 이러하니
곧 내가 나의 법을 그들의 속에 두며
그 마음에 기록하여 나는 그들의 하나님이 되고
그들은 내 백성이 될 것이라
- 예레미야 31장 33절 -

제4장
내면을 향하여

성령님을 받으라!

이 말씀을 이루고 싶은 열망 하나로 하나님의 아들이 하늘 보좌를 버리고 이 땅에 오셔서 우리의 모든 죄와 저주를 대신하여 로마병정에게 끌려가서 쇳조각이 달린 채찍에 맞아 살이 떨어져나가고, 피투성이가 되시고, 얼굴에 침 뱉음을 당하시고, 머리에 가시관을 씌우고 홍포를 입혀 조롱당하시고, 손과 발이 십자가에 못 박혀 물과 피를 다 쏟으시고, 무덤에 묻히시고, 장사되신지 3일 만에 다시 살아 나셨습니다. 이렇게 부활하신 예수님께서 안식일 후 첫날 저녁에 제자들에게 오셔서 손과 옆구리를 보이시고, "그들을 향하사 숨을 내쉬며 이르시되 성령님을 받으라"(요 20:22)

> 성령님을 받으라!
> Receive the Holy Spirit!

이 한 말씀!

이 한 말씀을 하시려고…….

이 한 말씀을 주시려고…….

그렇게도 모진 고난을 …….

　　예수님께서 육신을 입고 이 땅에 오심도,

제자들을 부르시고 복음을 전파하심도,
사람들의 모든 죄와 저주를 대신하여 십자가를 지심도,
장사되신지 3일 만에 무덤에서 다시 살아나심도,
오직 이 일, 바로 이 한 일을 이루시기 위함입니다.
이것이 예수님의 지상생애의 총결산입니다.

에덴에서 죄 때문에 사람의 마음속에 더 이상 살 수 없어서,
나가실 수밖에 없으셨던 하나님의 생명이,
예수님의 십자가로 말미암아,
이제 다시 그 마음속에 강림할 길을 여셨으니…….

이것이 복음입니다.
이것이 기쁜 소식입니다.
이보다 더 기쁜 소식이 또 어디 있습니까?
이 복된 복음을 지금 누리고 있습니까?
이 성령님으로 언제나 어디서나 살고 있습니까?
그래서 주님의 평강이 마음을 늘 주장하고 있습니까?
그래서 지금 여기서 에덴의 기쁨을 누리고 있습니까?

아직 아니라면,
그것은 마음속에 성령님을 모시지 않았기 때문이거나,
아니면 마음속에 모신 성령님을 의식하지 않기 때문입니다.
  그분이 누구신지 아십니까? 선지자 이사야는 "이새의 줄기에서 한 싹이 나며 그 뿌리에서 한 가지가 나서 결실할 것이요 여호와님의 신 곧 지혜와 총명의 신이요 모략과 재능의 신이요 지식과 여호와님을 경외하는 신이 그 위에 강림하시리니(사 11:1-2)"라고 예언했습니다.

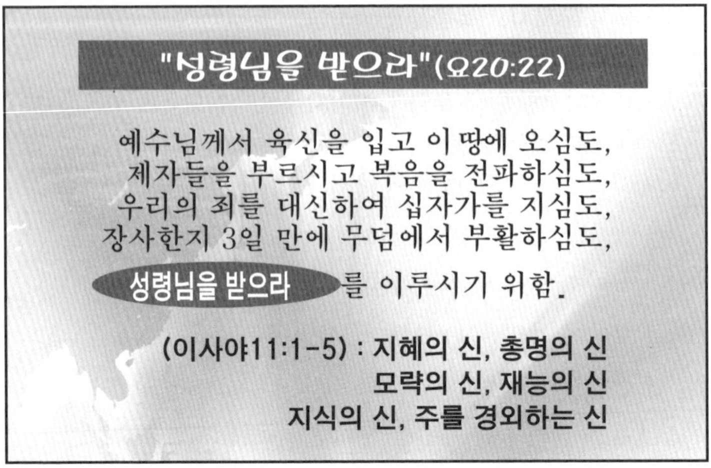

그림 8 / "성령님을 받으라."

성령님(the Holy Spirit)은,
여호와님의 신(Jehovah's Spirit) 곧,
지혜의 신(the Spirit of wisdom),
총명의 신(the Spirit of understanding),
모략의 신(the Spirit of counsel),
재능의 신(the Spirit of power),
지식의 신(the Spirit of knowledge),
여호와님을 경외하는 신(the Spirit of the fear of the LORD)
이십니다.
또한 그분은 진리의 영,[24] 기도의 영, 말씀의 영, 평강의 영,
사랑의 영, 영광의 영, ……이십니다.

예수님께서 목숨을 바치면서까지 주시고 싶어 하셨던 성령님을 마음
속에 모시고도, 그분과 전혀 상관없는 삶을 살고 있으니 ……,
이보다 더 기막힌 일이 또 어디에 있겠습니까?
이보다 더 안타까운 일이 또 있으랴!!!

---

24) (요 14:17) 그는 진리의 영(the Spirit of truth)이라 세상은 능히 그를 받지 못하나니
   이는 그를 보지도 못하고 알지도 못함이라 그러나 너희는 그를 아나니 그는 너희와
   함께 거하심이요 또 너희 속에 계시겠음이라

이보다 더 답답한 일이 또 있으리오!!
성령님의 탄식에 억장이 무너져야 하리 …….

> 이와 같이 성령님도 우리의 연약함을 도우시나니 우리는 마땅
> 히 기도할 바를 알지 못하나 오직 성령님이 말할 수 없는 탄식
> 으로 우리를 위하여 친히 간구하시느니라(롬 8:26)

이제 마음속에 계신 주님과 친밀한 교제를 나눈 앞서간 성도들을 몇
분 만나봅시다.

잔느 귀용(Jeanne Guyon, 1648-1717) ;

그녀는 한 가정의 주부였습니다. 그녀가 파란만장한 가정생활을 극
복하고 예수님의 인격을 닮게 된 이야기는 모든 신앙인의 귀감이 되고
도 남습니다. 예수님을 닮는 신앙인으로 살게 된 동기를 자서전에서
이렇게 쓰고 있습니다. 호된 시집살이로 지쳐있던 차에 친정아버지가
위독하다는 소식을 듣고 달려가서 아버지를 간호하면서 자신의 심정
을 털어놓았습니다. 그러자 그녀에게 한 경건한 사람을 만나보도록 주
선하셔서, 그를 만나서 신앙지도를 받았습니다. :

> 나는 기도할 때 느끼는 어려움과 그 외 여러 이야기를 주저하
> 지 않고 말했다. 그러자 그도 입을 열었다.
>
> "부인, 그것은 이미 부인이 가지고 있는 것을 밖에서 찾으려
> 하기 때문입니다. 이미 오래 전부터 부인의 마음 안에 있었습
> 니다. 부인의 마음을 다시 한 번 돌아보세요. 그러면 하나님을
> 발견할 수 있을 겁니다."
>
> 그는 이렇게 말을 하고는 방에서 나가 버렸다. 하지만 그의 말
> 은 어둠을 격파하듯 내 마음에 깊숙이 박혔고 충격은 감미롭
> 게 느껴졌다. 그의 말에서 나는 내가 지난 수년 동안 찾았던
> 것이 무엇인지 떠오르게 했다.

"주님, 주님은 항상 제 마음속에 계셨습니다. 저는 마치 행복이 제 노력에 달려 있기라도 한 것처럼 무거운 삶을 짊어진 채 주님을 찾으려고 동분서주했습니다! '하나님나라는 눈으로 볼 수 있는 곳에 있지 않고 ……, 하나님나라는 너희 안에 있다.' 이 복음의 말씀을 어쩌면 그렇게 이해하지 못했는지요!"[25]

그가 한 말의 의미를 알고 난 후에 내 마음은 달라졌다. …… 주님은 내 영혼 안에 계신 주님의 임재를 체험하게 해주셨다.

"네 기름이 향기로워 아름답고 네 이름이 쏟은 향기름 같으므로 처녀들이 너를 사랑하는구나"(아 1:3)

나는 이 말씀을 직접 체험했다. 내 영혼 안에서 향기름 내음을 느꼈고, 그것은 내 모든 상처를 단번에 치유했다. …… 불순물이 섞이지 않은 순결한 상태에서 어떤 말이나 행동 없이 내 영혼은 기도에 집중하고 있었다. 이제 내 마음에는 오직 예수 그리스도님만 존재할 뿐이었다. 어떤 이기적인 동기나 이유 없이 주님만 더 깊이 사랑할 수 있도록 다른 모든 것은 사라져 버렸다.[26]

브라더 로렌스(Brother Lawrence, 1611-1691) ;

그는 17세기에 수도원에서 지낸 수도사입니다. 언제나 마음속에 계신 주님을 바라보며 교제하고 주님의 임재를 깊이 체험한 증인입니다. 그의 글들을 좀 길게 인용합니다. :

하나님을 있는 그대로 우리에게 알려줄 수 있는 분은 오로지 하나님뿐이십니다. 우리는 훌륭한 원본을 제쳐놓고 조잡한 사본인 이성(理性)의 추론과 과학을 탐구합니다. 하나님은 우리의 영혼 가장 깊은 곳에 자신의 초상화를 그리십니다. 그러나

---

25) 잔느 귀용, 「잔느 귀용의 순전한 사랑」, 유평애 역(서울: 도서출판 두란노, 개정 24쇄, 2011), p. 62.
26) 같은 책, pp. 63-64.

우리는 하나님을 보려고 하지 않습니다. 우리는 하나님을 홀로 내버려둔 채 어리석은 논쟁에 몰두합니다. 우리 안에 늘 계시는 우리의 왕과 대화하는 것을 귀하게 여길 줄 모릅니다.[27]

제게는 일상의 임무를 수행하는 시간과 기도시간이 다르지 않습니다. 저는 부엌의 온갖 번잡함과 달그락거리는 소음 한 가운데서도, 심지어 몇 사람이 동시에 여러 가지 다른 일을 시킬 때에도 마치 제단 앞에 무릎을 꿇고 있는 것처럼 조용하고 평온하게 하나님을 온전히 소유합니다.[28]

저는 프라이팬에서 계란 프라이를 뒤집는 것도 하나님을 사랑하기 위해서 합니다. 그리고 그 일을 끝마쳤을 때 다른 할 일이 없으면 부엌 바닥에 꿇어 엎드려 그 일을 잘 할 수 있게 은혜를 베풀어주신 하나님을 경배합니다. 그렇게 기도드린 후 다시 일어나면 세상 어떤 제왕(帝王)도 부럽지 않습니다.[29]

우리가 반드시 해야 할 일은, 단지 하나님께서 우리 안에 늘 친밀하게 임재하고 계심을 깨달아 삶의 순간순간 그분과 대화하고 도움을 청하는 것이 전부입니다. 이렇게 할 때 우리는 온갖 불확실한 상황 속에서도 하나님의 뜻을 분명히 깨달아 알 수 있습니다.[30]

진정으로 영적인 사람이 되기 위해서는 오직 하나님만 우리 마음의 주인이 되시도록 다른 모든 것들을 비워내야 합니다. 하나님께서 그것을 원하시기 때문입니다. 우리가 마음에서 하나님이 아닌 다른 것들을 깨끗이 비워내지 않으면, 하나님께서 우리 마음의 주인이 될 수 없으므로 하나님께서 우리 안에서 행하고자 하시는 일 또한 방해를 받습니다.[31]

---

27) 로렌스 형제, 「하나님 임재연습」, 배응준 역(서울: 규장, 2010), p. 17.
28) 같은 책, p. 20.
29) 같은 책, p. 22.
30) 같은 책, p. 79.
31) 같은 책, p. 99.

저는 꼭 필요하지 않은 헌신 행위들과 형식적인 기도를 그만
두었습니다. 대신 하나님께 계속 주의를 집중하고 또 사랑하는
마음으로 언제나 하나님을 의식함으로써 저 자신을 하나님의
거룩하신 임재 안에 가두는 데 전념하고 있습니다. 이는 천국
에서 완벽하게 누릴 수 있는 '하나님의 임재'를 이생에서 '순
간순간 연습하는 것'이라 칭할 만한 것으로서, 하나님과 우리
영혼 사이의 고요하고도 은밀한, 끊임없고 친밀한 대화라고 할
수도 있겠습니다.[32]

위대한 조각가일수록 위대한 예술작품을 만들 것이므로 저는
가장 위대한 조각가이신 하나님 앞에 제 자신을 돌처럼 내어
놓고, 하나님의 완벽하신 형상을 제 영혼에 새겨 온전히 하나
님을 닮을 수 있게 해달라고 구합니다.[33]

믿음으로 하나님을 자주 찾으십시오. 오, 사랑하는 형제여, 하
나님은 당신 밖에 계시면서 당신에게 은총을 부어 주시는 것
이 아닙니다. 주님은 당신 안에 계십니다. 그러므로 다른 어느
곳도 말고 거기, 당신 안에서 주님을 찾으십시오. …… 그러면
머지않아서 당신이 구하는 변화가 당신 안에서 이루어질 것입
니다.[34]

에르네스또 까르데날(Ernesto Cardenal) ;

그는 현재 니카라과의 작은 섬에서 가난한 사람들을 섬기기 위해 창
설한 한 작은 공동체에서 살고 있는 시인 사제입니다. :

아우구스띠노 성인(Augustine;어거스틴)은 이렇게 말씀하신
것이다: "당신이 찾고 있는 것을 계속 찾으시오. 그러나 다른
곳에서 찾으시오." 왜냐하면 그분은 오직 우리들의 가슴속에만

---

32) 같은 책, p. 114.
33) 같은 책, p. 119.
34) 브라더 로렌스 • 프랭크 루박, 앞의 책, p. 122.

계시기 때문이다. …… 하느님(하나님)[35]은 모든 사람의 고향
이다. 하나님만이 우리의 유일한 향수의 대상이다. 하나님은
이 삼라만상의 가장 깊은 내부로부터 우리를 부른다. 그분은
삼라만상의 내부에서 메아리치는 노래이다. 그분이 부르는 소
리는 우리들의 가장 내밀한 가슴속에서 들을 수 있다.[36]

하나님은 우리의 영혼 속에서만 계시는 것이 아니라 육체의
모든 기관 모든 부분에 살아계신다. 하나님은 또한 영혼 속 깊
은 곳에 자리하고 계시며, 사람은 영혼 속에서 하나님의 존재
를 알아보고 이 존재를 향유하기를 바라는 까닭에 고독과 침
묵 속으로 들어가게 된다. 고요한 호수가 하늘만을 비추듯이,
사람은 그의 영혼에 하나님의 영상 이외의 어떤 다른 모습이
비치는 것을 원치 않는다. 거울처럼 고요한 호수에 하늘이 담
기듯이 하나님의 모습은 고독과 평화 속에 모습을 나타내신다.
영혼이 평온을 되찾고 순수해 졌을 때, 영혼의 표면에 하나님
의 얼굴이 떠오르기 시작한다. 하나님의 이 얼굴은 사람의 아
들이며, …… 그것은 또한 모든 하나님의 창조물 속에 아슴푸
레 모습을 드러내는 바로 그 얼굴이다.[37]

사람이 하나님의 존재를 일상생활에서 체험하지 못하는 까닭
은 우리의 매일 매일의 경험은 모두 밖에서 오는 것인데 반해,
이러한 체험은 우리의 내부로부터 온다는 사실에 있다. 우리는
밖으로 향해 있고, 외적인 감각에 의존하고 있는 데, 느닷없이
우리 내부에서 나오는 손길을 느끼게 되고, 목소리를 듣게 되
는 것이다. …… 우리는 우리들 내부에서 부르는 그 다정한 분
의 거절할 수 없는 목소리를 들을 수 있지만, 우리는 그 목소
리가 밖에서 오는 것으로 믿고 있다. 하나님은 어느 곳에나 계
신다는 사실을 잊지 말자. 단지 우리는 내부의 침묵 속에서만
〈그분〉의 목소리를 들을 수 있다.[38]

---

35) 이후로 모든 인용문에서 '하느님'은 '하나님'으로 표기합니다.
36) E. 까르데날, 「침묵 속에 떠오르는 소리」, 김영무 역(왜관: 분도출판사, 1980),
   pp. 37~38.
37) 같은 책, p. 41.
38) 같은 책, pp. 49~50.

썬다 싱(Sundar Singh, 1889-1929) ;

그는 인도의 시크(Sikh)교를 섬기는 가문 출신으로 한때 성경을 불 태우기도 했으나, 전적인 하나님의 은혜로 개종하여, 맨발로 히말라야 산지를 오르내리며 목숨을 걸고 복음을 전파하다가 실종된 하나님의 사람입니다. :

> 이제 나는 부와 지위와 명에도 원하지 않는다. 또 하늘까지도 원하지 않는다. 다만 나의 마음을 천국으로 변케 한 주님만을 요구한다. 그의 무한한 사랑은 다른 모든 사랑을 쫓아 버린다. 많은 신자들이 이 거룩한 생명을 체험하지 못하는 것은 그리스도님이 그 머리와 성경 중에만 살아 있고, 마음 가운데 살아 계시지 않는 까닭이다. 사람은 그 마음을 바치는데서만 그를 볼 수 있는 것이다. 마음은 왕의 왕인 임금의 보좌이다.[39]

> 종교는 마음의 문제이다. 만일 우리가 마음을 바치면 진리를 알 수 있다. 육안이나 지식으로 알 것이 아니요, 마음을 통하여 알 수 있다. 다른 종교는 서적을 통하여 배운다. 그러나 예수 그리스도님을 아는 것은 서적의 지식으로는 얻을 수 없다. 다만 그 마음을 바침으로써 알 수 있는 것이다.[40]

> 그리스도님은 역사상의 인물일 뿐 아니라 지금도 살아 계셔서 활동하신다. 그는 성경 중에 살아 계실 뿐 아니라 우리 마음 가운데 살아 계신다. 사람들은 말하기를 구원은 하나님 안에 결합되는 것이요, 그것은 하늘에 사는 일이다. 우리가 그의 안에 사는 것은 그가 우리 안에 사는 것이다.[41]

찬송가 266장(통 200) 2절을 함께 부르며 가사를 깊이 음미해 보았으면 좋겠습니다.

---

39) 강흥수 역편, 「썬다 싱전집」,(서울: 성광문화사, 1978), p. 92.
40) 같은 책, p. 118.
41) 같은 책, p. 124.

죄악 세상 이김으로 거룩한 길가는
나의 마음 성전 삼고 주께서 계시네
찬송하세 주의 보혈 그 샘에 지금 나아가
죄에 깊이 빠진 이 몸 그 피로 씻어 맑히네

[나의 법을 그들의 속에 두며]

선지자 예레미야는 이렇게 예언하였습니다.

> 보라 날이 이르리니 내가 이스라엘 집과 유다 집에 새 언약을
> 세우리라 나 여호와가 말하노라 이 언약은 내가 그들의 열조
> 의 손을 잡고 애굽 땅에서 인도하여 내던 날에 세운 것과 같지
> 아니할 것은 내가 그들의 남편이 되었어도 그들이 내 언약을
> 파하였음이니라 나 여호와가 말하노라 그러나 그 날 후에 내
> 가 이스라엘 집에 세울 언약은 이러하니 곧 내가 나의 법을 그
> 들의 속에 두며 그 마음에 기록하여 나는 그들의 하나님이 되
> 고 그들은 내 백성이 될 것이라(렘 31: 31-33)

여기에서의 "나의 법"은 옛 언약을 말하는 것이 아닙니다. 하나님께
서 분명히 "이 언약은 내가 그들의 열조의 손을 잡고 애굽 땅에서 인도
하여 내던 날에 세운 것과 같지 아니할 것"이라고 하신 것을 보십시오.
그러면 이것은 신약에서 예수님께서 말씀하신 "새 계명을 너희에게 주노
니 서로 사랑하라 내가 너희를 사랑한 것같이 너희도 서로 사랑하라"(요
13:34)입니까? 그것도 아닙니다. 구약의 율법이든, 신약의 계명이든
간에 돌이나 종이에 문자(the letter)로 쓴 것은 무엇이든지, 그것은 모
두 다 옛 언약입니다.

그렇다면 나의 법, 새 계명, 새 언약은 무엇입니까? 그것은 "그 마음

에 기록하여 나는 그들의 하나님이 되고 그들은 내 백성이 될 것이라"의 성취입니다. 이해를 돕기 위해 에스겔의 예언을 더 봅시다.

> 새 영을 너희 속에 두고 새 마음을 너희에게 주되 너희 육신에서 굳은 마음을 제하고 부드러운 마음을 줄 것이며 또 내 신을 너희 속에 두어 너희로 내 율례를 행하게 하리니 너희가 내 규례를 지켜 행할지라(겔 36:26-27).

에스겔이 말하는 "내 신을 너희 속에 두어"와 예레미야가 말한 "나의 법을 그들의 속에 두며"를 번갈아 가며 보십시오. 이 예언의 성취가 바로 오순절에 강림하신 '성령님'이시요, 이 성령님께서 예수님을 구주로 믿는 사람의 마음속에 임하심입니다. 이를 가장 정확하게 구별하여 설명한 말씀이 고린도후서 3장 6절입니다.

> 저가 또 우리로 새 언약의 일군 되기에 만족케 하셨으니 의문(the letter)으로 하지 아니하고 오직 영(the Spirit)으로 함이니 의문은 죽이는 것이요 영은 살리는 것임이니라(the letter kills, but the Spirit gives life.)

이제 분명해 졌으리라 믿습니다.

구약이 되었든 신약이 되었든,

하나님께서 직접 쓰셨든지 사람이 받아썼든지,

의문(儀文) 곧, 그런 글자는 죽이는 것(the letter kills)입니다.

살리는 것은 영(It is the Spirit who gives life)입니다.

생명을 주는 분은 하나님의 성령님(the Spirit)이십니다.

이 성령님이야말로 마음속에 두신 하나님의 법이요, 새로운 형태의 계명이요, 새 언약입니다. 바로 이 성령님께서 우리를 살리시기 위하여 성전 삼고 거하시는 곳이 믿는 사람의 마음입니다.

> 너희가 하나님의 성전(God's temple)인 것과 하나님의 성령
> 님이 너희 안에 거하시는 것(God's Spirit lives in you)을 알
> 지 못하느뇨(고전 3:16)

그러니까 예수님은 성령님으로 우리의 영혼 속, 우리 존재의 깊은 곳, 우리 몸 성전의 가장 은밀한 곳에 계십니다. 거기가 바로 성령님께서 거하시는 지성소(the Most Holy Place) 입니다. 예수님은 아버지와 함께 우리에게 오셔서 집을 짓고 우리와 함께 거하시겠다고 약속하셨습니다. 그 약속대로 우리 영혼 속에서 하나님의 "거처(make Our home with him)" '하늘궁전'을 지으시고 우리를 만나주시는 분은 성령님이십니다.

> 예수님께서 대답하여 이르시되 사람이 나를 사랑하면 내 말을
> 지키리니 내 아버지께서 그를 사랑하실 것이요 우리가 그에게
> 가서 거처를 그와 함께 하리라(We will come to him and
> make Our home with him.) (요 14:23)

성령님은 진리의 영이요, 기도의 영이요, 말씀의 영이요, 우리와 교제하시는 인격이십니다. 예수님께서 십자가에서 흘리신 피를 움켜쥐고 성령님께서 우리 마음속, 깊은 곳, 영(spirit)속에 들어오신 것은 우리의 모든 죄를 예수님의 십자가 보혈로 씻으시고, 우리 영혼(의식-무의식)속에 아직도 남아 있는 조상 대대로 내려온 망령된 생각과 관습을 모두 제거하시기 위해서 입니다.

그리고 거기, 곧 우리 몸(영-혼-육)에 성령님의 열매로 가득한 "사랑의 아들의 나라"를 재건(再建)하기 위해서입니다.[42] 다시 말해서 우리

---

42) (골 1:13) 그가 우리를 흑암의 권세에서 건져내사 그의 사랑의 아들의 나라로 옮기셨으니

의 인격을 거룩하신 예수님의 인격으로 가꾸기 위해서입니다. 성령님은 성부하나님의 계획대로, 성자하나님의 말씀대로 이 광활한 우주와 신묘막측한 만물을 만드시고, 천국을 설계도대로 건축하신 '천국건축가(Kingdom Builder)'이십니다.

사람들은 [육신] 속에 [영혼]을 품고 있습니다. 사람에 따라 영혼을 함께 보기도 하고, 영과 혼으로 나누어 말하기도 합니다만, 그건 각자 보고 싶은 대로 보시고요. 중요한 것은 예수님을 구주로 영접한 사람의 내면, 깊고 은밀한 곳에 [성령님]께서 임재하여 계신다는 것입니다. 그런데 문제는 [영-혼-육]을 아우르는 [자아]가 어디를 보느냐 입니다. [자아]가 [혼]과 함께 바깥세상으로 향하여 사람을 보고 세상을 보면 만족함이 없습니다. [혼]속에 남아있는 각종 상처와 관습이 적당한 환경/상황과 만나서 불평, 원망, 낙심, 근심, 절망, 짜증, 분노, 혈기, 음란, 교만 ……등을 쏟아냅니다. 이것은 이 땅에서 숨 쉬는 거의 대부분 인간들의 현실입니다.

이를 극복하는 방법은 무엇일까요?
그래서 지금 여기서 예수님의 인격을 닮는 비결이 무엇입니까?
그것은 바깥을 향하던 [자아]가 [영]과 더불어 내면을 향하는 것입니다. [자아]가 마음속, 깊고 은밀한 곳에 계시는 [성령님]께로 향하고, [성령님]과 눈 맞추기를 분초마다 계속할 때, [혼]속에 남아있던 모든 상처와 관습에 따라 나타나는 불평, 원망, 혈기, 음란, 교만……등이 성령님께로 향하고, 성령님과 더불어 그 모든 것을 토설하면, 성령님께서 친히 거룩한 치유의 빛을 발하시어, 그 사람의 내면에 있는 모든 상처를 치유하고, [하나님의 씨알]이 자라고 꽃피워서, 온몸에 [성령님의 열매]로 가득하게 하십니다. 할렐루야!!

그렇다면 무엇을 망설이십니까?

조금도 염려하지 말고 마음을 온전히 성령님께 드립시다.

먼저 주위의 모든 것에 대해서 눈을 감으십시오.

이제는 내적(內的)인 눈을 뜨고 성령님을 의식(意識)하십시오.

마음/심장 속에 계신 성령님을 바라보십시다!

생각이 이곳저곳으로 떠돌지 못하게 통제(統制)하십시다!

아예 생각을 멈추십시다!

성령님께서 마음속에 계신다는 사실만을 굳게 붙잡으십시다!

결코 놓치지 말고 두 눈을 고정시키십시다!

그리고 마음속으로 조용히 말씀드려 보십시다!

"사랑하는 주님, 사랑합니다."
"사랑하는 주님, 고맙습니다."
"사랑하는 주님, 내 마음을 드립니다."

주위가 산만해지면 흩어져 가는 마음을 다잡아 주님께로 되돌려 놓기를 반복하십시오. 어떤 때는 마음이 뜨거워지기도 하고, 때로는 시원해지기도 합니다. 물론 아무런 느낌이 없어도 의심하지 말고 계속하십시오.

느낌보다 사실이 먼저입니다.

내가 성령님을 대면(對面)하고 있다는 사실,

그 사실 자체가 먼저요, 그 다음이 느낌입니다.

주님의 임재 속으로 들어왔으면,

주님과 눈 맞추며 천천히 숨을 쉬십시다!

이제는 그 분 앞에서 잠잠히 있으십시다!

이 일을 하루에도 몇 번씩 반복하다보면,

어느덧 내면의 깊은 곳으로 들어가,

성령님과 감미로운 사랑을 나누고 있는 자신을 발견하게 되고,

나도 모르는 사이에 예수님의 인격을 닮아 있을 것입니다.

마음속 깊은 곳으로부터 솟아오르는 찬송이 있으면 가만히 불러보십시오. 찬송가 89장(통 89)을 마음속으로 불러도 좋습니다. 저는 이 찬송 가사에서 "샤론의 꽃"을 "사랑의 꽃"으로 바꾸어 부르기를 좋아합니다. 샬롬!!

> 사랑의 꽃 예수님 나의 마음에 거룩하고 아름답게 피소서
> 내 생명이 참사랑의 향기로 간 데마다 풍겨나게 하소서
> 예수님 사랑의 꽃 나의 맘에 사랑으로 피소서
>
> 사랑의 꽃 예수님 길이 피소서 주의 영광 이 땅위에 가득해
> 천하 만민 주님 앞에 엎드려 경배하며 영광 돌릴 때까지
> 예수님 사랑의 꽃 나의 맘에 사랑을 피소서 아멘

제 5장
신분과 소속

하나님께 속한 자는 하나님의 말씀을 듣나니
너희가 듣지 아니함은
하나님께 속하지 아니하였음이로다.
- 요한복음 8장 47절 -

제5장
신분과 소속

아빠엄마는 아기가 태어나면 이름을 지어서 출생신고를 합니다. 그 순간 아이의 신분과 소속이 분명해 집니다. 요즘 엄마들은 어린아이가 조금 자라면 손목에 집 주소와 전화번호를 적은 표를 매어 주기도 합니다. 이 또한 신분과 소속을 확실히 하는 것입니다.

아이가 자라서 성년(成年)이 되면 주민등록증을 받고 성인이 되었음을 선언합니다. 그런데 청년이 되어 군대(軍隊)에 입대하면 주민등록증을 반납하고, 전혀 새로운 신분과 소속을 받습니다. 이는 어릴 때부터 줄곧 써온 것과 전혀 다른 신분과 소속입니다. 그래서 그는 부모가 챙겨주던 옷을 벗고 군에서 받은 군복(軍服)을 입고, 소위 사제(私製) 밥을 그리워하며 군대음식을 먹고, 군인의 임무를 수행합니다. 그가 민간인(民間人) 신분일 때는 혹, 죄를 범하면 경찰이 잡아가지만, 이제는 군의 경찰인 헌병(憲兵)이 잡아다가 사회법이 아닌 군법(軍法)에 회부합니다. 왜 그렇습니까? 신분과 소속이 바뀌었기 때문입니다.

예수님은 천국을 "겨자씨 한 알"에 비유하셨습니다.[43] 겨자씨 한 알을 밭에 심었는데, 그 씨알은 자고 깨고 하는 사이에 자라서 커다란 나

---

43) (마 13:31) 또 비유를 들어 이르시되 천국은 마치 사람이 자기 밭에 갖다 심은 겨자씨 한 알 같으니

무가 되었습니다. 겨자씨 한 알은 천국의 말씀 곧, 천국의 씨알입니다.

이 씨알은 말씀이 육신이 되신 예수님께서 인간의 모든 죄를 십자가에서 처리하시고 보내주신 예수 그리스도님의 영, 성령님이십니다.

성령님은 천국의 씨알입니다.

그러므로 예수님을 내 구주로 영접하면, 그 마음 밭에 성령님, 곧 천국의 씨알이 심겨집니다. 어떤 밭에 콩을 심으면 콩밭이 되고, 인삼을 심으면 인삼밭이 되듯이, 우리 마음 밭에 천국의 씨알을 심으면 '천국 밭, 곧 성령님 밭'이 됩니다.

그래서 우리의 신분과 소속이 확 달라집니다.
전에는 '진노의 자녀'였지만,
　　　이제는 '하나님의 자녀'요(엡 2:3-6).44)
전에는 '어둠의 자녀'였지만,
　　　이제는 '빛의 자녀'요(엡 5:8-9).45)
전에는 '세상에 속한 사람'이었지만,
　　　이제는 '하나님께 속한 사람'입니다(요 8:47).46)
우리는 '천국 소속'입니다.

이제 우리는 우리의 새로운 신분과 소속에 걸 맞는 삶을 살아야 합니다. 이처럼 하나님의 자녀다운 삶을 살 수 있도록 하기 위해 우리 마음속에 강림하신 분이 성령님이십니다. 그런데 성령님은 너무나 작은 겨자씨 한 알의 모습으로 오셨기 때문에 우리 눈에 잘 보이지 않습니다.

---

44) (엡 2:3-6) 전에는 우리도 …… 본질상 진노의 자녀이었더니 긍휼에 풍성하신 하나님이 우리를 사랑하신 그 큰 사랑을 인하여 허물로 죽은 우리를 그리스도 예수님과 함께 살리셨고 또 함께 일으키사 그리스도 예수님 안에서 함께 하늘에 앉히시니
45) (엡 5:8) 너희가 전에는 어둠이더니 이제는 주 안에서 빛이라 빛의 자녀들처럼 행하라
46) (요 8:47) 하나님께 속한 자는 하나님의 말씀을 듣나니 너희가 듣지 아니함은 하나님께 속하지 아니하였음이로다

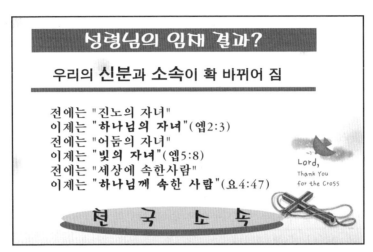

그림 9 / 성령님의 임재결과?

동정녀 마리아에게 임하신 성령님도 보이지 않았습니다. 그러나 마리아는 성령님이 자신에게 임한 것을 알고 믿고 여기고 의식하고 온몸을 드렸습니다. 그 결과 때가 차서 아기 예수님이 탄생하셨습니다. 마찬가지로 우리 마음속에 천국의 씨알, 성령님께서 임하셨지만, 이를 믿고 알고 여기는 사람이 그리 많지 않습니다. 의식하고 바라보고 온마음을 드리는 사람은 거의 없습니다. 그러나 이를 믿고 알고 여기고 마음을 성령님께 드린 사람은 지금 여기서 천국제(Made in Heaven) 열매를 맺습니다.

여러분, 한 알의 밀알을 좀 더 자세히 보십시오. 그 조그마한 밀알 속에 씨눈이 있고, 그 작은 씨눈에 생명이 있습니다. 씨알이 밭에 떨어져 죽으면 씨눈이 자랍니다. 그런데 이 씨눈 속에는 생명과 함께 자신만의 신분과 소속을 분명히 밝히는 유전인자(遺傳因子)가 있습니다. 그래서 밀은 자신만의 '유전인자/DNA' 대로 밀알을 맺습니다. 이처럼 성령님도 "하나님의 씨(God's seed)"속에 그 자신만의 신분과 소속을 분

명히 밝히는 '천국의 유전인자/DNA' 를 가지고 우리 마음속에 임하여 계십니다.[47)

이 '천국의 DNA' 가 무엇인지 아십니까?
그것은 천국제 사랑이요, 희락이요, 화평이요, 인내요,
천국제 자비요, 양선이요, 온유요, 충성이요, 절제요,
천국제 빛이요, 진리요, 은혜이요, 겸손입니다.

우리가 전에 육신에 속하여 있을 때는 "마음에서 나오는 것은 악한 생각과 살인과 간음과 음란과 도둑질과 거짓 증언과 비방"(마 15:19)과 "육체의 일은 분명하니 곧 음행과 더러운 것과 호색과 우상 숭배와 주술과 원수 맺는 것과 분쟁과 시기와 분냄과 당 짓는 것과 분열함과 이단과 투기와 술 취함과 방탕함"(갈 5:19-21)과, 또한 마귀에 속한 불평, 원망, 낙심, 절망으로 가득했습니다.

죄를 짓는 자는 마귀에게 속하나니(He who does what is sinful is of the devil.) 마귀는 처음부터 범죄함이니라 하나님의 아들이 나타나신 것은 마귀의 일을 멸하려 하심이니라(to destroy the devil's work.) (요일 3:8)

"죄를 짓는 자는 마귀에게 속"한다는 말씀이 무엇을 말합니까? 그것은 죄성(罪性)은 곧, 마성(魔性)이라는 것이지요. 우리가 감기에 걸리면 반드시 그 속에 감기 바이러스가 있듯이, 음란죄를 지으면 반드시 그 속에 음란바이러스/음란의 영이 있다는 것입니다. 그것들이 마치 거머리같이 우리 속에 숨어서 "다고 다고('Give! Give!')" 하고 있으니(잠 30:15),[48) 예수님께서 오신 것은 바로 이런 마귀의 일, 곧 죄를 짓는

---

47) (요일 3:9) 하나님께로부터 난 자마다 죄를 짓지 아니하나니 이는 하나님의 씨가 그의 속에 거함이요 그도 범죄하지 못하는 것은 하나님께로부터 났음이라
48) (잠 30:15) [우리말]거머리에게는 두 딸이 있는데 "주시오 주시오" 하며 부르짖는다. [NRSV]The leech has two daughters; "Give, give," they cry.

일을 박멸하기(to destroy) 위해서입니다. 그러므로 예수님을 구주로 영접하면, 옛사람은 예수님의 십자가에서 처리되고, 이제는 전혀 딴 사람, 새사람, 성령님의 소속이 되었습니다. 그러니 성령님의 소속답게 '성령님의 DNA'가 우리의 영혼과 육신을 통하여 드러나야 합니다.

그런데 예수님을 믿은 지 몇 년이나 지난 성도들에게서 예수님의 향기가 그리 많이 나지 않음은 어인 일입니까? 예수님의 향기는커녕, 사도 베드로가 말한 것처럼 "세상의 더러움을 피한 후에", 개가 토한 것을 다시 먹고, 돼지가 더러운 구덩이에 다시 눕듯이, 그런 것에 다시 얽매인 성도들이 부지기수이니, 이것이 어찌된 영문입니까?[49)]

그것은 마음을 성령님께 드리지 않았기 때문입니다. '하나님의 씨'도 씨알입니다. 그 씨알은 밭에 뿌려져서 충분히 자라지 않으면 열매를 맺을 수 없습니다. 우리 마음은 밭인데, 밭을 성령님께 드리지 아니하면 하나님의 씨알일지라도 어떻게 자랄 수 있겠습니까? 이것은 농사의 기본상식입니다. 그러니까 농사의 기본을 무시하고, 교회에 왔다 갔다 하다가 집사님 되고, 나이 들어 권사님 되고, 인기투표해서 장로님 따고, 신학공부 좀 해서 목사님으로 안수 받았으니, 인격이 거의 변하지 않을 수밖에…….

너무 지나친 말을 했으면 용서하십시오. 사실 그 장본인이 바로 저였습니다. 장로님, 목사님이 얼마나 귀합니까? 그렇게 귀한 장로님, 목사님이 되었는데, 예수님인격을 닮은 장로님, 예수님을 닮은 목사님으로

---

49) (벧후 2:22) 참된 속담에 이르기를 개가 그 토하였던 것에 돌아가고 돼지가 씻었다가 더러운 구덩이에 도로 누웠다 하는 말이 그들에게 응하였도다

존경을 받는다면 얼마나 좋을까요? 우리는 신분이 하나님의 자녀요, 우리의 소속은 하나님나라입니다. 우리 마음속에 임하신 성령님은 천국제 유전인자를 그대로 가지고 우리에게 임하셨습니다.

그러므로 우리가 예수님을 닮는 비결은 이 땅에 사셨던 예수님께서 모본을 보이셨듯이, 우리도 성령님을 바라보는 길밖에 없습니다. 복되신 성령님께 마음밭을 드리면 됩니다. 우리가 마음을 성령님께 드리면 성령님은 마음밭에 있는 돌을 제거하시고, 가시떨기와 엉겅퀴와 잡초를 뿌리째 뽑아내고, 부드럽고 푸근한 마음으로 만드시고, 그 속에 천국의 씨알을 심으십니다. 우리가 날마다 순간마다 성령님께 마음을 드리고 자고 깨고 하는 사이에 하나님의 씨알은 자라서 천국제 싹을 내고, 천국제 꽃을 피우고, 마침내 충실한 성령님의 알곡으로 영글어 갑니다(막 4:26-28).

수많은 사람들이 산이나 들에서 목이 터지라 기도하고, 며칠씩 때로 40일씩이나 금식기도하고, 이 교회 저 교회에서 심령부흥회는 그렇게 많이도 열리고, 부흥회마다 열심히 쫓아다님에도 불구하고, 목회자들은 이 세미나 저 세미나를 찾아다니고, 심지어 비싼 경비를 써가면서 외국세미나까지 갔다 왔다지만, 글쎄요. 좀 변했나 싶었는데, 얼마 못 가서 원위치 되고 마는 이유를 아시겠지요.

이제는 더 이상 헤매지 맙시다.
우리 마음을 성령님께 드립시다.
예수님을 닮는 것은 우리 힘과 땀으로 되는 것이 아닙니다.
이 땅의 성도들 중에 잘 믿고 싶지 않은 사람이 어디 있으며, 사랑의 사람이 되고 싶지 않은 성도가 어디 있겠습니까? 믿음도 소망도 사랑도 겸손도 온유도 다 마찬가지입니다. 그것은 우리의 힘과 노력으로 할 수 있는 것이 아닙니다. 우리에게는 그런 것을 할 능력이 전혀 없습니다. 혹, 있다 해도 그것은 변질된 것에 불과하고 조잡하게 흉내를 내는 정도일 뿐입니다.

> 그래서 성령님께서 천국의 씨알로 오셨어요.
> 그러니 우리 마음속에 심겨진 하나님의 유전인자, 곧,
> 성령님의 믿음DNA, 소망DNA, 사랑DNA,
> 성령님의 희락DNA, 화평DNA, 인내DNA,
> 성령님의 자비DNA, 양선DNA, 충성DNA,
> 성령님의 온유DNA, 절제DNA, 성령님의 겸손DNA가
> 성령님의 조명을 받아서 자라야 합니다.

우리가 하나님의 자녀의 신분에 맞는 삶을 사는 비결, 그래서 지금 여기 이 땅에서 예수님의 인격을 재현하는 비결, 그것은 날마다 분초마다 오직 성령님께 마음과 생각을 고정시키는 삶입니다. 오직 성령님께 전인(全人)을 집중하는 삶뿐입니다. 그러면 머잖아 흑암이 가득한 가슴에 빛이 비취고, 혼돈상태인 마음은 정돈되고, 돌 가슴은 부드럽게 녹아지고, 마침내 마음속 깊은 곳에서부터 천국이 자라는 신비로움을 맛보게 될 것입니다.

['소속' 에 대해서 좀 더 살펴봅시다.]

우리는 성령님의 소유요, 하나님나라 소속입니다. "우리의 시민권은 이미 천국"에 있습니다.

> 오직 우리의 시민권은 하늘에 있는지라(Our citizenship is in

heaven.) 거기로서 구원하는 자 곧 주 예수 그리스도님을 기다리노니(빌 3:20)

우리는 더 이상 육신의 습관을 좇지 않고, 성령님을 좇아야 합니다. 하나님의 자녀는 성령님의 인도를 받아야 마땅합니다. 이렇게 성령님의 인도를 받는 하나님의 자녀가 되면, 우리가 성령님을 좇아 행하는 일은 무슨 일이 되었든지 모두 다 신령한 일이 됩니다. 육신을 좇아 육신의 일을 하지 아니하고, 성령님을 좇아 몸의 행실을 죽이며 행하는 것은 무엇이든지 신령한 것입니다.

> 육신을 따르는 자는 육신의 일을, 영을 따르는 자는 영의 일을 생각하나니 육신의 생각은 사망이요 영의 생각은 생명과 평안이니라 …… 너희가 육신대로 살면 반드시 죽을 것이로되 영으로써 몸의 행실을 죽이면 살리니 무릇 하나님의 영으로 인도함을 받는 사람은 곧 하나님의 아들이라(롬 8:5-6,13-14)

성령님으로 밥을 먹는다면 그 밥 먹는 것도 신령한 일이요, 성령님으로 회사 일을 하면 그것 역시 주님의 일입니다. 교회에 나와서 기도하고 성경 읽고, 예배드리고 봉사하고 전도하는 것은 물론 신령한 일이요, 집에서 온 정성으로 자녀를 키우고, 학교에서 열심히 공부하고 운동하고, 공장과 논밭에서 땀 흘려 일하고, 국가의 부름을 받아 조국을 위해 일하고, 직장에서 맡은 일을 충실히 하고, 각자 생업에 최선을 다하고, 생태계를 보존하기 위해 환경을 감시하는 일도 성령님으로 하면 똑같이 신령한 일입니다. 왜냐하면, 우리는 이미 성령님께 소속하여 성령님의 소유가 되었기 때문입니다.

여러분, 물어봅시다.
성도들은 일요일을 "주일(主日)"이라고 합니다.

그러면 월요일은 무슨 날입니까? '평일(平日)'이라고요.

그러면, 그 평일은 누구의 날입니까?

주일이 주님의 날 곧 주님께 속한 날, 주님과 함께 하는 날일 진데, 월요일은 누구에 의한 날이며, 누구에게 속한 날이며, 누구와 함께 하는 날이며, 누구를 위해 살아야 하는 날입니까? 주님께 속하여 주님과 함께 사는 일요일이 주일이라면, 역시 주님을 바라보며 주님의 인도를 받으며 주님과 함께 맞이하는 월요일도 마땅히 주일이지요. 화, 수, 목, 금, 토요일도 역시 주일 곧 주님의 날입니다.

그렇다면 일요일과 다른 요일의 차이는 무엇입니까?

일요일은 온 성도가 다 함께 모여 주님을 뵈옵고 경배하고 찬양하며 예배드리는 주일이요. 다른 요일은 각자가 삶의 현장에서 일하면서 주님을 뵈옵고 주님과 일대일(Man to man)로 교제하는 주일입니다. 또한, 그 주님의 날에 주님을 바라보며 주님으로 하는 모든 일은 다 신령한 일, 주님의 일이 분명하지 않습니까?

예수님께서 거의 30년간이나 목수/석수[50] 일을 하셨습니다.

세상에 속한 일입니까? 천국에 속한 일입니까?

예수님께서 우물가에서 이름도 모르는 사마리아 여인에게 물을 달라하여 얻어 마셨습니다.

영적입니까? 육적입니까?

예수님께서 배에서 주무셨습니다.

---

[50] "목수"라는 헬라어 '테크톤(tekton)'은 '유능한 장인'으로서, 나무나 돌을 가지고 일하는 사람을 지칭하는 용어이다. 그러나 1세기 팔레스타인에서 목수는 주로 돌을 다루는 '석수' 였다. 예수님은 오늘날의 목수보다는 석수에 더 가깝다. 테크톤은 집만 지은 것이 아니라 일상생활에 필요한 항아리, 맷돌 같은 것을 만들기도 했다. 이진희, [유대문화를 통해 본 예수님의 비유],(서울: 쿰란출판사, 2010), p. 188.

세상의 일입니까? 천국의 일입니까?

예수님께서 문둥이 시몬의 집에서 먹고 마시셨습니다.

육에 속한 일입니까? 영에 속한 일입니까?

예수님께서 성전에서 채찍을 만들어 물건 파는 사람들의 상을 엎고, 쏟고, 쫓으셨습니다.

땅의 일입니까? 하늘의 일입니까?

예수님께서 잘못된 종교지도자를 향하여 "독사의 새끼들아" 하고 저주 하셨습니다.

육의 언어입니까? 영의 언어입니까?

부활하신 예수님께서 바닷가에서 제자들의 조반을 만들기 위하여 숯불을 피우고 생선을 구우셨습니다.

영적입니까? 육적입니까?

세상의 일입니까? 주님의 일입니까?

땅의 일입니까? 하늘의 일입니까?

육신적인 일입니까? 신령한 일입니까?

예수님은 비록 육신을 입고 이 땅에 계셨지만, 단 일초도 육신에 속한 적이 없습니다. 세상에 속한 적도 전혀 없으십니다. 우리와 똑같이 먹고 입고 자고 일하고 쉬셨지만, 예수님의 삶은 모두 다 신령하였습니다. 왜냐하면, 예수님은 하늘에 소속하시고, 영에 소속하시기 때문입니다. 그래서 그분은 죄가 조금도 없으십니다.

사람들은, 예수님은 하나님이시니 우리와는 차원이 다르다고 합니다. 그러면 우리가 믿음의 조상이라고 지칭하는 아브라함은 이 땅에서 무엇을 하다 간 사람입니까? 그가 누구를 전도했다는 말은 어디에도 없습니다. 그가 한 일이란 주님의 부르심을 받아 가나안에 와서 단지

가축을 돌보고 집안과 친지를 보살피고 자녀를 키운 것이 전부였습니다. 그렇다면 그의 일은 육신적인 일이요, 세상적인 일이요, 주님의 일이 아니란 말입니까? 그의 삶이 주님의 일이 아니라면, 그를 믿음의 조상으로 보아도 되겠습니까?

아브라함이 가축을 키우든, 농사를 짓든, 집안을 돌보든, 자녀를 키우든지 주님의 마음으로 하면……, 주님께 속하여 한 일이면 무엇이든지, 그것은 다 주님의 일이요, 신령한 일입니다. 그래서 우리는 그를 믿음의 조상이라고 합니다.

하나님의 마음에 합한 자라고 그렇게도 칭찬을 아끼지 않으셨던 다윗의 직업은 무엇입니까? 그는 목동에서 일약 이스라엘의 왕이 되었습니다. 그의 직업은 누가 주셨습니까? 하나님께서 주신 직업이 세속적이고 육신적입니까? 직업 자체가 무슨 세속적인 직업, 육신적인 직업으로 분류되어 있는 것이 아니라, 하나님을 바라보지 않고, 육신의 정욕에 이끌려 그 직위를 오남용(misuse)하여 우리아(Uriah)장군을 적의 화살받이로 세워 죽이고 그 처를 차지했을 때, 그것이 육신적이 되고 세속적이 되고 악이 되는 것입니다.[51]

이제 더 이상 이런 평가, 저런 입방아에 놀아나지 맙시다.
아브라함이 하나님의 허락 없이 행한 일[52]을 제외한, 하나님 앞에서 행한 모든 일이 주님의 일이요 신령한 일입니다. 다윗이 우리아의 아내를 범한 일을 비롯한 각종 범죄를 제외한, 하나님 앞에서 행한 모든

---

51) (삼하 11:26-27)우리아의 처가 그 남편 우리아의 죽었음을 듣고 호곡하니라 그 장사를 마치매 다윗이 보내어 저를 궁으로 데려 오니 저가 그 처가 되어 아들을 낳으니라 다윗의 소위가 여호와 보시기에 악하였더라
52) (창 16:4) 아브람이 하갈과 동침하였더니 하갈이 임신하매 그가 자기의 임신함을 알고 그의 여주인을 멸시한지라

일은 다 주님의 일이었습니다. 예수님께서 하신 일은 무엇이든 처음부터 끝까지 전부 다 영적이요, 주님의 일입니다. 마찬가지로 예수님을 구주로 영접한 우리가 성령님을 모시고 성령님의 인도를 받으면, 죄짓는 일을 제외한 모든 일은 영적인 일이요, 신령한 일이요, 거룩한 일이요, 주님의 일입니다.

교회 일각에서 오해하는 말씀 중에 마르다가 예수님께 음식을 대접하는 내용이 있습니다. 이를 좀 살펴봅시다.

> 예수님께서 한 촌에 들어가시매 마르다라 이름 하는 한 여자가 자기 집으로 영접하더라 그에게 마리아라 하는 동생이 있어 주의 발아래 앉아 그의 말씀을 듣더니 <u>마르다는 준비하는 일이 많아 마음이 분주한지라</u> 예수님께 나아가 가로되 <u>주여 내 동생이 나 혼자 일하게 두는 것을 생각지 아니하시나이까</u> 저를 명하사 나를 도와주라 하소서(눅 10:38-40)

이 말씀에 근거하여 대부분의 사람들이 음식을 준비하는 것은 육적인 일이요 세상적인 일이요, 말씀을 듣는 것은 영적인 일이요 주님의 일이라고 합니다.

과연 그렇습니까?

정말로 음식을 준비하고 먹는 것은 무엇이든 육신적인 일이요, 전혀 영적이 아닌, 그래서 주님의 일이 아닙니까? 그렇다면 주님의 일도 아닌 육신의 일을 하면서 우리는 날마다 음식을 앞에 두고 식탁감사기도를 하고 있는 셈이군요. 정말 그렇습니까? 아니지요. 그건 그렇지 않습니다. 이 땅에 계신 주님도 축사하시고 음식을 잡수시고, 심지어 포도주도 만드시고(요 2:1-11), 떡과 생선도 구우셨습니다.[53] 문제는 음식

---

53) (요 21:13) 예수님께서 가셔서 떡을 가져다가 그들에게 주시고 생선도 그와 같이 하시니라

을 만드는 것 자체가 아니라 음식 만드는 사람의 마음에 있습니다.

마르다는 예수님을 자기 집에 영접하고 예수님을 위해 온 정성을 다해서 음식을 만들었지요. 아마 콧노래를 부르며 행복에 겨웠을 것입니다. 그녀는 있는 재주 없는 재주 다부려가며 여러 가지 음식을 만들다가, 그만 음식 만드는 일에 빠지고 말았습니다. 그래서 마음이 분주하여 자기를 도와주지 않는 동생에 대한 불평, 불만, 원망이 생겼습니다. 이것이 문제입니다. 예수님께서 지적하신 것도 바로 이 점입니다.

> 주께서 대답하여 가라사대 마르다야 마르다야 네가 많은 일로 염려하고 근심하나 그러나 몇 가지만 하든지 혹 한가지만이라도 족하니라 마리아는 이 좋은 편을 택하였으니 빼앗기지 아니하리라 하시니라(눅 10:41-42)

마르다는 많은 일로 분주하고 그래서 "염려"하고 "근심"했습니다. 이것이 바로 기쁨과 행복으로 시작했다가 염려와 근심, 불평과 불만으로 마칠 뻔한 대표적인 사례입니다. 오늘날도 이런 일은 빈번하게 일어납니다.

일에 빠지는 것! 무슨 일이 되었든지 일에 빠지는 것은 위험합니다. 일에 빠지고 몰두하면 반드시 문제가 생깁니다. 걱정과 염려가 생기고, 지나치게 흥분하게 되고, 자기도취(陶醉)에 빠집니다. 그래서 무엇보다 주님이 보이지 않게 됩니다.

우리가 주님께 속하여 주님과 함께 하는 일은 무엇이든지 다 신령한 주님의 일입니다. 막노동을 하는 일도, 학생들을 가르치는 일도, 택시 운전을 하는 일도, 재활용품을 줍는 일도, 아이를 키우는 일도, 농사를 짓는 일도, 물건을 사고파는 일도 모두 다 설교하고 전도하고 교회에서 봉사하는 일과 함께 거룩하고 신령한 주님의 일입니다.

물론 주님의 일에도 '우선순위'가 있고, '경중(輕重)의 차이'가 있지요. 그리고 무엇보다 그 시간에 주님께서 요구하시는 일이 무엇인지 알아 그 일을 우선하는 것이 중요합니다.

그래서 우리는 항상 영의 흐름 즉,
성령님의 움직임을 잘 감지해야 합니다.
사마리아에서 부흥성회를 하다말고,
성령님에게 이끌려 광야로 나간 빌립집사처럼,
성령님의 감동에 민감(敏感)해야 됩니다.
마르다는 이 점에서 다소 둔감(鈍感)하지 않았나 생각됩니다.[54]

[사역과 교제]

이 일과 연결된 또 하나의 사건이 있습니다.

예수님의 발치에서 말씀을 듣던 마리아는 지극히 값비싼 향유 한 근을 가져다가 예수님의 발에 붓고 자기 머리털로 예수님의 발을 씻겼습니다. 이를 본 제자 가룟 유다가 "이 향유를 어찌하여 삼백 데나리온에 팔아 가난한 자들에게 주지 아니하였느냐"고 질책하였지요. 이에 예수님께서 말씀하셨습니다.

---

54) 그리스도교에서 영육을 구별하고 육을 무시하는 습관은 다분히 성속이원론 사상이 팽배한 헬레니즘 철학에 물들었기 때문입니다. 이제 우리는 헬레니즘의 옷을 벗고 예수님/헤브라이즘의 옷으로 갈아입고, 탈속하여 은둔 고행하는 수도가 아닌 귀속하여 각자 삶의 자리에서 수도하는 삶을 살아야 하겠습니다. 이를 정확히 진단하고 처방한 책을 기쁨으로 소개합니다. 길동무/강인태 목사님의 [하비루의 길, 죄인의 길, 비움의 길],(의왕: 케노시스영성원, 2007)

> "저를 가만 두어 나의 장사 할 날을 위하여 이를 두게 하라 가
> 난한 자들은 항상 너희와 함께 있거니와 나는 항상 있지 아니
> 하리라"(요 12:7-8)

이 말씀에서 두 사람의 서로 다른 면을 접합니다.

> 가룻 유다는 주님의 일, 즉 구제사역(使役)에 빠져 있고,
> 마리아는 주님과의 아름다운 교제(交際)에 빠져 있습니다.

이것은 둘 다 꼭 필요합니다. 주님도 이것을 인정하셨습니다. 그러나
일에는 언제나 우선순위가 있습니다. 사역과 교제 중에 어느 것이 선
행(先行)되어야 할까요? 이에 대한 오류는 요즘 우리 주위에 빈번히 일
어나는 일입니다.

목회자는 목회사역에, 전도자는 전도사역에 빠지고, 은사자는 은사
사역에, 봉사자는 봉사 일에 빠지고, 율법주의자는 율법수호에, 성전
주의자는 성전건축에 빠지고, 성경연구가는 성경보존에, 교단수호자
는 교단사수에, 교회성장론자는 교회성장에 빠지고, 신학자는 신학연
구에, 인권 운동가는 인권회복에 빠지고, 환경운동가는 환경 지키는
일에 빠져서, 저마다의 주의주장(主義主張)을 고집합니다.

그러나 주님은 분명히 말씀하셨습니다. 가난한 이웃을 구제하는 것
을 포함한 그 어떤 사역보다 우선하여야 할 것이 주님 자신에게 빠지
는 것, 즉 주님과의 교제가 무엇보다 최우선이라고……

그래서 예수님은 "온 천하에 어디서든지 복음이 전파되는 곳에는 이
여자의 행한 일도 말하여 저를 기념하리라"(막 14:9)고까지 말씀하셨
습니다. 그렇다고 주님의 일을 하지 말라는 것이 아닙니다. 또한 주님

을 위한 사역을 폄하(貶下)하려는 의도도 아닙니다. 다만 모든 사역을 함에 있어, 항상(always), 반드시(surely), 언제든지(everytime), 주님과의 교제가 전제되어야 함을 강조하고 싶습니다.

우리는 하나님의 자녀가 되었습니다.
우리는 의롭게 되었습니다.
우리의 신분(身分)이 하나님의 자녀가 되었습니다.
우리의 소속(所屬)은 이미 하나님의 나라 소속이 되었습니다.
우리의 호적(戶籍)은 이미 하나님나라로 옮겨졌습니다.
이는 우리의 행위(行爲)에 의해서가 아닙니다.
주님을 믿고 마음에 모심으로 그렇게 되었습니다.
그러므로 우리는 무슨 일을 하든지 주님께 빠집시다.
주님께 빠져서 주님을 닮고 주님을 보여줍시다.

주님께 온 마음을 드리면, 무슨 일을 하든지 영적이요 주님의 일입니다. 그러나 소위 영적인 일이요 주님의 일이라고 자타가 인정하는 기도, 예배, 전도, 봉사일지라도 주님을 바라보지 않고, 그 일 자체에 빠지면, 그 사역은 육적인 일이요 세상적인 일이 되고, 악마에게 이용당하는 일이 되고 맙니다.

우리의 교회생활은 물론 가정생활, 직장생활도 주님 안에서, 주님과 교제를 나누면서 주님께 하듯 하면 다 영적인 일이요 주님의 일입니다. 골로새서 3장 18-23절은 이를 잘 말씀해 줍니다.

아내들아 남편에게 복종하라 이는 주 안에서 마땅하니라
남편들아 아내를 사랑하며 괴롭게 하지 말라
자녀들아 모든 일에 부모에게 순종하라 이는 주 안에서 기쁘

<u>게 하는 것이니라</u>
아비들아 너희 자녀를 격노케 말지니 낙심할까 함이라
종들아 모든 일에 육신의 상전들에게 순종하되 사람을 기쁘게
하는 자와 같이 눈가림만 하지 말고 오직 <u>주를 두려워하여 성
실한 마음으로 하라</u> 무슨 일을 하든지 마음을 다하여 <u>주께 하
듯 하고 사람에게 하듯 하지 말라</u>

　레브 길렛(Fr Lev Gillet)의 [당신의 임재 안에서]는 은성출판사에서
그리스도교영성시리즈로 낸 책인데, 참 그리스도인의 삶이 어떠해야
하는지를 잘 말해 줍니다. :

　　"내 아들아, 나는 아주 작은 것들 안에서, 지극히 비천하고 사
　　소한 것들 안에서 너에게 온다. 너의 몸짓 하나 하나도 본질적
　　으로 무한한 내 사랑의 표현이 될 수 있다.
　　네가 접시를 닦고 말릴 때, 그 행동 안에 접시에 담긴 음식을
　　먹게 될 사람들을 향한 사랑을 담아야 한다.
　　어느 부인이 빨래를 너는 모습을 보면서, 너는 무엇을 생각하
　　느냐? 빨래를 널기 위해 벌린 두 팔은 거룩한 십자가를 향해
　　뻗은 두 팔을 생각나게 하지 않느냐?
　　네 사랑으로 변화시키기만 하면, 모든 것이 거룩한 것이 될 수
　　있다.
　　사랑하신 분은 우리 가운데서 섬기는 분이시다."[55]

　　주님, 당신은 육체노동을 거룩하게 하셨습니다. …… 사람들은
　　당신께 대해서 "이는 목수의 아들이 아니냐?"고 말했습니다.
　　…… 당신은 나사렛에서 오랫동안 지내시면서 열심히 일하셨
　　습니다. 당신께서 사역하신 기간은 아주 짧습니다. …… 당신
　　의 제자들은 인간의 손으로 행하는 모든 일을 거룩하게 하신
　　분, 신인이신 분의 본보기를 알파와 오메가로 삼아야 합니다.

---

55) 레브 길렛, 「당신의 임재 안에서」, 엄성옥 역(서울: 도서출판 은성, 2000), p. 50.

…… 주님, 나에게 노동을 더욱 좋아하는 법을 가르쳐 주십시오. 모든 육체적 노동 안에서 나사렛에서 행하신 당신의 일에 동참할 수 있음을 깨닫게 해 주십시오. …… 비록 작은 일이라도, 빨래를 하거나 방 청소를 하면서도, 당신께서 나와 함께, 내 안에서 일하고 계심을 느끼게 해 주십시오.

주님, 우리 자신이 종사하는 직업을 자세히 살펴 그것들이 지닌 거룩한 의미를 발견하는 법을 가르쳐 주십시오. 우리가 하는 일이 변화되어 섬김이 되게 하시며, 은혜의 통로가 되게 해 주십시오.[56]

이제 모든 편견을 훌훌 벗어버립시다.

그리고 자유 합시다.

하나님은 영이시니, 주의 영이 계신 곳에는 자유함이 있습니다.

우리가 날마다 매순간순간 성령님을 바라보면 머잖아

예수님의 인격을 닮게 되어 우리의 신분과 소속에 걸맞은 삶,

자유롭고 행복한 삶을,

지금 여기서 마음껏 누리게 될 것입니다. 샬롬!!

> 예수님 닮기 원합니다 성령님으로 성령님으로
> 예수님 닮기 원합니다 성령님으로
> 성령님으로 성령님으로
> 예수님 닮기 원합니다 성령님으로 아멘!

---

56) 같은 책, pp. 119-121.

제 6장
율법과 성전

또 너희의 범죄와 육체의 무할례로 죽었던 너희를
하나님이 그와 함께 살리시고
우리에게 모든 죄를 사하시고 우리를 거스리고
우리를 대적하는 의문에 쓴 증서를
도말하시고 제하여 버리사 십자가에 못 박으시고
정사와 권세를 벗어버려 밝히 드러내시고
십자가로 승리하셨느니라.
- 골로새서 2장 13-15절 -

제6장
율법과 성전

율법(律法)은 무엇입니까?

율법은 하나님께서 주신 것으로 '하나님의 의(義)'를 보여줍니다. 율법은 '하나님의 수준'이 이러하니, 하나님의 백성인 너희들도 이 수준으로 살아야 한다는 것이지요. 그러나 그 누가 감히 하나님의 수준으로 살 수 있겠습니까? 이 땅에서 과연 하나님의 의(義)에 다다른 사람이 누구이겠습니까? 그러므로 하나님 앞에서는 모든 사람이 다 죄인(罪人)입니다.

> 기록한바 의인은 없나니 하나도 없으며 깨닫는 자도 없고 하나님을 찾는 자도 없고 다 치우쳐 한가지로 무익하게 되고 선을 행하는 자는 없나니 하나도 없도다 …… 모든 사람이 죄를 범하였으매 하나님의 영광에 이르지 못하더니(롬 3:10-12,23)

죄인은 죄 때문에 저주 가운데 살다가 죽어서 심판 받고 지옥 갈 수밖에 없습니다. 바로 이 안타까운 문제를 해결하기 위하여 육신을 입고 이 땅에 오신 분이 예수님이십니다. 이를 좀 더 살펴봅시다.

하나님께서 천지만물을 만드시고 맨 마지막 날 하나님을 속 빼어 닮은 사람을 만드셨으니, 이는 하나님의 행복이요, 기쁨이었습니다. 이처럼 복되신 하나님을 마음에 모시고 사랑을 나누던 곳이 에덴입니다.

그런데 그 하나님의 피붙이(分身)가 하나님 아닌 것에 빠져 버렸으니, 이것이 하나님과의 관계 단절, 즉 신분과 교제의 단절(斷絶)을 가져온 '영적 죽음'입니다.

그럼에도 불구하고 하나님 아버지는 사람을 사랑하사 율법과 성전을 주셨습니다. 이 율법(Law)은 하나님의 수준에서 죄가 무엇인지 깨닫게 하는 하나님의 거울이요. 하나님의 거울에 비치는 인간의 죄를 속(贖)하기 위해 흠 없고 점 없는 짐승을 대신 죽여 피로 씻고 불에 태워 번제로 바치고, 화목제물을 드리면서 하나님과 만나 교제하는 곳이 성전(聖殿)입니다.

[율법, 무엇입니까?]

율법은 왜 생겼습니까? 오늘날 세상에서 법이 생겨나는 과정을 잘 보십시오. 신종 범죄가 생기면 그에 대처하고 재발을 방지하기 위하여 그에 적절한 법이 생깁니다. 마찬가지로 인간이 죄를 범하였을 때, 하나님은 그에 대처하고 예방하기 위해 적절한 법을 주셨으니, 이것이 율법입니다. 그러니까 율법은 에덴에서부터 있던 것이 아닙니다.

사실 에덴에서 날마다 순간순간 하나님의 얼굴을 대면하고 있는 동안에는 "선악과를 먹지 말라"는 것 외에 특별한 법이 필요 없었습니다. 다른 법은 어디까지나 타락 이후의 산물입니다. 이렇게 해서 생겨난 율법은 참으로 온 인류를 모두 다 행복하게 잘 사는 길로 인도할 하나님의 지침서였습니다.

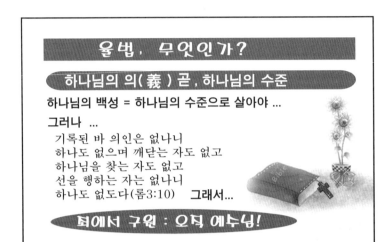

그림 10 / 율법, 무엇인가?

그러나 몇몇 기득권을 가진 종교지도자들이 자신들의 입맛에 맞게 이것저것 가필(加筆)하고 재해석하여 왔습니다. 이런 과정을 겪으면서 하나님께서 본래 주신 기본 정신은 희미하게 퇴색(退色)되고 말았습니다. 즉, 껍데기가 강화되어 알맹이를 질식시키는 결과를 초래했습니다.

그렇다면 애초에 하나님께서 율법을 주신 목적은 무엇입니까? 그것은 한 마디로 '사랑' 입니다. 부모가 자녀에게 무엇을 준수하라고 어떤 규칙을 정해줄 때, 자녀를 괴롭히고 억압하려는 목적이 전혀 아니듯이, 하나님께서 율법을 주신 의도도 억압이 아니라 오히려 자녀의 사랑과 자유와 행복을 위한 것이었습니다.

또 하나 중요한 의도가 있습니다. 그것은 인간의 힘으로는 도저히 이 하나님의 수준인 율법을 다 지킬 수 없다는 것을 깨닫고, 하나님의 도움을 구하게 하기 위한 것입니다. 부모가 자녀들이 지킬 수 없는 규칙을 정하였을 때, 자식이 할 수 있는 가장 현명한 조치가 무엇이겠습니까? 그것은 부모의 도움을 바라고 부모의 얼굴을 구하는 것입니다.

그런데 당시의 종교인들은 율법을 더 잘 지키기 위함이라는 미명(未明)아래 율법을 세분화하고, 오히려 더 철저히 보강했습니다. 그래서 결국 율법은 가진 것이 좀 있고 지식이 좀 있고 권력이 있는 소위 기득권자(旣得權者)들은 요리조리 빠져나가고, 연약하고 힘없는 가난한 민초(民草)들을 억압하고 통제하는 수단으로 악용되었습니다. 이런 내용들이 구약성경의 거의 절반을 차지하고 있습니다.

마이클 웰즈는 하나님께서 율법을 주신 목적을 잘 말하고 있습니다. :

> 율법을 주신 궁극적 목적은 참 하나님만을 항상 의지하고 바라보며 하나님과 하나 됨을 회복하고 하나님과 같이 사는 백성이 되게 하기 위함이었다. 그러나 그들은 살아계시고 주인이신 하나님은 버리고 수단인 율법과 계명만을 붙잡고 숭배하는 제사장과 바리새인들로 전락하고 말았다. "살아계셔서 함께 하시는 하나님에 대한 내적 의식을 잃게 되면 잃게 될수록 사람들은 외적인 율법이나 의식이나 교리 같은 것을 더 붙잡고 강조하며 위안을 받고자 한다. 그래서 그런 것들을 더욱 더 만들어내고 싶어 한다."고 했습니다.[57]

이를 보다 못해 때가 차서, 육신을 입고 이 땅에 오신 분이 예수님이십니다. 예수님은 율법을 폐하러 오신 것이 아니십니다.[58]

> 내가 율법이나 선지자를 폐하러 온 줄로 생각하지 말라 폐하러 온 것이 아니요 완전하게 하려 함이라(I have not come to abolish them but to fulfill them.) (마 5:1)

---

57) 마이클 웰즈, 앞의 책, p. 35.
58) (마 5:20) 내가 너희에게 이르노니 너희 의가 서기관과 바리새인보다 더 낫지 (exceed, better, faithful, surpass)못하면 결코 천국에 들어가지 못하리라
(마 12:6) 나는 자비를 원하고 제사를 원하지 아니하노라(I desire mercy, not sacrifice.) 하신 뜻을 너희가 알았더라면 무죄한 자를 정죄하지 아니하였으리라

그래서 예수님은 무엇보다 먼저 하나님께서 율법을 주신 기본 정신을 다시 회복하셨습니다. 그것은 마태복음 5장-7장까지에 잘 나와 있습니다. 예수님은 율법의 규제를 더욱 강화시키신 것이 아니라, 율법의 기본 정신을 분명히 드러내시어, 아무도 율법의 그물에서 빠져나가지 못하게 하셨습니다. 예를 들어 마태복음 5장 27-28절에서 이렇게 말씀하십니다.

> "또 간음치 말라 하였다는 것을 너희가 들었으나 나는 너희에게 이르노니 여자를 보고 <u>음욕을 품는 자마다 마음에 이미 간음하였느니라</u>"

어떻습니까? 간음에 대한 벌칙(罰則)을 강화하신 것이 아니라, 간음의 범위를 하나님께서 본래 의도하신 대로 확대하셔서 아무도 그 율법의 그물을 빠져나갈 수 없게 하셨지요. 예수님은 이렇게 율법을 완성하셨습니다. 이처럼 율법을 완성하고 보니, 더욱 더 지키기 어려운 율법, 아무도 지킬 수 없는 율법이 되고 말았어요. 그렇습니다. 그렇게 하신 것이 하나님께서 율법을 주신 의도입니다.

인간의 힘으로 도저히 지킬 수 없는 율법.
히브리인들이 모든 방법을 총동원하여 수천 년 동안 힘을 써 보았지만 넘을 수 없는 거대한 태산 같은 율법. 그 율법 앞에서는 너나없이 모두 다 너무나 초라한 죄인이요. 의인은 없나니 한 사람도 없게 되지요.
그래서 하나님의 얼굴을 구할 수밖에 없게 하는 것.
이것이 율법의 기본정신을 드러내신 예수님의 의도입니다.
이렇게 율법의 정신을 살리시어 온 인류에게 미치게 하신 예수님.

그래서 온 인류가 죄인 된 제 모습을 보게 하신 예수님.

이 예수님께서 하신 일이 무엇입니까? 그것은 율법을 성취하는 것입니다. 이를 구약의 이사야 53장 4-6절에서는 이렇게 예언했습니다.

> 그는 실로 우리의 질고를 지고 우리의 슬픔을 당하였거늘 우리는 생각하기를 그는 징벌을 받아서 하나님에게 맞으며 고난을 당한다 하였노라 그가 찔림은 우리의 허물을 인함이요 그가 상함은 우리의 죄악을 인함이라 그가 징계를 받음으로 우리가 평화를 누리고 그가 채찍에 맞음으로 우리가 나음을 입었도다 우리는 다 양 같아서 그릇 행하며 각기 제 길로 갔거늘 여호와께서는 우리 무리의 죄악을 그에게 담당시키셨도다.

이 예언의 성취를 위하여 예수님께서 우리의 모든 죄와 저주를 대신 지고 찔리고 징계를 받고 채찍에 맞고 십자가에 달려 고난을 당하셨습니다. 이처럼 예수님은 하나님의 수준인 율법의 모든 요구를 다 이루셨습니다. 사도바울은 골로새서 2장 13-15절에서 이렇게 쓰고 있습니다.

> 또 범죄와 육체의 무할례로 죽었던 너희를 하나님이 그와 함께 살리시고 우리의 모든 죄를 사하시고 우리를 거스르고 불리하게 하는 법조문으로 쓴 증서를 지우시고 제하여 버리사 십자가에 못 박으시고 통치자들과 권세들을 무력화하여 드러내어 구경거리로 삼으시고 십자가로 그들을 이기셨느니라 (골 2:13-15)

그래요. 예수님은 율법을 십자가에서 다 이루셨습니다. 법조문으로 쓴 증서를 지우시고 제하여 버리셨습니다. 그래서 누구든지 예수님을 구주로 믿는 사람은 예수님의 율법성취를 내 것으로 받고 모든 율법의 정죄에서 벗어납니다. 이 놀라운 성취를 바울은 로마서 8장 1-2절에서 이렇게 가슴 벅찬 선언을 합니다.

이제 그리스도 예수님 안에 있는 자에게는 결코 정죄함이 없
나니 이는 그리스도 예수님 안에 있는 생명의 성령님의 법(the
law of the Spirit of life in Christ Jesus) 이 죄와 사망의 법
에서 너를 해방하였음이라

우리는 해방되었습니다. 죄와 사망의 법에서 해방되었습니다. 우리
영혼이 새가 사냥꾼의 올무에서 벗어남 같이 되었나니 올무가 끊어지
므로 우리가 벗어나 해방되었습니다.[59] 이 감격을 영원히 이어가기 위
해서라도 우리는 십자가를 통과하고 마음속에 강림하신 생명의 성령
님을 보고 또 봅시다.

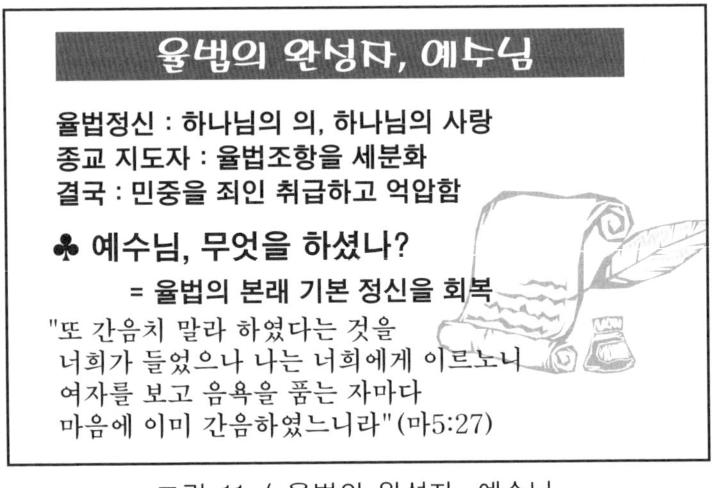

율법의 완성자, 예수님

율법정신 : 하나님의 의, 하나님의 사랑
종교 지도자 : 율법조항을 세분화
결국 : 민중을 죄인 취급하고 억압함

♣ 예수님, 무엇을 하셨나?
  = 율법의 본래 기본 정신을 회복
"또 간음치 말라 하였다는 것을
너희가 들었으나 나는 너희에게 이르노니
여자를 보고 음욕을 품는 자마다
마음에 이미 간음하였느니라"(마5:27)

그림 11 / 율법의 완성자, 예수님

[성전, 무엇을 말합니까?]

성전, 곧 지상성전(地上聖殿)은 왜 생겼습니까?

---

59) (시 124:7) 우리의 영혼이 사냥꾼의 올무에서 벗어난 새 같이 되었나니 올무가 끊어지
　　므로 우리가 벗어났도다

이것도 역시 율법이 생긴 과정을 그대로 밟고 있습니다. 다 아는 것처럼 에덴에는 성전이 따로 없었어요. 사람들이 타락하기 이전에는 성전이 있을 필요가 없었지요. 하나님께서 사람의 영혼 속에 함께 계시니, 사람의 몸이 그대로 하나님의 성전이었습니다. 성전된 사람이 하나님을 모시고 살던 에덴에는 기쁨과 행복과 평화와 노래가 가득했습니다. 그러나 사람이 그 마음에 "하나님 두기를 싫어하매"[60] 하나님께서 더 이상 살 수 없어 나가셨으니, 이것이 '사람성전의 종말' 입니다.

그런데 하나님께서 죄로 인해 영원히 죽을 수밖에 없는 인간들을 불쌍히 여기시어, 다시 죄를 사함 받고 하나님과 교제할 수 있는 한 길을 여셨으니, 그것이 바로 '지상성전' 입니다. 이 지상성전은 초기에는 있는 그대로의 자연석을 몇 개 쌓아올린 "돌재단" 위에 정결한 짐승을 잡아 그 피를 쏟고 제물로 불에 태워 바치면서 자신을 바치는 것이었습니다. 구약성경의 아벨과 아브라함을 비롯한 많은 족장들은 그렇게 제사를 드렸습니다. 모세시대에 와서 하나님의 계시에 따라, "성막(Tabernacle)"을 만들고 각종 제의 규례와 기구와 의복들을 갖추었습니다. 그러다가 통일 왕국을 이룬 다윗-솔로몬 때에, 이웃나라의 신전(神殿 ; temple)을 본 따서 소위 "성전(聖殿 ; temple)"을 건축했습니다.[61]

이 성전은 그러니까 사람의 죄를 대신하여 정결한 짐승을 잡아 그 생명인 피를 뿌리고 제물을 불에 태워 바치므로 죄를 용서받기 위해 속

---

60) (롬 1:28) 또한 그들이 마음에 하나님 두기를 싫어하매 하나님께서 그들을 그 상실한 마음대로 내버려 두사 합당하지 못한 일을 하게 하셨으니
61) "성막을 연구하는 분의 말에 의하면 솔로몬 성전건축에 들어간 돈을 1990년대 말 기준으로 환산하면 한화 400조원에 해당한다고 한다." 길동무, 「하비루의 길」, p. 243.

죄제(贖罪祭)를 드리고, 하나님과 더불어 이웃과도 친밀한 교제를 나누기 위해 화목제(和睦祭)를 드리는 곳입니다. 이 화목제는 "a peace offering;평화제 / a fellowship offering;친교제 / a well- being offering;웰빙제"로 번역됩니다.

하나님은 이처럼 사람들이 평화를 누리길 원하시고, 친교를 원하시고, 무엇보다 건강하고 행복한 삶을 살게 하시기 위해서, 성막(聖幕), 다른 말로 회막(會幕)에서 만나자고 하십니다. 이 표현을 잘 보십시오. 여호와 하나님은 사람들을 당신의 형상대로 만드신 분이요, 그래서 그 분은 우리의 어버이와 동일한 마음, 즉 언제나 자식을 만나고 싶어 하는 그 마음을 가지고 회막(the Tent of Meeting)에서 기다리셨습니다. 그것으로 족합니다.

그런데 그 이상의 의미를 부여하여 거대하고 화려한 성전건축에 골몰하는 것은 절대로 주님을 위한 일이 아닙니다. 주님께서 기뻐하는 일이 결코 아닙니다. 신약성경에는 단 한 번도 지상성전을 지으라는 말이 없습니다. 이런 지상성전은 단지 임시방편에 지나지 않습니다. 하나님은 사람과 온전한 사랑을 나누기 원하셨습니다. 맨 처음 아버지와 자녀가 함께 노닐던 그 에덴을 회복(回復)하길 갈망하십니다. 이 하나님 아버지의 타는 가슴을 그대로 품고 이 땅에 오신 예수님께서 요한복음 2장 19-21절에서 이렇게 말씀하셨습니다.

> 너희가 이 성전을 헐라 내가 사흘 동안에 일으키리라 유대인들이 가로되 이 성전은 사십 육 년 동안에 지었거늘 네가 삼일 동안에 일으키겠느뇨 하더라 그러나 예수님은 성전된 자기 육체를 가리켜 말씀하신 것이라(Jesus was speaking of the temple of His body.)

"이 성전을 헐라 내가 사흘 동안에 일으키리라" 이 말씀을 오해한 당시의 종교지도자들은 예수님을 성전모독죄로 몰았습니다. 그러나 예수님은 참 성전된 자기 육신을 가리켜 하신 말씀입니다. 사도 요한은 계시록 21장 22절에서 이렇게 천국을 본 소감을 얘기하고 있습니다. "성안에 성전을 내가 보지 못하였으니(I sow no temple.) 이는 주 하나님 곧 전능하신 이와 및 어린 양이 그 성전이심이라(the Lamb are the temple of it.)" 하나님의 어린 양, 예수님이 참 성전입니다. 이 참 성전이신 예수님께서 육신을 입고 이 땅에 오셔서 인간의 죄를 대신 짊어지고 십자가에 달려 육신을 찢고 생명과 피를 쏟으시며 선포하셨습니다.

"다 이루었다!"   "It is finished!"
"It's done . . . complete."[MSG]
"테텔레스타이 Tetelestai!"[62]

무엇을 다 이루었다는 것일까요?

1. 하나님의 의(Righteousness)를 다 이루었다는 것이요.
2. 온 인류의 죄를 단번에(Once for all) 씻었다는 것이요.
3. 죄의 근원을 십자가로 완전히 처리하셨다는 것이요.
4. 율법과 성전을 다 이루었다는 것입니다.

성령님이 우리에게 증언하시되 주께서 이르시되 그 날 후로는 그들과 맺을 언약이 이것이라 하시고 내 법을 그들의 마음에 두고 그들의 생각에 기록하리라 하신 후에 또 그들의 죄와 그들의 불법을 내가 다시 기억하지 아니하리라 하셨으니 이것들을 사하셨은즉 다시 죄를 위하여 제사 드릴 것이 없느니라 (히 10:15-18)

---

62) (요 19:30) 예수님께서 신 포도주를 받으신 후에 이르시되 다 이루었다 하시고 머리를 숙이니 영혼이 떠나가시니라

이는 예수님을 구주로 믿는 사람들은 누구든지, 지금까지 지은 모든 죄는 다 용서 받았다는 것이요. 하나님의 수준인 율법을 다 이루었다는 것이요. 이렇게 죄와 율법에서 해방된 사람의 마음속에, 그 옛날 죄 때문에 에덴에서 떠날 수밖에 없으셨던 하나님의 생명이 성령님을 통하여 다시 들어오시는 길을 다 이루었다는 것입니다.

이것이 하나님의 처음 사랑의 회복이요.
하나님 앞에서 우리 죄가 흰 눈보다 양털보다 더 희게 됨이요.
하나님의 자녀의 권세가 복권(復權)됨이요.
하나님께서 보시기에 정결한 성(聖)처녀가 됨이요.
무엇보다 지상성전 시대는 끝나고,
다시 사람성전 시대가 회복되었다는 것입니다.

지상성전 시대 끝
사람성전 시대 시작

사도바울은 이를 고린도교회에 보내는 서신에서 이렇게 증언하고 있습니다.

> 너희가 하나님의 성전인 것과 하나님의 성령님이 너희 안에 거하시는 것을 알지 못하느뇨 Don't you know that you are God's temple and that God's Spirit dwells in you? 누구든지 하나님의 성전을 더럽히면 하나님이 그 사람을 멸하시리라 하나님의 성전은 거룩하니 너희도 그러하니라 God's temple is holy, and you are that temple.(고전 3:16-17)

이제는 예수님을 구주로 영접한 우리 몸이 '하나님의 성전' 입니다. 이렇게 회복된 사람성전의 깊은 곳에 성령님께서 계십니다. 그래서 우리 몸은 성령님이 거하시는 성전입니다.

우리 몸을 좀 더 세분화하면,
　육체는 성전 뜰이요, 영혼은 성전 안이요,
　혼과 영을 구분하면, 혼은 성소요, 영은 지성소입니다.
　성령님은 우리 마음속 그윽이 깊고 은밀한 곳,
　지성소에 지금 좌정하여 계십니다.

우리가 기꺼이 우리의 몸과 마음을 드리고, 성령님을 우러러 보면, 성령님은 우리의 전인(全人)을 받으셔서, 성령님의 전능하신 솜씨를 발휘하셔서 모든 상처를 치유하시고, 고귀하고 정교하고 아름다운 하나님의 성전, 곧 '하나님의 수정궁'을 직접 지으십니다.

> 그의 안에서 건물마다 서로 연결하여 주 안에서 성전이 되어 가고 너희도 성령님 안에서 하나님의 거하실 처소가 되기 위하여 예수님 안에서 함께 지어져 가느니라(In Jesus you are being built together for a dwelling place of God in the Spirit.) (엡 2:21-22)

우리 모두 오늘도 성령님께 조용히 나아가 내 모습 이대로의 상한 마음을 드립시다. 그리하면 예루살렘성전 안에서 장사꾼들을 보시고 노끈으로 채찍을 만들어서, 양이나 소를 다 성전에서 내어 쫓으시고, 돈 바꾸는 사람들의 돈을 쏟으시고, 상을 엎으시고, 기도하는 집을 강도의 굴혈을 만들었다고 크게 책망하셨던, 바로 그 예수님의 영이신 성령님께서 마음성전을 더럽히는 모든 죄악을 엎고, 지옥의 기운을 쏟고, 사탄/마귀/귀신을 쫓아 주십니다.[63]

---

63) (요 2:15-16) 노끈으로 채찍을 만드사 양이나 소를 다 성전에서 내쫓으시고 돈 바꾸는 사람들의 돈을 쏟으시며 상을 엎으시고 비둘기 파는 사람들에게 이르시되 이것을 여기서 가져가라 내 아버지의 집으로 장사하는 집을 만들지 말라 하시니

성전의 완성자, 예수님

에덴생활 : 사람성전 시대
인류범죄 : 사람성전 종말 → 지상성전 시작
성전기능 : 율법에 비친 죄 : [속죄제]
　　　　　하나님과 교제 회복 : [화목제]

다 이루었다 [Tetelestail] (요19:30)

"너희가 하나님의 성전인 것과
하나님의 성령이 너희안에 거하시는 것을
알지 못하느뇨"(고전3:16)

| 지상 성전 시대 끝 | 사람 성전 시대 시작 |

그림 12 / 성전의 완성자, 예수님

그리고 하나님께서 거하시는 거룩한 처소로 만드십니다.
그러니 이제 더 이상 속지 마십시오.
어디에도, 무엇에도, 누구에게도 참된 평화는 없습니다.
영원한 참 평화는 오직 여기만 있습니다.
율법도 성전도 다 이루신 참 평화의 왕, 예수님.
이 예수님의 영, 성령님이 지금 여기 우리 마음속에 계십니다.
오직 성령님께 마음을 드리십시다!
오직 성령님께 두 눈을 고정시키십시다!
오직 성령님을 먹고, 마시고, 숨 쉬십시다!
머잖아 여기, 너와 나의 마음이
하나님과 처음 만나 첫사랑을 고백하던 바로 그 복된 동산,
그 에덴이 이루어질 그날이 속히 올 것입니다. 샬롬!!

　　　예수님 닮기 원합니다 성령님으로 성령님으로
　　　예수님 닮기 원합니다 성령님으로
　　　성령님으로 성령님으로
　　　예수님 닮기 원합니다 성령님으로　아멘!

제 7장
마음으로 기도하기

너는 기도할 때에 네 골방에 들어가 문을 닫고
은밀한 중에 계신 네 아버지께 기도하라
은밀한 중에 보시는 네 아버지께서 갚으시리라
– 마태복음 6장 6절 –

제7장
마음으로 기도하기

하나님은 영원한 사랑이십니다.

사랑은 주고받는 것입니다. 피조물의 마음을 주고 창조주의 가슴을 받는 것입니다. 하나님은 이런 사랑을 주고받는 대상으로 하나님의 형상을 따라 사람을 만드셨습니다. 그래서 사람들에게 자유의지(Free will)를 주어 하나님의 가슴사랑을 받고 가슴사랑으로 화답하기를 원하셨습니다.

그런데 사람은 사탄의 유혹에 빠져서 "생명나무(the tree of Life)"보다 선악의 "지식나무(the tree of Knowledge)"를 택했습니다. 즉, 생명(Life)보다 지식(Knowledge)을 택했습니다.

이것이 인류 비극의 시작입니다.

지금 이 땅에는 두 가지 사랑이 있습니다.

하나는 '머리사랑'이요, 다른 하나는 '가슴사랑'입니다. 이처럼 사랑이 둘로 나뉜 것은 사랑의 변질입니다. 왜 이렇게 사랑이 변질되었을까요? 그것은 사람이 가슴(생명)보다 머리(지식)를 택했기 때문입니다.

> 머리에는 선과 악을 구별하는 지식이 있고,
> 가슴에는 사랑으로 가득한 생명이 있습니다.

사람은 이렇게 자신이 선택한 머리/지식 때문에 우쭐대고, 때로 좌

절하고, 그 머리로 서로 선이니 악이니 비판하고 경쟁하고 치고 박고 물고 뜯고 죽이다가 지쳐서 낙심하고 절망합니다. 그러다 마침내 "천부여 의지 없어서 손들고 옵니다."[64] 항복(降伏)이요. 투항(投降)입니다. 그런 사람들만이 하나님께 마음을 드리게 됩니다. 이런 과정을 통하여 하나님은 머리/지식의 사람을 마음/생명의 사람으로 바꾸십니다.

머리를 포기하는 만큼 마음이 삽니다. 사람들을 가장 괴롭히는 것이 머리입니다. 누가 세상을 어지럽게 만듭니까? 머리 나쁜 사람입니까? 머리 좋은 사람입니까? 어딜 가나 사실 머리가 문제지요. 그렇다고 머리를 전혀 쓰지 말라는 말이 아닙니다. 오해하지 마십시오.

> 지금까지는 머리의 지령(指令)에 따라 가슴이 흥분했다면, 이제부터는 가슴에 강림하신 성령님의 통제를 받는 머리가 되어야 한다는 것입니다.

예수님을 구주로 믿고 그 마음속에 성령님을 모신 사람은 이미 옛사람이 죽고, 하나님의 새 자녀로 거듭났습니다. 그런데 어찌하여 죄를 짓습니까? 그것은 아직도 그 사람의 머리/뇌 속에 남아있는 망령된 행실의 유혹을 이기지 못하기 때문입니다. 이것이 문제입니다. 머릿속에 새겨져 있는 죄의 근원들을 모두 다 뿌리 뽑아버리는 것이 중요합니다.

그런데 머릿속에 있는 죄의 쓰레기들을 혼자서 처리하려고 무작정 덤비면 절대로 안 됩니다. 어떤 폐기물에는 강한 독성이 유출되어 자칫하면 그 독성에 중독되거나 질식사하는 경우도 종종 있습니다. 버리기 위해서 검색하다가 도로 삼키거나 거기에 사로잡히는 경우 말입니다.

---

64) 찬송가 280장(통 338장)

예를 들어, 어떤 사람에 대한 부정적인 생각을 떨쳐버리기 위해 혼자서 머리를 정리하다가 오히려 그 사람이 과거에 자신에게 잘 해주었던 것까지도 무슨 꿍꿍이가 있지 않나 생각하며 점점 더 심각하게 의심하게 되는 경우 말입니다.

이는 스스로 머리를 청소하려다가 그 배후에 숨어서 기회를 노리는 어둠의 세력에게 도리어 걸려든 꼴입니다. 그래서 바울은 골로새교회에 보내는 서신에서 이렇게 썼습니다. "그는 몸인 교회의 머리라 그가 근본이요(Christ is the head of the church ; He is the beginning) 죽은 자들 가운데서 먼저 나신 자니 이는 친히 만물의 으뜸이 되려 하심이요"(골 1:18) 그렇습니다. '믿는 사람의 영원한 머리'는 "예수님"이십니다. 예수님이 신자의 머리 역할을 대신합니다. 예수님을 구주로 영접한 사람의 마음에 계신 성령님은 우리의 마음뿐 아니라 오염된 머리를 접수하셔서 세속에 감염된 모든 쓰레기들을 친히 깨끗이 청소하시는 분이십니다.

너와 내가 머리에 있는 잡동사니를 청소하는 것이 아닙니다. 우리가 우리 머리를 청소하려다가 당합니다. 그러니 이 일은 주님께 맡깁시다. 주님의 인도를 받지 않는 머리의 말을 들으면 안 됩니다. 오직 마음속에 계신 성령님의 감동을 따라 행해야 합니다. 성령님은 우리를 하나님의 감동에 화답하는 마음의 사람, 화목(和睦)의 사람으로 만들고 계십니다.

그런데 오늘날 교회는 어떻습니까?
교회는 하나님을 가슴으로 사랑하는 사람들의 모임입니다. 그렇다면 마음이 큰 사람, 마음이 넓은 사람, 마음이 예수님의 인격을 닮은 사람이 인정받는 곳이어야 합니다. 헌데, 실상은 세상과 조금도 다름없이 머리가 판을 치고 있지는 않습니까?

> 성경암송을 잘하면 선(善)이요, 못하면 악(惡).
> 기도를 유창하게 잘하면 선이요, 못하면 악.
> 전도를 잘하면 선이요, 못하면 악.
> 봉사를 잘하면 선이요, 못하면 악.
> 헌금을 두둑이 하면 선이요, 못하면 악.
> 교회당을 크게 지으면 선이요, 못 지으면 악.
> 교인이 많으면 선이요, 적으면 악. …….

역시나 머리들이 선을 빙자하여 행세하는 이 세상과 다를 바 없는 교회로 전락하고 말았으니……. 생명나무는 간 곳 없고 지식나무로 가득 찬 곳이 되고 말았으니……. 더 이상 지체하지 말고 모두 바꾸어 버립시다. 이제는 너도, 나도, 우리도, 교회도 갱신되어야 합니다. 그런데 요즘, 갱신을 운운하면서 역시 머리의 소산(所産)들이 여기저기에 소개되고 있습니다. 참 그럴싸해 보입니다. 그러나 그런 프로그램들도 역시 머잖아 또 하나의 화석(化石)이 되고 말 것입니다.

그러니 제발 머리로 하는 일을 그만 둡시다. 사람들은 하나님은 선(善)이시니, 악(惡)을 제거하고 선을 택하면 하나님께서 기뻐하실 것으로 알고 있습니다. 그러나 선과 악의 구별은 머리에서 나온 것이어서 지식나무의 열매에 불과합니다. 그러니 머리에서 나온 갱신(更新) 프로그램은 선이든 악이든 무엇이든지 결코 하나님을 기쁘시게 할 수 없습니다.

그러면 교회갱신은 무엇으로 해야 합니까?

그것은 기도로 가능합니다.

머리를 굴리는 기도, 머리로 계산하고 하는 기도가 아니라

마음으로 하는 사랑의 기도로 말입니다.

마음속에 계신 성령님의 인도를 받아 드리는 기도로 말입니다.

[마음 기도, 임재 기도]

기도가 무엇입니까? 기도는 하나님 아버지와 자녀간의 교제(交際)입니다. 기도는 하나님과 끊임없는 교제를 유지하면서 그분의 임재 안에 사는 복된 수단입니다.

교제는 머리보다 가슴으로 해야 합니다.

머리로 하는 교제, 어떻습니까? 그런 교제를 참 교제라고 할 수 있겠습니까? 머리로 따지는, 그래서 다분히 계산된 교제가 과연 참 교제이겠습니까? 오늘날 결혼한 새가정의 삼분의 일 정도가 불과 일 년이 못가서 이혼을 한다고 합니다. 왜 그럴까요. 그것은 각자가 머리로 계산된 교제를 나누었기 때문이 아닐까요?

머리로 하는 기도, 어떻습니까?

머리기도라고 다 그런 건 아니겠지만, 대부분 이기적인 기도입니다. 그렇다고 머리로 하는 기도가 전부 잘못되었다거나 전혀 필요 없다는 뜻이 아닙니다. 따뜻한 가슴의 사랑에 의해 조명되지 않은 머리기도로는 부족하다는 것입니다. 머리기도는 특히, 예수님과 인격적으로 교제하고 궁극적으로 예수님의 인격을 닮는 일에는 거의 도움이 되지 않는다는 것입니다. 오히려 방해될 때가 더 많습니다.

마음으로 하는 기도는 우리를 하나님의 임재 속으로 인도하여, 언제나 주님 앞에 있게 해주는 기도입니다. 마음기도는 생각에 의해 방해를 받지 않습니다. 마음기도를 방해할 것은 아무것도 없습니다. 불 볕더위 속에서 밭을 매는 농부도, 위험한 기계를 조작하는 노동자도, 생명이 경각에 달린 환자를 수술하는 의사도, 유치원에서 뛰어 놀고 있는 어린이도, 공원 벤치에 우두커니 앉아 있는 노인도, 맡은 일에 몰두하는 남정네도, 가사 일에 지친 아낙네도, 누구나 지금 하고 있는 일을 그대로 하면서도 마음기도, 즉 가슴을 주님께 드릴 수 있습니다.

대전에 계신 한 목사님은 마음속에 계시는 주님을 바라보며 마음기도를 드릴 때 성령님께서 말씀하셨습니다.

> 사랑하는 아들아!
> 내가 네 마음속에서 너를 기다린 지
> 몇 년이나 지났는지 아니…….
> 35년 동안이나 기다렸는데,
> 너는 내게 눈길도 한번 주지 않더구나!

목사님은 그 자리에서 한없이 통곡하며 울었습니다. 어디 그 목사님뿐 이겠습니까? 우리 모두 오십보백보(五十步百步)이지요.

이제 마음기도, 임재기도를 직접 해봅시다.

얼마간은 조용한 장소에서 일정한 시간을 내어 눈을 감고 시작합시다. 눈을 감은 채로 잠잠히 지금 마음속에 임재하신 성령님을 바라보십시오. 모든 기도는 주님과 눈 맞추며 시작됩니다. 예수님을 구주로 믿고 성령님을 모신 사람의 마음속에는 성령님이 계십니다. 성령님을 의식하고 마음을 드리라는 것입니다.

머리로 생각하라는 말이 아닙니다.

사랑어린 시선을 성령님께 고정시키십시오. 마음이 잡념으로 산만해지면 조용히 "성령님" "주여" "아버지"…… 중에서 하나를 정하여 반복해서 되뇌십시오. 그러면 마치 안개가 걷히듯 각종 잡념이 물러갈 것입니다. 마음속에 임재하신 성령님을 바라보는 만큼 주님과 가까워집니다. 마음을 성령님께 드리는 만큼 예수님의 인격을 닮게 됩니다.

찬송가 483(새 539)장 1절을 가만히 음미하며 불러 봅시다.

> 너 예수님께 조용히 나가 네 모든 짐 내려놓고
> 주 십자가 사랑을 믿어 죄 사함을 너 받으라
> 주 예수님께 조용히 나가 네 마음을 쏟아 노라
> 늘 은밀히 보시는 주님 큰 은혜를 베푸시리

마음기도, 무엇인가?

기도 :
하나님 아버지와 자녀의 사귐, 교제.
교제는 머리(지식)보다 가슴(사랑)으로…
[머리(지식)보다 가슴(생명)기도]를….

마음 기도, 임재 기도 :
우리를 내면 (內面)으로 인도하여
언제나 어디서나 지금 하는 일을 하면서도
하나님께 마음을 드리고 바라보는 기도.

그림 13 / 마음기도, 무엇인가?

[소리기도]

여러분 소리를 아십니까?

소리는 참 오묘합니다. 아침에 일어나서 창가에 들려오는 새소리를 듣고 있노라면 마음이 저절로 평안해집니다. 깊은 산속에 들어가 계곡을 타고 흐르는 물소리를 듣고 있노라면 마음이 청아해지는 느낌이 듭니다. 그런가 하면 도로를 질주하던 자동차가 급브레이크를 밟는 소리는 가슴이 오그라들게 합니다. 어릴 때 학교교실에서 종종 듣던 칠판 긁는 소리는 어떻습니까?

소리는 어떤 갑작스러운 일을 당하거나 피치 못할 일을 당할 때 자기도 모르게 미처 준비 없이 나오는 원초적 반응입니다. 이때 나오는 소리는 주로 탄성이요, 통곡이요, 의성어입니다.

와우!, 야호!, 으앙~, 엄마~, 아이고~, 우와~,
어퍼! 아야! 으악! 엄마이야!!

이런 소리는 전달속도가 매우 빠르지요. 머리가 아닌 가슴이 그대로 전달됩니다. 길가다가 넘어져서 다쳤을 경우, "내가 넘어져서 다리를 다쳐서 아파요." 하고 우리말로 하는 것보다는 "아야!"라는 소리가 훨씬 빨리 전달되어 주위 사람들이 쳐다봅니다.

소리는 사람이나 장소에 따라 생기가 다릅니다. 유치원과 양로원을 생각해 보십시오. 어디가 생기로 가득할까요? 아무래도 유치원이겠지요. 그래서 일본의 한 유치원 어린이와 양로원 노인들이 함께 점심식사를 나누는 실험을 했는데, 노인들의 생명이 크게 연장되었다고 합니다.

또한 기(氣)가 죽으면 소리도 죽습니다. 그래서 윗사람의 기에 눌린

아랫사람들이 끽소리도 못하고 살아서 각종 질병에 시달리는 경우가 종종 있습니다. 그래서 군대에서는 사기(士氣)앙양을 위해 아침마다 연병장에 나가서 크게 소리를 지르게 하고, 큰 소리로 군가를 부르게 하고, 공격을 하면서도 함성을 지르게 합니다. 훈련생들이 "태권!, 유격!, 공수!"하며 기압을 넣거나 농부들이 함께 일하면서 노래를 부르는 것도 모두 다 기를 살리기 위한 것이지요.

자연계의 소리에는 좋은 소리가 있고 나쁜 소리가 있습니다. 좋은 소리는 좋은 영향을 미치고, 나쁜 소리는 나쁜 영향을 미칩니다. 좋은 소리, 곧 사랑의 소리는 사랑의 기운을 흘려보내어 사랑의 마음을 만듭니다. 그러나 미움의 소리는 미움의 기운을 흘려보내어 미움의 마음을 만듭니다.

영계도 마찬가지로 좋은 소리와 나쁜 소리가 있습니다.
악령의 소리는 어두운, 악한, 더러운 기운,
곧 불평, 원망, 낙심, 한숨, 음란……등을 흘러 보냅니다.
그러나 성령님의 소리는 밝은, 맑은, 아름다운 기운,
곧 사랑, 희락, 화평, 감사, 찬양……등을 발산합니다.
예수님은 "내가 너희에게 이른 말은 영이요 생명(Every word I've spoken to you is a Spirit-word, and so it is life-making.[MSG])"(요 6:63)이라고 하셨습니다. 그러니까 예수님의 말씀은 "생명의 영, 생명을 살리는 영"을 공급하는 목소리라는 말씀이지요.

일상생활에서 보면, 의미 있는 언어는 뇌의 활동을 유발하고, 그래서 무엇인가 말을 꾸미기 위해 머리를 굴리게 되고, 그러다 개인의 욕심이 가미됩니다. 그러나 의미 없는 소리는 심령의 활동을 자극하여 심령을 정화(淨化)시킵니다. 실제로 억울한 일을 당하거나 통곡할 일을 당하여 "으아악~, 와아아~, 으앙~, 야~"하고 크게 소리치거나 실컷 울고 나면, 어느 정도 감정이 해소되고, 마음이 여유로워지는 경험을 해봤을 것입니다.

성경에는 여러 가지 기도방법이 있습니다.

우리는 그 많은 방법을 다 동원하여 주님께 기도합니다. 그 중에 하나, 지금 마음속에 계신 주님을 의식하면서 성령님께 눈을 고정시킨 상태에서, 소리소리 치는 방법이 있습니다. 그것도 기도입니다. 이런 기도를 가리켜 "소리기도"라고 합니다.

마음속에 계신 주님 앞에서 소리를 토하는 것은 마음속에 가득한 나쁜 기운을 토하는 아주 좋은 방법입니다. 그것은 나를 토하고, 주님을 채우는 기도입니다. 나를 토하는 것은 지옥(근심, 두려움, 미움 ……)을 비우는 것이요, 동시에 주님을 채우는 것입니다. 주님을 채우는 것은 결국 천국(거룩, 선, 덕, 사랑, 희락, 화평, 인내, 겸손……)을 채우는 것이지요. 이런 소리기도를 계속하면, 심령이 토설되면서, 영혼이 점점 정화되어, 영계가 열리고, 무엇보다 주님의 임재를 더 친밀하게 의식하게 됩니다.

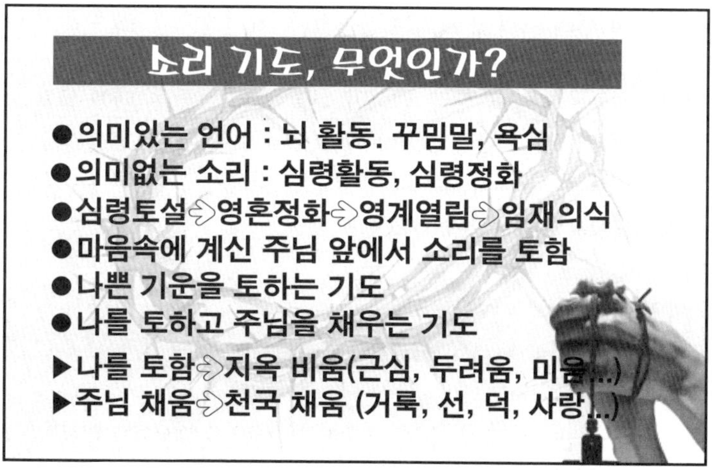

소리 기도, 무엇인가?

- 의미있는 언어 : 뇌 활동. 꾸밈말, 욕심
- 의미없는 소리 : 심령활동, 심령정화
- 심령토설⇨영혼정화⇨영계열림⇨임재의식
- 마음속에 계신 주님 앞에서 소리를 토함
- 나쁜 기운을 토하는 기도
- 나를 토하고 주님을 채우는 기도
- ▶나를 토함⇨지옥 비움(근심, 두려움, 미움...)
- ▶주님 채움⇨천국 채움 (거룩, 선, 덕, 사랑...)

그림 14 / 소리기도, 무엇인가?

성경에는 이런 [소리기도]가 의외로 많이 나옵니다. 이 기도는 하나님의 마음을 감동시키는 순수한 기도입니다.

사라(아브라함의 아내)에게 쫓겨나서 광야를 헤매며 울부짖는 [하갈 모자(母子)의 소리]를 하나님께서 들으시고 응답하셨습니다.

> 하나님이 그 어린아이의 소리를 들으셨으므로 하나님의 사자가 하늘에서부터 하갈을 불러 이르시되 하갈아 무슨 일이냐 두려워하지 말라 하나님이 저기 있는 아이의 소리를 들으셨으니 (God has heard the boy crying as he lies there.) (창 21:17)

애굽에서 노예살이하던 [하비루/히브리의 절규]가 그것입니다.

> 여호와께서 이르시되 내가 애굽에 있는 내 백성의 고통을 분명히 보고 그들이 그들의 감독자로 말미암아 부르짖음을 듣고 (I have heard them crying out) 그 근심을 알고.(출 3:7)

히브리인들이 가나안을 정복하면서 맨 처음 맞닥뜨린 [여리고전투]에서 그들이 사력을 다해 내지른 함성(喊聲)이 그렇습니다.

> 제사장들은 나팔을 불매 백성이 나팔 소리를 들을 때에 크게 소리 질러 외치니(the people gave a great shout) 성벽이 무너져 내린지라 백성이 각기 앞으로 나아가 그 성에 들어가서 그 성을 점령하고(수 6:20)

자식이 없어서 고통당하다가 그 한을 품고 성소에 들어가서 술 취한 사람처럼 절규하던 [한나의 기도]는 소리기도의 모본입니다.

> "나는 마음이 슬픈 여자라(a woman with a broken heart.) …… 여호와 앞에 나의 심정을 통한 것뿐이오니(pouring out

my heart before the LORD.[HCSB])"(삼상 1:15)

[예레미야]는 우리가 너무나 잘 아는 말씀을 주님으로부터 받아서 예언했습니다. 그것은 주님께 부르짖어 기도하면 놀라운 일이 일어난다는 말씀입니다.

> "너는 내게 부르짖으라 내가 네게 응답하겠고(Call to Me and I will answer you.) 네가 알지 못하는 크고 은밀한 일을 네게 보이리라"(렘 33:3)

신약에서 사도 바울은 기도의 한 방법을 말하고 있습니다. 그는 지금 우리 마음속에 와 계신 성령님께서 마음을 감동시켜 우리를 위하여 친히 중보기도를 하신다(the Spirit himself intercedes for us.)고 했습니다. 그때, 성령님께서 하시는 기도는 "낱말로 표현할 수 없는 탄식"(groans that words cannot express.)입니다. 이처럼 낱말, 단어, 모국어로 표현할 수 없는 탄식, 무엇을 어떻게 하는 것입니까?

> 이와 같이 성령님도 우리의 연약함을 도우시나니 우리는 마땅히 기도할 바를 알지 못하나 오직 성령님이 말할 수 없는 탄식으로 우리를 위하여 친히 간구하시느니라(롬 8:26)

사도 바울은 갈라디아교회에 보내는 편지에서 예수님을 구주로 믿는 사람은 그 마음속에 하나님의 아들의 영을 받은 사람이며, 그들은 "아바, 아버지라 울부짖는다(crying out, Abba! Father!)"고 하였습니다.[65] 그렇습니다. 무슨 내용을 조리 있게 말하는 것이 아니라 마음속에 계신 성령님을 의식하면서, 그냥 떠오르는 의성어나 탄식 또는 절규, 곧

---

65) (갈 4:6) 너희가 아들이므로 하나님이 그 아들의 영을 우리 마음 가운데 보내사 아빠 아버지라 부르게 하셨느니라

"아버지~, 아빠~, 주여~"를 계속해서 울부짖는 기도가 성령님에 의한 소리기도입니다. 소리기도를 할 때는 입을 크게 벌리고, 성대를 둥글게 하고, 배에 힘을 주고, "주여~, 주여~"를 반복하면 됩니다.

> 초저녁에 일어나 부르짖을지어다(cry out in the night) 네 마음을 주의 얼굴 앞에 물 쏟듯 할지어다(Pour out your heart like water before the face of the Lord.) (애 2:19)

내면에 있는 상처나 쓴 뿌리가 빠져나오는 것을 상상하면서 하면 더 좋습니다. 악한 세력을 분쇄하기 위하여 문지방 터가 흔들릴 정도로 부르짖는 것은 더욱 좋습니다.

> 이같이 화답하는 자의 소리로 말미암아 문지방의 터가 요동하며 성전에 연기가 충만한지라(사 6:4)

이 소리기도를 계속하면, 심령에 있는 쓰레기가 제거되고, 그래서 영혼이 정화되는 것을 경험하게 됩니다. 다시 말하지만, 소리는 한 사람의 영과 기운을 나타냅니다. 그러므로 우리가 실제로 소리기도를 할 때는 "주여~, 아버지~, 아바~, 야~"로 시작하는 것이 좋습니다. '주여~'를 길게 소리 내어 보십시오. 그러면 나중에 "어~~"가 됩니다. 그러므로 마음속에 계신 주님에게 집중하면 처음에는 '주여~어'를 외치다가 나중에는 '어~~' 소리를 길게 뽑으면 마음에 쌓인 악한 기운이 그 소리와 함께 쏟아져 나옵니다.

이 때 눈물, 구토, 하품, 가래, 기침 ……등의 분비물이 나올 수 있습니다. 놀라지 말고 그런 것을 모두 다 뱉으십시오. 우리가 감기(感氣)에 걸리면, 감기바이러스와 몸의 치유력이 싸우느라고 열이 나기도 하고, 가래, 침, 구토가 나오기도 하는 것처럼, 소리기도를 하다보면 성령님의 강력한 치유력으로 말미암아 내면에 숨어 있던 악한 세력이 그런 분비물을 동반하고 나오는 것은 지극히 당연한 것입니다.

"주여" 외에 우리가 자주 쓰는 소리가 "아버지~"인데, 이 '아버지~이'를 길게 소리 내면 나중에 '이~'가 남지요. 이 "이~~"를 길게 소리 내며 주님과 눈 맞추고 기도하면 더욱 가까이 계시는 아버지를 느낄 수 있습니다. 요즘 어떤 교회에서는 갈라디아서 4장 6절에 맞추어서 "아바~아"를 길게 소리하다가 나중에는 "아~~"를 크게 강하게 길게 높게 낮게 내며 오랜 시간 기도하기도 합니다.

물론 "할렐루야~, 아~, 으~, 이~, 오~, 오우~, 으아~, 야~……." 등을 소리 내면서 기도하는 것도 좋습니다. 저는 주로 "아~~" 소리를 찬양에 맞추어서 합니다. 자주 하는 찬송은 463장(통 518)[신자 되기 원합니다]와 79장(통 40)[주 하나님 지으신 모든 세계]이고, 복음송은 [사랑해요 목소리 높여]입니다. 처음에는 가사를 따라 한두 번 부른 후에 [아~~, 오~~]로 부르면 가슴이 따사로워지고 마음이 달콤해 집니다.

소리기도 초기에는 악한기운이 많이 분출되므로 충분히 배출하여야 합니다. 그렇게 하다보면, 때로 무기력해지기도 하고, 몸살기를 느끼기도 하고, 심지어 가슴이 찢어질듯이 아프기도 합니다. 그러나 이 모든 것은 '영적대수술'에 따르는 증상입니다.
곧 회복될 것이니, 마음 푹 놓고 계속하십시오.
다만 우리가 꼭 명심 또 명심해야 할 것은 이렇게 기도를 할 때, 반드시 그 마음눈은 주님에게 집중해야 한다는 것입니다. 이 소리기도를 계속하면, 마음속에 있는 모든 악하고 더러운 기운(영)이 제거되고, 성령님의 열매가 맺히게 되고, 마침내 예수님의 인격을 닮은 하나님의 사람이 될 것입니다.

　의심하지 마시고 해 보십시오.
　저는 밤낮없이 장소와 시간에 따라 크게, 작게, 강하게, 부드럽게, 높게, 낮게 참 많이 합니다.
　소리기도는 하면 할수록 좋습니다.
　마음이 점점 더 맑아지고 밝아지고 아름다워집니다.
　어떤 때는 천군천사와 어우러져 합창을 하기도 합니다.
　거의 날마다 성령님의 기름 부으심으로 전율합니다.
　더 이상 망설이지 말고 한번 시도해 보십시오.
　건전한 내적치유를 경험하게 될 것입니다.
　구약의 에녹처럼 주님과 더욱 친밀한 교제가 이루어질 것입니다.

　　　주님과 눈 맞추면 모두 다 기도가 됩니다.
　　　주님과 눈 맞추고 모국어로 하면 [언어기도]가 되고,
　　　주님과 눈 맞추고 방언하면 [방언기도]가 되고,
　　　주님과 눈 맞추고 걸으면 [걷는 기도]가 되고,
　　　주님과 눈 맞추고 일하면 [노동기도]가 되고,
　　　주님과 눈 맞추고 소리를 발하면 [소리기도]가 되고,
　　　주님과 눈 맞추고 숨을 쉬면 [호흡기도]가 됩니다.

[호흡 기도, 예수 기도]

　[소리기도]와 더불어 꼭 실행해야 할 중요한 기도가 있습니다.
　그것은 [호흡기도]입니다. 예로부터 "기도는 영혼의 호흡"이라고 했습니다. 썬다 싱의 말을 들어봅시다. :

기도는 호흡이다 기도하는 중에 영혼은 성령님에게로 통하는 길을 연다. 그때 하나님은 거기 기운을 불어넣어 산 영혼이 되게 한다. 기도의 호흡이 끊어지면 그것은 영적 사망이다. 기도는 영적 생명의 호흡이다. 기도란 성령님을 호흡하여 들이는 것을 의미한다. …… 이 기도를 통하여 신선한 공기의 유통이 열린다. 즉 우리 생명이 전적으로 의존하고 있는 하나님의 사랑에서 오는 생명의 활력소를 공급받게 되는 것이다.[66]

"우리가 숨 쉬는 공기를 생각해 보라. 공기는 곧 우리의 생명이지만, 사람이 공기인 것은 아니며 공기가 사람인 것도 아니다. 같은 식으로, 숨을 들이킴으로 공기를 흡입하듯이, 우리는 기도로써 신성한 성령님을 흡입할 수 있다. 우리는 하나님께 가까이 다가갈 수 있을 뿐만 아니라 그와 연합 될 수 있다. 이것은 연합일 뿐만 아니라 생명이기도 한데, 우리가 이 생명을 지니게 되면 놀라우신 하나님의 사랑을 보게 된다."[67]

호흡(呼吸), 날마다 하면서도 별로 생각하지 않고 살았는데, 이 호흡이야말로 생물과 무생물을 가늠하는 기준입니다. 다 아는 대로 인간의 호흡은 공기 중에 있는 산소를 우리 몸속에 공급하고, 피 속에 형성된 이산화탄소를 배출하는 과정입니다. 그러니까 몸속에 발생한 나쁜 사기(邪氣)를 뽑아내고 좋은 정기(正氣)를 공급하지요. 그래서 가끔 산에 가서 맑은 공기를 마시면 그렇게 상쾌할 수가 없습니다.

그리스도교에서는 일찍이 호흡을 기도와 접목하여 활용하여 왔습니다. 호흡은 전혀 의식하지 않고 쉴 때는 몰랐는데, 막상 의식하고 숨을 쉬면 뭔가 색다른 감동이 생깁니다. 바로 이 호흡을 주님과 눈 맞추고 하는 것이 [호흡기도]요, 주로 예수님의 이름을 부르면서 호흡기도를

66) (강흥수, 앞의 책, p. 230,
67) B. H. 스트리터, A. J. 아파사미, 「실천종교에 있어서 신비주의에 관한연구 사두 선다 싱」, 황선국 역(서울: 은성, 1993), pp. 71~72.

하였기에 [예수기도]라고 합니다. 이 둘을 합하여 [예수호흡기도][68] 라고도 하는 이 기도를 좀 더 살펴봅시다.

예수님께서 십자가에 죽으시고 무덤에서 다시 살아나셔서, 안식일 후 첫날 저녁에 마가의 다락방에 숨어서 기도하고 있는 제자들에게 오셔서, 숨을 깊이 들이키시고(He took a deep breath) 그들을 향하여 숨을 내쉬며(breathed into them) 선포하셨습니다.

> 그들을 향하사 숨을 내쉬며 이르시되 성령님을 받으라(요 20:22) He took a deep breath and breathed into them. "Receive the Holy Spirit," he said.[MSG]

그런데 창세기 2장에는, 여호와 하나님께서 천지만물을 만드시고 맨 마지막에 사람을 만드시는 장면이 나옵니다.

> 여호와 하나님이 땅의 흙으로 사람을 지으시고 생기를 그 코에 불어넣으시니(breathed into his nostrils the breath of life) 사람이 생령이 되니라 (창 2:7)

부활하신 예수님께서 하신 말씀과 사람을 만드시고 여호와 하나님께서 하신 말씀을 같이 놓고 보십시오. 무언가 동일한 것이 보일 겁니다. 하나님께서 사람을 흙으로 빚으시고 그 코에 생기(the breath of life)를 불어 넣으셨듯이(breathed), 부활하신 예수님께서도 제자들에게 숨을 내쉬며(breathed) 그들의 코에 성령님(the Holy Spirit)을 불어 넣으셨습니다. 그렇습니다. 그 코에 생기를 받아 숨 쉬는 사람이 생령(a living being)으로 살듯이, 예수님의 생기를 받아 숨 쉬는 사람이라

---

68) 정원, 「예수호흡기도」,(서울: 영성의 숲. 2009), [호흡기도]에 관해 자세히 쓴 귀한 책입니다.

야 성령님으로 사는 사람이라고 할 수 있습니다.

성령님을 히브리어(구약)로는 "루아흐(Ruach)", 헬라어(신약)로는 "프뉴마(Pneuna)"라고 합니다.[69] 이를 번역하면 영, 바람, 기, 숨결, 기운, 입김, 호흡, 하나님의 생명입니다.

> 그래서 성령님/루아흐는 하나님의 영이요,
> 하나님의 신바람이요, 하나님의 입김이요,
> 하나님의 기운이요, 하나님의 호흡이요,
> 거룩한 숨님(the Holy Breath)이요, "생명의 숨"이요,
> "오직 창조주가 매 순간 불어 주는 영적인 호흡"입니다.[70]

이 땅의 생명 있는 모든 것이 숨을 쉬어야 살듯이, 하나님의 자녀는 거룩한 숨을 쉬지 않고는 거룩한 하나님의 생명을 유지할 수 없습니다. 그러므로 하나님의 자녀가 성령님 곧, 거룩한 숨님을 호흡하는 것은 당연한 것이요, 온 성도가 지금 여기서 마땅히 누려야 할 행복입니다. 그런 의미에서 [호흡기도]는 아무리 강조해도 지나치지 않습니다.

그러나 공교롭게도 호흡으로 하는 기도는 거의 알려져 있지 않습니다. 이것은 초대교회 이후 교부시대로부터 이어져온 값진 유산입니다. 우리 개신교가 어쩌다 이처럼 고귀한 유산을 무시하게 되었는지 ······ 참으로 안타깝습니다.

---

69) 70인역(LXX)에서는 "루아흐"라는 히브리 단어를 "프뉴마"로 번역하고 있다. "루아흐"는 성경에서 389회 사용되었고, 113회 이상이 "바람"을 가리키는 데 사용되었으며, 136회는 "하나님"을 가리키는데 사용되었다. "루아흐"란 "떠도는 바람", "숨", "창조적인 생명력", "자립적인 존재로서의 영"을 의미한다. 한수환, 앞의 책, P. 55.
70) 인간은 창조주 앞에서는 본질적으로 "네페쉬" 곧 사람이며, 이것은 창조주가 불어주는 "루아흐"라고 하는 생명의 숨, 즉 오직 창조주가 매 순간 불어 주는 영적인 호흡으로만 존재할 수 있다. 그래서 네페쉬와 르아흐는 떼어놓을 수없는 숙명적인 관계이다. 루아흐 없는 네페쉬란 영혼 없는 육체와 같고, 네페쉬 없는 루아흐는 육체 없는 영혼과 같다. 같은 책. p. 202.

[호흡기도]는 초대교부 시대로부터 동방그리스도교를 통하여 오늘날까지 이어오고 있습니다. 주로 사막에서 은둔하던 수도사들이 해 온 기도입니다. 그들은 이 기도를 "예수기도"라고 합니다. 칼리스토스 웨어(Kallistos Ware)는 이렇게 말했습니다.

> 예수기도를 일종의 '그리스도교적 만다라'라고 부르기도 하는데, 이것은 잘못된 것이다. 예수기도는 단순히 운율적인 기원이 아니다. 그 기원에는 특별한 인격적 관계와 의식적으로 고백하는 믿음이 함축되어 있다. 이 기도의 목표는 단순히 모든 생각의 정지에 있는 것이 아니라 하나님을 만나는 데 있다. 그 기도는 성육하신 하나님의 아들, 참된 신이시면서 완전한 인간이신 분, 우리의 주님이요 구세주이신 분께 대한 분명한 신앙고백을 구체적으로 인격적으로 표현한다. 이러한 인격적인 관계, 분명한 신앙고백이 없으면 예수기도를 드릴 수 없다.[71]

이 예수기도의 핵심은 "예수님의 이름"입니다. 이 예수님의 이름을 호흡에 맞추어 기도하는 것입니다. 그 예수님의 이름에 대한 웰란더 D. Welander(개신교인)의 아름다운 시를 함께 음미해 봅시다.

> 예수 이름은 결코 사라지지 않고,
> 영원히 살아 머뭅니다.
> 예수 이름은 고요함을 가져오고,
> 평화와 기쁨으로 아름답습니다.
> 모든 사람들이, 죄악에 빠진 이들조차도
> 그 이름의 축복을 받습니다.
> 그들을 사악한 길에서 불러내어
> 영혼을 하나님께로 인도합니다.

> 예수 이름은 나에게 소중하고,

---

71) 바니드 맥긴 & 존 마이엔도르프 & 장 레크레르크 편집, 「기독교영성(I)」, 유해룡 외 3명 역(서울: 은성, 2003), p. 651.

내 마음은 뜨겁게 불타오릅니다.
오, 나의 해방자여 감사드리오니
당신을 통해 구원을 찾기 때문입니다.
예수 이름은 빛나야 하고
땅과 바다를 넘어 멀리까지 빛나야 합니다.
모든 이에게 위로와 희망을 주고
그에게 영광을 널리 알립니다.
주님을 슬프게 하는 모든 것은
예수 이름 앞에서 사라집니다.

예수 이름을 사랑하는 이는
죄와 불의를 이깁니다.
예수 이름은 밝게 빛나고
그 광채는 사라지지 않습니다.
예수 이름은 한밤중에도
영혼에 빛을 보내 줍니다.
언젠가 세상이 사라지고
태양이 빛을 잃게 되더라도
예수 이름은 계속 불릴 것입니다.
영원히 사라지지 않을 것입니다.[72]

저는 이 '예수기도', 즉 '심장기도' '호흡기도'를 실생활에 적용하면서 엄청난 유익을 얻었습니다. 특히, 주님의 임재를 실제로 체험하고, 죄의 유혹을 이기는 데는 이보다 더 좋은 기도가 없습니다. 이제 기쁜 마음으로 이를 소개합니다.

동방그리스도교에 의해 이어온 [예수기도]는 누가복음 18장 13절에 나오는 세리의 기도를 모본으로 하고 있습니다.

---

72) 엠마누엘 융클라우젠, 「예수기도 배우기」, 김영국 역(서울: 성바오로출판사, 2011) p. 53-54.

세리는 멀리 서서 감히 눈을 들어 하늘을 우러러 보지도 못하
고 다만 가슴을 치며 가로되 <u>하나님이여 불쌍히 여기옵소서
나는 죄인이로소이다</u>(God, have mercy on me, a sinner.)
하였느니라

[예수기도]는 이렇게 합니다.

<u>먼저 심장 깊은 곳에 계신 주님을 의식하면서,</u>
숨을 들이쉬며 "주 예수 그리스도님"
숨을 내쉬며 "죄인인 나를 불쌍히 여기소서."

"주 예수 그리스도님, 저를 불쌍히 여기소서!"
"Kyrie, eleison!(키리에 엘레이손)"
"Lord, have mercy!(로드, 햅 멀시!)"

이렇게 하루에 수천, 수만 번씩 하다가 나중에는 하루 온종일 날마다
계속합니다. 이 기도의 핵심은 마음을 심장에 집중하는 것입니다. 그
러니까 숨을 들이키면서 "주 예수 그리스도님" 할 때는 기도하는 사람
의 심장 속으로 거룩한 숨님이 들어오지요. 그리고 숨을 내쉬면서 "죄
인인 나를 불쌍히 여기소서."라고 할 때는 주님의 은혜를 온몸과 주위
환경에 적용합니다.[73]
　저는 이를 좀 더 간결하게 합니다.

들숨에 "예수님", 날숨에 "사랑해요! / 고마워요!"
들숨에 "성령님", 날숨에 "사랑해요! / 고마워요!"
들숨에 "아버지", 날숨에 "사랑해요! / 고마워요!!"

---

73) 무명의 순례자, 「순례자의 길」, 엄성옥 역(서울: 은성, 1999) 한 순례자가 '쉬지 않고
　기도하는 방법'을 찾아 여행하는 참 귀한 책입니다. 읽어보시면 많은 유익이 있을 것
　입니다.

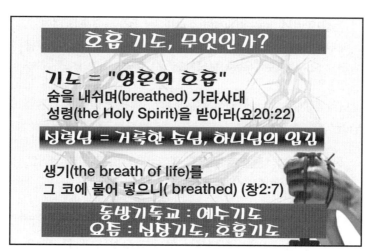

그림 15 / 호흡기도, 무엇인가?

　이렇게 마음속에 계신 주님을 바라보며 거룩한 숨을 계속 쉬어 보십시오. 예를 들어, 회사에 출근을 해야 한다면, 빨리 가려는 생각에 사로잡혀 운전에 빠지지 말고, 차안에 거룩한 주님께서 가득하심을 의식하고, 성령님께 마음을 드리십시오. 그리고 가만히 속으로 호흡에 맞추어 음미해보시기를 바랍니다.

　　(들숨에) "예수님", (날숨에) "사랑해요!"
　　(들숨에) "아버지", (날숨에) "고마워요!"

　한 장로님이 서울에서 안산까지 매일 새벽기도를 다녔습니다. 그는 새벽기도 시작시간을 맞추기 위해 차를 총알같이 몰다가 거의 매일 갑자기 끼어들거나 앞에서 알짱거리는 다른 차 때문에 놀라서 욕을 하면서 갔다가, 마치고는 또 급히 돌아오다가도 역시 욕을 바가지로 했습니다. 그러니까 욕으로 시작하여 쌍욕으로 끝나는 새벽기도였지요. 이 문제를 해결하기 위해 저를 찾아왔기에, 그 장로님에게 이 [예수님호흡기도]를 권했습니다.

"눈을 뜨면서 마음속에 계신 주님과 눈 맞추고 호흡을 하면 그 때부터 새벽기도가 시작된 것입니다. 예배시간은 물론, 차를 타고 오가면서도 계속해 보십시오."

그 다음날 새벽에 그대로 시도해 보고서 들뜬 마음으로 전화를 걸어 왔습니다.

"목사님! 난생 처음으로 욕하지 않고 새벽기도를 갔다 왔어요, 너무너무 감사해요."

저는 성도들에게 이 [예수호흡기도]를 언제 어디서나 생활화하라고 강조를 하였는데, 어떤 상황에서는 하기가 무척 힘들다는 말을 듣고 직접 체험해 보았습니다. 실제로 공사판에서 막노동을 며칠 해보고 더 간결해야 할 필요성을 느꼈습니다. 군대에서 고된 훈련에 더욱 집중케 하기 위해, 산악훈련 중에는 "유격, 유격", 공수낙하훈련 중에는 "공수, 공수"하고, 태권도 수련 중에는 "태권, 태권"하면서 기합을 넣듯이, 걸음과 호흡에 맞추어 두자(2字) 혹은 한자(1字)로 하는 것이 좋다는 것을 알았습니다.

(들숨에) "예수!", (날숨에) "충만!"
(들숨에) "예!", (날숨에) "수!"
(들숨에) "충!", (날숨에) "만!"

한번 해보십시다!
주님이 계시는 심장을 마음눈으로 보거나,
거울 앞에서 거울에 비친 자신의 심장을 바라보며 해보십시다!
아마 마음속, 깊은 곳에서 뭉클 하는 것이 올라오면서 자신도 모르게 뜨거운 눈물이 흐르기도……. 때로, 세미한 소리가 깊은 곳에서 들리기도……. 그 옛날 성전 마룻바닥에 엎드려 기도하다 잠든 어린 사무엘을 부르시던 그 부드러운 목소리 말입니다.

"내 사랑하는 딸아 / 아들아,
내가 너를 얼마나 기다렸는지 아니!"

이제 더 이상 우리 주님을 기다리게 하지 맙시다.
언제 어디서나 무슨 일을 하든지 성령님께 마음을 드립시다.
쉬지 말고 기도하라(살전 5:17)고 하신 성령님이
우리 마음속에 계십니다.
그러니 주님께 우리 마음을 드리고 잠잠히 우러러보며,
거룩한 숨님/루아흐를 먹고 마시고 숨 쉬노라면,
우리 모두는 머잖아 쉬지 않고 기도하는
하나님의 사람이 되어 있을 것입니다.

우리가 유대인이나 헬라인이나 종이나 자유자나 다 한 성령님
으로 세례/침례를 받아 한 몸이 되었고 또 다 한 성령님을 마
시게 하셨느니라(to drink into one Spirit.) (고전 12:13) 샬롬!!

예수님 닮기 원합니다 성령님으로 성령님으로
예수님 닮기 원합니다 성령님으로
성령님으로 성령님으로
예수님 닮기 원합니다 성령님으로 아멘!

참고로,

오늘날 동서방 그리스도교에서 하고 있는 [예수기도] 형식을 따르면
서, 우리의 정서에 맞도록 변형하여, 우리 교회에서 쓰고 있는 것을 조
심스럽게 올려봅니다. 도움이 되었으면 좋겠습니다.[74]

---

74) 참고: 버니드 맥긴 외 2명,「기독교 영성(1)」, 유해룡 외 2명 역(은성). 무명의 순례자,
「순례자의 길」, 엄성옥 역(은성). 이에로테오스,「예수기도」,(정교회출판사). E. 융클라
우센,「예수기도 배우기」, 김영국 역,(성바오로).

[예수호흡기도] 실제

– 몸을 바로 세우고, 앞뒤 좌우로 가볍게 흔들어 보십시오.
– 숨을 가볍게 쉬며, 느껴보십시오.
– 떠오르는 생각을 자연스럽게 놓아 버리십시오.
– 조용히 성령님의 임재를 의식하십시오.
– 내 몸 안에서 나를 기다리시는 성령님을 고요히 바라보십시오.

저의 주님, 저의 하나님!
주님의 보혈로, 저의 온몸을 정결하게 하소서!
　예수님 피, 예수님 보혈! 예수님 피, 예수님 보혈!
　(들숨) 예수님 피, (날숨) 예수님 보혈!

저의 주님, 저의 하나님!
주님은 저의 중심이요, 전부이십니다.
　주 예수 그리스도님, 저를 불쌍히 여기소서!
　(들숨) 주 예수 그리스도님, (날숨) 저를 불쌍히 여기소서!

저의 주님, 저의 하나님!
주님께로 향하는 저를, 방해하는 모든 것을, 제게서 거두어 주소서!
　예수님 피, 예수님 보혈! 예수님 피, 예수님 보혈!
　(들숨) 예수님 피, (날숨) 예수님 보혈!

저의 주님, 저의 하나님!
주님을 향하는 데, 도움이 되는 모든 것을, 제게 주소서!
　주 예수 그리스도님, 저를 불쌍히 여기소서!
　(들숨) 주 예수 그리스도님, (날숨) 저를 불쌍히 여기소서!

저의 주님, 저의 하나님!

주님은 제 안에, 저는 주님 안에 있습니다!

　　예수님 피, 예수님 보혈! 예수님 피, 예수님 보혈!

　　(들숨) 예수님 피, (날숨) 예수님 보혈!

저의 주님, 저의 하나님!
주님과 제가, 완전한 일치를 이루게 하소서!

　　주 예수 그리스도님, 저를 불쌍히 여기소서!

　　(들숨) 주 예수 그리스도님, (날숨) 저를 불쌍히 여기소서!

저의 주님, 저의 하나님!
제게서 저를 거두시고, 온전히 당신의 것으로 삼아 주소서!

　　예수님 피, 예수님 보혈! 예수님 피, 예수님 보혈!

　　(들숨) 예수님 피, (날숨) 예수님 보혈!

나는 나를 너에게 준다.
나는 너를 너에게서 취하여, 너를 나와 결합시킨다!
너는 너를 잃어버리고, 내 안에서 변화할 것이다!

　　주 예수 그리스도님, 저를 불쌍히 여기소서!

　　(들숨) 주 예수 그리스도님, (날숨) 저를 불쌍히 여기소서!

　주 그리스도 예수님 이름으로 기도합니다. 아멘!!

제 8장

토설기도, 대적기도 그리고 침묵기도

그런즉 너희는 하나님께 복종할지어다
마귀를 대적하라
그리하면 너희를 피하리라』
-야고보서 4장 7절-

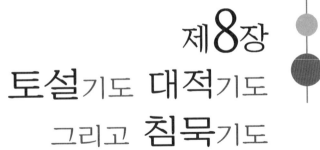

제8장
토설기도 대적기도
그리고 침묵기도

[토설기도]

레위기 13장 45-46절에는 한센병자로 진단된 사람에게 하나님 아버지께서 하신 말씀이 있습니다.

> 나병환자는 옷을 찢고 머리를 풀며 윗입술을 가리고 외치기를 부정하다 부정하다 할 것이요 병 있는 날 동안은 늘 부정할 것이라 그가 부정한즉 혼자 살되 진영 밖에서 살지니라.

무슨 말씀입니까? 한센인은 지구촌 어디서나 버림받은 사람으로 낙인이 찍혀 있습니다. 그러나 이 말씀이 진정 하나님 아버지의 말씀이 맞는다면, 그것은 무엇을 말하고자 하심일까요. 하나님의 입장, 아버지의 심정으로 읽으면 전혀 다르게 보입니다.

"옷을 찢어라! …… 머리를 풀어라!"
"윗입술을 가리고 '부정하다, 부정하다'고 외쳐라!"
"진영 밖으로 나가라! …… 혼자 살아라!"

이를 하나님의 심정으로 읽으면,
'철저히 회개하라!'
목이 터지라 외쳐라! "나는 부정합니다! 나는 부정합니다!"

외치고 부르짖으며 맺힌 한을 다 토하라.
진영 밖으로 나가서 '나만 바라보라!'
'그래, 나하고 같이 살자!' 목이 메어 더 이상 말이…….

그렇습니다. 자식이 중병에 걸리면, 다른 사람은 조금 걱정하다가 금방 포기해 버릴지 모르지만, 어버이는 포기할 수 없습니다. 아니 포기가 안 됩니다. 주님은 그런 주님의 심정을 그들에게 요구하신 것입니다.

한센인의 심정, 그들을 향한 하나님의 심정!
그런 심정으로 하나님께 매달리는 사람!
영문 밖에서 하나님만 갈망하는 사람!
하나님과만 사는 사람들!
그 사람들은 반드시 하나님을 만납니다.
하나님은 그런 사람을 한 번도 외면하지 않으셨습니다.

욥이 그랬고, 아브라함이 그랬고, 모세도, 다윗도 그리했습니다. 목숨 걸고 예수님을 찾아 나선 한센인들은 모두 치유 받았습니다. 심지어 예수님은 이 땅에서의 마지막 한 주간을 한센인 시몬 집에서 거하시다가 영문 밖 갈보리에서 십자가에 달리셨습니다. 주님의 제자들, 베드로, 바울, 요한이 그랬고, 프랜시스, 데미안, 주기철, 손양원이 그리했듯이, 우리도 한센인의 심정으로 마음옷을 찢고, 머리를 풀고, 입술을 가리고 "부정합니다. 저는 부정합니다. 주여, 부정한 저를 치유하여 주옵소서!" 외치고 토설하고 울부짖으며, 영문 밖으로 나갑시다!

몇날 며칠이고 주님과 마주앉아 모든 상한 감정을 토합시다.
언어를 해방시켜 그 감정 그대로를 토설합시다.
문화인 행세 걷어치우고 체면불사하고 다 내어 놓으십시오.
썩어 문드러진 심보를 홀러덩 뒤집어 보이십시오.

토설한 만큼 상처/쓰레기가 치유됩니다.
치유된 만큼 악령이 추방됩니다.
악령이 추방된 만큼 주님과 친밀한 교제가 됩니다.
오직 마음속에 계신 성령님과 눈 맞추며 그리합시다.

우리 몸은 "성령님이 거하시는 성전"입니다.
"하나님의 성전은 거룩"해야 합니다.[75]
그러니 우리도 마땅히 거룩해야 합니다.
성전에 없어야 할 것은 다 내쫓고, 쏟고, 엎고, 치워야 합니다.
어떻게요? 성령님으로!! 오직 성령님으로 토설하면 됩니다.
예수님께서 예루살렘성전에서 하신 것처럼 하시면 됩니다.

> 노끈으로 채찍을 만드사 양이나 소를 다 성전에서 내쫓으시고
> (drove out) 돈 바꾸는 인간들의 돈을 쏟으시며(poured out)
> 상을 엎으시고(overturned) 비둘기 파는 인간들에게 이르시되
> 이것을 여기서 가져가라(Take away/치워라) 내 아버지의 집
> 으로 장사하는 집을 만들지 말라 하시니(How dare you turn
> my Father's house into a market!/감히 내 아버지의 집을
> 장터로 만들다니![사역]) (요 2:15-16)

유진 피터슨은 "우리의 증오심은 억압시켜야 하는 것이 아니라 기도
로 쏟아내야 한다."고 했습니다.[76]

토설기도, 무엇인가?
그것은 죄악의 뿌리까지 뽑는 회개기도입니다.
그것은 마음속에 있는 모든 쓰레기를 제거하는 기도입니다.

---

75) (고전 3:16-17) 너희는 너희가 하나님의 성전인 것과 하나님의 성령님이 너희 안에 계
시는 것을 알지 못하느냐 누구든지 하나님의 성전을 더럽히면 하나님이 그 사람을 멸
하시리라 하나님의 성전은 거룩하니 너희도 그러하니라
76) 마크 D. 로버츠, 「무례한 기도」, 로리 킴 역(고양: 스테스톤, 2009), p.145에서 재인용.

그것은 감정의 상처/쓴 뿌리를 치유하는 기도입니다.
그것은 영적으로 대 수술을 하는 기도입니다.
그것은 온전한 용서를 위한 기도입니다.
그것은 주님과의 친밀한 교제를 위한 기도입니다.

토설기도, 무엇인가?

- 철저한 회개기도
- 쓰레기(지뢰) 제거 기도
- 감정의 상처(쓴뿌리) 치유기도
- 영적 대 수술 기도
- 용서할 마음 위한 기도
- 주님과 친밀한 교제 위한 기도

그림 16 / 토설기도, 무엇인가?

성경의 토설기도

16세기 신학자 장 칼뱅(J. Calvin)은 시편을 "전 영혼의 해부학, 정 직한 기도"라고 불렀습니다. "성령님께서 인생의 모든 감정, 그러니까 비탄과 슬픔, 두려움, 의심, 소망, 관심, 당황 등 삶 가운데 우리를 괴 롭히는 모든 혼란스런 감정을 이 특이한 책에 모두 모으셨다. …… 시

편은 우리가 고민하고 있는 죄나 우리 안에 가득한 악을 하나도 감추 지 않는, 정직한 기도"[77]라고 했습니다. 그는 특히 "우리는 어려운 시 기가 닥치면 가슴 깊이 묻어두는 일에 지나치게 능숙하다. …… 다윗

---

77) 같은 책, p. 26에서 재인용.

은 하나님 앞에서 자신의 불평을 즉시 털어놓았다. 그러면서 불평을 없애는 대신에 슬픔을 감추고 그것을 계속 생각하는, 고질적인 우리 성품의 병폐를 폭로하고 있다."[78]고 했습니다.

성경, 특히 시편에는 '저주기도'가 많습니다. 한때, 시편을 강해하다가 이런 시(詩)를 만나면 '이거 기도가 맞나?, 이렇게 저주해도 되나? 이를 어떻게 해석해야 하나?'하고 무척 당황스러울 때가 있었습니다. 그러나 사람의 입장이 아닌 하나님의 입장, 아버지의 가슴으로 말씀을 읽으면서 전혀 새롭게 보였습니다. 가슴 아파서 몸부림치는 자식을 부둥켜안으시는 아버지의 마음, 어버이의 심정이 그대로 와 닿습니다.

제대로 된 부모라면, 어린자식이 밖에서 억울한 일을 당하고 속에 쌓인 상한 감정을 숨김없이 토하는 것을 기뻐하고, 배려하고, 권장할 것입니다. 하나님 아버지도 그렇습니다. 하나님은 우리가 상한 감정을 억누르고 꾹꾹 참는 것보다 다 토해내는 것을 기뻐하십니다.

> 한나가 대답하여 이르되 내 주여 그렇지 아니하니이다 나는 마음이 슬픈 여자라(a woman who is deeply troubled in spirit.) 포도주나 독주를 마신 것이 아니요 여호와 앞에 내 심정을 통한 것뿐이오니(pouring out my soul before the LORD.) (삼상 1:15)

> 백성들아 시시로 그를 의지하고 그의 앞에 마음을 토하라 (pour out your hearts to Him) 하나님은 우리의 피난처시로다(시 62:8)

> 내가 토설치 아니할 때에(While I kept silence) 종일 신음하므로 내 뼈가 쇠하였도다(시 32:3)

---

78) 같은 책, p. 84에서 재인용.

내가 내 원통함을 그 앞에 토하며(pour out my complaint before Him[NKJV]) 내 우환을 그 앞에 진술하는도다[개역](시 142:2)[79]

그렇다면 이런 토설을 누구에게 해야 합니까?

토설은 기도입니다. 기도를 받으시는 분은 하나님이십니다.

그러므로 한나와 다윗처럼 토설은 하나님께 하는 것입니다.

다른 사람에게 하는 것이 아닙니다.

반드시 하나님 한 분에게만 해야 합니다.

부패한 음식을 먹었을 때는 즉각 토하는 것이 그 사람을 살리는 길입니다. 만약 당신의 자녀가 상한 음식을 먹고 토할 곳을 찾아 헤매고 있다면 어떻게 하겠습니까? 아마 급한 대로 당신의 손에라도 토하게 하겠지요. 당신이 진짜 어버이라면, 그것을 조금도 더럽게 여기지 않고, 오히려 더 토하라고, 다 토하라고 등을 토닥여 줄 것입니다.

자식을 향한 당신의 그 마음보다 더 크고 큰마음이 있습니다.

그것이 하나님 아버지의 마음입니다.

하나님 아버지 앞에서 토하지 못할 감정은 없습니다.

하나님께서 구하시는 제사는 상한 심령(a broken spirit)이라 하나님이여 상하고 통회하는 마음(A broken and a contrite heart)을 주께서 멸시하지 아니하시리이다(시 51:17)

---

79) "시편 32편 3절의 '내가 토설치 아니할 때에'서 토설에 해당하는 히브리어는 '하라쉬'입니다. 이 단어의 의미는 '긁어내다, 끌어내다.'입니다. 긁어서 끌어내지 않으면, 그 남은 것들이 속을 상하게 합니다. 시편 142편 2절의 '토하며'의 원문은 '솨파크'로써 '흘리다'라는 뜻입니다. 창세기 9장 6절의 '피를 흘리다'라는 뜻으로, 레위기에서는 '쏟아 붓다, 분출하다'라는 뜻으로 사용되었습니다. 그러니 '솨파크'는 '안에 있는 것을 쏟아낸다'는 뜻이 됩니다." 전복수, "토설의 성경적 원리", 「나는 왜 그럴까요?」, 김종주 엮음,(논산: 치유와 영성, 2008), p. 32.

너무나 감사하게도 우리에게는 육신을 입고 이 땅에 오셔서 우리의 연약함을 똑같이 경험하시고, 그래서 우리를 잘 아시는 예수님이 계십니다. 주님은 아주 가까이, 우리 마음속에 들어와 계십니다. 그분께 우리의 상한 감정을 토하면, 우리 주님은 함께 아파하시고, 함께 눈물을 흘리시며, 꼭 껴안아주십니다.

> 우리에게 있는 대제사장은 우리의 연약함을 동정하지 못하실 이가 아니요 모든 일에 우리와 똑같이 시험을 받으신 이로되 죄는 없으시니라 그러므로 우리는 긍휼하심을 받고 때를 따라 돕는 은혜를 얻기 위하여 은혜의 보좌 앞에 담대히 나아갈 것이니라(히 4:15-16)

이 모든 것을 가장 잘 알고 제대로 활용한 사람이 다윗입니다.

여러분, 다윗을 잘 아시죠. 그는 한낱 시골 목동이었는데, 어느 날 양을 치다가 말고 불려가서 느닷없이 사무엘에게서 기름부음을 받고, 아버지심부름으로 형들을 만나러 전쟁터에 갔다가 골리앗을 죽이고, 사울왕의 사위가 됩니다. 그런데 그 기쁨도 잠시. 곧 바로 장인에게 쫓기는 신세가 되었으니. 그것도 장장 10년이나……. 오죽했으면 "내 영혼아 네가 어찌하여 낙심하며 어찌하여 내 속에서 불안해하는가 너는 하나님께 소망을 두라(시42:5)"고 몇 번이나 기도했을까요? 그런 다윗을 살아남게 한 것이 바로 이 토설기도입니다. 다윗의 토설기도를 좀 봅시다.

> 하나님이여 내 기도에 귀를 기울이시고 내가 간구할 때에 숨지 마소서 내게 굽히사 응답하소서 내가 근심으로 편하지 못하여 탄식하오니 …… 내 마음이 내 속에서 심히 아파하며 사망의 위험이 내게 이르렀도다 두려움과 떨림이 내게 이르고 공포가 나를 덮었도다(시 55:1-5)

내가 성내에서 강포와 분쟁을 보았사오니 주여 그들을 멸하소서 그들의 혀를 잘라버리소서 …… 그는 곧 너로다 나의 동료, 나의 친구요 나의 가까운 친우로다 …… 사망이 갑자기 그들에게 임하여 산 채로 스올에 내려갈지어다(시 55:9-15)

하나님이여 그들의 입에서 이를 꺾으소서 여호와여 젊은 사자의 어금니를 꺾어 내시며 그들이 급히 흐르는 물 같이 사라지게 하시며 겨누는 화살이 꺾임 같게 하시며 소멸하여 가는 달팽이 같게 하시며 만삭 되지 못하여 출생한 아이가 햇빛을 보지 못함 같게 하소서(시 58:6-8)

그들의 밥상이 올무가 되게 하시며 그들의 평안이 덫이 되게 하소서 그들의 눈이 어두워 보지 못하게 하시며 그들의 허리가 항상 떨리게 하소서 …… 그들의 거처가 황폐하게 하시며 그들의 장막에 사는 자가 없게 하소서(시 69:22-25)

그의 연수를 짧게 하시며 그의 직분을 타인이 빼앗게 하시며 그의 자녀는 고아가 되고 그의 아내는 과부가 되며 그의 자녀들은 유리하며 구걸하고 그들의 황폐한 집을 떠나 빌어먹게 하소서(시 109:6-10)

고리대금하는 자가 그의 소유를 다 빼앗게 하시며 그가 수고한 것을 낯선 사람이 탈취하게 하시며 그에게 인애를 베풀 자가 없게 하시며 그의 고아에게 은혜를 베풀 자도 없게 하시며 그의 자손이 끊어지게 하시며 후대에 그들의 이름이 지워지게 하소서(시 109:11-29)

여호와는 그의 조상들의 죄악을 기억하시며 그의 어머니의 죄를 지워 버리지 마시고 그 죄악을 항상 여호와 앞에 있게 하사 그들의 기억을 땅에서 끊으소서 …… 저주가 그에게는 입는 옷 같고 항상 띠는 띠와 같게 하소서 …… 나의 대적들이 욕을 옷 입듯 하게 하시며 자기 수치를 겉옷 같이 입게 하소서(시 109:14-29)

전복수 목사님은 시편 83:9-11절 "주는 미디안인에게 행하신 것 같이, 기손 시내에서 시스라와 야빈에게 행하신 것 같이 그들에게도 행하소서 그들은 엔돌에서 패망하여 땅에 거름이 되었나이다 그들의 귀인들이 오렙과 스엡 같게 하시며 그들의 모든 고관들은 세바와 살문나와 같게 하소서"를 이렇게 설명했습니다. :

> 이 시편에서 토설기도의 내용을 보면, '하나님께서 미디안 군대가 자기들끼리 서로 죽이도록 하셨던 것처럼 내가 미워하는 사람에게 그렇게 해주세요. 헤벨의 아내 야엘이 가나안 왕 야빈의 군대장관 시스라를 말뚝으로 박아 죽인 것같이 저들에게 그렇게 해주세요(삿 4:21). 미디안 두 방백 오렙과 스엡을 사로잡아 오렙은 오렙반석에서 쳐 죽이고, 스엡은 포도주 틀에서 죽인 것처럼 해주세요(삿 7:25). 기드온이 이스라엘의 원수 미디안의 두 왕 세바와 살문나를 사로잡아 죽인 것처럼 해주세요(삿 8:21).' 입니다. 우리가 상상도 못할 기도를 했습니다. …… 토설기도란 자신의 감정을 아무 숨김없이 표현하며 기도하는 것입니다. 그리고 용서하고 축복하는 것입니다.[80]

선지자 예레미야와 하박국 선지자의 토설기도도 봅시다.

> 그러하온즉 그들의 자녀를 기근에 내어 주시며 그들을 칼의 세력에 넘기시며 그들의 아내들은 자녀를 잃고 과부가 되며 그 장정은 죽음을 당하며 그 청년은 전장에서 칼을 맞게 하시며 주께서 군대로 갑자기 그들에게 이르게 하사 그들의 집에서 부르짖음이 들리게 하옵소서 이는 그들이 나를 잡으려고 구덩이를 팠고 내 발을 빠뜨리려고 올무를 놓았음이니이다(렘 18:21-22)

> 주께서는 눈이 정결하시므로 악을 차마 보지 못하시며 패역을

---

80) 같은 책, p. 33.

차마 보지 못하시거늘 어찌하여 거짓된 자들을 방관하시며 악인이 자기보다 의로운 사람을 삼키는데도 잠잠하시나이까 (합 1:13)

다윗 같은, 예레미야 같은 믿음의 사람이 되고 싶습니까? 하나님 앞에서 척하지 마십시오. 언어를 해방시켜 하고 싶은 말을 죄다 주님의 얼굴 앞에 물 쏟듯 하십시오. 자식이 굶주려 죽어가는 것을 차마 볼 수 없어 미어지는 아비의 심정으로 절규하십시오.

초저녁에 일어나 부르짖을지어다 네 마음을 주의 얼굴 앞에 물 쏟듯 할지어다(Pour out your heart like water in the presence of the Lord!) 각 길 어귀에서 주려 기진한 네 어린 자녀들의 생명을 위하여 주를 향하여 손을 들지어다 (애 2:19)

토설 대상, 누구인가?

토설하여야 할 대상은 누구입니까?

나는 결코 나 한 사람이 아닙니다. "나"라는 사람을 형성하고 있는 것이 너무나 많습니다. 그 가운데 가장 크게 영향을 미친 사람은 아버지와 어머니입니다. 우리 모두는 영락없이 어버이를 닮았습니다. 그래서 '붕어빵/복사판'이라는 말까지 생겼지요. 외모만이 아니라 내면, 즉 어버이의 성격과 버릇까지 고스란히 닮았습니다. 그런데 아세요. 우리의 부모님은 또한, 그 위의 할아버지 할머니를 닮았다는 사실을 ……. 그러니 부모를 중심으로 그 윗분들의 가계도(genogram, family tree, 家系圖)를 그려가면서 자세히 점검하여야 합니다.[81]

---

81) 김종주, 「가계치유」,(논산: 크리스찬치유영성연구원, 2009), p. 204. 박상신 목사님이 고안한 가계도를 그리는 방법이 아주 잘 설명되어 있습니다.

그분들의 좋은 성격, 좋은 습관, 좋은 신앙심이야 얼마든지 잘 갈고 닦아서 더 좋게 써먹어야지요. 긍정적인 생각이나, 근면 성실한 자세, 책 읽는 습관이나 무엇보다 주님과 동행하는 삶이 그분들에게 배어 있다면 얼마나 좋겠습니까! 그런데 문제는 그분들의 나쁜 성격이나 버릇입니다. 과음, 과식, 담배, 마약, 노름, 포악, 음란, 우상숭배 이력 …… 등은 반드시 신중하게 검토해 보아야 합니다. 그래서 우선적으로 토설해야 할 대상은 [조상] 즉, 할아버지, 할머니, 외할아버지, 외할머니입니다. 이분들의 잘못된 관습을 오직 성령님으로 하나하나 토설합시다.

다음에는 [아버지 어머니]입니다.

아버지 어머니는 참으로 고마운 분들입니다. 내게 생명을 주신 분들입니다. 생명이 있다는 것이 얼마나 놀라운 일인지 아십니까? 여러분, 아세요. 나는 우주를 생각할 수 있지만, 우주는 생각할 줄 모릅니다. 나는 생명이 있고 우주는 없기 때문이지요. 그러니 천하보다 더 귀한 존재가 바로 '나'입니다. 이 '나'를 여기 있게 하신 분이 부모님입니다. 그러니 그분들을 공경하는 것이 마땅합니다. 우리 부모님이 다른 부모님들보다 더 훌륭해서 존경하는 것이 아니라 우리 부모님이시기 때문에 존경해야 합니다. 우리가 우리 부모님을 존경하지 않으면 누가 존경하겠습니까?

그러나 그분들로부터 잘못 입력된 것은 철저히 배격해야 합니다. 아버지가 병약자였다고 나도 병약자로 살 필요가 없듯이, 아버지가 술망나니였다고 나도 술망나니로 살 필요는 없듯이, 그런 잘못된 성격과 버릇을 토설하는 것이 옳습니다. 특히, 우리는 그분들로부터 상처도 많이 받았습니다. 낙태하려고 시도했다거나 이혼했다거나 술주정하고 폭행했다거나 하는 것이지요. 그런데 아세요. 상처는 극히 주관적입니다. 말한 사람은 전혀 그런 뜻이 아니었는데, 내가 내 멋대로 해석하여 상처로 남아 있는 것이 의외로 많습니다. 어릴 때 어른들이 놀리느라 "넌 다리 밑에서 주워 왔어."라고 한 말이나, 공부 좀 잘 하라고 야단 몇 번 친 것이 상처가 될 수도 있습니다. 이런 것들 중에 강력한 힘으로 남아있는 것들은 모조리 토설해야 합니다.

다음에는 [우상숭배]입니다.

우리는 거의 모두 다 우상숭배하는 조상을 보면서 자랐고, 또한 그들과 함께 우상숭배한 전력을 가지고 있습니다. 제사를 지내고, 우상 앞에 절하고, 이름을 팔거나, 부적을 붙이고, 무당굿을 하는 ……등. 이런 것들을 모두 다 토설해야 합니다. 물론, 어떤 친지들의 두드러진 습관(도벽, 도박, 마약……)이나 충격적인 사건(자살, 억울한 죽음…….)도 함께 토설하는 것이 좋습니다.

어린 시절에 만난 [친구]를 포함한 학교생활, 억울한 벌을 준 선생님, 그리고 군대생활이나 교회, 또는 직장에서 만난 친구와 위아래 사람들 가운데서 내게 나쁜 영향을 미친 사람들을 토설하여야 합니다.

끝으로, 가장 집중적으로 다루어야 할 사람은 바로 [나 자신]입니다. 자신의 나쁜 습관, 상한 감정을 정확히 파악하고, 그 근본 뿌리를 찾아내는 것이 중요합니다. 잘 모르면 부모나 주위에 알 만한 사람들에게 물어보고, 그래도 안 되면 성령님께 물어보십시오. 자신의 태아기, 유아기, 성장기(초/중/고/대학시절)를 차근차근 살펴서 그 가운데 있는 망령된 생각/말/행실을 토설하여야 합니다. 맨 처음 경험한 성행위라던가, 음란영상물을 보는 습관, 술버릇, 도박, 마약, 경마중독 … 등은 철저히 회개하고, 반드시 토설하지 않으면 안 됩니다.

김종주(양촌치유센터) 장로님은 아래와 같이 주장합니다.

"나는 왜 그럴까요?"
나와 우리 집안은 무슨 역사가 있어서 그럴까요?
그동안 임상 경험을 통한 그 역사적인 뿌리를 다섯 가지로 정리시켜 주셨습니다.
첫 번째 뿌리는 태아기(胎兒期) – 어머님 뱃속에서 받은 상처.
두 번째 뿌리는 성장기(成長期) – 성장과정을 통해 받은 상처.
세 번째 뿌리는 아버지(父) – 출생 후 최초의 남자, 하나님의 이미지를 심어주는 아버지로부터 받은 영향력.
네 번째 뿌리는 성적(性的)인 상처(거의 없는 사람이 없음).
다섯 번째 뿌리는 가계(家繼) – 조상의 뿌리와 우상숭배의 뿌리입니다. 이런 뿌리만 뽑아내면 건강한 삶과 우리가정 작은 천국을 이룰 수 있는데, 그 중에 50% 이상의 비중을 차지하는 것이 "가계뿌리"인 만큼 이를 철저히 조사하여, 회개/토설하고, 치유 받는 것이 무엇보다 중요합니다. 특히, 가계력이 강한 집안의 자녀들은 가계를 통해 받고 있는 영향력이 너무 크고 강력하게 따라다니므로 성장과정의 상처는 상대적으로 비교가 안 되는 경우가 많습니다.[82]

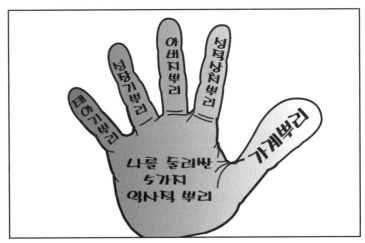

그림 17 / 다섯가지 역사적 뿌리

이렇게 토설기도를 하면, 우리 마음속에 축적된 모든 쓰레기들이 청소됩니다. 오물이 가득히 침전된 정화조를 대청소하고, 수도관을 수리한 것이지요. 옛말에 '도랑 치고 가재 잡고.' 라는 말이 있듯이 그야말로 의식과 무의식에 쌓인 쓰레기/상처를 말끔히 치우고, 주님과 친밀한 만남의 길을 열어줍니다. 또한, 성령님의 생명수가 우리 온몸 구석구석까지 잘 흐르게 합니다. 그래서 하박국 선지자처럼 늘 여호와로 즐거워하는 삶을 살게 됩니다.

> 비록 무화과나무가 무성하지 못하며 포도나무에 열매가 없으며 감람나무에 소출이 없으며 밭에 먹을 것이 없으며 우리에 양이 없으며 외양간에 소가 없을지라도 나는 여호와로 말미암아 즐거워하며 나의 구원의 하나님으로 말미암아 기뻐하리로다(합 3:17-18)

저는 생활신앙의 목표를 '예수님의 인격을 닮는 삶' 이라고 확신합니다. 그 예수님을 닮은 열매가 바로 성령님의 열매를 맺는 삶이지요. 이 토설기도야말로 이런 열매를 풍성히 맺게 하는 한 중요한 요소입니다.

> 오직 성령님의 열매는 사랑과 희락과 화평과 오래 참음과 자비와 양선과 충성과 온유와 절제니 이같은 것을 금지할 법이 없느니라 그리스도 예수님의 사람들은 육체와 함께 그 정욕과 탐심을 십자가에 못 박았느니라 만일 우리가 성령님으로 살면 또한 성령님으로 행할지니 헛된 영광을 구하여 서로 노엽게 하거나 서로 투기하지 말지니라(갈 5:22-26)

좀 낯설긴 하지만 해 보십시다!
오직 성령님을 의식하십시다!

---

82) 김종주 엮음,(서울: 도서출판 예루살렘, 2006), 앞표지 날개, 「우리 가정 작은 천국」 55호,(논산: 여름호 2012. 6) 뒷표지. 김종주, 강의 중에,

성령님과 눈 맞추고 하십시다!

거룩한 숨님/루아흐를 호흡하며 하십시다!

그리고 상한 감정을 목소리에 실어서 토하십시다!

앞에서 말한 [소리기도]를 따라 하면 잘 됩니다.

마침내 "그 마음에 시온의 대로"(시 84:5)가

활짝 열리리……. 아멘!!

[대적기도, 결박기도]

J. C. 오르띠즈 목사는 "마음은 우리에게 있어서 지휘본부와 같은 곳입니다. 옛 생활에 있어서 우리의 지휘본부를 장악하고 있던 것은 이세상의 신이었습니다. 그가 우리 삶의 주인이었고, 그래서 죄악이 우리를 다스렸습니다(엡 2:2, 롬 6:20). 그러나 우리의 마음이 주께로 향했을 때, 사탄은 그의 왕좌에서 쫓겨났고 우리에 대한 그의 내적 지배도 종말을 고했습니다. 과거에 그가 있던 자리에 예수 그리스도님께서 대신 들어오시사, 그곳에서 거하시며 우리를 다스리십니다. 이제 그분은 우리의 지휘본부에 계십니다. 그렇기 때문에 우리는 하나님나라의 통치를 받고 있습니다. 예수님은 우리들 각자에게 새 마음을 주셨습니다."고 했습니다.[83]

그렇습니다. 한 사람이 예수님을 구주로 믿기 전에는 그 사람의 [영] 속에 [악령]이 들어와 거합니다. 그렇게 들어온 [악령]은 [혼]이라는 밭에 자기 구미에 맞는 영/기운들을 가득히 뿌립니다. 그 열매가 불평,

---

83) 후안 까를로스 오르띠즈, 「주님과 동행하십니까?」, 김병국 역(서울: 도서출판 바울, 1990), pp. 50~51.

원망, 낙심, 음란, 혈기, 교만 …… 등입니다. 그 사람의 혼속에 가득한 이 추악하고 더러운 영/기운들은 적당한 환경이 조성되기만 하면 잽싸게 나와서 활약합니다.

그런 어느 날 그 사람이 예수님을 구주로 영접합니다. 그것은 값을 치르고 어떤 건물을 산 것과 마찬가지로 그 사람의 주인이 바뀌는 순간입니다. 그렇습니다. 그 사람의 [영]속에 살던 [악령]이 쫓겨나가고 새 주인 [성령님]께서 임재하십니다. 그런데 문제는 [혼]입니다. [혼]속에는 옛 주인(마귀)이 뿌려놓은 [가라지]가 가득합니다. 마치 밭을 갈고 돌아서면 또 나오는 잡초처럼, 무수히도 많은 가라지(잡초)는 악마의 속성을 그대로 간직한 채 마치 그 사람의 감정인냥 의식이나 무의식에, 온 몸에, 세포마다 그득합니다.

> 밭은 세상이요 좋은 씨는 천국의 아들들이요 가라지는 악한 자의 아들들이요 가라지를 뿌린 원수는 마귀요(the tares are the sons of the wicked one. The enemy who sowed them is the devil.[NKJV]) (마 13:38-39)

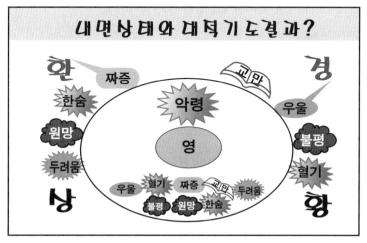

그림 18 / 내면상태(악령 점령)

신앙생활은 결국 이것들과의 싸움입니다.

이를 가리켜 [영적 전쟁]이라고 합니다.

성경에는 이런 영적인 적(enemy)에 대한 기록으로 가득합니다.

사람의 주적(主敵), 무엇입니까? 신구약성경에는,
사탄이 48회("여호와께서 사단에게"(욥1:7) ……) 나오고,
마귀가 34회("이에 마귀가 예수님을"(마4:5) ……) 나오고,
귀신이 100회("귀신 들린 자"(마4:24) ……)나 나옵니다.

귀신(demon, devil)에는 "더러운 귀신, 악한 귀신, 벙어리 되고 귀먹은 귀신, 점치는 귀신……등"이 쓰이고,

영(spirits)에는 "거짓말하는 영, 세상의 영, 미혹의 영, 악을 행하는 영 ……등"이 나오고,

신(gods)에는 "이 세상 신, 세력의 신, 이방 신, 자기의 신 …… 등"이 쓰여 있습니다.

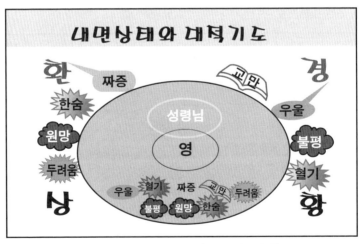

그림 19 / 내면상태(성령님 점령)

이런 더러운 세력(unclean spirits)들이 주로 거처하는 집이 어디인지 아십니까? 그것은 사람들의 몸입니다. 누가복음에는 "더러운 귀신이 사람에게서 나갔을 때에 물 없는 곳으로 다니며 쉬기를 구하되 얻지 못하고 이에 이르되 내가 나온 내 집으로 돌아가리라"(I'll go back to my house where I came from.[HCSB])"(눅 11:24)는 말씀이 나옵니다.

예수님을 구주로 영접한 사람의 영(spirit) 속에는 믿기 전에 살고 있던 옛주인, 악령이 나가고, 새주인, 성령하나님께서 들어와 계시지만, 혼(의식/무의식)속에는 옛주인이 쓰다가 버리고 간 오물로 가득합니다. 그 쓰레기더미 속에는 악령의 졸개들이 여전히 우글우글 숨어 있습니다. 우리는 반드시 [혼]속에서 죄를 짓게 만드는 사악한 세력을 물리쳐야 합니다. 이들을 소탕하지 못하면 아무리 여러 해 동안 신앙생활을 하여도 도무지 인격의 변화를 모르는 사람이 되고 맙니다. [성화(Sanctification)]는 물 건너 간, 껍데기, 무늬만 성도이지요.

[대적기도]는 바로 이 주적(사탄/마귀/귀신)들을 소탕하는 기도입니다. "너희는 하나님께 복종할지어다 마귀를 대적하라(Resist the devil) 그리하면 너희를 피하리라"(약 4:7).

무엇으로 대적합니까?
[예수님 이름으로] 합니다.
그리고 [입을 열어 선포함으로] 합니다.[84]
[손짓을 하면서 하면] 더욱 좋습니다.[85]

---

84) (출 11:4) 모세가 바로에게 이르되 여호와님께서 이와 같이 말씀하시기를 밤중에 내가 애굽 가운데로 들어가리니
85) (출 9:33) 모세가 바로를 떠나 성에서 나가 여호와님을 향하여 손을 펴매 우렛소리와 우박이 그치고 비가 땅에 내리지 아니하니라

예수님은 우리에게 "내 이름으로" 기도하라고 하셨습니다.

예수님 이름!
그 이름을 부르는 자는 구원을 받습니다.
그 이름으로 죄를 회개하면 용서를 받습니다.
그 이름은 각종 질병을 치유합니다.
또한 예수님 이름에는 무엇을 구하든지 시행되는 권세,
사악한 세력을 결박하고 제거하는 권세,
땅의 권세와 흑암의 세력을 대적하는 권세뿐 아니라
새 하늘과 새 땅을 누리는 권세도 있습니다.

누구든지 주의 이름을 부르는 자는(who calls on the name of the Lord) 구원을 받으리라 하였느니라(행 2:21)

자녀들아 내가 너희에게 쓰는 것은 너희 죄가 그의 이름으로 말미암아(on account of His name) 사함을 받았음이요(요일 2:12)

너희가 내 이름으로(In My name) 무엇을 구하든지 내가 행하리니 이는 아버지로 하여금 아들로 말미암아 영광을 받으시게 하려 함이라(요 14:13)

그 이름을 믿으므로 그 이름이(His name, through faith in His name[NKJV]) 너희가 보고 아는 이 사람을 성하게 하였나니 예수님으로 말미암아 난 믿음이 너희 모든 사람 앞에서 이같이 완전히 낫게 하였느니라(행 3:16)

믿는 자들에게는 이런 표적이 따르리니 곧 그들이 내 이름으로(In My name) 귀신을 쫓아내며 새 방언을 말하며 뱀을 집어올리며 무슨 독을 마실지라도 해를 받지 아니하며 병든 사람에게 손을 얹은즉 나으리라 하시더라(막 16:17-18)

다시 저주가 없으며 하나님과 그 어린 양의 보좌가 그 가운데에 있으리니 그의 종들이 그를 섬기며 그의 얼굴을 볼 터이요 그의 이름도(His name) 그들의 이마에 있으리라(계 22:3-4)

이런 권세가 예수님을 구주로 영접한 너와 나에게 이미 주어졌습니다. 예수님 이름의 권세는 이미 우리의 것입니다. 우리는 이미 "뱀과 전갈을 밟으며 원수의 모든 능력을 제어할 권능을 주님께로부터 받아서 가지고 있습니다[사역].(I have given you authority)"(눅 10:19). 그것은 지금 여기에 살면서 우리를 괴롭히고 협박하고 더럽게 하는 지옥의 세력을 결박하고 대적하고 쫓아내는 가장 강력한 무기입니다. 모세가 손짓을 해가며 입을 열어 바로/왕에게 열 가지 재앙을 선포했듯이 우리도 예수님 이름 권세를 손짓을 하면서 입으로 선포하며 '대적기도', '결박기도', '추방기도'를 해야 합니다.

이 기도는 성령님으로 사는 우리에게 위임하신 사항입니다. 그래서 주님은 "우리를 괴롭히는 마귀를 물리쳐 주옵소서." 하고 애걸복걸하기보다, 오히려 "악하고 더러운 귀신아, 예수님 이름으로 명하노니 내게서 떠나가라"고 대적기도하기를 더 원하십니다.

우리 마음속에는 우리가 엄마 뱃속에 잉태하면서부터 지금까지 살아오면서 축적된 잡초와 쓰레기와 아픈 상처가 가득합니다. 그러므로 대적기도에 앞서서 먼저 해야 할 것은 우리 마음속에 있는 쓰레기들을 성령님의 조명(Illumination)을 받아 온전히 토설하고 제거하는 정화(Purification)입니다. 그렇습니다. 우리 몸속에는 미처 치우지 못한 죄성(Criminality)속에 숨어있거나, 그것들이 풍기는 고약한 악취를 맡고 찾아든 사악한 영들로 우글우글합니다.

실로, 애굽에서 나온 이스라엘 백성들이 들어가서 살아야 할 가나안 땅에 이미 우상종교에 빠진 가나안 일곱 부족이 먼저 들어와 살듯이, 추악하고 더러운 영들이 우리 마음 구석구석에 견고한 진을 구축하고 있습니다. 우리가 영적 전쟁에서 싸우는 무기는 "육체에 속한 것이 아니요 견고한 진들을 혁파하는 하나님의 강력한 힘(mighty in God for pulling down strongholds)"(고후 10:4)입니다.

이제 우리는 이스라엘 백성들이 여호수아 장군의 지휘 아래 그러했듯이, 우리 마음에 견고한 진을 치고 있는 모든 지옥의 세력을 물리칩시다. 곧, 불평의 영, 원망의 영, 절망의 영, 낙담의 영, 한숨의 영, 혈기의 영, 음란의 영, 비방의 영, 거짓의 영, 죽음의 영, 교만의 영, …… 등을 하나하나 물리치는 영적 전투를 치러야 됩니다. 어떤 분들은 감정(emotion)에다가 영(spirit)을 붙이는 것은 옳지 않다고도 합니다. 그러면 그것을 기운(energy)이라고 하면 무리가 없는지요. 불평기운, 음란기운, 죽음기운 ……. 꼭 그렇게 불러야 되겠다면 그렇게 부르십시오, 그러나 이건 아셔야 합니다. 그런 것들 속에 악한 영이 숨어있다는 사실을요. 또 하나, 그것이 바로 자기정체를 숨기는 악령의 고등전술(grand tactics)이라는 사실도요.

우리는 결코 옛날 이스라엘 백성들이 그랬듯이 전투를 하다말고 적당히 물러서거나 타협(compromise)해서는 안 됩니다.
그렇게 하면 그만큼 혼동과 고통의 세월만 더 할 뿐입니다.
주님의 말씀대로 결코 타협 없이 대적합시다.
[대적기도]는 '예수님 이름의 권세' 로 합니다.
이 복된 권세를 보증하고 이행하기 위해 지금 우리 마음속에 강림하신 분이 성령님이십니다. 그러므로 예수님 이름으로 흑암의 권세를 대

적하면, 우리 마음속에 계신 성령님은 그 일을 즐거이 신속히 이행하십니다. 지금 그렇게 합시다.

> "내 속에 있는 악하고 추하고 더러운 영아,
> 예수님의 이름으로 명하노니, 당장 내 속에서 떠나 가!"

> "내 속에 있는 불평의 영아,
> 예수님의 이름으로 명하노니, 내 속에서 당장 나가!"

> "내 속에 허망한 생각을 불어넣는 악한 영아,
> 예수님의 이름으로 명하노니, 내속에서 당장 방 빼!"

> "사치와 허영을 부추기는 더러운 영아,
> 내가 예수님 이름으로, 너를 대적하고 추방하노라. 나가!"

그런데 단, 이것은 어디까지나 본인(本人)에게만 해당됩니다. 그리고 이것은 그야말로 쫓아내는 기도입니다. 다시 말하지만 완벽하게 영원히 추방하기 위해서는 먼저 그런 어둠의 영들이 발붙일 틈, 즉 죄성을 정화해야 합니다. 물론 이것도 성령님의 도우심으로만 가능합니다.

그러면 다른 사람 속에 있는 어둠의 세력은 어떻게 처리합니까? 그것은 마귀에게 완전히 영이 사로잡힌 사람들을 제외하고는 당사자의 동의 없이는 물리칠 수 없습니다. 왜냐하면 하나님께서 누구에게나 자유의지(free will)를 주셨기 때문입니다. 어떤 사람 속에 어둠의 세력이 들어간 것은 그 사람이 자기 의지로 동조했기 때문입니다. 그러므로 그 사람이 자기 속에 있는 어둠을 물리칠 마음이 없다면, 어떤 대적기도를 해도 그 세력은 꿈쩍도 하지 않을 것입니다. 그래서 우리가 할 수 있는 것은 그 세력을 일시적으로 무력화(無力化)하는 [결박기도]입니다.

예수님께서 배를 타고 건너가시다가 큰 풍랑을 보고 "파도야 잠잠하라"고 하시니 파도가 잠잠해 졌습니다.(막 4:39)[86] 그 파도가 지금까지 잠잠할까요. 아니지요. 예수님 일행이 다 통과할 때까지 잠잠했을 것입니다. 마찬가지로 일시적으로 어떤 사람의 속에 있는 영을 잠잠케 할 수는 있습니다. 이런 '결박하는 대적기도' 는 이렇게 하면 좋습니다.

"○○속에 있는 음란의 영아,
　내가 예수님 이름으로 명하노니 잠잠할지어다."

"○○속에 있는 혈기의 영아,
　내가 예수님 이름으로 너를 결박하노라"

"○○속에서 옹고집을 일으키는 영아,
　내가 예수님 이름으로 대적하노라"

"아들 딸 속에서 오락과 게임에 빠지게 하는 영아,
　내가 예수님 이름으로 너를 묶노라."

물론, 본인이 직접 전문사역자에게 자기 속에 있는 악한 세력을 추방해 달라고 위탁할 때는 얼마든지 [대적기도]로 축사할 수 있습니다. 이렇게 계속 대적기도를 하면, 우리 마음속에 있던 모든 어둡고 악하고 추한 세력이 하나하나 도망가고, 마침내 성령님께서 온 몸과 마음을 장악하시어, 주위 환경이나 상황과 전혀 상관없이 늘 마음이 평안한 그날이 속히 올 것입니다.

지금 마음속에 계신 성령님을 바라보소서.
예수님 피를 뿌리고 바르고 덮으소서.
성령님께 마음을 드리고, 먹고 마시소서.

---

86) (막 4:39) 예수님께서 깨어 바람을 꾸짖으시며 바다더러 이르시되 잠잠하라 고요하라 하시니 바람이 그치고 아주 잔잔하여지더라

거룩한 숨님을 깊이 더 깊이, 강하게 길게 숨 쉬소서.
예수님의 이름으로 대적기도를 하소서.

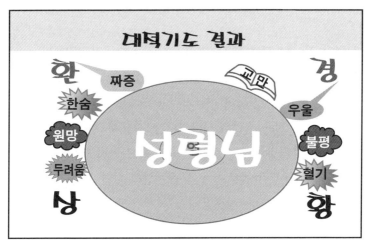

그림 20 / 대적기도 결과

참고로,
우리교회에서 하고 있는 '예수님의 산상설교(팔복)에 따른 치유사
역'과 '예수호흡기도'를 올려봅니다. 도움이 되었으면 좋겠습니다.

팔복(산상설교)에 따른 치유사역

산상에서 선포하신 마태복음 5장 1-10절의 팔복은 :
예수님께서 이 땅에 오셔서 천국/하나님나라를 개국하시며, 공포하
신 말씀입니다. 예수님은 이 거룩한 대의(大義)에 동참하는 모든 성
도들에게 잃어버린 영토를 회복하라고 명령하셨습니다. 그런데 구약
과 달리, 예수님께서 개국하신 나라의 영토는 땅덩어리가 아니라 인
간의 마음입니다. 인간의 마음, 그곳은 이미 예수님보다 먼저 들어온

강도와 도둑들(사탄/마귀/귀신)이 들끓고 있습니다. 예수님은 그 강도와 도둑들에게 거룩한 전쟁(Holy War)을 선포하시고, 그것들을 격퇴하고 돌아오는 성도들에게 무한한 복/보상을 약속하셨습니다.

[1] 심령이 가난한 자는 복이 있나니 천국이 그들의 것임이요 : 이 성전(聖戰)에 동참하는 사람은 심령이 가난한 사람입니다. 그들의 마음속에 각종 거짓신들이 버글거리고 있지만 정작 계셔야 할 분이 계시지 않은 것을 깨달은 사람입니다. 그래서 그들은 거룩한 영을 갈망하고 성령님의 조명을 받아 마음속에 먼저 들어와 있는 모든 다른 신(사탄/마귀/귀신)을 오직 예수님의 피와 성령님으로 대적하고 축사(逐邪)합니다. 성령님은 그들의 텅 빈, 가난한 심령에 천국/하나님나라를 건설하실 것입니다.

[2] 애통하는 자는 복이 있나니 그들이 위로를 받을 것임이요 : 마음속에 있는 죄성, 마성, 독성의 정체를 알고, 그 동안 속고 산 것이 억울하고 분하고 원통해서 통곡하고 애통하는 사람, 그래서 작심하고 성령님을 갈망하며 성령님과 눈 맞추며 예수님의 보혈과 성령님의 권능으로 모든 죄를 회개하고 쓰레기와 상처를 토설하고, 대적하고, 축사하는 사람, 그 사람은 하나님의 크신 위로를 보상받을 것입니다.

[3] 온유한 자는 복이 있나니 그들이 땅을 기업으로 받을 것임이요 : 주님보다 먼저 마음속에 들어온 사악한 떼강도들에게 처절하게 당해 본 사람. 그들을 물리치기 위해서 안 해본 것이 없는 사람. 그들은 마침내 두 손 들고 주님께 옵니다. 그래서 지금 마음속에 와 계신 성령님께 마음을 드리며 오직 성령님의 권능과 예수님의 보혈로 그들을 대적하고 물리친 사람. 그들은 온유한 사람이 될 수밖에

없습니다. 그렇게 예수님의 마음을 품은 온유한 사람은 또 다른 땅/심령을 보상받을 것입니다.

[4] 의에 주리고 목마른 자는 복이 있나니 그들이 배부를 것임이요 : 밖/세상이 문제가 아니라 안/심령이 문제입니다. 안에서 새는 바가지가 밖에서도 샙니다. 안이 고쳐지면 밖은 저절로 고쳐집니다. 우리 마음속에는 불의를 조장하는 사악한 세력으로 가득합니다. 그 불의한 세력에게 지금까지 농락당한 것이 억울하고 분하여 예수님의 보혈과 성령님의 권능으로 그 불의한 세력들을 모조리 소탕하는 사람. 그래서 타는 목마름으로 하나님의 대의(大義)를 갈망하는 사람은 하나님의 풍요로 배부르게 될 것입니다.

[5] 긍휼히 여기는 자는 복이 있나니 그들이 긍휼히 여김을 받을 것임이요 : 자기의 죄는 물론이요 조상과 다른 사람의 허물을 대신하여 함께 아파하며 동일시 회개하는 사람. 그들의 상처와 쓰레기를 함께 토설하고, 오직 성령님으로 극악무도한 세력을 함께 대적하고 함께 축사하는 사람. 그들의 긍휼히 여기는 사역으로 말미암아 가정이 회복되고 교회가 갱신되며 자신의 심령은 더욱 더 하나님의 긍휼로 가득하게 될 것입니다.

[6] 마음이 청결한 자는 복이 있나니 그들이 하나님을 볼 것임이요 : 이 지구땅에서 가장 부패하고 불결한 곳이 어디입니까? 인간들은 자기 마음속에 오만 잡동사니를 태산같이 쌓아두고도 밖을 청소하는데 열을 올리고 있습니다. 당신은 어떻습니까? 이제 돌이킵시다. 마음을 대청소합시다. 바로 그 일을 도맡아 하시기 위해서 예수님의 보혈을 고스란히 가지고 우리 마음속에 와계신 분이 성령님이

십니다. 모든 죄와 쓰레기를 성령님의 불로 태우고 생명수로 물청소하고 모든 다른 신을 추방한 사람. 그래서 깨끗한/청결한 마음속에 하나님께서 친히 찾아 오셔서 얼굴과 얼굴로 면대면(面對面)하는 복을 누리게 될 것입니다.

[7] 화평하게 하는 자는 복이 있나니 그들이 하나님의 아들이라 일컬음을 받을 것임이요 : 다른 사람은 고사하고 각자 자기 마음조차도 다스리지 못하고 늘 불안과 공포 속에서 죽지 못해 살아가는 사람들이 교회 안에도 부지기수이니. 오직 예수님의 보혈과 성령님의 권능으로 평화를 파괴하는 모든 세력을 몰아내고, 먼저 자신과 화평을 누리고, 더 나아가 이웃과 더불어 주님의 화평을 누리는 사람, 그 사람은 하나님께서 친히 "내 아들, 내 딸"이라 부르시는 복을 누릴 것입니다.

[8] 의를 위하여 박해를 받은 자는 복이 있나니 천국이 그들의 것임이라 : 이 영적전쟁은 결코 쉬운 일이 아닙니다. 반드시 악한 세력들이 총공세를 펼칠 것이 불을 보듯 합니다. 하나님의 대의(大義) 때문에 모진 박해를 받을 수도 있습니다. 우리를 앞서간 많은 믿음의 선진들도 그랬습니다. 그러나 두려워하지 마십시오. 강하고 담대하십시오. 오직 예수님의 보혈과 성령님의 권능으로 끝까지 대적하고, 축사하십시오. 우리 안에 계신 분은 세상에 있는 어떤 것들보다 크신 분이십니다(요일 4:4). 우리는 반드시 이깁니다. 마침내 지금부터 영원까지 천국이 우리 것이 될 것입니다. 아멘, 할렐루야!!!

팔복(산상설교)에 따른 예수호흡기도

– 몸을 바로 세우고, 앞뒤 좌우로 가볍게 흔들어 보십시오.
– 숨을 가볍게 쉬며, 느껴보십시오.
– 떠오르는 생각을 자연스럽게 놓아 버리십시오.
– 조용히 성령님의 임재를 의식하십시오.
– 내 몸 안에서 나를 기다리시는 성령님을 고요히 바라보십시오.

[1] 심령이 가난한 자는 복이 있나니 천국이 그들의 것임이요
예수님 피, 예수님 보혈! 예수님 피, 예수님 보혈!
(들숨) 예수님 피, (날숨) 예수님 보혈!

[2] 애통하는 자는 복이 있나니 그들이 위로를 받을 것임이요
주 예수 그리스도님, 저를 불쌍히 여기소서!
(들숨) 주 예수 그리스도님, (날숨) 저를 불쌍히 여기소서!

[3] 온유한 자는 복이 있나니 그들이 땅을 기업으로 받을 것임이요
예수님 피, 예수님 보혈! 예수님 피, 예수님 보혈!
(들숨) 예수님 피, (날숨) 예수님 보혈!

[4] 의에 주리고 목마른 자는 복이 있나니 그들이 배부를 것임이요
주 예수 그리스도님, 저를 불쌍히 여기소서!
(들숨) 주 예수 그리스도님, (날숨) 저를 불쌍히 여기소서!

[5] 긍휼히 여기는 자는 복이 있나니 그들이 긍휼히 여김을 받을 것임이요
예수님 피, 예수님 보혈! 예수님 피, 예수님 보혈!

(들숨) 예수님 피, (날숨) 예수님 보혈!

[6] 마음이 청결한 자는 복이 있나니 그들이 하나님을 볼 것임이요

주 예수 그리스도님, 저를 불쌍히 여기소서!

(들숨) 주 예수 그리스도님, (날숨) 저를 불쌍히 여기소서!

[7] 화평하게 하는 자는 복이 있나니 그들이 하나님의 아들이라 일컬음을 받을 것임이요

예수님 피, 예수님 보혈! 예수님 피, 예수님 보혈!

(들숨) 예수님 피, (날숨) 예수님 보혈!

[8] 의를 위하여 박해를 받은 자는 복이 있나니 천국이 그들의 것임이라

주 예수 그리스도님, 저를 불쌍히 여기소서!

(들숨) 주 예수 그리스도님, (날숨) 저를 불쌍히 여기소서!

[침묵 기도]

내친김에 기도 속으로 좀 더 깊숙이 들어가 봅시다.

서점에 참으로 귀한 기도서들이 많이 있습니다. 저는 그런 기도서들에 의해 많은 도움과 가르침을 받고 늘 감사드립니다. 여기서는 우리 믿는 사람들의 인격이 예수님의 인격을 닮는데 더 효과적인 기도방법을 나누고 싶습니다. 성경에 등장하는 참으로 신령한 성도들은 거의 다 이렇게 '침묵기도'를 했습니다.

성경에는 "잠잠히" "가만히"라는 표현이 많이 나옵니다.
먼저 출애굽기 14장 13-14절의 말씀을 봅시다.

모세가 백성에게 이르되 너희는 두려워 말고 가만히 서서 여호와께서 오늘날 너희를 위하여 행하시는 구원을 보라 너희가 오늘 본 애굽 사람을 또 다시는 영원히 보지 못하리라 여호와께서 너희를 위하여 싸우시리니 너희는 가만히 있을지니라

이 말씀이 주어진 배경을 보면, 앞에는 홍해바다, 뒤에는 애굽의 전차군단 ……. 그야말로 사면초가 상황인데, 누가 가만히 있을 수 있겠습니까? 아마 오직 한사람 모세뿐이었을 것입니다. 우리는 이 모세를 위대한 믿음의 사람으로 존경합니다. 그런데 모세가 어떻게 이처럼 위대한 하나님의 사람이 되었다고 생각하십니까? 사람들은 모세 어머니의 탁월한 교육이나 모세가 받았음직한 애굽 궁전에서의 훌륭한 교육을 연구하고 그것을 본받으라고 역설하기도 합니다. 맞는 말입니다. 열심히 교육을 받고 충분히 연구해야지요. 결코 학업을 게을리 해서는 안 됩니다. 우리는 가능한 한 자녀 교육에 신경을 더 많이 써야 합니다.

그런데 모세가 어머니와 애굽으로부터 받은 교육의 결과가 무엇인지 아십니까? 그것은 살인(殺人)입니다. 그는 자신의 힘과 재능으로 무엇을 해 보려다가 오히려 살인자로 몰려 광야로 도망가는 신세가 되었습니다. 오늘날의 교육을 한번 들여다보십시오. 비록 실제적인 살인은 일어나지 않을지라도 수많은 동료들과 경쟁하게 만들어 서로 말로, 글로, 업적으로 누르고 밟고 올라타고 죽이고 있지 않습니까? 그러니 교육을 하지 말라는 것이 아닙니다. 하나님의 인도함을 받으라는 것이지요. 하나님의 지도를 외면한 교육은 무엇이 되었든지 직접 또는 간접적인 살인과 파괴의 결과를 가져온다는 사실은 인류역사가 증명하고 있지 않습니까? 그래서 도망간 모세가 광야에서 40년 동안 한 일이 무엇입니까? 하나님은 광야에서 양을 치는 모세에게 무엇을 가르치셨습

니까? 하나님 앞에서 "가만히", "잠잠히" 있는 법을 가르치셨습니다.

아마 처음부터 된 것은 아니었을 것입니다.
그래서 40년이나 걸렸지요.
장인의 양을 광야에 풀어놓고 모세는 절규, 또 절규했을 것입니다. 아마 모래밭에 뒹굴다가 하늘을 향해 삿대질도 수없이 했으리. "왜 납니까? Why me! Why me!" 그러다 지쳐서 다 내려놓고 잠잠해 졌을 때, 하나님께서 모세를 부르셨습니다.

[침묵기도], 그것은 주님 앞에 잠잠히 있는 기도입니다. 한 사람의 인격을 변화시키는 데 있어 이보다 더 좋은 기도방법은 없을 것입니다. 모세에게 이 놀라운 침묵기도를 친히 가르치신 여호와 하나님의 품에 계시던 독생자 예수님께서 육신을 입고 이 땅에 오셔서 우리의 모든 죄를 십자가에서 처리하시고 성령님을 믿는 사람의 마음속에 보내 주셨습니다. 여호와님의 생명이신 성령님께서 우리에게 요구하시는 것이 무엇이겠습니까? 모세에게 잠잠하기를 요구하신 바로 그 하나님께서 우리에게 요구하시는 것도 역시 "잠잠히", "가만히"가 아니겠는지요! '가만히, 잠잠히'를 통상 묵상기도, 또는 "QT(quiet time:성경묵상시간)"라고도 합니다. 이것도 참 좋습니다. 신앙생활에 많은 유익이 있습니다.

그러나 하나님 앞에서 잠잠히 있는 것은 그 이상입니다. 그야말로 아무것도 하지 않고 침묵하는 것입니다. 무슨 말을 하려고 할 필요도, 머리로 성경구절을 묵상할 필요도 없습니다. 혹 말씀이 필요하면, 성령님께서 상황에 꼭 맞는 성경구절이 생각나게 하십니다. 그러니 그냥 하나님께 마음을 드린 채 "가만히", "조용히", "잠잠히" 있으면 됩니다. 하나님은 잠잠히 기다리시는 분이십니다. 저는 하나님의 성품 중에서 가장 고귀한 성품은 "침묵"이라고 감히 말하고 싶습니다. "천년을 하루같이"[87] 잠잠히 기다리시는 분이 하나님이십니다. 이 하나님 앞에 있게 된다면, 그냥 입이 다물어질 것입니다. 하나님은 우리를 "잠잠히 사랑"하십니다.

> 그가 너로 인하여 기쁨을 이기지 못하여 하시며 너를 잠잠히 사랑하시며(He will be quiet in His love[NKJV]) 너로 인하여 즐거이 부르며 기뻐하시리라 하리라(습 3:17)

무슨 말이 더 필요하겠습니까?
유구무언(有口無言)이지요!
사무엘과 다윗 그리고 예레미야의 노래를 확증으로 삼읍시다.

> 그런즉 가만히 섰으라 여호와께서 너희와 너희 열조에게 행하신 모든 의로운 일에 대하여 내가 여호와 앞에서 너희와 담론하리라(삼상 12:7)

> 너희는 이제 가만히 서서 여호와께서 너희 목전에 행하시는 이 큰 일을 보라(삼상 12:16)

> 너희는 가만히 있어 내가 하나님 됨을 알지어다 내가 열방과 세계 중에서 높임을 받으리라 하시도다(시편 46:10)

> 나의 영혼이 잠잠히 하나님만 바람이여 나의 구원이 그에게서 나는도다(시편 62:1)

---

87) (벧후 3:8) 사랑하는 자들아 주께는 하루가 천 년 같고 천 년이 하루 같다는 이 한 가지를 잊지 말라

나의 영혼아 잠잠히 하나님만 바라라 대저 나의 소망이 저로
좇아 나는도다(시편 62:5)

사람이 여호와님의 구원을 바라고 잠잠히 기다림이 좋도다
(애가 3:26)

  이런 침묵기도는 하루아침에 단번에 이루어지는 것이 아닙니다. 어
린아이에게 침묵을 강요하는 것은 형벌이나 다름없지요. 여러분이 혹
침묵기도를 잘 못한다고 해도 너무 실망하지 마십시오. 성령님을 바라
보는 시간이 길어지면 침묵기도는 자연스럽게 되게 됩니다. 도무지 걱
정할 이유가 없습니다. 하루에 몇 분 또는 몇 시간이라도 꾸준히 마음
속에 계신 성령님을 우러러 보노라면, 저절로 침묵기도가 되기 시작할
것입니다. 자기도 모르는 사이에 지각에 넘치는 평화가 밀려오는 것을
경험하게 되고, 온종일 영적인 축복으로 가득할 것입니다. 그때서야
내가 그만큼 예수님의 인격을 닮아가고 있음을 발견하게 됩니다.

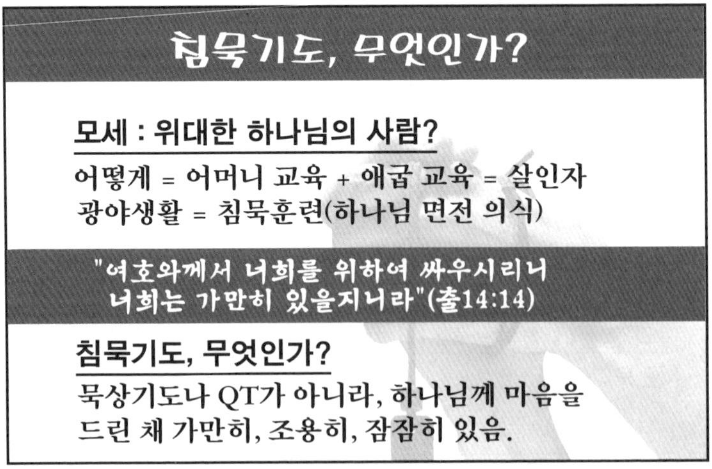

그림 21 / 침묵기도, 무엇인가?

앤드류 머리(머레이) 목사님의 글을 요약하여 인용합니다. :

"너는 삼가며 조용하라 …… 두려워하지 말며 낙심하지 말라"
(사 7:4).
"잠잠하고 신뢰하여야 힘을 얻을 것이라"(사 30:15).

이 말씀들은 잠잠함과 믿음 사이의 밀접한 관계를 잘 드러내
줍니다. 잠잠함이 하나님을 바라는 일의 한 가지 요소로서 우
리에게 얼마나 절실히 필요한지를 잘 보여 줍니다. 우리의 온
마음을 하나님을 향하여 돌리기 위해서는, 그 마음을 사람에게
서, 그리고 기쁨이든 슬픔이든 우리의 관심을 끄는 모든 것에
게서 돌아서게 해야 합니다. …… 하나님 이외에 우리의 두려
움을 자극하거나 우리의 노력을 부추기거나 우리의 소망을 일
깨우거나 우리를 즐겁게 하는 모든 것은 하나님을 온전히 바
라고 기다리는 일을 방해할 뿐입니다.[88]

"주 여호와 앞에서 잠잠할지어다"(습 1:7)
"무릇 혈기 있는 자들이 여호와 앞에서 잠잠할 것은 여호와께
서 그 성소에서 일어나심이니라"(슥 2:13)

하나님을 바라고 기다리는 일을 주로 효과적인 기도와 응답받
는 간구를 위한 하나의 수단으로 여기는 한, 이런 온전한 잠잠
함의 자세는 절대로 얻어지지 않을 것입니다. 그러나, 하나님
을 바라보는 일 그 자체를 말할 수 없는 축복으로 – 거룩하신
하나님과 나누는 교제의 최고의 형태 가운데 하나로 – 여기면,
영광중에 계신 하나님을 높임으로 말미암아 영혼이 낮아지고
잠잠해져서 하나님으로 하여금 말씀하시고 자신의 뜻을 드러
내시도록 하게 됩니다. 그리고 그렇게 되면, 우리 자신의 모든
것과 우리의 모든 노력이 낮아지리라는 귀중한 약속이 이루어
지게 되는 것입니다.[89]

---

88) 앤드류 머리, 앞의 책, p. 178.
89) 같은 책, p. 179.

그 날에 눈이 높은 자가 낮아지며 교만한 자가 굴복되고 여호
와께서 홀로 높임을 받으시리라(사 2:11) …… 모든 친구들과
온갖 일들과 모든 걱정거리들이나 모든 즐거움들에서 벗어나
서 고요한 가운데 잠잠히 하나님 앞에 있는 시간을 가져야 합
니다. 사람과 세상에서만 벗어나는 것이 아니라 나 자신과 나
의 온갖 정력에서도 벗어나 잠잠히 있도록 되어야 합니다.

하나님의 말씀과 기도를 정말 소중히 여깁시다. 그러나 기억하
십시오. 이런 것들까지도 잠잠히 기다리는 데 방해가 될 수 있
습니다. 하나님의 말씀을 공부하는 정신의 활동이나 기도 가운
데서 우리의 생각들을 표현하는 마음의 활동들이 그 욕심과
소망과 두려움을 그대로 지닌 채로 우리를 사로잡아서, 우리가
홀로 영광스러우신 하나님 앞에서 잠잠히 바라고 기다리게 되
지 않을 수도 있는 것입니다. 우리의 존재 전체가 하나님 앞에
조용히 엎드려야 하는데, 그것을 가로막을 수도 있다는 말입
니다.[90]

"사람이 여호와님의 구원을 바라고 잠잠히 기다림이 좋도다"
(애 3:26)라고 말씀합니다. 예, 과연 좋습니다. 잠잠함이야말로
우리의 온유함의 고백 …… 신뢰의 고백 …… 조용히 안식하
고 있다는 고백입니다. 우리가 스스로 무(無)가 되기를 바라며
하나님께서 일하시고 자신을 드러내시기를 바라는 우리의 소
원의 고백인 것입니다.[91]

그리스도님 안에서, 그의 죽으심 안에서, 그의 생명 가운데서,
그의 완전한 구속 가운데서, 영혼이 잠잠할 때에, 하나님께서
들어오셔서 그 영혼을 사로잡으시고 그의 온전하신 역사를 행
하실 것입니다.[92]

---

90) 같은 책, p. 179.
91) 같은 책, p. 180.
92) 같은 책, p. 183.

잔느 귀용 :

순전한 사랑의 사람의 글을 요약하여 인용합니다. :

침묵기도에 들어가는 것은 당신이 모든 활동을 완전히 중지함을 의미하지는 않는다. 오히려 그것은 당신의 혼(soul)이 당신의 영(spirit)의 움직임에 의하여 활동함을 의미한다. …… 에스겔은 바퀴들에 관한 환상을 보았다. 그가 보았던 이러한 바퀴들에는 생령(the living Spirit 즉, 성령님)이 계신다. 그 영(즉 성령님(the Spirit)이 정지하여 서 있으면 바퀴들도 정지한다. 만일 그 영이 땅으로부터 하늘로 올라가면, 바퀴는 옆에서 같이 하늘로 올라간다. 그 영(성령님)은 그 바퀴들 안에 있었고, 그 바퀴들은 그 영에 의하여 움직였다(겔 1:19-21).[93]

침묵기도에 들어가는 영혼은 마치 그러한 바퀴들과도 같다. …… 그 영혼은 영(즉, 성령님)이 가는 곳이라면 어디든지 따라 다니던 바퀴들처럼 되는 것이다. 마찬가지로 그 영혼도 속에 살아 계시는 영의 인도하심에 복종해야 한다. 침묵기도에 들어가는 영혼은 기다리면서, 성령님께서 움직이실 때에만 충실하게 같이 움직여야만 하는 것이다.

성령님께서는 어떠한 일을 하시는가? 성령님께서는, 궁극적인 목표를 향하여 곧장 나가신다. 그렇다면 그러한 궁극적인 목표는 무엇인가? 그것은 '하나님과의 연합(the Unification)' 이다. 그러므로 기도 중에는 영혼으로 하여금 아무것도 하지 않게 하라. 단지 영혼은 궁극적인 목표에 이를 때까지 성령님을 따르게만 해야 하는 것이다. …… 그 영혼의 활동은 성령님과 완전히 일치하게 된다.[94]

---

93) (겔 1:19-21) 그 생물들이 갈 때에 바퀴들도 그 곁에서 가고 그 생물들이 땅에서 들릴 때에 바퀴들도 들려서 영이 어떤 쪽으로 가면 생물들도 영이 가려 하는 곳으로 가고 바퀴들도 그 곁에서 들리니 이는 생물의 영이 그 바퀴들 가운데에 있음이니라 그들이 가면 이들도 가고 그들이 서면 이들도 서고 그들이 땅에서 들릴 때에는 이들도 그 곁에서 들리니 이는 생물의 영이 그 바퀴들 가운데에 있음이더라
94) 잔느 귀용, 「예수 그리스도님을 깊이 체험하기」, 채소범 역(서울: 도서출판 두란노, 2000), pp. 120~121.

우리가 우리의 힘으로 기도하면 실제로 우리에게 많은 도움을 받기도 합니다. 그러나 잘 생각해 보십시오. 우리의 노력으로 무엇을 응답받았다면 과연 누구의 공로가 됩니까? 내가 기도하여 이런 것을 얻었다고 자랑하다가 자신도 모르는 사이에 목이 곧아져서 낭패를 당하는 사람들을 주위에서 비일비재하게 볼 수 있지 않습니까?

그래서 더욱 침묵기도가 요청됩니다.

우리 영혼이 우리 영의 깊은 곳, 은밀한 곳에 계신 성령님과 눈 맞추고 있으면 성령님께 이끌리게 됩니다. 성령님께서 이끄시는 힘은 강하면서도 부드럽습니다. 이는 사랑하는 사람에게 이끌릴 때에 느끼는 감정 이상입니다. 이보다 더 달콤한 교제 속으로 우리 영혼을 이끄시는 분은 성령님이십니다.

미용실에서 머리 손질을 받으면서 제멋대로 머리를 움직이면 아무리 유능한 미용사라도 의도대로 머리 모양을 만들 수 없습니다. 마찬가지로 우리 영혼을 분주히 움직이면, 비록 천국을 만드신 성령님이실지라도 우리 영혼에 성부/성자하나님께서 거하실 아름다운 수정궁으로 다듬을 수 없습니다. 성령님께서 우리를 예수님의 인격을 닮은 사람으로 만드시기 위해서는 우리의 도움이 거의 필요 없습니다. 혹 우리가 성령님을 돕겠다고 이리저리 머리를 굴리면, 그만큼 성령님의 일을 오히려 방해하고 지연시키는 결과만 초래할 뿐입니다. 어린 아기를 키워본 사람들은 이 말이 무슨 말인지 충분히 이해할 것입니다. 자기가 자기 기저귀를 갈려다가 온 방을 더욱 더 엉망으로 만드는 경우 말입니다.

그러므로 우리가 할 일은 오직 하나뿐입니다. 그것은 다만 우리 마음을 성령님께 드리는 것입니다. 우리 마음을 성령님께 고정시키고, 그 대로 있으면 곧 평온하여 집니다. 계속 그 평온을 유지하며 성령님의 일하심에 잠잠한 미소로 반응하는 것이 우리가 해야 할 일의 전부입니다. 우리 안에 계신 성령님은 "쉬지 말고 기도하라"고 말씀하신 바로 그분이십니다. 성령님은 우리 마음속에서 잠시도 쉬지 않고 기도하시고 일하십니다. 우리가 성령님을 움직이는 것이 아니라 성령님께서 우리를 통해 일하십니다. 성령님께 마음을 드린 결과로 우리의 삶 가운데서 생겨난 활동은 그 어떤 활동보다 훨씬 더 차원 높은 활동입니다.

성령님은 우리의 중심(the heart)에 계십니다. 그러므로 성령님이 우리의 중심이 되셔야 합니다. 우리의 중심이 성령님에게서 멀어지게 하는 것은 무엇이든지 거기에 집착하지 말고 다시 내면세계로 향합시다. 마음이 산란해질 때마다 즉시 방향전환(方向轉換)을 계속합시다. 세상으로 향하는 우리의 시선을 사로잡아 성령님께 고정시킵시다. 하루 한두 시간 정도 성령님과 눈 맞추는 것으로는 충분치 않습니다. 언제 어디서나 분초마다 계속합시다. 로렌스형제처럼 '하나님 임재연습'을 쉬지 말고 합시다.

이렇게 성령님께 이끌려 마침내 성령님께 맞닿으면 우리 혼(soul)속에 있는 모든 잡다한 세력들은 녹아지고, 성령님의 열매가 혼속으로 흘러들어가서, 거기서 자라고 꽃피어서 육신을 통하여 우리의 삶속에서 아름다운 열매를 맺습니다.

이제 우리 모두 마음속에 계신 성령님을 잠잠히 바라봅시다. 우리의 삶을 통하여 위대하신 성령님께서 그의 놀라우신 일을 행하시기를 잠

잠히 기다립시다. 머잖아 반드시 우리는 성령님께 완전히 사로잡히게
될 것입니다. 우리의 전인격이 예수님의 인격을 아름답게 재현하는 그
날이 속히 올 것입니다.

지금 시작합시다.
[침묵기도]의 열매는 성화(聖化)요, 영화(靈化)입니다.
경청(敬聽)보다 귀한 것이 청종(聽從)입니다. 샬롬!!

예수님 닮기 원합니다 성령님으로 성령님으로
예수님 닮기 원합니다 성령님으로
성령님으로 성령님으로
예수님 닮기 원합니다 성령님으로 아멘!

제 9장

이렇게 기도하라(1)

그러므로 너희는 이렇게 기도하라

하늘에 계신 우리 아버지여

이름이 거룩히 여김을 받으시오며

나라이 임하옵시며

뜻이 하늘에서 이룬 것같이 땅에서도 이루어지이다

- 마태복음 6장 9-10절 -

제9장
이렇게 기도하라(1)

예수님께서 기도를 가르쳐 주셨습니다.

기도에 관한 글이 많아서 다행입니다. 하지만 주님께서 친히 가르쳐 주신 기도보다 더 좋은 기도내용이 또 있을까요! 먼저 마태복음 6장 5~8절까지 살펴봅시다.

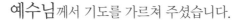

[또 너희가 기도할 때에 외식하는 자와 같이 되지 말라]

> 저희는 사람에게 보이려고 회당과 큰 거리 어귀에 서서 기도
> 하기를 좋아 하느니라   내가 진실로 너희에게 이르노니 저희
> 는 자기 상을 이미 받았느니라

기도는 누구에게 보이려고 하는 것이라고 하셨습니까?

사람에게 보이려고 하는 기도.

그런 기도는 "외식(外飾)하는 기도"입니다.

모든 기도는 "하나님께 보이려고"하는 것이어야 합니다. 기도가 하나님께 보이려고 하는 것이 확실하다면, 무엇을 보여야 합니까? 하나님은 우리에게서 무엇을 보시기를 원하십니까?

머리입니까? 마음입니까?

하나님은 언제나 우리의 '중심(Heart)'을 보십니다.

우리 마음을 보고 싶어 하십니다.

그러니 마음을 드려야지요.

마음을 드리는 것이 기도입니다.

우리가 마음을 하나님께 드리면 우리 마음속에 있는 죄를 가만히 드러내시고 예수 그리스도님의 십자가 보혈과 생명수로 깨끗하게 씻어 주시는 분이 성령님이십니다. 또한, 길가 밭 같은 마음을, 자갈밭 같은 마음을, 가시밭 같은 마음을 기경(起耕)하여 부드러운 마음으로 만드시는 분도 성령님이십니다.[95]

사람들은 자기 마음을 자기 스스로 고쳐보려고, 거듭 마음에 다짐하기도 하고, 삭발(削髮)하기도 하고, 며칠씩 금식하기도 하고, 무슨 도(道)를 닦기도 하고, 마음공부도 합니다. 그러나 그런 방법으로는 아무도 하나님의 의(義)에 이를 수 없습니다. 하나님만이 우리 마음을 새롭게, 전혀 새롭게 고치십니다.

더 나아가 완벽한 새 것으로 교환하십니다.

고린도후서 5장 17절 말씀은 언제나 실재입니다.

> 누구든지 그리스도님 안에 있으면 새로운 피조물이라(If anyone is in Christ, he is a new creation) 이전 것은 지나갔으니 보라 새 것이 되었도다(all things have become new.)

그런데 마음을 받으시는 하나님은 어디에 계실까요?

물론 하나님은 어디에나 계시지요.

---

[95] (겔 11:19) 내가 그들에게 일치한 마음을 주고 그 속에 새 신을 주며 그 몸에서 굳은 마음을 제하고 부드러운 마음을 주어서

그러나 우리가 마음을 드릴 때, 우리 마음을 받으시는 하나님은 예수님을 구주로 믿는 사람들의 마음속에 계신 "내 영(My Spirit)", 곧 성령님이십니다. 성령님만이 너와 나의 굳은 마음을, 돌 같은 마음을 부드러운 마음, 옥토(沃土)로 만드시는 유일한 전문가이십니다.[96]

[너는 기도할 때에 네 골방에 들어가 문을 닫고]

은밀한 중에 계신 네 아버지께 기도하라 은밀한 중에 보시는
네 아버지께서 갚으시리라

여기서 말하는 "네 골방"은 어디입니까?
그것은 기도원마다 지어 놓은 기도굴(祈禱堀)입니까?
아니면 교회당 안에 만들어 놓은 기도실(祈禱室)입니까?
혹은 소위 믿음이 좋다는 사람들이 자기 집에 따로 마련해 둔 기도방(祈禱房)입니까? 물론 이런 것들이 없는 것보다는 있는 것이 좋을 것입니다.

그러나 진정한 기도골방은 그런 것들과는 차원이 다릅니다.
기도골방은 너와 나의 마음입니다.
우리 각자의 마음이 "골방(your inner room[NASB])"입니다.
우리는 이 마음골방에서 은밀히 계시는 주님을 만나야 합니다.

당신의 골방에 들어가십시오!
Go into your inner room!

---

96) (겔 36:26) 또 새 영을 너희 속에 두고 새 마음을 너희에게 주되 너희 육신에서 굳은 마음을 제하고 부드러운 마음을 줄 것이며

그리고는 "마음골방 문을 닫아야(have shut your door[NKJV])" 합니다. 기도할 때 마음의 문을 닫는 것은 참으로 중요합니다. 특히 머리로부터 쏟아지는 각종 정보가 마음에 영향을 미치지 못하도록 골방문을 철저히 단속해야 합니다. 골방기도를 망치는 주범은 바로 머리(뇌)에서 끊임없이 공급되는 잡념입니다. 물론 이런 잡념이 생기지 않도록 하루하루 생활을 단정히 하는 경건이 무엇보다 중요합니다. 그럼에도 불구하고 잡념이 쏟아지면, 앞서 간 기도의 사람들에 의하면, 기도 도중에 수많은 잡념이라는 조각배가 떠내려 와도, 그 배에 올라타지 말고 그냥 흘러가게 버려두라고요. 그 배를 붙잡고 올라타면 안 됩니다. 만약 그 조각배에 올라타면, 그 잡념에 마음이 빼앗겨 헤매다가 시간을 다 보내고 맙니다.

여러분, 가룟 유다를 보세요. 마귀가 그의 머릿속에 예수님을 팔 생각을 집어넣었습니다.[97] 아마 그는 틈만 나면 머리에서 공급되는 생각이라는 조각배를 타고 마음속으로 곱씹다가 결국 스승 예수님을 돈 몇 푼에 팔아넘기는 배신자(背信者)가 되고 말았습니다. 우리라고 예외이겠습니까? 그러니 아예 마음으로 향하는 모든 출입문을 꼭꼭 닫아걸고, 오직 우리 마음속 깊은 곳, 은밀한 곳에 계시는 하나님 아버지께 마음을 드리고 독대(獨對)합시다. 음식을 만들거나, 집안청소를 하거나, 회사 일을 하거나, 차를 운전하면서도, 글을 쓰거나, 이 글을 읽으면서도, 마음을 여호와님의 영, 그리스도님의 영, 성령님께 드립시다.

혹, 마음이 상했습니까?
혹, 마음이 병들었습니까?

---

97) (요 13:2) 마귀가 벌써 시몬의 아들 가룟 유다의 마음에 예수를 팔려는 생각을 넣었더라

혹, 마음이 답답합니까?

그래도 괜찮습니다.

그 마음 그대로 성령님께 드리십시다!

숨을 잠잠히 깊게 길게 쉬어보십시다!

"주님~" "예수님~" "아버지~"를 가만히 부르십시다!

봄눈이 녹듯 할 것입니다.

눈가에 따뜻한 이슬이 맺힐 것입니다.

사람마다 차이가 있긴 하지만 거의 다 그렇게 됩니다.

주의 친절한 팔에 안긴 내 모습을 보기도 합니다.

한 권사님은 집회를 마치고 버스를 타고 집으로 가면서 마음골방에 계신 주님과 눈 맞추다가 큰 감격에 빠졌습니다. 예수님께서 마치 연인을 안듯이 자신을 살며시 안고 있는 모습이 보였기 때문입니다. 예수님께서 잠잠히 말씀하셨습니다.

"사랑하는 딸아, 너는 내 사람이다"

권사님은 버스 안에서 주체할 수 없이 흐르는 뜨거운 눈물을 삼키며 소리 죽여 고백하고 또 고백했습니다.

"주~님, 사랑해요!!"
"사랑하는 주~님, 고마워요!!"

[또 기도할 때에 이방인과 같이 중언부언하지 말라]

저희는 말을 많이 하여야 들으실 줄 생각 하느니라 그러므로
저희를 본받지 말라 구하기 전에 너희에게 있어야 할 것을 하
나님 너희 아버지께서 아시느니라

은밀한 마음의 골방에 계신 하나님께 우리가 드려야 할 기도는 말을 쏟아 놓는 것이 아닙니다. 기도는 머리에서 조합된 미사여구(美辭麗句)를 줄줄이 쏟아내는 것이 아닙니다. 주님은 분명히 말씀하셨습니다.

저희는 말을 많이 하여야 들으실 줄 생각 하느니라
그러므로 저희를 본받지 말라

말에는 크게 두 가지가 있습니다.
하나는 '머리에서 만들어낸 말' 이요,
다른 하나는 '가슴에서 우러나오는 말' 입니다.
그러니 혹, 우리가 기도하면서 말을 할 때는 반드시 가슴에서 우러나오는 말이어야 합니다.
기도는 머리에서 계산된 말을 쏟아 놓는 것이 아닙니다.
기도는 마음에서 우러나오는 말을 주고받는 것입니다.
기도는 마음을 드리는 것입니다.
사랑하는 연인은 서로 마음을 나누며 몇 시간이고 말없이 앉아 있어도 마냥 행복하기만 합니다. 이처럼 주님과 눈 맞추고 입 맞추고 마음을 맞추면 됩니다. 우리가 마음을 드리고 잠잠히 있노라면 주님께서 말없이 말씀하십니다.

"사랑하는 아들아 / 딸아, 너는 혼자가 아니다~!"
"사랑하는 딸아 / 아들아, 내가 너와 함께 한다~!"
"사랑하는 아들아 / 딸아, 네 마음을 다 안다~!"
"사랑하는 딸아 / 아들아, 염려하지 말거라~!"
"사랑하는 아들아 / 딸아, 내안에서 쉬어라~!"
"사랑하는 딸아 / 아들아, 나랑 같이 놀자~!"

이 황공한 말씀에 뜨거운 눈물을 삼키며 무의식중에 하는 이 한 마디가 있습니다.

"오~~ 주님~~, 사랑해요~~, 고마워요~~."

[그러므로 너희는 이렇게 기도하라]

앞에서도 이미 보았듯이 사실 주님과 눈 맞추고 하는 모든 것이 기도입니다. 이런 기도는 굳이 모국어가 아니라도 얼마든지 할 수 있습니다. 그럼에도 불구하고 꼭 모국어로 하고 싶다면 "이렇게 기도하라"고 말씀하셨습니다.

어떻게 기도하라고요?

"이렇게 기도하라"고요!

맞습니다. 우리는 "이렇게" 기도해야 합니다.

이것이 기도내용 전부입니다.

이렇게 기도하는 것이 주님의 소원입니다.

우리가 입을 열어 기도한다면 머리 쓸 것도 없이 이렇게만 기도하면 됩니다. 이보다 더 좋은 기도내용은 어디에도 없습니다. 육신을 입고 이 땅에 오셔서 우리의 모든 죄와 저주를 대신하여 십자가에 못 박혀 죽으시고 부활하사 성령님을 보내주신 그분이 "이렇게 기도하라"고 하셨습니다. 더 이상 머리 굴리지 말고 제발 이렇게 기도합시다.

[하늘에 계신 우리 아버지]

우리 아버지는 어디에 계십니까?

"하늘(Heaven)"에 계시지요.

그런데 그 하늘이 어디입니까?

물론 하나님께서 계신 곳이지요.

예수님께서 말씀하신 '하늘' 은 "보아라 즐거운 우리집 맑고도 거룩한 천국에 ……", "저 멀리 뵈는 나의 시온성, 오 거룩한 곳 아버지 집 ……" 처럼 장차 우리가 갈 하나님나라, 아버지 집을 말씀하신 것이기도 합니다. 거기가 맞습니다. 우리는 반드시 거기에 가야합니다. 그러나 거기가 전부는 아니지요.

이 기도를 가르치신 예수님을 구주로 믿는 사람의 마음속에는 예수님십자가를 관통하고 예수님의 피를 움켜쥐고 들어오신 성령님께서 계십니다.

성령님께서 거하시는 우리 몸은 성전이요.

성령님께서 임재하신 우리 마음은 "하나님의 나라" 입니다.

하나님의 나라는 우리 안에 있습니다(The kingdom of God is within you.).[98] 우리 마음이 '하나님 아버지와 예수님과 성령하나님의 처소' (요 14:23)입니다. 그래서 우리가 가는 곳은 어디든지 "빈들이나 초막이나 그 어디나 하늘나라"[99]입니다.

몇 년 전에 우리나라에서 남과 북 사이에 긴장감이 고조되고 있을 때, 미국 대통령이 최전방 미군부대에서 자고 간 적이 있습니다. 무엇을 말하고 있습니까? "미국이 여기 있다!" 는 것이지요. 그때 그 미국대통령은 왔다가 가버렸지만, 성령하나님은 지금도 우리 마음하늘에 거주하고 계십니다.

---

98) (눅 17:20-21) 하나님의 나라는 볼 수 있게 임하는 것이 아니요 또 여기 있다 저기 있다고도 못하리니 하나님의 나라는 너희 안에 있느니라(the Kingdom of God is within you, God's kingdom is already among you.[MSG])
99) 찬송가 438(통 495장)

"주님을 모신 맘 새 하늘"이라고 찬송하잖아요.

찬송가 436장(통 493) 1, 3절을 같이 한번 음미해 봅시다.

나 이제 주님의 새 생명 얻은 몸 옛것은 지나고 새사람이로다
그 생명 내 맘에 강같이 흐르고 그 사랑 내게서 해같이 빛난다
영생을 맛보며 주 안에 살리라 오늘도 내일도 주 함께 살리라

산천도 초목도 새 것이 되었고 죄인도 원수도 친구로 변한다
새 생명 얻은 자 영생을 맛보니 주님을 모신 맘 새 하늘이로다
영생을 맛보며 주 안에 살리라 오늘도 내일도 주 함께 살리라

그러니 기도할 때 눈을 들어 먼 하늘(the sky)을 응시하는 것도 좋지만, 우리 마음속 하늘(the Heaven)에 지금 임재하여 계시는 성령님께 시선을 집중하는 것이 더욱 좋습니다. 우리가 드리는 기도를 받으시는 하나님은 너와 나의 마음하늘에 거하십니다. 실제로 마음속에 계신 성령님을 의식하고 기도하면 참으로 많은 유익이 있습니다. 무엇보다 "하나님의 평강이 그리스도 예수님 안에서 우리 마음과 생각을" 온전히 주장하는 것을 경험하게 됩니다.[100]

[우리 아버지여]

우리가 "아버지~!"하고 기도하면 누가 듣고 대답합니까?
우리는 '주님'을 어떻게 불러야 합니까?
소위 잘 믿는다는 사람들이 저마다의 주장을 폅니다.

"주여~~"   "예수여~~"

---

100) (빌 4:6-7) 아무 것도 염려하지 말고 오직 모든 일에 기도와 간구로 너희 구할 것을 감사함으로 하나님께 아뢰라 그리하면 모든 지각에 뛰어난 하나님의 평강이 그리스도 예수님 안에서 너희 마음과 생각을 지키시리라

"성령님~~" "여호와여~~"

이런 말 저런 말을 성경에서 찾아내어 여러 말로 논쟁을 합니다. 모두 정당한 이유가 없지는 않아요. 그러나 이는 오히려 성도들의 마음을 혼미(昏迷)케 합니다.

잘 아는 대로 하나님은 한 분이십니다.

성부와 성자는 성령님을 공유(共有)하심으로 "하나"이십니다.

성부하나님을 향하여 "아버지"라 부르는 것은 누구나 다 인정하는 사실입니다. 예수님께서 친히 "너는 내 형제들에게 가서 이르되 내가 내 아버지 곧 너희 아버지 내 하나님 곧 너희 하나님께로 올라간다 하라"(요 20:17)고 말씀하셨습니다.

그런데 성자하나님도 성부님께는 아들이시지만, 우리에게는 "아버지"가 되십니다. 이사야 선지자는 "한 아기가 우리에게 났고 …… 그 이름은 기묘자라, 모사라, 전능하신 하나님이라, 영존하시는 아버지라, 평강의 왕이라 할 것임이라"(사 9:6)라고 예언하였습니다.

그런가하면 우리 마음속에 임하신 성령하나님은 우리를 하나님의 자녀로 입양하시는 "양자의 영(the Spirit of adoption)"입니다. 우리는 이 양자의 영, 성령님에 의하여 거듭났습니다. 그러니 성령님도 우리를 낳으신 "아버지"이시지요.

> 너희는 다시 무서워하는 종의 영을 받지 아니하였고 양자의 영(the Spirit of adoption)을 받았으므로 아바 아버지라 부르짖느니라(롬 8:15)

이렇게 다소 길게 쓴 것은 이해를 돕기 위해서입니다. 우리 마음속에 계신 성령님은 그 분 자체로 제3위 하나님이시며 동시에 성부하나님의 영이요, 성자하나님의 영이십니다. 그런데 아들의 영, 성령님이 우리에게 "아바 아버지"라 부르라고 하셨습니다. 그러니 무슨 말이 더 필요하겠습니까?

> 너희가 아들인고로 하나님이 <u>그 아들의 영(the Spirit of his Son)을 우리 마음 가운데 보내사 아바 아버지("Abba! Father!")라 부르게 하셨느니라</u>(갈 4:6)

우리가 "아버지~"하고 부르면 하나님의 음성이 어디서 들려옵니까? 우리의 귀를 통해 바람결에 들려옵니까?

그런 사람도 아주 없지는 않습니다.

그러나 밖에서 들려오는 소리는 십중팔구 사탄의 소리입니다.

하나님의 세미한 목소리는 주로 마음속에서 들려옵니다.

실제로 마음속에 계신 성령님을 의식하면서 지금 불러보세요.

"아버지~~"

"오냐~~! 내 사랑하는 딸아 / 아들아, 무슨 일이냐~~!"

[이름이 거룩히 여김을 받으시오며]

누구의 이름이 거룩히 여김을 받아야 합니까?

하나님 아버지의 이름이 분명하지요!

우리 이름이 거룩히 여김을 받는 것이 아니라

하나님의 이름이 거룩히 여김을 받아야 합니다.

누가, 언제, 어디서, 무엇을, 어떻게, 왜?

누가(Who)? 기도하는 나를 통하여,

언제(When)? 오늘, 기도하는 이 시간에,
어디서(Where)? 여기, 내 삶의 현장에서,
무엇을(What)? 아버지의 이름이 거룩히 여김을 받으시오며,
어떻게(How)? 성령님으로.
왜(Why?) 하나님 아버지의 영광을 위하여!

우리의 죄와 저주를 대신하여 십자가를 지신 예수님!
그 예수님이 우리에게 바라시는 맨 첫 번째 소원!
무엇입니까? 과연 무엇이어야 합니까?
우리를 향하신 예수님의 첫째 소원은 이것입니다.

"아버지의 이름이 거룩히 여김을 받으시오며"
"Hallowed be Your name."
"May your holy name be honored"[GNT]

내 이름을 경외하는 너희에게 공의로운 해가 떠올라서 치료하
는 광선을 비추리니 너희가 나가서 외양간에서 나온 송아지
같이 뛰리라(말 4:2)

"아버지의 이름"은 무엇입니까?
구약성경에서 하나님의 이름은 "여호와(야훼)"입니다.
이는 "나는 ~ 있다(I ~~ am.)"라는 뜻이지요.
그래서 여러 가지 파생어가 생겼습니다.

여호와 이레 : 나는 준비하는 자이다.(창 22:14)
여호와 라파 : 나는 치료자이다.(출 15:26)
여호와 닛시 : 나는 깃발/승리이다.(출 17:15)
여호와 샬롬 : 나는 평강이다.(삿 6:24)
여호와 로이 : 나는 목자이다.(시 23:1)
여호와 삼마 : 나는 거기에 있는 자이다.(겔 48:35)

이 복된 여호와님의 이름을 그대로 가지고 이 땅에 오신 분이 예수님이십니다. "예수(Jesus)"는 "나는 구원이다."는 뜻입니다.

예수님께서 친히 말씀하셨습니다.

> 나는 선한 목자이다.(요 10:11)
> 나는 양의 문이다.(요 10:7)
> 나는 길이요 진리요 생명이다.(요 14:6)
> 나는 생명의 떡이다.(요 6:35)
> 나는 참 포도나무다.(요 15:1)

"거룩(Holy)"이 무엇입니까?

우리 그리스도인을 가리켜 '성도(Saints)'라고 합니다. '거룩한 무리'라는 뜻이지요. 그런데 정작 거룩이 무엇이냐고 물으면 속시원하게 말하는 사람이 없으니……. 구약 레위기 19장에서 이를 정확히 말씀하시고 있습니다. 하나님께서 모세를 통하여 온 회중에게 "너희는 거룩하라 이는 나 여호와 너희 하나님이 거룩함이라"고 말씀하시고, "나는 너희의 하나님 여호와이니라."는 말씀이 후렴구처럼 각 구절마다 달려 있습니다. 이는 하나님의 명예가 걸린 일이라는 것을 강조하심입니다. 사실 그리스도교역사는 이 거룩을 어떻게 해석하느냐에 따라 춤춘 역사라고 해도 과언이 아닙니다. 여러분은 거룩을 무엇이라고 생각하십니까? 오늘 말씀에 그 명확한 답이 있습니다.

부모를 공경하고 안식일을 지키라[3절]. 헛된 것들에게로 향하지 말며 신상을 부어 만들지 말라[4절]. 어떻습니까? 흔히 아는 거룩 맞지요. 그런데 [5절]에는 화목제물로 바친 제물은 이튿날까지 먹고 셋째 날에는 남은 것을 몽땅 불태워버리라고 하셨습니다. 무슨 말씀입니까? 화목제(和睦祭)는 앞에서 본 것처럼 평화제/친교제/웰빙제입니다. 이 말씀은 이렇게 화목예물로 드린 것은 오래 두지 말고 다함께 즐거운 마음으로 나누어 먹으라는 말씀이지요. 이것이 거룩입니다.

그런가 하면, 곡식을 거둘 때 밭모퉁이까지 거두지 말고, 떨어진 이삭을 줍지 말고[9절], 포도원의 열매를 다 따지 말고, 떨어진 열매도 줍지 말고, 가난한 사람과 나그네를 위하여 버려두어라[10절]. 도둑질하지 말며 속이지 말며 서로 거짓말하지 말며[11절], 내 이름으로 거짓 맹세함으로 네 하나님의 이름을 욕되게 하지 말라[12절]. 네 이웃을 억압하지 말며, 착취하지 말며, 품꾼의 그날 품삯은 아침까지 밤새도록 네게 두지 말고 그날에 주라[13절]. 참 놀라운 말씀이지요. 지금부터 3500년 전에 양식 때문에 나라 간에 수탈, 약탈 전쟁이 시도 때도 없이 일어날 때 주신 말씀입니다. 이것이 거룩입니다.

귀먹은 자를 저주하지 말며, 맹인 앞에 장애물을 놓지 말고 네 하나님을 경외하라[14절]. 저는 이 말씀 앞에 무릎을 꿇을 수밖에 없었습니다. 여러분, 우리나라에서 장애인을 위한 정책들이 시작된 지가 얼마나 되었습니까? 이것이 거룩입니다. 재판할 때 불의를 행하지 말며 공정하게 재판하며[15절], 다른 사람을 비방하지 말며, 네 이웃의 피를 흘려 이익을 도모하지 말라[16절]. 이것도 거룩입니다. 한 마디로 "네 이웃을 사랑하기를 네 자신과 같이 사랑하라"[18절]가 거룩입니다.

자, 좀 정리가 되셨는지요. 그동안 막연히 알고 있던 거룩과 상당히 차이가 나지요! 바로 이 거룩을 지금 여기 각자의 삶의 현장에서 실행하는 성도라야 아버지의 이름을 거룩하게 하는 하나님의 자녀입니다.[101]

이처럼 아버지의 이름을 거룩하게 하기 위해 말씀대로 살아야 한다는 것을 모르는 자녀들이 어디 있습니까? 안 믿는 사람들도 모두 다 자기 아버지의 이름만은 높이며 살고 싶어 하지요. 문제는 그렇게 할 힘이 없다는 것입니다. 하물며 하나님의 자녀가 죄와 세상을 이기고 이웃을 사랑하여서 아버지의 이름을 거룩하게 하고, 아버지를 기쁘게 해 드리고 싶지 않은 자녀가 어디 있겠습니까? 그렇게 하고 싶어도 그렇게 할 능력이 없다는 것이 내내 안타까울 뿐입니다.

그래서 "기도하라"고 하셨습니다.
하나님 아버지의 이름을 거룩하게 하는 삶.
그것은 사람의 힘으로는 불가능한 일입니다.
아무리 애쓰고 힘쓰고 울어도 안 됩니다.
왜, 그렇습니까?
이를 방해하는 세력이 있기 때문입니다.

그래서 예수님께서 우리의 죄를 대신하여 십자가를 지시고, 믿는 사람의 마음속에 성령님을 보내어 주셨습니다. 성령님께서 왜 이 지구땅에서 가장 더러운 우리 마음속에 오셨을까요. 할 일없이 놀러 오신 것이 아니라, 우리 마음을 치유하기 위해서입니다.

> 만물보다 거짓되고 심히 부패한 것은 마음이라 누가 능히 이를 알리요(렘 17:9)

---

101) "'내가 거룩하니 너희도 거룩하라, 거룩한 나라를 만들라.'는 말씀은 제의와 종교적인 행사뿐만 아니라 정치적인, 사회적인 체제의 형태에서 잘 나타난다. 구약의 '거룩함'이라는 말을 오늘 우리에게 와 닿는 용어로 바꾼다면 '평등'이라는 단어에 가장 가까울 것이다. 시내산 계약 공동체 이외에서는 어디서도 이와 같은 '평등사회'를 찾아볼 수가 없다. …… 평등이라는 개념은 르네상스 이후에 등장하기 시작하여 프랑스 혁명에서 구체화되었다. 프랑스 혁명의 정신인 자유, 평등, 박애는 고대에는 그 개념조차 없었다. 그런데 시내산 계약은 그런 정신의 완성을 지향하고 있다." 길동무, [하비루의 길], p. 181.

우리가 "이름이 거룩히 여김을 받으시오며"라고 기도할 때에 그 기도를 받아 즉각 응답하시는 분은 성령님이십니다. 성령님은 우리 마음속에서 바로 그 기도대로 행하실 만반의 준비를 하고 기다리십니다. 그런데 우리는 성령님을 의식하기는커녕, 쳐다보지도 않고 주기도를 형식적으로 외우고 있으니,

아~! 이것이 우리의 인격이 여전히 미숙한 주된 원인입니다.

이제부터 마음속에 계시는 성령님께 마음눈을 고정시키십시다!

자신을 하나님께 온전히 드리십시다!

그런데 아세요. 이 기도를 널름 받아 삼키기 위해 항상 대기하는 세력이 있다는 사실을요. 그 세력의 이름은 사탄/마귀/귀신입니다. 이것들을 물리쳐야 합니다. 야고보 사도는 "마귀를 대적하라 그리하면 너희를 피하리라"고 하셨습니다.

그렇습니다.

누군가가 대신하여 물리쳐주기를 기다려서는 안 됩니다.

본인이 직접 대적해야 물러갑니다.

앞에서 말한 대적기도를 잘 활용하십시오. 이런 대적기도의 승패는 언제나 "하나님께 복종"에 달려있음을 명심하십시오.

> 그런즉 너희는 하나님께 복종할지어다(Submit yourselves to God. Humble yourselves before God.[NLT]) 마귀를 대적하라 그리하면 너희를 피하리라(약 4:7)

지금 이 글을 읽으면서도 마음만은 성령님께 드리십시오.

기도하는 나를 통하여 오늘 이 시간에 내 삶의 현장에서
아버지의 이름이 거룩히 여김을 받는 삶을 살게 하소서.
오직 주님의 영광을 위하여.

이를 방해하는 거짓신들은 물러갈 지어다.
성령님으로, 성령님으로, 오직 성령님으로 아멘!

[나라이 임하옵시며]

여기 이 나라는 누구의 나라입니까?
"하나님의 나라"가 맞습니까? 맞습니다.
"하나님의 나라가 임하옵소서"입니다.
그런데 하나님의 나라가 어디에 임하도록 기도하라는 것입니까?

먼저 한 가지 물어봅시다.
"천국에 갑니까? 천국이 옵니까?"
"하나님나라가 옵니까? 하나님나라에 갑니까?"

요즘 소위 잘 믿는다는 사람들은 천국에 가는 것에 집중하고 있습니다. 이 땅에서 살다가 죽어서 영혼이 천국에 가서 큰 상급을 받아 잘 살기 위해, 열심히 헌금하고 열심히 봉사하고 열심히 전도하고, 열심히 충성합니다. 이 땅에 있는 동안에 천국에 부지런히 투자한 만큼, 천국에 가서 호강(豪強)한다나요. 불의의 사고나 노후보장을 위해 보험을 들듯이, 천국에 가서 잘 살려고 영생보험(永生保險)에 가입하고, 또 어떤 성도는 세상살이가 힘들면 천국을 그리워하면서 "오! 주여, 언제나 오시렵니까?" 하고 눈물을 흘리기도 합니다.
이해는 갑니다.
죽어서 가는 천국이 분명히 있습니다.
저도 주님께서 예비하신 그곳을 사모합니다.[102]
그러나 그것이 전부는 아닙니다.

주님의 기도를 다시 보십시오.

"나라이 임하옵시며(Your kingdom come.)",
이는 하나님나라에 가도록 기도하라는 것이 아니라,
오히려 하나님나라가 오도록 기도하라는 것입니다.

하나님나라에 가는 것보다 더 앞선 것이 하나님나라가 우리 마음에 임하는 것입니다. 가까이 오고 있는 하나님나라를 마음에 받아들이는 것이 먼저입니다.

속지 마십시다! 와야 갑니다.

오지 않으면 갈 수도 없습니다.

하나님나라가 마음속에 임한 사람만이 천국에 갑니다.

"예수님께서 전파하여 가라사대 회개하라 천국이 가까웠느니라(Repent, for the kingdom of heaven is at hand.) 하시더라"(마 4:17)

여러분, 간다(go)와 온다(come)의 차이를 아십니까?

내가 천국에 가는 것과 천국이 내게 오는 것의 차이를요.

존귀한 분의 집에 초대받아 가는 것과 귀빈을 집에 초대하는 것을 비교해 보십시오. 어떻습니까? 아마 준비하는 범위가 많이 다를 것입니다. 가기 위한 준비보다 맞이하기 위한 준비가 더 복잡합니다. 내가 갈 때는 나 자신만 단장하면 됩니다. 그러나 귀빈을 우리 집에 초대할 때는 대문 바깥에서부터 시작하여 집 안팎까지 청소해야 합니다.

---

102) (요 14:1-3) 너희는 마음에 근심하지 말라 하나님을 믿으니 또 나를 믿으라 …… 내가 너희를 위하여 거처를 예비하러 가노니 가서 너희를 위하여 거처를 예비하면 내가 다시 와서 너희를 내게로 영접하여 나 있는 곳에 너희도 있게 하리라

아마 음식도 정성스럽게 준비해야 하고, 자신은 물론, 부모님과 배우자와 자식들까지 단장시켜야 하겠지요.

그렇습니다. 하나님나라에 가는 것이 아니라 하나님나라가 임합니다. 누구에게, 언제, 어디에, 하나님나라가, 어떻게, 왜, 임합니까? 무엇보다 기도하는 각자의 심령에 임하십니다. 사실 이 지구 땅은 하나님을 반역하는 흑암의 세력들로 가득한 곳입니다. 하나님은 이 반역의 땅, 어디에 천국을 건설하고 싶어 하십니까?

어디일까요?

어떤 사람들은 하나님나라를 이 땅의 어딘가에 건설할 것으로 알고, 소위 명당(明堂)을 찾기 위해 열을 올리기도 합니다. 그러나 하나님께서 천국을 건설하고 싶어 하시는 명당 중의 명당은 바로 너와 나의 마음입니다. 우리의 가슴속에 천국, 곧 "신부가 남편을 위하여 단장한 것 같은 거룩한 성 새 예루살렘"을 건설하는 것이 주님의 소원입니다.

> 또 내가 새 하늘과 새 땅을 보니 처음 하늘과 처음 땅이 없어졌고 바다도 다시 있지 않더라 또 내가 보매 거룩한 성 새 예루살렘이 하나님께로부터 하늘에서 내려오니 그 준비한 것이 신부가 남편을 위하여 단장한 것 같더라(I saw the Holy City, the new Jerusalem, coming down out of heaven from God, prepared as a bride beautifully dressed for her husband.) (계 21:1-2)

그런데 이 일은 누가 합니까?
우리가 할 수 있다면 무엇 때문에 기도하라고 하셨겠습니까?
너와 나는 절대로 우리 마음을 천국으로 만들 수 없습니다.

아무리 애쓰고 힘쓰고 금식하고 데모해도 안 됩니다.

기도하라는 말씀은 결코 기도라는 수단 자체가 그것을 해 준다는 것이 아닙니다. 이를 잘못 알아서 기도시간을 하루에 몇 시간씩으로 늘리거나 또는 며칠이나, 몇 달 씩 작정기도를 하는 사람들도 허다합니다. 기도하라는 것은 기도하여 능력을 받아 우리 힘으로 하라는 것이 아닙니다. 그것은 기도를 받으시는 분께 "다 맡기라"는 것입니다. 우리를 대신하여 이 일을 하시는 분이 계시니, 그분께 전폭적으로 맡기라는 말씀입니다.

그분이 누구이십니까?

그분이 바로 성령님이십니다.

성령님께서 마음속에 임하신 것은 이 오묘한 일을 친히 행하시기 위함입니다. 성령님은 우리 마음의 앞마당과 뒷마당을 모두 청소하시고, 제거할 세력을 제거하시고, 우리의 뼈 속과 살 속까지 깨끗하게 하시는 거룩한 청소부이십니다.

영원한 천국을 직접 만드시고 천지만물을 창조하신 분께서 이제 우리 마음을 아름다운 천국수정궁으로 재건축하시기 위하여 우리 마음속에 오셨습니다.

바로 이 성령님께 마음을 맡기는 것이 기도입니다.

그런데 우리가 마음을 드리지 않는다면……. 글쎄,

한번 생각해 보십시오. 고가의 기계가 고장 나서, 그 제작사에서 최고의 전문가를 파송했는데도 자기가 고치겠다고 고집피우고 있다면 과연 그를 옳게 대우하는 것이겠습니까? 오히려 탄식할 일이지요.

성령님도 우리 연약함을 도우시나니 우리가 마땅히 빌 바를 알지 못하나 오직 성령님이 말할 수 없는 탄식으로(with

groans that words cannot express.) 우리를 위하여 친히
간구하시느니라(롬 8:26)

성령님께서 탄식하시다니…….

성령님께서 마음속에서 왜 탄식하시는지 이제 아시겠지요.

사실 우리 마음은 이미 다 썩어서 구제불능입니다.

"만물보다 거짓되고 심히 부패한 것"이 마음입니다(렘 17:9). 이 불량품은 천국제 정품(正品)으로 교환되어야(Exchanged) 합니다. 이 일을 하시러 우리 마음에 강림하신 분이 성령님이십니다. 그런데 이 성령님을 철저히 외면하고, 사람의 알량한 지식과 노력과 경험을 총동원하여 고쳐보려고 하고 있으니,

이보다 더 성령님을 탄식케 하는 일이 또 어디 있겠습니까?

이는 분명히 성령님을 모독하는 행위가 아닐 수 없습니다.

사람들은 세상만사(世上萬事)가 마음먹기에 달렸다고 합니다.

요즘 "마음을 바꿔라" "생각을 바꿔라"는 구호가 심심찮게 들립니다. 그래서 사람들은 이런저런 정보를 입수하여 마음을 고쳐먹고 새롭게 시도해 봅니다. 그러나 그것도 좀 해보다 그만 두고, 다시 마음을 고쳐먹고, 하다 그만 두고, 또 다시 고쳐먹는 고달픈 인생을 살아갑니다.

왜, 있잖아요.

작심삼일(作心三日)이라는 말을……,

요즘은 '작심삼초(作心三秒)'라고 하더군요.

그만큼 정보화는 되어있지만 마음은 허하다는 것이지요.

우리도 마음을 고쳐먹읍시다.

우리 마음이 무엇을 먹어야 합니까?

우리는 오직 성령님을 먹어야 합니다.

다른 것은 아무리 먹고 다짐해도 안 됩니다.

그런 것들은 애초부터 마음을 고칠 능력이 없습니다.

마음을 고칠 능력을 가지신 분은 딱 한 분밖에 없습니다.

그분이 누구 신지 아시겠지요.

성령님, 그렇습니다.

성령님이 그분이십니다.

이제 우리 마음이 성령님을 먹고 마시고 숨 쉽시다.

아예 성령님께 먹힙시다.

그래서 언제 어디서나 성령님으로 삽시다.

썬다 싱의 글을 다시 인용합니다. :

> 그리스도님의 임재(臨在)! 이는 땅위에 오신 천국이다. 세상이 줄 수 없고 빼앗을 수도 없는 한없는 기쁨이 그로부터 넘쳐흐른다. 그는 큰 바다 속과 같은 평화가 항상 마음에 충만하고 있다. …… 그리스도님의 내재(內在)! 이것은 그 마음에 열린 천국이다.[103]

> 조용한 기도 중에서 하나님을 기다리고 있을 때 우리는 내세를 기다릴 필요가 없다. 우리는 벌써 지상천국에 도달한 것이다. 그리스도교인의 생애는 이 땅위에서 벌써 천국을 살고 있는 것이다. 그의 천국생활은 기도 중에 하나님과 부단히 교제하는 기도로 성립된다. 기도 중에서 우리는 하나님의 생명으로 충만하고 천국의 축복을 맛보고 있다. 영생은 기도 중에 사는 것이오, 여기 아래서(地上) 시작된다. 기도를 통하여 이 땅은 하나님의 천국으로 변한다. 그리스도교는 천국을 소망하거나 천국을 약속하므로 성립되는 종교가 아니요 오히려 현재 천국을 소유하는 종교이다.[104]

---

103) 강흥수, 앞의 책, p. 93.

나는 생활이 끝난 다음에라야 천국을 준다는 종교를 믿을 수 없다. 당신의 참 주소는 여기가 아니요 위에 있다. 그러나 당신들이 그 곳에 가기 전에 진짜 본집에서 살기 위하여 준비가 시작되어야 한다. …… 나는 지금 이 현재 생활에서 벌써 천국 안에 있다. 왜냐하면 내가 그리스도님 안에 있기 때문이다.[105]

위의 글처럼, 우리 그리스도인은 이미 여기서 영생이 시작되었습니다. 지금 이 땅에서 천국을 누리도록 예정된 사람입니다. 내일의 그 날을 막연히 기대하며 사는 사람이 아니라 "내일에 서서 오늘을 사는 사람"입니다. "참된 하늘의 정신은 세상을 떠나 하늘로 가고 싶어 하는 자세에서 나타나는 것이 아닙니다. 오히려 이 땅에서 하늘의 삶을 살고자 하는 자세에서 나타나는 것입니다."[106] 천국의 영롱한 빛은 이미 우리 마음속에서부터 서서히 그러나 찬란하게 동터오고 있습니다.

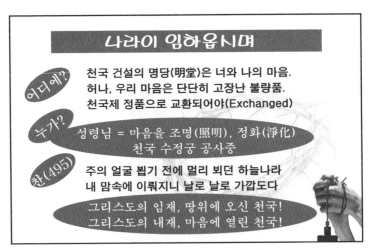

그림 22 / 나라이 임하옵시며

104) 같은 책, p. 276.
105) 같은 책, p. 278.
106) 앤드류 머리, 앞의 책, p. 271.

이제 무엇을 더 망설이리요.

성령님은 우리 마음과 머리와 온몸을 천국으로 만드시는 천상의 건축가이시요, 우리를 천국으로 만드는 것을 최고의 보람으로 여기시는 하나님이십니다.

지금 드립시다.

지금 깨어 있으십시다!

"우는 사자같이 두루 다니며 먹잇감을 찾고 있는 마귀와 눈 맞추지 말고"[107], 성령님께 두 눈을 고정하십시다!

거룩한 숨님을 숨 쉬십시다!

이것이 우리 마음에 하나님나라가 임하는 길입니다.

이것이 우리 가족과 가까운 이웃 사람들에게 기쁨과 평화가 넘치는 천국을 보여주어 복된 천국을 함께 누리게 하는 지름길입니다.

> "기도하는 나를 통하여
> 지금 여기, 내 삶의 현장에
> 아버지나라가 임하옵소서!
> 이를 방해하는 거짓 신들은 물러갈지어다.
> 성령님으로, 오직 성령님으로 아멘!"

[뜻이 하늘에서 이룬 것같이 땅에서도 이루어지이다]

요즘, 곳곳에서 꿈에 관한 얘기를 참 많이들 합니다.

"꿈은 이루어진다."

"꿈은 명사(noun)가 아니라 동사(verb)다"

---

107) (벧전 5:8) 근신하라 깨어라 너희 대적 마귀가 우는 사자 같이 두루 다니며 삼킬 자를 찾나니

"이왕이면 큰 꿈을 가져라."

"꿈꾸는 자가 오는 도다."

"꿈판을 만들어라."

"꿈을 매일 수십 번씩 쓰면 반드시 이루어진다."

"……."

맞습니다. 다 옳습니다.

누구나 꿈을 꾸고, 쓰고, 바라고, 이루어가야 합니다.

'꿈'을 다른 말로 한 것이 '비전'이고, 또 다른 말이 '뜻'이지요.

그러나 그것이 누구의 꿈, 누구의 비전, 누구의 뜻인지가 문제입니다. 자기의 꿈, 자기의 비전, 자기의 뜻을 말하는 것이라면 구태여 여기서 더 이상 말할 필요가 없습니다.

성경은 한결같이 말합니다.

내 꿈, 내 비전, 내 뜻을 버리고, 포기하고, 십자가에 못 박고,

하나님의 꿈, 하나님의 비전, 하나님의 뜻을 이루라고 말입니다.

여기 이 주기도에서 말하는 뜻은 분명합니다.

"하나님의 뜻이(Your will) 땅위에(on earth) 이루어지이다"

그렇습니다. 하나님의 뜻이 기도하는 나를 통해 지금 이 땅에 이루어 달라는 것입니다.

그렇다면 먼저 "하나님의 뜻"이 무엇인지 알아야 하겠습니다.

하나님의 뜻! 무엇입니까?

이는 신앙인들 사이에 상당한 오해를 불러일으켜 왔습니다. 어느 쪽으로 이사하는 것이 하나님의 뜻입니까? 누구와 결혼하는 것이 하나님의 뜻입니까? …… 하는 물음이 꼬리를 물고 날아듭니다. 이런 것을 잘

살펴서 올바르게 선택하는 것도 중요합니다. 그러나 더 확실한 하나님의 뜻이 성경에 제시되어 있습니다.

하나님의 뜻은 이것이니 너희의 거룩함이라(살전 4:3)

항상 기뻐하라 쉬지 말고 기도하라 범사에 감사하라 이는 그리스도 예수님 안에서 너희를 향하신 하나님의 뜻이니라(살전 5:16-18)

세월을 아끼라 때가 악하니라 그러므로 어리석은 자가 되지 말고 오직 주의 뜻이 무엇인가 이해하라 술 취하지 말라 이는 방탕한 것이니 오직 성령님의 충만을 받으라 시와 찬미와 신령한 노래들로 서로 화답하며 너희의 마음으로 주께 노래하며 찬송하며 범사에 우리 주 예수 그리스도님의 이름으로 항상 아버지 하나님께 감사하며 그리스도님을 경외함으로 피차 복종하라(엡 5:16-21)

끝으로 형제들아 무엇에든지 참되며(be true) 무엇에든지 경건하며(be noble) 무엇에든지 옳으며(be right) 무엇에든지 정결하며(be Pure) 무엇에든지 사랑 받을 만하며(be loveiy) 무엇에든지 칭찬 받을 만하며(be admirable) 무슨 덕이 있든지(be excellent) 무슨 기림이 있든지(be praiseworthy) 이것들을 생각하라(Fix your thoughts) 너희는 내게 배우고 받고 듣고 본 바를 행하라(Put into practice.) 그리하면 평강의 하나님이 너희와 함께 계시리라(빌 4:8-9)

어떠한 상황이나 환경에서도 항상 거룩하고,
항상 기뻐하고, 항상 기도하고, 항상 감사하고
무엇에든지 참되고, 고상하고, 순전하고,
늘 사랑스럽고, 늘 칭찬 받는 삶.
예수님의 마음을 닮는 삶

이것이 하나님의 뜻입니다.

이것이 우리를 향하신 하나님의 꿈입니다.

이것이 우리를 찾아오신 하나님의 비전입니다.

예수님은 하나님의 뜻대로 사는 것이 무엇인지 자신의 삶을 통하여 분명히 보여 주셨습니다.

예수님은 오천 명이 굶주리고 있는 데, 물고기 두 마리와 보리떡 다섯 개밖에 없는 상황에서 어떻게 하셨습니까?

하늘을 우러러 축사하셨지요.

"축사(祝辭;유카리스토)"는 "감사(感謝)"입니다. 감사할 수 없는 상황에서 감사하신 분이 예수님이십니다. 그래서 결국 불가능이 가능으로 바뀌었습니다.[108]

어디 그 뿐입니까? 죽은 지 나흘이나 되어 벌써 냄새가 진동하는 나사로의 무덤 앞에서도 "하늘을 우러러 감사"하시고, 죽은 나사로를 살리셨습니다.[109]

십자가를 지시기 전날 밤에, 주님의 살과 피를 상징하는 떡과 포도주를 나누어 주시면서도 역시 "축사"하셨습니다.[110]

이를 그대로 받은 사람이 사도 바울입니다.

그는 "유라굴로"라는 큰 폭풍이 불어 죽음 직전까지 간 상황에서도 "떡을 가져다가 모든 사람 앞에서 하나님께 축사하고 떼어먹기를 시작하매" 다른 사람들도 다 안심하고 받아먹고 모두 구출되었습니다.[111] 그는 또한, "항상 기뻐하라 범사에 감사하라"(살전 5:16)고 쓰고, 실제

---

108) (요 6:11-13) 예수님께서 떡을 가져 축사하신 후에 앉은 자들에게 나눠주시고 고기도 그렇게 저희의 원대로 주시다…… 이에 거두니 보리떡 다섯 개로 먹고 남은 조각이 열 두 바구니에 찼더라
109) (요 11:41-42) 돌을 옮겨 놓으니 예수님께서 눈을 들어 우러러 보시고 가라사대 아버지여 내 말을 들으신 것을 감사하나이다 항상 내 말을 들으시는 줄을 내가 알았나이다

로 그렇게 살았습니다.

여러분은 항상 기뻐하며, 쉬지 않고 기도하며, 범사에 감사하며 살수 있습니까? 아마 이 땅에 스스로의 힘으로 하나님의 꿈, 비전, 뜻대로 살 수 있는 사람은 단 한 사람도 없을 것입니다. 아니, 그렇게 살아보려고 시도하는 것. 그것 자체가 사치요, 교만입니다. 우리는 모두 다죄인이요, 모두 다 불량품입니다. 그래서 예수님께서 오셔서 우리 대신에 십자가를 지시고 성령님을 마음속에 보내어 주셨습니다.

바로 이 성령님, 성령님으로만 됩니다.
다른 길을 저는 잘 모릅니다.
지금 이 시간 성령님을 먹읍시다.
아예 성령님께 먹힙시다.
성령님으로 그득 합시다.
하나님의 신바람(성령님)을 숨 쉽시다.

 "기도하는 나를 통하여,
 오늘 이 시간에,
 내가 살고 있는 삶의 현장에서
 아버지의 뜻이 이루어지게 하옵소서.
 이를 방해하는 세력은 당장 물러갈지어다.
 성령님으로, 오직 성령님으로 아멘!" 샬롬!!

---

110) (고전 11:23-24) 내가 너희에게 전한 것은 주께 받은 것이니 곧 주 예수님께서 잡히시던 밤에 떡을 가지사 축사하시고 떼어 가라사대 이것은 너희를 위하는 내 몸이니 이것을 행하여 나를 기념하라 하시고
111) (행 27:35-37) 떡을 가져다가 모든 사람 앞에서 하나님께 축사하고 떼어먹기를 시작하매 그들도 다 안심하고 받아먹으니 배에 있는 우리의 수는 전부 이백 칠십육 명이더라

예수님 닮기 원합니다 성령님으로 성령님으로
예수님 닮기 원합니다 성령님으로
성령님으로 성령님으로
예수님 닮기 원합니다 성령님으로 아멘!

제 10장

이렇게 기도하라(2)

오늘날 우리에게 일용할 양식을 주옵시고

우리가 우리에게 죄 지은 자를 사하여 준 것같이

우리 죄를 사하여 주옵시고

우리를 시험에 들게 하지 마옵시고

다만 악에서 구하옵소서

나라와 권세와 영광이 아버지께

영원히 있사옵나이다 아멘

- 마태복음 6장 11-13절 -

제10장
이렇게 기도하라(2)

[오늘날 우리에게 일용할 양식을 주옵시고]

지구 땅에 사는 우리의 양식은 크게 3가지입니다.

그것은 육신의 양식, 혼/정신의 양식, 영의 양식입니다.

육신은 흙에서 왔으니, 땅에서 나는 것을 "육신의 양식"으로 삼는 것이 당연하지요. 건강한 먹거리는 아무리 강조해도 지나치지 않습니다. 하나님은 우리에게 이것이 풍성하게 있어야 할 것을 미리 아시고, 산과 들에, 바다와 하늘에 참 많이도 준비해 두셨습니다. 그러나 몇몇 사람들이 이를 독차지하는 바람에, 어떤 이는 배불러 몸이 썩어 가고, 어떤 사람은 하루 끼니조차도 없어 굶어 죽는 사태가 지구 곳곳에서 벌어지고 있습니다. 다른 것은 몰라도 육신의 양식만은 모든 사상과 이념 그리고 빈부격차를 초월하여 다함께 나누어야 마땅합니다.

이런 당연한 일조차도 "혼/정신의 양식"이 어떠하냐에 따라 달라집니다. 도서관마다 컴퓨터마다 가득 가득 쌓여 있는 모든 자료와 각종 매스컴들이 앞다투어가며 밤낮 없이 쏟아내는 정보와 볼거리들은 대부분 정신의 양식입니다. 그런데 땅에서 나는 먹거리들 가운데도 몸에 해로운 것들이 있듯이, 우리의 정신을 오히려 망가뜨리는 것들이 수두

룩합니다. 이런 것들을 미리 알아서 철저히 차단하는 것이 중요합니다. 또한, 육신의 양식을 독점하는 것과 마찬가지로 정신의 양식을 독점하여 무슨 지적 소유권 운운하며 몇몇 선택받은 사람들 외에는 아예 접근조차도 못하게 하고 있으니, 이 또한 참으로 안타까운 일이 아닐 수 없습니다.

이런 현실을 극복하는 길은 사람들이 더욱 성숙해 지는 것뿐인데, 이를 가능케 하는 것이 "영의 양식"입니다. 사실 이 세상에서 발생하는 모든 불합리한 요소나 사람답지 못한 행태(行態)들은 하나같이 영의 양식이 결핍하여 생긴 일입니다. 그러면 이 영의 양식은 누가, 누구에게, 어떻게 공급합니까?

영의 양식을 받기 위해서는 먼저 영(spirit)이 살아야 합니다. 이 지구 땅에 발을 붙이고 존재하는 모든 만물 중에 유일하게 오직 사람만이 영(靈)을 가지고 있습니다.

그것을 무엇으로 알 수 있습니까?

오직 사람만이 신을 찾는 것을 봐서 알 수 있지요.

여러분은 짐승들이 신을 찾았다는 말을 들어본 적이 있습니까? 동물들이 모여서 종교를 만들었다는 말도 들어본 적이 없지요. 그러나 깊디깊은 밀림 속에도 사람이 모여 산 곳에는 어김없이 신을 찾고 제사를 드린 흔적이 있어요. 바로 이것이 동물과 인간이 근본적으로 다르다는 점을 잘 보여줍니다. 이로써 사람에게만 신과 교통하는 영이 있다는 것을 알 수 있습니다.

문제는 이처럼 사람에게만 있는 영이 범죄로 말미암아 완전히 무디어져 더러운 것으로 그득 찼다는 것입니다.

이를 성경에서는 "영이 죽었다"고 합니다.

그러니까 영이 식물인간상태가 되었다는 뜻이죠.

아니, 다른 영에 의해 점령당한 상태라고 해야 옳겠군요.

바로 이런 상태인 영이 해방되고, 다시 깨어나야, 영의 양식을 구하기도 하고, 먹을 수도 있고, 자랄 수도 있다는 말입니다.

너희의 허물과 죄로 죽었던 너희를 살리셨도다(엡 2:1)

한마디로, 영의 세계를 관장하시는 하나님과 올바른 관계를 회복하여야 합니다. 예수님께서 이 땅에 오셔서 우리의 모든 죄와 저주를 대신하여 십자가에서 죽고 부활하사 성령님을 보내 주신 이유는 바로 이일 곧, "영의 회복"을 위함입니다. 그러므로 예수님을 영접하면, 누구든지 모든 허물과 죄를 사함 받고 마음속 깊은 곳에 성령님께서 임하십니다.

마음속 깊은 곳, 그곳이 바로 영입니다.

이 영속에 하나님의 생명(성령님)이 들어오시므로,

하나님과의 관계가 회복됩니다.

이렇게 관계가 회복된 우리에게 꼭 필요한 영의 양식을 끊임없이 공급하시는 분이 성령님이십니다.

영의 양식은 무엇입니까?

많은 성도들이 '성경과 설교'를 영의 양식으로 알고 있습니다.

과연 그렇습니까?

말씀이 육신이 되어 우리 가운데 거하시매(the Word became flesh and dwelt among us[NKJV]) 우리가 그의

영광을 보니 아버지의 독생자의 영광이요 은혜와 진리가 충만
하더라(요 1:14)

성육신(Incarnation)하신 예수님께서 성령님에게 이끌리어 광야로
가셔서 사십 일을 밤낮으로 금식하여 주리신 때에 하신 말씀을 들어
봅시다

기록되었으되 사람이 떡으로만 살 것이 아니요 하나님의 입으
로부터 나오는 모든 말씀으로 살 것이라(Man does not live
on bread alone, but on every word that comes from
the mouth of God.) (마 4:4)

또한 우리가 잘 아는 이런 말씀도 있습니다.

살리는 것은 영이니 육은 무익하니라 내가 너희에게 이른 말
이 영이요 생명이라(The words that I have spoken to you
are spirit and life.[NRSV]) (요 6:63)

하나님의 말씀(The Word of God)은 살았고 운동력이 있어
좌우에 날선 어떤 검보다도 예리하여 혼과 영과 및 관절과 골
수를 찔러 쪼개기까지 하며 또 마음의 생각과 뜻을 감찰하나니
지으신 것이 하나라도 그 앞에 나타나지 않음이 없고 오직 만
물이 우리를 상관하시는 자의 눈앞에 벌거벗은 것같이 드러나
느니라(히 4:12-13)

예수님께서 직접 하신 요한복음 6장 말씀을 좀 더 봅시다.

[35]예수님께서 이르시되 나는 생명의 떡이니……. [50]이는
하늘에서 내려오는 떡이니 사람으로 하여금 먹고 죽지 아니하
게 하는 것이니라 [51]나는 하늘에서 내려온 살아 있는 떡이니
사람이 이 떡을 먹으면 영생하리라 내가 줄 떡은 곧 세상의 생
명을 위한 내 살이니라 …… [54]내 살을 먹고 내 피를 마시는
자는 영생을 가졌고 마지막 날에 내가 그를 다시 살리리니

> [55]내 살은 참된 양식이요 내 피는 참된 음료로다 [56]내 살을 먹고 내 피를 마시는 자는 내 안에 거하고 나도 그의 안에 거하나니 [57]살아 계신 아버지께서 나를 보내시매 내가 아버지로 말미암아 사는 것 같이 나를 먹는 그 사람도 나로 말미암아 살리라(요 6:35-57)

그래요. 예수님 자신이 영의 양식입니다.

예수님께서 "나는 생명의 떡이요, 하늘에서 내려오는 떡이요, 하늘에서 내려온 살아 있는 떡"이라고 하셨습니다. 좀 더 나아가 "내가 줄 떡은 세상의 생명을 위한 내 살이요, 내 살은 참된 양식이요 내 피는 참된 음료"라고 말씀하셨습니다. 이처럼 신령한 양식이신 예수님께서 "내 살을 먹고 내 피를 마시는 자는 영생을 가졌고, 내 안에 거하고 나도 그의 안에 거하나니, 나를 먹는 그 사람은 나로 말미암아 살리라"고 하셨습니다.

즉, 예수님 자신이 생명의 떡이요 참된 양식이라는 말씀이지요. 한마디로 말해서, 영의 양식은 '예수님 자신'입니다. 이 예수님/피와 살을 먹고 마시는 사람은 예수님 안에 거하고 예수님도 그 사람 안에 거하며 예수님으로 말미암아 영원히 살게 됩니다.

그렇습니다. 영의 양식은 하나님의 입에서 나오는 모든 말씀이요, 이 하나님의 말씀이 육신이 되어 이 땅에 오신 분이 예수님이시요, 예수님께서 하신 말씀이 영이요 생명이십니다. 그러니 성경에서 "하나님의 말씀"이라는 표현을 단지 '구약 신약 성경'으로만 보는 것은 너무 축소한 것입니다. 특히 히브리서 4장에서 말하는 "하나님의 말씀"은 과연 '신구약 성경'을 가리키는 것이 맞는지요?

신구약 성경이 공식적으로 정경(Canon)이 된 것은 모두 다 예수님 이후입니다. 구약성경 39권은 주후 90년에 유대교 랍비들의 모임인 [얌니아회의(Council of Jamnia)]에서, 신약성경 27권은 주후397년 에 [카르타고회의(Council of Carthage)]에서 정경으로 확정되었다는 것이 거의 정설입니다.

그러므로 하나님의 말씀을 오히려 "태초에 말씀이 계시니라…… 이 말씀은 곧 하나님이시니라(요 1:1)"에 나오는 '말씀'으로 보는 게 옳지 않을까요? 그래서 "말씀이 육신이 되신 예수님(요 1:14)"으로 보는 것 이 더 바람직하다고 봅니다. 요한계시록에서는 실제로 예수님을 "하나 님의 말씀(The Word of God)"이라고 묘사하였습니다.

> 그 눈이 불꽃같고 그 머리에 많은 면류관이 있고 또 이름 쓴 것이 하나가 있으니 자기 밖에 아는 자가 없고 또 그가 피 뿌린 옷을 입었는데 그 이름은 하나님의 말씀이라(His name is called The Word of God) 칭하더라(계 19:13)

이 말씀이신 예수님께서 잡히시기 전날 밤에 "떡을 가지사 축복 (Eulogesas)하시고 떼어 제자들에게 주시며 이르시되 받아서 먹으라 이것은 내 몸이니라 하시고 또 잔을 가지사 감사기도 하시고 (Eucharistesas) 그들에게 주시며 이르시되 너희가 다 이것을 마시라 이것은 죄 사함을 얻게 하려고 많은 사람을 위하여 흘리는바 나의 피 곧 언약의 피니라"(마 26:26-28)고 하셨습니다. 이 말씀을 성취하시 기 위하여 십자가에 달려서 살을 찢고 피를 다 쏟아 죽으시고 부활하 시어 성령님을 보내어 주셨습니다. 이 성령님은 바로 이 말씀/예수님 의 생명/피와 살/영의 양식을 그대로 가지고 믿는 사람의 마음속에 들 어와 계신 예수님의 영이십니다.

그러니 성령님을 모신 사람은 하나님의 말씀을 모신 것이요,

예수님의 생명/피와 살/영의 양식을 모신 것이요,

예수님/피와 살을 공급하시는 분을 모신 것입니다.

다시 말해서 영의 양식이시면서 동시에 영의 양식을 공급하시는 분이 성령님이십니다. 예수님의 말씀을 요한복음 7장 37-39절을 통하여 직접 들어보십시오.

> 명절 끝날 곧 큰 날에 예수님께서 서서 외쳐 가라사대 누구든지 목마르거든 내게로 와서 마시라 나를 믿는 자는 성경에 이름과 같이 그 배에서 생명수의 강이 흘러나리라 하시니 이는 그를 믿는 자의 받을 성령님을 가리켜 말씀하신 것이라(예수님께서 아직(not yet) 영광을 받지 않으셨으므로 성령님이 아직 (not yet) 그들에게 계시지 아니하시더라)

이 명절은 '초막절(Feast of Tabernacles)' 입니다. 초막절은 이스라엘백성들이 광야에서 하나님께서 날마다 공급하시는 만나를 먹으며 초막을 짓고 살았던 것을 기념하는 절기입니다. 이 절기동안에 매일 실로암 못까지 행렬을 지어가서 물을 길러다가 성전에 부었는데, 이는 하나님께서 광야에서 바위를 쳐서 물을 주신 것을 기념하는 행사입니다.[112] 절기 끝날 곧 큰 날에 하이라이트로, 대제사장이 실로암물을 금대접에 가득히 담아가지고 우아하게 성전계단을 오르고 있을 때, 예수님께서 벌떡 일어나 큰 소리로 "누구든지 목마르거든 내게로 와서 마시라 나를 믿는 자는 성경에 이름과 같이 그 배에서 생명수의 강이 흘러나리라"고 외쳤습니다. 아마 그날 대제사장이 깜짝 놀라서 그만 물그릇을 엎질렀을지도……. 바로 그 예수님을 구주로 믿는 자의 배에서부터 터져 나오는 생명수의 강들(rivers of living water[KJV])이 성령님이십니다.

---

112) 로고스종합주석, 신약 요한복음 7장 37절 주석.

그런데 이 말씀에서 정작 우리에게 중요한 것은( )속에 있습니다. "(예수님께서 아직 영광을 받지 않으셨으므로 성령님이 아직 그들에게 계시지 아니하시더라)" 그러니까 예수님께서 영광을 받으시기 전까지는 예수님 마음속에만 성령님이 계셨다는 말씀이지요. 이 말씀에서( )를 벗기고 "아직(not yet)"을 "이미(already)"로 성취한 사건이 예수님의 십자가사건입니다.

그러므로 누구든지 예수님을 구주로 영접한 사람은 더 이상 "아직 (not yet)"의 사람이 아니라 "이미(already)"의 사람입니다. 그 사람 속에 이미(already) 들어와 계신 성령님은 예수님의 피와 살이 온전히 녹아 있는 "생명수의 강들"입니다. 우리가 예수님의 보혈을 의식하고 마음속에 거하신 성령님께 마음을 드리면 우리 온몸 구석구석까지 보혈/생명수의 강물이 흐르게 하십니다. 이 보혈/생명수가 흐르는 곳마다 만물이 되살아납니다(겔 47:1-12).

> 강좌우 가에는 각종 먹을 과실나무가 자라서 그 잎이 시들지 아니하며 열매가 끊이지 아니하고 달마다 새 열매를 맺으리니 그 물이 성소를 통하여 나옴이라 그 열매는 먹을 만하고 그 잎 사귀는 약 재료가 되리라(겔 47:12)

그리스도교 역사를 잘 보십시오.

무려 수천 년 동안 율법을 지켜온 사람들에게 예수님은 "거듭나야 한다(Born Again)"고 하셨습니다.[113] 또한 제자들은 예수님의 특별/집중/합숙 훈련을 3년씩이나 받았지만 영적으로 충분히 자라지 못했습니다. 왜냐하면, 그들 한 사람 한 사람의 개성과 체질과 수준에 따라

---

113) (요 3:3) 예수님께서 대답하여 이르시되 진실로 진실로 네게 이르노니 사람이 거듭나지 아니하면 하나님의 나라를 볼 수 없느니라

꼭 맞게 '맞춤형 영의 양식'을 공급하는 성령님께서 아직(not yet) 임하시지 않았기 때문입니다.

> 예수님께서 대답하시되 진실로 진실로 네게 이르노니 사람이 물과 성령님으로 나지 아니하면 하나님나라에 들어갈 수 없느니라 육으로 난 것은 육이요 성령님으로 난 것은 영이니 (요 3:5-6)

오늘날도 마찬가지입니다. 성경을 아무리 많이 읽고 쓰고 연구해도, 설교를 아무리 많이 하고 들어도, 영혼의 성숙을 이룬 사람은 그리 많지 않습니다. 저도 그간 목회를 하면서 가장 큰 딜레마는 설교를 그렇게 많이 해도 사람들이 변하지 않는다는 점이었습니다. 다른 사람은 그만두고라도 심지어 설교하는 저 자신조차도 변하지 않는다는 것이 가장 큰 고민이었습니다.

그 이유가 무엇입니까?

그 이유는 참된 영적 양식이 무엇인지, 그 양식을 누가 공급하는지 몰랐기 때문입니다. 우리가 읽는 성경과 듣는 설교는 매우 중요합니다. 그러나 그것 자체가 그냥 그대로 영의 양식은 아닙니다. 그것은 우리가 늘 보는 생쌀, 생콩, 생밀가루에 불과합니다. 이런 것을 불과 물로 가공하지 않으면 먹을 수 없듯이, 성경도 설교도 불과 물로 적당히 가공하지 않으면 안 됩니다.

이처럼 성경과 설교를 각자의 체질에 알맞도록 맞춤형 영의 양식으로 가공하고, 아예 자신을 영의 양식/보혈생명수로 우리에게 내어주시는 분이 성령님이십니다.

한 마디로 그것이 무엇이든,

설교이든, 성경이든, 하늘이든 땅이든, 이름 모를 들풀이든……,

성령님의 불과 물을 통과할 때에,

비로소 그것은 신령한 영의 양식이 됩니다.

그렇습니다.

성령님이 참된 영의 양식이요,

성령님이 맞춤형 영의 양식을 공급하시는 분이십니다.

그러므로 날마다 순간순간 성령님께 시선을 고정시키고,

성령님께 가슴을 드리는 사람은 진정으로 참된 양식, 참된 음료를 먹

고 마시어, 그 인격이 하루가 다르게 예수님의 인격으로 자라납니다.

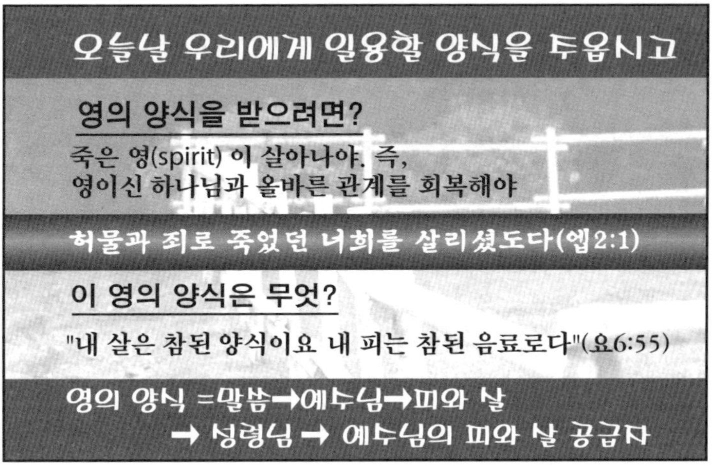

오늘날 우리에게 일용할 양식을 주옵시고

영의 양식을 받으려면?

죽은 영(spirit) 이 살아나야. 즉,
영이신 하나님과 올바른 관계를 회복해야

허물과 죄로 죽었던 너희를 살리셨도다(엡2:1)

이 영의 양식은 무엇?

"내 살은 참된 양식이요 내 피는 참된 음료로다"(요6:55)

영의 양식 =말씀→예수님→피와 살
→ 성령님 → 예수님의 피와 살 공급자

그림 23 / 일용할 양식을 주옵시고

예수님의 보혈과 성령님

여기서 피(blood)를 좀 더 봅시다.

피는 무엇입니까? 그것은 생명(life)입니다(신 12:23).

요즘 과학이 별걸 다 만들고 있지만 피/생명만은 만들 수 없습니다. 그것은 하나님의 영역입니다. 아무도 손댈 수 없는 고귀한 것입니다. 그 생명, 그 피로 꼭 해야 할 일이 있는데, 그것이 대속(代贖)입니다. 하나님께서 아담의 죽을죄를 대신하여 "가죽옷을 손수 지어 입히신" 이후(창 3:21), 하나님의 사람들은 가는 곳마다 피의 제사를 드렸습니다. 애굽의 노예살이에서 해방되는 유월절(Passover)에도 양의 피를 문설주와 인방에 바르고 마지막 재앙인 장자의 죽음을 면하고 나왔습니다(출 12:23). 레위기는 죄인은 물론 성막과 거기서 사용하는 집기들, 그리고 모든 백성과 지도자의 임직식까지도 피를 뿌리고 바르는 예식으로 가득합니다.

특히 레위기 16장에 의하면 대제사장이 온 백성들의 죄를 대속하기 위해 지성소에 들어갈 때는 지금까지 입고 있던 화려한 예복을 벗고, 몸을 깨끗이 씻고, 세마포옷으로 갈아입고, 자신과 가족들을 속죄하기 위하여 수송아지를 잡아 그 피를 속죄소에 일곱 번 뿌리고서야 들어가서 여호와 하나님을 알현했습니다.[114]

그런데 예수님께서 십자가에 달려 마지막 말씀 "다 이루었다"하시고 영혼이 떠나가실 때에 성소의 휘장이 위로부터 아래까지 둘로 찢어졌습니다.[115] 이 휘장은 성소와 지성소를 가르는 휘장이지요. 이 모든 예

---

114) "대제사장의 옷은 대단히 권위 있고 비싼 것이었다. 옷 가장자리에는 금방울이 달려 있었다. 그래서 움직일 때마다 딸랑 딸랑 울렸다. 그러나 속죄일에는 이 옷을 입지 않았다. 다른 때는 항상 대제사장 복을 입었지만, 속죄일에는 그 옷을 벗고 세마포 옷을 입었던 것이다. 물론 세마포에는 방울이 달려 있지 않다. 그러므로 방울소리가 날 수 없는 것이다. 지성소에서는 역사상 단 한 번도 방울소리가 난 적이 없다. 지성소에는 대제사장이 방울을 매고 들어간 적이 없기 때문이다." 이진희, 「어, 그게 아니네?」,(서울: 쿰란출판사, 2011), p. 50.
115) (마 27:50-51) 예수님께서 다시 크게 소리 지르시고 영혼이 떠나시니라 이에 성소 휘장이 위로부터 아래까지 찢어져 둘이 되고

식을 "오직 자기의 피로 영원한 속죄를 이루사 단번에 성소에 들어가신"(히 9:12) 분이 예수님이십니다. 우리는 예수님의 보혈을 힘입어 바로 이 "찢어진 휘장"/ "예수님의 육체"[116]를 통과하여 하나님께서 계시는 지성소에 들어갈 담력을 얻게 되었습니다. 그러므로 우리가 마음속의 지성소에 계시는 하나님을 알현하는 유일한 길은 예수님의 보혈을 뿌리고 바르고 먹고 마시는 길밖에 없습니다.

일반적인 순서로는 예수님께서 십자가에서 보혈을 흘리신 후에 성령님을 우리에게 주신 것으로 보입니다. 그러나 사실 성령님은 예수님께서 십자가에 달리실 때도 예수님의 보혈 속에 함께 하셨습니다. 그리스도 예수님께서 영원한 대제사장으로 오셔서 사람의 손으로 지은 것이 아닌, 다시 말하면 이 세상에 속하지 않은 하늘의 더 위대하고 완전한 성전으로 들어가셨습니다. 그리고 염소나 송아지의 피가 아닌 자기 피를 가지고 단 한 번(once for all) 지성소에 들어가셔서 우리의 영원한 구원을 보증해 주실 때도 성령님은 함께 하셨습니다(히 9:11-12).

영원하신 성령님께서 함께 하심으로 말미암아 2000년 전에 갈보리 언덕에서 십자가에 달려 흘리신 예수님의 피가 영원히 마르지 않고 지금도 '살아 있는 보혈'이 됩니다. 예수님께서 성령님을 보내실 때 이 보혈을 가지고 너와 나의 마음속에 들어오십니다. 그러므로 우리가 영원하신 성령님으로 말미암아 흠 없는 자기를 하나님께 드린 그리스도님의 보혈을 뿌리고 바르고 덮고 먹고 마실 때 성령님께서 함께 역사하셔서 우리의 양심을 죽은 행실에서 깨끗하게 하고 살아 계신 하나님을 섬기게 하십니다(히 9:14). 이처럼 보혈과 성령님은 함께 역사합니다.

---

116) (히 10:20) 그 길은 우리를 위하여 휘장 가운데로 열어 놓으신 새로운 산 길이요 휘장은 곧 그의 육체니라

보혈은 성령님을 통해서 온전하게 효능을 발휘하며, 성령님은 보혈을 통해서 온전한 권능을 드러내십니다.[117]

> 보혈은 바로 성령님을 통하여 드려졌다. 성령님을 통하여 보혈이 능력을 지니게 되었으며, 아직도 당신의 심령 속에서 그 효능을 지니고 있는 것이다. 성령님으로 말미암아 보혈을 통해 당신의 심령이 하나님의 성전이 된 것이다. 성령님으로 말미암아 "보혈을 통해서 정결케 된" 심령이 하나의 성전으로서 하나님의 영광으로 가득 찰 준비를 갖춘다는 사상을 믿음의 온전한 확신으로 인정하라. 성령님 충만을 당신의 분깃으로 인정하라. …… 오 하나님의 자녀들이여, 오라. 그리하여 보혈로 말미암아 성령님의 충만을 받아 당신을 위하여 죽음을 당하신 어린양이 그 보혈로 이루어 놓은 공로에 대하여 영광과 찬양을 드리라. 그러면 그와 당신은 그의 사랑 안에서 함께 만족함을 누리게 될 것이다.[118]

선남규 목사님(생명의빛교회)의 간증을 들어봅니다. :

> 성령님의 임재 안으로 들어가는 유일한 길이 있는데, 그 길은 히브리서 10장 19-22절에서 찾을 수 있다. "그러므로 형제들아 우리가 예수님의 피를 힘입어 성소에 들어갈 담력을 얻었나니 그 길은 우리를 위하여 휘장 가운데로 열어 놓으신 새로운 살 길이요 휘장은 곧 그의 육체니라 또 하나님의 집 다스리는 큰 제사장이 계시매 우리가 마음에 뿌림을 받아 악한 양심으로부터 벗어나고 몸은 맑은 물로 씻음을 받았으니 참 마음과 온전한 믿음으로 하나님께 나아가자" ……

> 오직 십자가의 피만이 우리를 하나님 아버지께로 인도하는 등불이다. 예수님의 피는 하나님의 임재로 들어가는 유일한 길이며 우리를 하나님의 지성소로 데려갈 수 있는 새로운 생명의

---

117) 앤드류 머리, 「십자가의 보혈」, 조무길 역(서울: 생명의말씀사, 2000), pp. 13-26.
118) 같은 책, p. 27

길이다. …… 십자가의 보혈을 매 순간 뿌리고 마실 때마다 능력 있는 삶으로 변화되었다. 악한 영을 물리칠 수 있었고, 고난을 능히 감당할 수 있게 되었고, 지난날의 죄책감이 사라지고, 열등감에서 해방되어 강하고 담대하며 당당한 나의 모습을 발견하게 되었다. 마음의 살인적인 분노도 사라졌다. …… 마음이 넓어지고, 평화가 넘치고, 부부의 갈등이 해결되어 부부가 한마음으로 사역과 목회에 최선을 다 하고 있다.[119]

이제 우리 모두 지체 없이 영의 양식을 구합시다. 선지자 이사야를 통하여 "오호라 너희 모든 목마른 자들아 물로 나아오라 돈 없는 자도 오라 너희는 와서 사 먹되 돈 없이, 값없이 와서 포도주와 젖을 사라"(사 55:1)고 말씀하신 분이 지금 우리 마음속에 와 계십니다.

타는 목마름으로 구하십시다!

돈 없는 자도 오십시다!

누구나, 언제나, 어디서나, 값없이 먹고 마실 수 있습니다.

믿음만 있으면 됩니다.

믿음/주님을 바라봄으로 먹고 마시고 드십시다!

거짓신들의 간교한 속삭임에 귀를 기울이지 마십시다!

마음속에 계신 성령님을 의식하십시다!

성령님께 두 눈을 고정시키십시다!

예수님의 보혈을 머리부터 발끝까지 뿌리고 바르고 덮으십시다!

예수님의 보혈을 믿음으로 먹고 마시십시다!

예수님의 보혈을 의식하며 깊이 길게 숨 쉬십시다!

매순간순간마다 예수님의 피와 살을 흠뻑 머금은 생명수가

---

119) 선남규, "보혈과 성령님의 임재", 우리가정 작은천국 47호,(논산: 양촌치유센터, 2010년 여름호), pp. 41~42.

온몸 구석구석까지 강같이 흐르는 것을 느껴보십시다!

마침내 추악한 마음을 양털보다 더 희고 깨끗하게 씻으시고, 돌 자갈과 가시떨기로 뒤엉킨 마음을 부드러운 마음으로 만드시어, 천국의 씨알을 뿌리고, 무럭무럭 자라게 하시고, 천국제 열매가 알알이 영글게 하십니다.

> 기도하는 나를 통하여
> 오늘 이 시간에
> 내 삶의 현장에서
> 일용할 주님의 양식을 주옵소서.
> 이를 방해하는 거짓신들은 물러갈지어다.
> 성령님으로, 성령님으로, 오직 성령님으로 아멘!

[우리가 우리에게 죄 지은 자를 사하여 준 것같이 우리 죄를 사하여 주옵시고]

이 구절은 이런 뜻도 됩니다.

[우리가 우리에게 빚진 자를 탕감하여 준 것같이 우리 빚도 탕감하여 주옵시고]

사람들이 죄를 지으면 몇 번이나 용서하여 주어야 하는지에 대해 얘기하는 중에, 예수님은 일만 달란트를 빚진 사람에 대해 말씀하셨습니다(마 18:21-35).

이는 죄를 빚으로 보셨다는 뜻입니다.

그래요. '죄는 빚'입니다. 빚은 반드시 갚아야 합니다.

호리라도 남김없이 다 갚아야 합니다.[120]

죄의 빚을 무슨 수로 갚습니까?

사람의 힘으로는 남의 빚을 탕감하여 주는 것은 고사하고, 자기의 빚도 갚을 수 없지요. 그것이 사람의 비극입니다. 어떤 사람은 자기가 지은 죄의 빚을 스스로 갚기 위해 깊은 산 속 동굴 안에 들어가 외부출입을 금한 채 몇 년을 보내었다고 합니다. 참 장한 일입니다. 그러나 과연 그렇게 한다고 그 죄가 갚아졌을까요?

여기서 잠깐, 레위기 1장을 살펴봅시다.

하나님께서 모세를 통하여 만든 성막과 법궤는 애굽의 그 어마어마한 신전과 신상에 비하면 너무나 초라하기만 합니다. 하나님께서 그 성막 속에서 노예출신들과 함께 하신다는 것은 그야말로 놀라움 그 자체였습니다. 그 하나님께서 죄를 용서받는 방법을 가르쳐 주셨습니다. 그것이 속죄제입니다. "속죄제(a sin offering)"는 죄인이 자기가 지은 죄를 짐승에게 전가하는 안수를 하고, 칼로 목을 따서 죽이고, 피를 제단에 뿌리고, 가죽을 벗기고, 각을 뜨고, 내장과 다리를 물에 씻어서, 제단에 올리고, 불에 태워 바치는 제사입니다. 이 속죄제 예식 중에서 피를 제단에 뿌리는 것과 불에 태우는 것 외에는 모두 다 죄인이 직접 해야 했습니다.

또 그 속죄제를 "하나님 앞에서 행하라"고 하셨습니다. 이는 모든 죄를 하나님 앞에 직고하라는 말씀이요, 그 말씀은, 곧 우리가 저지르는 죄는 하나님의 가슴에 칼을 들이대는 행위라는 것을 의미합니다. 하나님께서 이 속죄제물이 타는 냄새를 "향기로운 냄새(a pleasing

---

120) (마 5:25-26) 너를 송사하는 자와 함께 길에 있을 때에 급히 사화하라 그 송사하는 자가 너를 재판관에게 내어주고 재판관이 관예에게 내어주어 옥에 가둘까 염려하라 진실로 네게 이르노니 네가 호리라도 남김이 없이 다 갚기 전에는 결단코 거기서 나오지 못하리라

aroma)"(레 1:9)라고 하셨습니다. 그것은 제물을 바치는 사람의 마음을 괴롭히는 죄가 타는 냄새이지요. 하나님께서 이렇게 속죄제를 드리게 한 것은 죄용서와 동시에 다시는 죄를 짓지 않게 하기 위한 강력한 조치였습니다.

우리가 저지른 모든 죄의 빚을 호리도 남김없이 다 짊어지고, 우리를 대신하여 십자가에 달려 갚아주신 분이 계십니다. 그 분이 하나님의 독생자, 예수님이십니다. 예수님은 바로 이 모든 일을 영원히 단번에 다 이루셨습니다. 그러므로 우리가 지은 죄의 빚을 탕감 받는 길은 오직 한 길, 예수님 밖에 없습니다. 그래서 예수 그리스도님은 우리의 구주이십니다. 이 예수님을 영접한 사람의 마음속에 임하신 성령님은 예수님의 영/살려주는 영(a quickening Spirit)이십니다. 성령님은 우리가 지은 죄의 빚을 탕감하실 뿐 아니라 더 이상 죄와 상관없는 삶을 살게 하기 위하여 우리 마음속에 와 계십니다.

여기서 말하는 "우리가 우리에게 죄지은 자를 사하여 준 것같이"에 나오는 "우리가"는 '예수님의 피로 죄를 사함 받고 성령님을 모신 우리', 그래서 '성령님과 하나 된 우리', 곧, '성령님의 소유가 된 우리' 입니다. 따라서 우리에게 죄 지은 사람을 용서하여 주는 '우리'는 더 이상 그냥 우리(너+나)가 아닙니다. 그러므로 우리에게 죄 지은 자를 사하여 주는 일도 더 이상 '우리(나+너)'만의 일이 아닙니다. 그것은 이미 우리(나+너)와 하나 되어 우리(성령님+나)가 되신 성령님의 일입니다. 성령님으로 하지 않은 것은 무엇이 되었든지 결국 자기 공로가 됩니다. 자기 힘으로 자신에게 죄 지은 사람을 용서한다면, 그건 결국 예수님의 십자가를 무효화(無效化)하는 일이 됩니다.

예수님께서 하신 일 가운데 가장 고귀한 일은 죄를 용서하는 일입니다. 그러니 십자가를 통하여 우리 마음에 임하신 성령님께서 하시는 가장 고귀한 일도 역시 용서입니다. 우리가 마음속에 계신 성령님과 눈 맞추면, 죄로 얼룩진 내 모습이 적나라하게 보이게 되고, 그 죄에 대해 통렬한 회개가 되면서, 예수님의 보혈이 쏟아져 모든 죄를 깨끗이 씻어 주십니다. 다시 말하지만, 우리에게 죄지은 사람을 용서하는 것은 우리의 힘으로는 절대로 할 수 없습니다. 전혀 불가능합니다. 혹, 우리 힘으로 용서한다고 해도, 그것은 잠시 접어 둔 것일 뿐, 앙금은 그대로 남아 있다가 때가 되면 영락없이 다시 분출합니다.

우리에게 죄 지은 사람을 온전히 용서하는 일은 성령님으로 가능합니다. 오직 성령님으로 우리에게 죄 지은 자를 용서할 수 있습니다. 성령님은 우리에게 죄지은 자를 보여주시면서 언제나 우리를 십자가 앞에 세우십니다. 그래서 예수님의 피로 얼룩진 십자가를 통하여 우리에게 죄 지은 사람을 보게 하십니다. 그리고 추악한 저를 대신하여 피를 쏟으시며 "아버지여 저희를 사하여 주옵소서 자기의 하는 것을 알지 못함이니이다"하시는 주님의 목매인 핏소리에 사무치게 하십니다.

여러분도 그 십자가 앞에 서서, 주님의 그 피맺힌 목소리를 한번 들어보십시오. 아마 용서하지 않고는 견딜 수 없을 것입니다. 저절로 용서가 됩니다. 원수까지도 그냥 용서하고 있는 자신을 발견하고 놀랄 것입니다. 이렇게 우리에게 죄 지은 자를 용서하게 하시는 분이 또한, 우리 죄를 용서하여 주시는 분도 되십니다. 하나님의 백성을 죄에서 구원하시기 위하여 이 땅에 오셔서 십자가를 지신 예수님! 이 예수님의 보혈이 우리의 죄를 씻고 또 씻습니다. 우리가 마음속에 계신 성령님을 뵈올 때, 이 보혈은 언제나 한없이 솟아 흐르는 생명수의 강물입니다.

혹, 지은 죄가 생각납니까?

즉각 하던 일을 멈추십시다!

이 책을 읽는 일조차도 멈추고,

마음속에 계신 성령님께 마음을 드리십시다!

오직 성령님으로 모든 죄를 고하고, 물로 씻고, 불로 태우고,

다시는 죄를 지을 수없는 몸이 됩시다.

십자가에 달려 뜨거운 피를 토하시면서 "다 이루었다"고 선언하시는 예수님을 바라보십시다!

그리고 온 맘을 다해 기도하십시다!

> 오 주님, 오직 성령님으로
> 기도하는 나를 통하여
> 오늘 이 시간에
> 내 삶의 현장에서
> 우리가 우리에게 죄 지은 자를 사하게 하옵소서.
> 우리가 지은 죄도 용서하여 주옵소서.
> 더 이상 죄와 상관없는 삶을 살게 하옵소서.
> 이를 방해하는 거짓신들은 물러갈지어다.
> 성령님으로, 오직 성령님으로 아멘!

> 나의 추악한 죄를 다 용서해주신 주님,
> 또한 우리에게 죄지은 자를 용서할 수 있게 하신 주님,
> 더 이상 죄를 지을 수 없게 하신 주님,
> 진심으로 감사합니다. 사랑합니다. 할렐루야!

[우리를 시험에 들게 하지 마옵시고 다만 악에서 구하옵소서]

악한 사탄의 세력들이 시험/유혹하면 그것을 이길 사람은 아무도 없습니다. 우리에게 닥치는 어떤 시험도 스스로의 힘으로 해결할 수 있는 것은 아무것도 없습니다. 사실 우리를 엄습하는 크고 작은 시험들은 각자의 힘으로 해결하라고 주신 것도 아닙니다. 왜냐하면, 이런 시험을 내 힘으로 해결한다면 내 공로를 주장할 수 있게 되고, 그러면 결국 교만을 불러일으키기 때문입니다. "교만은 독약(毒藥)이요,…… 교만은 지옥으로 인도하는 문이요, 지옥의 시작이며 동시에 저주(詛呪)입니다."[121)

그러므로 어떤 시험/유혹을 이기는 것도, 무슨 악에서 구원받는 것도 오직 예수 그리스도님의 영, 성령님으로 해야 합니다. 왜, 그렇습니까? 예수님은 우리와 똑같이 사탄에게 시험/유혹을 당하셨지만 성령님께서 그때그때마다 주신 말씀으로 모든 시험/유혹을 물리치시고 승리하셨기 때문입니다.

> 우리에게 있는 대제사장은 우리의 연약함을 동정하지 못하실 이가 아니요 모든 일에 우리와 똑같이 시험을 받으신 이로되 죄는 없으시니라(히 4:15)

> 그 때에 예수님께서 성령님에게 이끌리어 마귀에게 시험을 받으러 광야로 가사…… 이에 마귀는 예수님을 떠나고 천사들이 나아와서 수종드니라(마 4:1-11)

---

121) 앤드류 머리, 「겸손」, 김희보 역(서울: 총신대학출판부, 2001), p. 15.

그래서 예수님께서 이렇게 기도하라고 하셨습니다. 우리의 힘으로 할 수 있는 것이라면 무엇 때문에 기도하라고 하셨겠습니까? 시험을 이기고 악을 이기는 '대적기도'는 성령님과 눈 맞추며, 예수님의 이름으로 해야 합니다.

예수님께서 겟세마네 동산에서 제자들에게 "시험에 들지 않게 깨어 기도하라"고 하셨습니다.[122]

제자들은 왜 시험 들었습니까?

예수님의 말씀을 흘려듣고 기도하지 않았기 때문이지요.

그렇습니다. 지금, 우리 마음속에는 그 때 그 제자들에게 '시험에 들지 않게 깨어서 기도하라'고 하신 바로 그 예수님의 영, 성령님이 와 계십니다. 그러니 성령님과 눈 맞추지 않고는 어느 누구라도 마귀의 시험을 이길 수 없습니다.

우리 교회 장로님은 타일(tile)판매 사업을 합니다. 지난여름에 한 건축주에게 타일을 납품했습니다. 타일을 들어 본 사람은 알겠지만, 그 타일이라는 게 무거운 돌덩이입니다. 불볕더위 속에서 타일 몇 백 평을 다 내려놓는 것은 여간 힘든 일이 아닙니다. 모두 납품하고 집에 와서 막 샤워를 끝냈는데, 건축주로부터 전화가 왔습니다. 그 타일을 다른 것으로 바꾸어 달라는 것입니다. 그는 아무 소리 않고 그 많은 타일을 다시 싣고 대리점에 가서 내려놓고, 건축주가 요구하는 다른 타일로 바꾸어 갖다 주었습니다.

그런데 그 다음날 다시 전화가 왔습니다. 죄송하지만 처음 것으로 다시 바꾸어 달라는 것입니다. 여러분 같으면 어떻게 하겠습니까?

---

122) (마 26:41) 시험에 들지 않게 깨어 기도하라 마음에는 원이로되 육신이 약하도다 하시고

시험에 들고 악에 빠질 만하지요. 그렇지 않습니까? 이 장로님도 잔뜩 화가 나서 당장 거래고 뭐고 다 집어치우고 욕이라도 실컷 퍼부어 주고 싶었지요. 이전에 같으면 그리하고도 남습니다.

그러나 마음속에 계신 성령님께 눈길을 줌과 동시에 그런 마음이 사라졌습니다. 그는 허허 웃으며 다시 가서 그것을 본래 것으로 다시 바꾸어 주었습니다. 그 때 그 건축주가 탄복을 하며 "사장님을 통하여 그리스도교를 다시 보게 되었습니다."고 하더랍니다.

그렇습니다. 시험에 들지 않고 악에 빠지지 않는 참 좋은 길이 여기에 있습니다.
주님을 바라보십시다!
성령님과 눈 맞추십시다!
거룩한 숨님을 들이키고 시험/유혹기운을 배출하십시다!
그러면 어떤 시험도 무슨 악도 깨끗하게 이길 수 있습니다.
지금 해 보십시오!
주님과 더 친밀한 교제를 누리게 될 것입니다.

오, 존귀하신 주님!
기도하는 나를 통하여
지금 이 시간에
내 삶의 현장에서
우리를 시험하는 모든 악한 세력을 분쇄하게 하옵소서.
내 속에 아직도 잔존하는 모든 사악한 영들은 당장 떠나갈지어다. 성령님으로, 성령님으로, 오직 성령님으로 아멘!!

[나라와 권세와 영광이 아버지께
영원히 있사옵나이다 아멘]

> 아버지의 나라와 아버지의 권세와 아버지의 영광이
> 기도하는 나를 통하여
> 지금 이 시간에 여기 내 삶의 현장에서
> 아버지께 영원히 있사옵니다.
> 성령님으로, 성령님으로, 오직 성령님으로 아멘!

진실로! 진실로! 그렇습니다.

예수님께서 주신 기도의 결론은 '아버지께 영광'입니다. 하나님을 닮은 사람들이 이 땅을 살아야 하는 이유는 하나님께 영광입니다. 축구감독은 자신이 지도한 축구선수들이 우승을 할 때 영광을 얻습니다. 마찬가지로 하나님의 형상을 닮은 사람들이 하나님처럼 살 때 비로소 하나님께서 영광을 받습니다.

그런데 모든 사람이 죄를 범하여 아무도 하나님의 영광에 이르지 못한다고 하였습니다. 이 안타까운 현실을 예수님께서 십자가에서 말끔히 처리하셨습니다. 예수님께서 요한복음 14장 13-14절에서 "내 이름으로 무엇이든지 구하라"고 하셨습니다.

> 너희가 내 이름으로 무엇을 구하든지 내가 시행하리니 이는
> 아버지로 하여금 아들을 인하여 영광을 얻으시게 하려 함이라
> 내 이름으로 무엇이든지 내게 구하면 내가 시행하리라

여기서 말하는 "무엇이든지"가 무엇입니까?

사람들은 이 말씀을 자기 입맛대로 해석하여 정욕대로 구하고는 이루어지지 않는다고 아우성입니다.

그러면 이 "무엇이든지"는 무엇입니까?

여러분, 이 세상에 있는 것치고 예수님 없이는 된 것이 아무것도 없다는 사실을 다 아시지요.

> 만물이 그로 말미암아 지은바 되었으니 지은 것이 하나도 그가 없이는 된 것이 없느니라(요 1:3)

그렇습니다.

'없음'을 '있음'으로 만드신 분.

그분이 예수님이십니다.

찬송가 94장(통 102) 가사를 마음에 새기며 성령님을 바라보며 온 마음으로 불러봅시다.

> 주 예수님 보다 더 귀한 것은 없네
> 이 세상 부귀와 바꿀 수 없네
> 영 죽을 내 대신 돌아가신 그 놀라운 사랑 잊지 못해
> 세상 즐거움 다 버리고 세상 자랑 다 버렸네
> 주 예수님보다 더 귀한 것은 없네 예수님 밖에는 없네

그래요. 정말로 그렇습니다.

예수님 밖에 없습니다.

예수님이 모든 것입니다.

예수님이 "무엇이든지"요, 예수님이 전부(全部)입니다.

"주 예수님보다 더 귀한 것"은 없습니다.

이 예수님께서 우리에게 주시는 좋은 것 중에 가장 좋은 것.

그것은 '성령님'이십니다.

그 성령님이 우리 마음속에 지금 계십니다.

너희가 악할지라도 좋은 것을 자식에게 줄 줄 알거든 하물며 너희 하늘 아버지께서 구하는 자에게 성령님을 주시지 않겠느냐 (how much more will your heavenly Father give the Holy Spirit to those who ask Him![NKJV])하시니라 (눅 11:13)

보혜사 곧 아버지께서 내 이름으로 보내실 성령님(But the Counselor, the Holy Spirit, whom the Father will send in my name) 그가 너희에게 모든 것을 가르치고 내가 너희에게 말한 모든 것을 생각나게 하리라(요 14:26)

즉, "이렇게 기도하라"고 하신 분이 '이렇게 기도하시기 위하여' 우리 마음속에 성령님으로 지금 와 계십니다.

그러니 예수님의 이름으로 이렇게 기도하는 분은 내가 아닙니다.

내 마음을 성령님께 드릴 때,

성령님께서 주기도를 대행(代行)하십니다.

[성령님께서 대행하시는 기도]

사실 성령님께서 대행하시는 기도보다 더 성부하나님의 마음에 맞는 기도가 어디 있겠습니까? 우리 마음속에 계시는 성령님은 '기도하시는 하나님' 이십니다. 성령님은 기도로 우리의 연약함을 도우십니다. 그러니 성령님의 기도는 우리에게 꼭 맞는 기도임에 틀림없습니다. 또한 성령님은 하나님의 뜻에 따라서 기도하십니다.

우리의 뜻도 있고 하나님의 뜻도 있습니다.

그러나 우리가 성령님을 바라보면, 성령님은 우리 마음속에 있는 우리의 뜻을 녹이시고, 그 자리를 하나님의 뜻으로 가득하게 하십니다.

성령님의 행하심에 몸을 맡기십시다!

성령님께서 의도하신대로 하시도록 마음을 드리십시다!

성령님께서 친히 기도하게 하십시다!

성령님께서 우리의 마음과 입술을 장악하셔서 하시는 기도에는 예수님께서 가르쳐 주신 기도가 고스란히 녹아 있습니다.

> 이와 같이 성령님도 우리 연약함을 도우시나니 우리가 마땅히 빌 바를 알지 못하나 오직 성령님이 말할 수 없는 탄식으로 우리를 위하여 친히 간구하시느니라 마음을 감찰하시는 이가 성령님의 생각을 아시나니 이는 성령님이 하나님의 뜻대로 성도를 위하여 간구하심이니라(the Spirit intercedes for the saints in accordance with God's will.) (롬 8:26-27)

예수님께서 가르치신 기도의 목표가 무엇이라고요.

아버지의 나라와 아버지의 권세와 아버지의 영광이 영원히 아버지께 있게 하는 것입니다. 이 말에 동의하십니까? 그렇다면 주님께서 가르쳐주신 대로 오직 성령님으로 이렇게 기도하십시오.

자, 이제 더 이상 지체하지 말고 지금 하십시다!

아는 것으로 끝나는 것은 아무 의미가 없습니다.

오히려 교만을 더 쌓을 뿐입니다.

마음속에 계신 성령님을 지금 바라보십시다!

성령님을 생각하라는 것이 아닙니다.

오히려 모든 생각을 멈추십시다!

머리가 멍해지더라도 걱정하지 마십시다!

처음에는 다 그렇습니다.

아무 생각도 나지 않는다면 더욱 좋습니다.

사랑하는 사람에게 마음을 드리듯,

그렇게 온 마음을 성령님께 드리고 또 드리십시다!

그리고 이 주기도를 천천히 새겨 보십시다!

그림 24 / 주기도 요약

['주기도'로 하는 기도 정리]

'주기도'로 하는 기도를 정리해 봅시다.

먼저 마음으로 성령님을 의식하고 잠잠히 바라보면서, 가만히 '아버지'를 부르십시오.

"하늘에 계신 우리 아버지~~~"

마음이 흐트러지려고 하면 다시 "아버지" 하고 마음속으로 되뇌며 몇 분간 그렇게 바라보십시오. 대부분의 사람들은 마음이 뜨거워지고 가슴이 뭉클합니다. 혹 그렇지 않은 사람들도 실망하지 마십시오. 한 날 한 시에 태어난 쌍둥이의 지문(指紋)조차도 다르게 만드신 분이 우리 아버지이시니, 개인차가 나는 것은 당연하지요. 오직 낙심하지 않고 계속하면 머잖아 반드시 지각에 넘치는 기쁨을 맛볼 그 날이 속히 올 것입니다.

길게 숨 쉬며 충분히 한 후에 다음으로 넘어갑니다.

　　"이름이 거룩히 여김을 받으시오며~~"

이를 마음속으로 하며, 성령님을 몇 분간 깊이 응시하십시오.
숨을 의식하며 천천히 깊고 길게 숨 쉬면서 좋습니다.
그 다음도 마찬가지로 해 보십시오.
그렇게 계속 해서 마지막 "아 ~~ 멘"까지 하십시오.
아마, 사탄이 우는 사자같이 덤빌 것입니다.
그러나 우리에게는 천국제 무기가 있습니다.
어떤 강력한 악의 진영도 대적하여 격파하고 밟아 뭉개버릴 권세를 이미 받아 가지고 있습니다.

당당하게 [대적기도]하면서 이렇게 [주기도]하기를 하루에 한번 이상씩 꾸준히 두 달 정도하면 현저히 마음이 편안하여 지고, 하나님께서 가까이 더 가까이 계신 것을 의식하게 될 것입니다.

'주기도로 하는 대적기도'
실천! 실천보다 중요한 것은 없습니다.
다음 장으로 넘어가지 말고 해 보십시오.
오늘은 여기까지 읽으시고 직접 해 보시기 바랍니다. 샬롬!!

　　예수님 닮기 원합니다 성령님으로 성령님으로
　　예수님 닮기 원합니다 성령님으로
　　성령님으로 성령님으로
　　예수님 닮기 원합니다 성령님으로　아멘!

참고로,

우리 교회에서 하고 있는 '주기도'에 따른 '예수호흡기도'를 올려봅니다. 정확성을 기하기 위해 새로운 번역을 따랐습니다.

새 주기도에 따른 예수호흡기도

- 몸을 바로 세우고, 앞뒤 좌우로 가볍게 흔들어 보십시오.
- 숨을 가볍게 쉬며, 느껴보십시오.
- 떠오르는 생각을 자연스럽게 놓아 버리십시오.
- 조용히 성령님의 임재를 의식하십시오.
- 내 몸 안에서 나를 기다리시는 성령님을 고요히 바라보십시오

하늘에 계신 우리 아버지,

　예수님 피, 예수님 보혈! 예수님 피, 예수님 보혈!

　(들숨) 예수님 피, (날숨) 예수님 보혈!

아버지의 이름을 거룩하게 하시며

　주 예수 그리스도님, 저를 불쌍히 여기소서!

　(들숨) 주 예수 그리스도님, (날숨) 저를 불쌍히 여기소서!

아버지의 나라가 오게 하시며,

　예수님 피, 예수님 보혈! 예수님 피, 예수님 보혈!

　(들숨) 예수님 피, (날숨) 예수님 보혈!

아버지의 뜻이 하늘에서와 같이 땅에서도 이루어지게 하소서.

　주 예수 그리스도님, 저를 불쌍히 여기소서!

　(들숨) 주 예수 그리스도님, (날숨) 저를 불쌍히 여기소서!

오늘 우리에게 일용할 양식을 주시고,
　예수님 피, 예수님 보혈! 예수님 피, 예수님 보혈!
　(들숨) 예수님 피, (날숨) 예수님 보혈!

우리가 우리에게 잘못한 사람을 용서하여 준 것같이
　주 예수 그리스도님, 저를 불쌍히 여기소서!
　(들숨) 주 예수 그리스도님, (날숨) 저를 불쌍히 여기소서!

우리 죄를 용서하여 주시고,
　예수님 피, 예수님 보혈! 예수님 피, 예수님 보혈!
　(들숨) 예수님 피, (날숨) 예수님 보혈!

우리를 시험에 빠지지 않게 하시고 악에서 구하소서.
　주 예수 그리스도님, 저를 불쌍히 여기소서!
　(들숨) 주 예수 그리스도님, (날숨) 저를 불쌍히 여기소서!

나라와 권능과 영광이 영원히 아버지의 것입니다. 아멘!
　예수님 피, 예수님 보혈! 예수님 피, 예수님 보혈!
　(들숨) 예수님 피, (날숨) 예수님 보혈!

제 11장

자기 포기

이에 예수님께서 제자들에게 이르시되
아무든지 나를 따라 오려거든 자기를 부인하고
자기 십자가를 지고 나를 좇을 것이니라
– 마태복음 16장 24절 –

제11장
자기포기

예수님은 자신을 따르는 제자들에게 "아무든지 나를 따라 오려거든 자기를 부인하고(he must deny himself) 자기 십자가를 지고 (take up his cross) 나를 좇을 것이니라"(마 16:24)고 하셨습니다.[123]

[자기 부인]

자기 부인(seif-denial), 이것보다 힘든 일이 또 있겠습니까?

사람의 자아(自我)는 참으로 모질고도 질깁니다.

기도하고 금식하고 수양하고,

그래서 죽었나 싶으면 또 살아나고,

장사(葬事)되었나 싶으면 어느새 되살아나서,

꿈틀대는 것이 바로 이 자아(自我)입니다.

저의 신앙여정의 대부분은 이 자기와의 싸움이었다고 해도 과언이 아닐 것입니다.

신학 공부를 10년이나 하고 나서 주님과 함께 제대로 살기로 작정하면서 나는 한없이 내리 꽂히는 폭포수가 되었습니다.

이 교회에서 저 교회로 쫓겨 다니고, 기도가 전부인양 이 산,

---

123) 제 11 장 : 자기 포기는 잔느 귀용의 책, 「예수 그리스도님을 깊이 체험하기」에서 많은 도움을 받았습니다.

저 산, 이 기도원, 저 기도원을 기웃거리며 고래고래 소리치고, 전도한답시고 이 골목 저 골목, 이 시장, 저 창녀촌을 누비며 확성기로 외치다가 수없이 물세례, 계란세례, 소금세례, 주먹세례를 받기도 했습니다.

그러다가 쫓겨나 갈 곳 없어 비닐하우스에서 살면서 똥구덩이를 파고 자신을 묻고서야 좀 죽은 것 같았습니다. 그러나 몇 달도 못 되어 또 되살아나는 자아를 보고 아연실색(啞然失色)할 지경이었습니다.

여러분은 어떻습니까? 저만 그런지……?

여하튼 이보다 더 지독한 강적(强敵)은 없는 것 같습니다. 그러나 "자기 부인"은 싸워서 되는 것이 아닙니다. 여기서 말하는 "자기"는 이미 예수님과 함께 십자가에 달려 죽고 무덤 속에 장사된 "옛 자아"입니다. "자기를 부인하고 십자가를 지고 나를 따르라"고 하신 바로 그 예수님께서 '자기'라고 하는 나의 '옛사람'을 대신 짊어지고 십자가에 달려서 완벽하게 처리하셨습니다. 우리 옛사람이 예수님과 함께 십자가에 못 박혔습니다.[124]

예수님 안에서 나의 옛사람이 예수님과 함께 이미 죽었습니다. 이것은 사실(事實)입니다. 실재(實在)입니다. 이것이 우리의 현실(現實)입니다. 그러니 이미 죽고 장사되어버린 "옛 자아"와 싸운다는 것 자체가 우스운 일이지요.

그렇다면 지금 있는 나는 누구입니까?

아직도 나를 원치 않는 방향으로 이끌고 나를 괴롭히는 이 '자기'는

---

124) (롬 6:6-7) 우리가 알거니와 우리 옛사람이 예수님과 함께 십자가에 못 박힌 것은 죄의 몸이 멸하여 다시는 우리가 죄에게 종노릇 하지 아니하려 함이니 이는 죽은 자가 죄에서 벗어나 의롭다 하심을 얻었음이니라

무엇입니까?

그것은 내가 아닙니다. 그것은 실재(reality)가 아닙니다.

그것은 허상(虛像)입니다. 그것은 "내 속에 거하는 죄"입니다.

그것은 아직도 우리 마음속에 숨어 있는 '죄의 세력'이 우리 뇌/머릿속에서 옛 자아가 쓰던 자료들을 끄집어내어 마치 살아있는 것처럼 행동하는 각종 생각입니다.

> 이제는 이것을 행하는 자가 <u>내가 아니요 내 속에 거하는 죄니라</u>(it is no longer I myself who do it, but it is sin living in me.) 내 속 곧 내 육신에 선한 것이 거하지 아니하는 줄을 아노니 원함은 내게 있으나 선을 행하는 것은 없노라(롬 7:17-18)

생각은 참으로 좋은 것입니다. 사람을 "생각하는 갈대"라고도 합니다. 그러나 생각에 공급되는 각종 자료가 어디서 누구로부터 왔는가를 항상 살펴야 합니다. 우리의 머리에는 우리가 살아온 만큼, 아니 그 이상 조상 대대로 유전되어 온 것까지 포함하여 사료(史料)가 수없이 많이 쌓여있습니다. 저는 지금도 네 살 때 남의 집 볏짚더미에 불을 지르고, 너무 겁나서 강둑 바위사이에 숨어있었던 일이 생각납니다. 이보다 훨씬 이전에 엄마 뱃속에서 경험한 것까지도 낱낱이 다 기록되어 있습니다. 이렇게 머리에 기록된 기억 자료가 어떤 충동에 따라 은밀히 반출되어 생각을 일으킵니다. 그러므로 무턱대고 생각을 많이 한다고 좋은 것이 아닙니다. 어떤 사람은 밤새도록 생각하고 또 생각하여 눈이 벌개지고 머리가 지끈거리고 입술이 붓도록 생각합니다. 그러나 실제로는 아무것도 한 것이 없습니다. 사람들은 그것이 자기(自己)인 줄 알고 있습니다.

생각이 내가 아니라, 내가 생각합니다.

생각은 실재(reality)가 아닙니다.

요즘 표현으로 그것은 '사이버세계(cyber world)' 입니다.

이 사이버세계에 누가 어떤 목적으로 무엇을 공급하느냐가 문제입니다. 오늘도 저는 컴퓨터를 켜고, e-메일에 들어가 밤새 입력된 자료를 검색하여 불량스런 곳에서 보내온 자료들을 골라내어 '삭제' 키를 눌렀습니다. 그런데 한때는 내 마음속의 그 무엇이 꿈틀하는 것을 종종 느꼈습니다. 특히 "19세 이하는 보지 마시오!"라는 경고문이 새겨진 자료를 지울 때는 더욱 그랬습니다. 왜 그럴까요? 그것은 우리 지체 속에 숨어서 호시탐탐 기회를 엿보는 죄의 세력 때문입니다. 사도 바울이 지적한 "죄", "죄의 법(the law of sin)"이 바로 그 무엇입니다.

> 내 속 사람으로는 하나님의 법(God's law)을 즐거워하되 내 지체 속에서 한 다른 법(another law)이 내 마음의 법(the law of my mind)과 싸워 내 지체 속에 있는 죄의 법(making me a prisoner of the law of sin) 아래로 나를 사로잡아 오는 것을 보는도다(롬 7:22-23)

우리 지체 속에는 "죄의 세력"이 항상 도사리고 있습니다. 이 죄의 세력은, 마치 이스라엘 백성들이 가나안에 입성하면서 미처 제거하지 못한 우상종교체제에 빠진 가나안부족들이 틈만 나면 하나님의 백성들을 억압하고 괴롭히듯이, 우리 몸의 구석에 숨어서 호시탐탐 기회를 엿보고 있습니다. 우리 머리에는 지금도 이런 저런 환경을 통해, 이 사람 저 사람을 통해, 눈과 귀와 코와 입과 촉감을 통해, 수많은 정보가 끊임없이 입력되고 있습니다. 우리의 의식과 무의식에 숨어 있는 죄의 세력은 이런 정보들 가운데 자신과 성향이 같은 자료들을 정확히 찾아내어 그것을 꼭 부둥켜안고 열심히 생각하도록 머리를 자극합니다.

그 과정에서 이 죄의 세력은 마치 나 자신인 것처럼 행세합니다. "나는 이거 하고 싶어~, 해라 해, 괜찮아~, 아무도 안보잖아, 뭐 어때, 재밌잖아~!" 하고 속삭입니다.

그때마다 "그러면 안 돼~!"라는 감동이 더 깊은 곳에서 울립니다.

어느 것이 '참 나'이고, 어느 것이 '거짓 나'입니까?

'거짓 나'가 '참 나'인양 위장하여 죄 가운데로 끌고 갑니다.

여기에 수많은 사람이 속습니다.

이런 죄의 세력과 짝하여 살던 우리의 옛사람은 이미 예수님 안에서 십자가에 못 박혀 죽고 장사되었습니다. 이제 남아 있는 것은 옛사람이 쓰다버렸지만, 아직도 우리 몸속 여기저기에 각인(刻印)되어 있는 죄의 세력입니다. 이 죄의 세력이 전날 옛사람과 함께 죄를 지으며 즐기던 것과 동일한 환경이나 동일한 자료를 만나는 순간, 마치 옛사람이 되살아난 것처럼 꿈틀거립니다. 그러나 분명한 것은 한번 죽은 옛사람은 절대로 되살아날 수 없다는 것입니다. 죽은 드라큘라가 되살아나는 것은 실재가 아닙니다. 그것은 거짓입니다.

그러면 이렇게 되살아 난 것처럼 위장하는 "거짓 나"를 이기는 방법은 무엇입니까? 이렇게 옛사람이 생각을 통해 집요하게 공격해 올 때, 우리는 즉각 맞붙어 싸워서 이기려고 전투태세를 갖춥니다. 이것이 패배의 지름길이요, 패배를 자초하는 행위입니다. 좀 더 차원 높은 신앙인들은 그것을 물리칠 수 있는 힘을 달라고 기도합니다. 그러나 이 또한 좀 더 지연된, 그래서 더욱 더 만신창이가 된 패배를 가져 올 뿐입니다.

이것이 저의 신앙생활의 여정이었습니다.

그렇게 해서는 결코 성공할 수 없습니다.

그러면 어떻게 해야 합니까?

그런 허상은 반격하면 반격할수록 더 힘을 얻습니다. "거짓 나"는 건드리면 건드릴수록, 밟으면 밟을수록, 이롭게 하기 위해서든지, 없애기 위해서든지, 생각하면 생각할수록 걷잡을 수 없을 정도로 크게 자라서, 온 몸을 마비시켜버립니다. 그러니 그것과 맞서서 싸울 것이 아니라, 오히려 십자가 속으로 들어가야 합니다.

우리의 옛사람이 죽은 곳이 어디입니까?

예수님의 십자가이지요.

그 십자가 속에 들어가 옛사람의 죽음을 시인하는 것입니다.

십자가는 겉보기에는 예수님께서 죽으셨지만,

실상은 예수님과 함께 나의 옛사람이 죽은 것입니다.

그래서 사도 바울은 로마서에서 이렇게 썼습니다.

> 그의 죽으심은 죄에 대하여 단번에 죽으심이요 그의 살으심은 하나님께 대하여 살으심이니 이와 같이 너희도 너희 자신을 죄에 대하여는 죽은 자요 그리스도 예수님 안에서 하나님을 대하여는 산 자로 여길지어다(롬 6:10-11)

다시 말해서 죄의 생각이 고개를 들면 더 이상 전투태세를 갖추지 말고, 아예 "나는 이미 십자가에서 죽었다"고 선언하고, 그렇게 여기고, 그 십자가 속에 들어가라는 것입니다.

죽은 사람은 죄와 싸울 수도, 죄를 지을 수도 없습니다.

이것이 "항복(Surrender)으로 얻는 승리"입니다.

이렇게 십자가 속으로 들어가는 가장 빠르고 좋은 방법은,

지금 나와 너의 마음속에 와 계신 성령님을 바라보는 것입니다.

그래서 또한, "자기 부인"은 "자기포기"입니다.

자기포기는 세상 사람들이 흔히 말하는 "나, 마음 다 비웠어 …" 정도가 아닙니다. 사람들은 그 마음을 어디에다 비울지 모릅니다. 어떤 무리들은 지구에서 지은 죄를 지구에다 비운다고 지구같이 생긴 조그마한 점을 하나 벽에 표시해놓고, 거기에다 자기가 지은 죄를 생각나는 대로 다 던지고 나면 속이 후련해진다 나요. 그것은 결코 근본 대책이 아니지요. 분명히 몇 날이 못 되어 되살아나고, 오히려 이전보다 더 악하게 될 확률이 아주 높습니다.

> 더러운 귀신이 …… 이르되 내가 나온 내 집으로 돌아가리라 하고 와 보니 그 집이 비고(unoccupied) 청소되고 수리되었거늘 이에 가서 저보다 더 악한 귀신 일곱을 데리고 들어가서 거하니 그 사람의 나중 형편이 전보다 더욱 심하게 되느니라 (마 12:43-45)

우리는 자기를 누구에게, 어디에다 포기해야 합니까?
바로 예수님의 십자가에 포기해야 합니다.
다른 곳에 버리면 악취만 풍깁니다.
반드시 예수님의 십자가에 버려야 합니다.
옛사람은 십자가를 보는 순간 소멸됩니다.
싸워서 이기는 것이 아니라 십자가 속에 던져야 죽습니다.

그런데 그 십자가는 지금 어디에 있습니까?
교회당 첨탑(尖塔)에서 밤낮 없이 번쩍이는 빨간 십자가네온사인입니까? 아니면 사람들이 장식으로 목에 걸고 다니는 십자가목걸이입니까? 사도 바울은 "십자가 밖에 자랑할 것이 없다"(갈 6:14)고 했는데, 그래서 그는 어디에 가든지 십자가를 목에 걸고 다니거나, 등에 걸머지고 다녔습니까? 결코 아닙니다. 그는 십자가를 관통하고 자기 안에

와 계신 그리스도님의 생명으로 살았습니다.[125]

바울이 예수님을 구주로 영접할 때, 예수 그리스도님의 생명이 바울의 마음속에 들어오셨습니다. 이 주 예수 그리스도님의 생명이 바울이 짊어진 십자가요, 이 십자가는 이제 바울의 생명이 되었습니다. 이 사람, 바울의 심장 속에 살아 역사하시던 예수 그리스도님, 곧 살아 있는 십자가는 역시 우리의 십자가도 됩니다. 주 예수 그리스도님은 우리의 십자가요, 우리의 생명입니다. 바로 이 우리의 생명이신 그리스도님의 영이 지금 마음속에 와 계신 성령님이십니다. 성령님은 영으로 마음속에 거하시는 그리스도님이십니다.

> 너희가 죽었고 너희 생명이 그리스도님과 함께 하나님 안에 감취었음이라 우리 생명이신 그리스도님께서 나타나실 그 때에 너희도 그와 함께 영광중에 나타나리라(골 3:3-4)

> 이 성령님은,
> 우리 마음을 성전삼고 계신 분이요,(고전 3:16)
> 영생하도록 솟아나는 샘물이요,(요 4:14)
> 우리 배에서 흐르는 생명수의 강입니다.(요 7:38)

결국 성령님은 우리의 생명입니다.

사도 바울은 "예수님 안에 있는 생명의 성령님의 법이 죄와 사망의 법에서 우리를 해방하였다"고 선언합니다.[126] 이제 자기를 포기할 십자가가 어디 있는지 알았습니까? 그 십자가는 믿는 사람의 마음속에 있습니다. 그렇습니다. 예수 그리스도님은 십자가에 달려 죽으시고 부활하셔서 성령님을 보내 주셨습니다.

---

125) (갈 2:20) 내가 그리스도님과 함께 십자가에 못 박혔나니 그런즉 이제는 내가 산 것이 아니요 오직 내 안에 그리스도님께서 사신 것이라
126) (롬 8:1-2) 이제 그리스도 예수님 안에 있는 자에게는 결코 정죄함이 없나니 이는 그리스도 예수님 안에 있는 생명의 성령님의 법이 죄와 사망의 법에서 너를 해방하였음이라

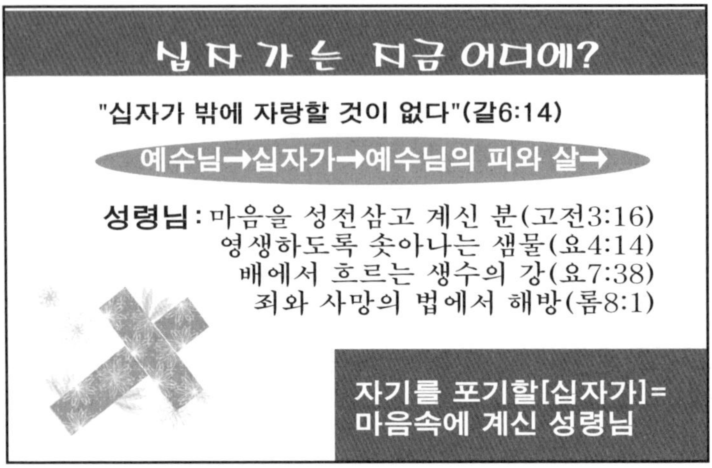

그림 25 / 십자가는 지금 어디에

[그리스도 예수님] → [십자가] → [성령님]

그러니 더 이상 자기를 포기하기 위하여 무슨 교회당이나 기도원을 찾아가기보다, 우리 마음속에 십자가를 관통하고 오신 성령님을 찾으십시오. 새사람의 생명이신 성령님은 우리의 옛사람이 이미 십자가에서 죽고 장사되고 하나님의 사람으로 다시 났음을 증언하십니다. 살리는 영이신 성령님은 옛사람이 죽고 떠난 자리에 임재하시면서 우리 내면에 하나님나라를 창건하실 준비를 다하고 기다리십니다.

우리가 예수님의 인격을 온전히 닮기 위해서는 우리의 전 존재를 포기하고 예수님의 십자가에 맡겨야 합니다. 그러기 위해 우리가 꼭 알아야 할 것이 또 하나 있습니다. 그것은 우리의 안과 밖에서 일어나는 모든 사건은 하나님의 결재(決裁)를 받았다는 사실입니다. 우리에게 일어나는 모든 일들이 다 하나님의 허락(許諾)하에 온 것이며, 또한 우리에게 유익(有益)한 것입니다. 그런 시각으로 바라보면 우리 주변에서 일어나는 모든 일에 대해 한결 여유로운 마음을 가지게 됩니다. 이렇게 알고 믿으면, 이제 우리의 삶 속으로 파고드는 모든 사건들을 하나님으로부터 오는 것으로 여기게 됩니다.

예수님의 인격을 닮는 일에 진일보(進一步)하려면, 자기포기는 필수 과제입니다. 이 자기포기는 자기의 모든 염려와 모든 필요사항을 예수님의 십자가에 던져버리는 것입니다. 자기 자신을 하나님의 처분에 완전히 맡기는 것입니다. 이런 자기포기는 어떤 특정인에게만 요구되는 것이 아닙니다. 예수님을 구주로 믿어 하나님의 자녀가 된 사람들은 누구나 하나님의 자녀답게 살아야 합니다. 하나님의 자녀답게 살려는 사람들은 반드시 자기포기가 이루어져야 합니다. 이것은 모든 성도들에게 요구되는 필수사항입니다.

자기포기는 우리의 의지가 하나님의 뜻 속에서 완전히 녹아지는 것입니다. 우리의 뜻을 하나님의 깊은 뜻에 완전히 던져 넣어서 영원히 우리의 뜻이 보이지 않게 하는 것입니다. 또한, 자기포기는 우리의 삶에서 외적인 영역, 즉 육체적인 것들 뿐 아니라 내적인 영역, 즉 영적인 것들을 모두 포함합니다.

> 무엇보다, 자기포기는
> 과거의 일들을 모두 잊어버리는 것이며,
> 미래는 하나님께 완전히 맡겨버리는 것이고,
> 현재의 일들은 성령님께 바치는 것입니다.

그래서 항상, 지금, 현재에 만족하는 삶입니다.
지금 어떤 상황이든지 그것은 우리를 향하신 하나님의 놀라운 계획을 포함하고 있다고 알고 믿고 여기기 때문에 바로 그 상황, 그 문제를 성령님께 내려놓고 만족합니다. 이제 우리는 무슨 일이 생겨도 절대로 사람이나 환경을 비난해서는 안 됩니다. 왜냐하면 그런 일이 내게 생긴 것은 사람이나 주위 환경에 의해서가 아니기 때문입니다. 고의로 꾸민 죄악이 아니라면, 모든 것은 하나님의 허락을 받고 온 것입니다.

그러니 우리는 우리에게 닥치는 모든 환난 가운데서도 꿋꿋하게 주님을 의지하여야 합니다. 일초도 망설임 없이 성령님을 우러러보아야 합니다. 주님을 향한 우리의 사랑이 순수하다면 행복한 순간에서와 마찬가지로 고난의 순간에도 똑같은 마음이어야 합니다.

그런데 사람들은 그렇지 않습니다.

축복을 누릴 때는 주님을 사랑한다고 하다가, 고난이 다가오면 가차 없이 돌아섭니다. 그것은 잘못입니다. 성경 곳곳에 고난의 유익을 말하고 있습니다. 우리는 고난 속에서도 주님을 만날 준비가 되어 있어야 합니다.

> 자녀이면 또한 상속자 곧 하나님의 상속자요 그리스도님과 함께 한 상속자니 우리가 그와 함께 영광을 받기 위하여 고난도 함께 받아야 할 것이니라(롬 8:17)

> 이를 위하여 너희가 부르심을 받았으니 그리스도님도 너희를 위하여 고난을 받으사 너희에게 본을 끼쳐 그 자취를 따라오게 하려 하셨느니라(벧전 2:21)

우리는 예수님을 구주로 영접함과 동시에 우리의 전부를 주님께 이미 드렸습니다. 예수님은 모든 것 곧, 당신의 피와 살과 생명을 주고 우리를 몽땅 다 사셨습니다. 우리 또한 주님께 모든 것을 다 드리고 구원을 받았습니다. 우리의 "일부(一部)"가 아니라 "전부(全部)"를 드렸습니다. 더 이상 우리 것이 아닙니다. 우리 것은 아무 것도 없습니다.

이미 전부 다(All) 예수님의 소유가 되었습니다.

여기 이 땅에 태어난 이상, 우리는 태어나지 않은 상태로 되돌아 갈수는 없습니다. 태어나지 않음이란 곳으로 향하는 문은 이미 닫혔습니다. 마찬가지로 우리가 예수님을 구주로 영접하여 하나님의 자녀로 거듭난 이상, 우리는 거듭나지 않은 상태로 돌이킬 수는 없습니다. 거듭나지 않음이란 곳으로 향하는 문은 이미 봉쇄되었습니다. 한번 주님께 바쳐진 몸은 영원히 주님의 소유입니다.

더 이상 시간낭비하지 말고, 우리의 소유권 전부를 성령님께 양도(讓渡)합시다. 우리 앞에 어떤 고난이 다가와도 그대로 짊어지고 묵묵히 주님을 바라보면 그 고난이 오히려 우리에게 유익이 됩니다. 십자가를 사랑하는 성도들은 그의 인생행로에 찾아오는 가장 쓴 고난이 유익이요, 안 되는 것이야말로 진정한 축복임을 알게 됩니다.

> <u>고난 당한 것이 내게 유익이라</u> 이로 말미암아 내가 주의 율례
> 들을 배우게 되었나이다(시 119:71)

유익(有益), 축복(祝福)! 이 얼마나 사람들이 좋아하는 말입니까? 축복을 좋아하기는 하나님도 마찬가지입니다. 하나님께서 사람을 지으신 목적도 사람을 마음껏 축복하시기 위해서가 아닐까요? 그러니 사람이 축복을 열망하는 것은 다분히 하나님에게서 유래한 것입니다. 그런데 문제는 축복의 내용입니다. 사람들이 바라는 축복은 너나없이 물질과 혼(정신)의 형통, 번영, 풍요입니다. 그러나 하나님의 궁극적 관심은 물질과 혼을 아우르는 영의 구원(the salvation of soul)을 통한 전인(全人)축복입니다. 예수님을 구주로 영접한 사람들의 마음속에 계신 성령님은 우리의 영혼이 새 힘을 얻어 하나님의 기대에 부응하도록 모

든 역량을 기울입니다.

영의 성숙.   영의 풍요.   영의 안식.
영의 자유.   영의 행복.   영의 축복.

이를 이루는 길이 무엇이겠습니까?
육신의 욕심이 이루어지지 않는 것을 통해서입니다.
이것이 사람을 위하시는 하나님의 사랑입니다.
어느 부모가 자식이 안 되기를 바라겠습니까?
세상 부모들은 육신과 정신이 잘되길 바라지만,
하나님은 먼저 영이 잘되길 바라십니다.
육의 생명은 영의 생명을 성숙시키기 위해 있습니다.
정신의 생명도 영의 생명을 자유롭게 하기 위해 있습니다.

그래서 하나님은 일시적인 세상 안일보다 영원한 천국의 안식과 행복을 주시기 위하여 때때로 육욕(肉慾)의 형통을 막으십니다. 이것이 하나님 아버지의 가슴 아픈 자녀사랑입니다. 밭에 감추어진 보화를 얻기 위해서 밭을 헤쳐야하고, 진주를 캐기 위해서는 진주조개가 죽어야 합니다.

하나님은 우리에게 십자가를 주시고,
십자가는 우리에게 하나님을 줍니다.[127]

당신이 즐겨 십자가를 지면
그 십자가가 당신을 져 줄 것입니다.[128]

---

127) 잔느 귀용, 「사귐의 기도」, 서희연 역(서울: 좋은씨앗, 2011), p. 73.
128) 토마스 아 켐피스, 「그리스도를 본받아」김정준 역(서울: 대한기독교서회, 1982), p.105.

그러므로 십자가가 어떤 것이든지 즐거운 마음으로 그 십자가를 짊어지십시오. 그러면 그 십자가는 하나님을 만나게 해줄 것입니다. 육신의 고난을 통해 주님을 만나고, 그렇게 만난 주님으로 살아서, 예수님의 인격을 닮는 것이야말로 지상 최대의 축복이 아니겠습니까!

진실로 지상 최대의 축복을 누리고 싶습니까?
예수님의 인격을 닮기를 원합니까?
그렇다면 삶의 모든 영역에서 자기포기를 기꺼이 하십시오.
하루 24시간 내내 전적으로 자기를 성령님께 포기하는 삶을 살게 될 때까지 그 범위를 넓혀 나가십시오.
광야에서 불뱀에 물려 죽어갈 때에 모세가 만든 놋뱀을 쳐다보고 산 사람처럼 주님을 쳐다보십시오.

그래서 사실은,
바라봄(Looking)이 자기포기(self-abandonment)입니다.

갓난아기가 엄마를 바라보는 것보다 더 확실한 자기포기는 없습니다. 이해가 되십니까? 가장 쉬운 것이 자기포기입니다. 너무 쉬워서 못하는 사람이 많습니다. 그래서 예수님께서 "어린이와 같이 되라"고 말씀하셨나 봅니다. 그냥 그 모습 그대로 지금 있는 그 자리에서 내면세계에 계신 성령님을 우러러보기만 하십시오. 나를 향하고 너를 향하고 그것을 향하는 모든 시선을 사로잡아 전폭적으로 마음속에 계신 성령님을 향하여 시선을 고정시키면 됩니다. 이렇게 성령님에게 시선을 고정시키는 순간, 다른 것은 모두 부정이 되고 포기가 됩니다. 그렇습니다. 이보다 더 확실한 자기포기는 없습니다.

자기포기는 성령님을 향하여 돌아섬입니다.
자기부인은 성령님과 눈 맞춤입니다.

[자기포기와 거룩함]

이렇게 하나님 앞에서 지속적으로 자기를 포기하고 사는 사람들은 거룩한 삶에 이릅니다.

거룩(The Holiness), 무엇입니까?
'하나님처럼 사는 것' 이지요!
하나님처럼 사는 것, 무엇입니까?
그것은 하나님의 존재 양식, 곧 "우리"로 사는 것입니다.129)

하나님처럼 사는 삶은 사람의 힘으로는 도저히 다다를 수 없는 태산입니다. 그렇다면 우리는 무엇으로 거룩하게 됩니까? 하나님의 것을 받아야 합니다. 먼저는 하나님의 아들 예수 그리스도님의 보혈을 받아야 하고, 다음은 옛사람이 십자가에서 처리되었음을 시인해야 하고, 무엇보다 마음속에 하나님의 생명이신 성령님을 모셔야 합니다. 그렇게 모셔드린 성령님께 자신을 전부 드려서 성령님의 소유가 되어야 합니다.

성령님께 양도된 부분만이 거룩합니다.
하나님의 소유가 된 만큼 거룩합니다.

그런데 오늘날 대체로 겉사람은 거룩한 것 같지만, 속사람은 거룩함과는 거리가 먼 성도들이 너무나 많습니다. 왜 그럴까요? 실제로는 성령님께서 믿는 사람의 마음속, 깊은 곳에 계시니, 성령님께서 최우선하여 거룩하게 만드시는 곳은 속사람입니다. 만일 어떤 사람의 거룩함

---

129) (창 1:26) 하나님이 가라사대 우리의 형상을 따라 우리의 모양대로 우리가 사람을 만들고. 하나님의 존재 양식은 "우리"입니다. 이의 다른 말이 "삼위일체"입니다. 이처럼 "우리"로 사시는 하나님께서는 사람을 처음 지어질 때부터 "우리"로 살도록 만드셨습니다.

이 마음속으로부터 나오는 것이 아니라면, 그것은 단지 거룩표 포장지로 도배한 것에 불과합니다.

외적인 거룩은 지속성(持續性)이 없어서 아침 안개처럼 곧 사라집니다. 그러나 그 거룩함이 마음속, 깊은 곳에 있는 생명수의 샘/성령님으로부터 솟아난 것이라면, 그것은 끊임없이 지속될 것이요, 참으로 하나님처럼 "우리"로/삼위일체로 살게 될 것입니다.

구약의 한 큰 인물 모세, 그는 자주 하나님의 임재 앞에 선 사람입니다. 그로 인해 그의 얼굴은 한 때 광채로 가득했습니다. 사람들은 모세의 얼굴에서 나는 광채를 두려워했습니다. 그래서 모세는 사람들을 만날 때는 얼굴을 수건으로 가렸습니다. 그는 분명히 거룩한 사람이었습니다. 그러나 그 놀라운 광채는 오래가지 않았습니다. 왜 그렇습니까? 그 광채는 모세의 마음속, 깊은 곳에서 우러나는 것이 아니었기 때문입니다. 그 광채는 얼굴에 잠깐 있다가 사라지는 영적현상에 불과합니다(출 34:29-35). 사도 바울은 이를 이렇게 증언했습니다.

> 우리는 모세가 이스라엘 자손들로 장차 없어질 것의 결국을 주목치 못하게 하려고 수건을 그 얼굴에 쓴 것 같이 아니하노라 …… 그러나 언제든지 주께로 돌아가면 그 수건이 벗어지리라 (고후 3:13-16)

주님은 영이십니다. 주의 영이 계신 곳에는 자유가 있습니다. 장차 없어질 광채, 곧 그런 영적현상은 주님께로 돌아가면 그 수건이 벗겨져서 자유롭게 됩니다. 이처럼 주의 영이신 성령님으로 말미암아 수건을 벗은 맨 얼굴로 주님의 영광을 보고 또 보면, 우리의 마음이 반드시 "주님의 형상으로 변형(transformed)"됩니다.

우리가 다 수건을 벗은 얼굴로 거울을 보는 것 같이 <u>주의 영광을 보매 그와 같은 형상으로 변화하여(beholding as in a mirror the glory of the Lord, are being transformed into the same image)</u> 영광으로 영광에 이르니 곧 주의 영으로 말미암음이니라(고후 3:18)

그렇습니다. "주의 영광을 보매"입니다.
"계속해서 바라보고 있으면(beholding)"입니다.
그렇다면 우리가 보아야 할 "주의 영광"은 무엇입니까?
그것은 예수님 마음속에서 늘 계신 하나님의 영광이시요.
성령님은 "영광의 영(the Spirit of glory)"이십니다.[130]

바로 이 하나님의 영, 주의 영, 영광의 영, 성령님께서 우리 마음속에 지금 계십니다. 그 성령님을 일관 되게 우러러보고 또 봅시다. 무엇보다 중요한 것이 일관성(一貫性)입니다. "주께서 심지(心志)가 견고한 자를 평강하고 평강하도록 지키시리니 이는 그가 주를 신뢰함이니이다"(사 26:3) 초지일관(初志一貫) 바라보면, 우리 내면, 은밀한 곳에 계시는 성령님으로 말미암아 주님과 같은 형상으로 변화할 것입니다. 이보다 쉽고 경이로운 일이 또 어디에 있겠습니까?

계속 우러러봅시다. 보고 또 보십시다!
한 며칠, 몇 달, 몇 년 보는 것으로 만족해서는 안 됩니다.
하루 온종일 그리고 일평생 내내 바라봅시다.

보는 만큼, 우리 인격이 예수님의 인격으로 자랍니다.
보는 만큼, 예수 그리스도님의 장성한 분량에 이릅니다.

---

130) (벧전 4:14) 너희가 그리스도님의 이름으로 치욕을 당하면 복 있는 자로다 영광의 영 곧 하나님의 영이 너희 위에 계심이라

우리의 전 존재 속에 하나님의 생명으로 가득하여 우리의 본성이 마치 바닷물 속에 들어간 민물처럼, 있는 듯이 없고, 없는 듯이 있게 되고서야, 비로소 영광으로 영광에 이르게 됩니다. 이제 내가 아는 범위 안에서 자기를 포기하고 거룩한 삶을 살 수 있는 방법을 다 나누었습니다.

우리가 신앙생활을 할 때 언제나 그 정답은 예수님이십니다.

예수님은 거룩한 삶, 하나님처럼 삶의 모본이십니다.

예수님을 보는 것은 하나님 아버지를 보는 것입니다.

> 예수님께서 이르시되 빌립아 내가 이렇게 오래 너희와 함께 있으되 네가 나를 알지 못하느냐 나를 본 자는 아버지를 보았 거늘(Anyone who has seen me has seen the Father!) 어찌하여 아버지를 보이라 하느냐(요 14:9)

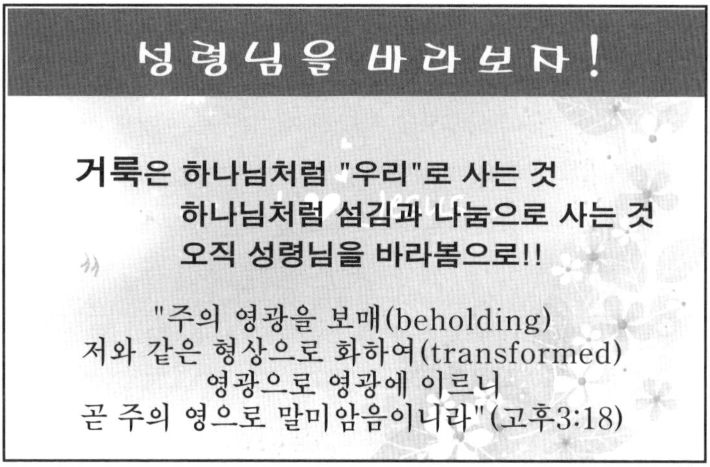

성 령 님 을 바 라 보 자 !

거룩은 하나님처럼 "우리"로 사는 것
하나님처럼 섬김과 나눔으로 사는 것
오직 성령님을 바라봄으로!!

"주의 영광을 보매(beholding)
저와 같은 형상으로 화하여(transformed)
영광으로 영광에 이르니
곧 주의 영으로 말미암음이니라"(고후3:18)

그림 26 / 성령님을 바라보자!

우리 주 예수 그리스도님은 어떻게 사셔서 늘 자기를 포기하고 거룩한 삶을 사셨는지 아시겠지요. 한 마디로 성령님, 오직 성령님으로만 사셨습니다. 그렇다면 우리가 자기를 부인하고 거룩한 삶에 이르는 비결도 바로 여기에 있지 않겠습니까?

이 길보다 더 좋은 길이 또 있겠습니까?

이제 우리도 예수님처럼 성령님의 인도를 받읍시다.

성령님으로 삽시다.

그러면 예수님처럼, 우리도 여기 이 땅에서

자기를 포기하고 거룩한 삶을 살 수 있습니다.

[내 모습 보기]

자기 부인, 곧 자기포기에서 빼놓을 수 없는 것이 자아를 살피고 죄를 고백하는 것입니다. 이 자아를 살피고 죄를 고백하는 것에 대해 좀 더 나아가 봅시다. 흔히 사람들은 자아를 자기가 스스로 점검하곤 합니다. 이를 "자아성찰(Introspection)"이라 합니다. 이 말이 고상하게 들려서 많은 종교들이 이것으로 상당히 재미를 보는 것도 사실입니다. 그러나 자기가 자기를 살피는 것으로는 결코 온전함에 이를 수 없습니다. 그래서 구약의 시편기자는 이렇게 노래하고 있습니다.

> 하나님이여 나를 살피사 내 마음을 아시며 나를 시험하사 내 뜻을 아옵소서 내게 무슨 악한 행위가 있나 보시고 나를 영원한 길로 인도하소서(시 139:23-24)

챨스 R 솔로몬 목사님은 이 시편 139편을 이용하여 이렇게 노래했습니다.[131] :

---

131) 챨스 R. 솔로몬, 「영적 치유의 핵심」, 김우생 역(서울: 나침반출판사, 2004), pp. 119~120.

예수님을 바라봄(시편 139:23-24)

예수님을 바라보고(히 12:2)
나의 죄를 보지 않으며,
나는 내 안을 살펴서는 아니 되리라

나를 살피시고
내 온 마음을 아시는 일은
그분이 하실 일이네
거기서 찾으신 것을 나에게 알려주시리

나를 시험하사 나의 모든 생각을 아시는 일은
그분이 하실 일이네
그의 생각이 내 생각이 되어(빌 2:5)
나의 허물을 덮으시네

나에게 어떤 악한 길이 있나
살피시는 것은 그분이 하실 일이네
나를 자아에서 깨끗케 하사(갈 2:20)
그분 안에서 나는 자유하네(요 8:23)

나를 영원한 길로 이끄시는 것은
그분이 하실 일이네
그것은 나의 존재를
완전히 주관하시는 일이네

이제 나는 그분의 작은 부르심에도 복종할 수 있네
나는 하나님 흉내내기를 멈추었네

그분이 내 안을 살피실 동안
예수님을 바라보며 자아를 보지 않으니
그분이 죄로부터 지키시네

이에 동의합니까? 동의 하리라고 봅니다. 그렇다면 전(All) 영혼을 하나님 앞에 열어 드립시다. 성령님께서 우리 마음을 충분히 살피실 수 있도록 잠잠히 기다립시다. 우리 마음을 받으신 성령님은 마음속을 밝은 빛으로 조명하사 샅샅이 살펴서 잘못된 관습과 성격까지 드러내어 보게 하십니다. 우리의 모습을 밝히 보신 성령님은 이제 그 모든 죄성(罪性)을 예수님의 십자가 보혈로 말끔히 처리하십니다.[132]

그러므로 성령님께서 우리의 모습을 드러내시고 처리하시는 동안에 우리는 단지 그분 앞에 잠잠히 있으면 됩니다. 죄를 조명하여 정화하는 것은 우리가 할 일이 아닙니다. 그것은 성령님께서 하실 일입니다. 우리 속담에 "똥 묻은 개가 겨 묻은 개를 나무란다."는 말이 있듯이 우리는 자신의 참 모습은 보지 못하고, 오히려 남을 비판하기 쉽습니다. 그래서 예수님께서 친히 말씀하셨습니다.

> 보라 네 눈 속에 들보가 있는데 어찌하여 형제에게 말하기를 나로 네 눈 속에 있는 티를 빼게 하라 하겠느냐 외식하는 자여 먼저 네 눈 속에서 들보를 빼어라 그 후에야 밝히 보고 형제의 눈 속에서 티를 빼리라(마 7:4-5)

그런데 "자기 눈 속에 들보"가 있다는 사실을 누가 깨닫게 해 줍니까? 옛날에 한 유명한 철인(哲人)은 "너 자신을 알라" 즉, '너의 무지를 알라.'고 했다지요. 그러나 동서고금을 막론하고 자기 힘으로 자기 모습을 제대로 본 사람은 아무도 없습니다. 불량품이 불량품을 조사해

---

132) (히 9:13-14) 염소와 황소의 피와 및 암송아지의 재로 부정한 자에게 뿌려 그 육체를 정결케 하여 거룩케 하거든 하물며 영원하신 성령님으로 말미암아 흠 없는 자기를 하나님께 드린 그리스도님의 피가 어찌 너희 양심으로 죽은 행실에서 깨끗하게 하고 살아계신 하나님을 섬기게 못하겠느뇨

133) (고후 10:12) 저희가 자기로서 자기를 헤아리고 자기로서 자기를 비교하니 지혜가 없도다

본들, 그 조사가 과연 올바르겠습니까? 그래서 결국 자기가 자기를 성찰한다는 사람들은 다른 사람뿐 아니라 자기 자신까지도 교묘히 기만(欺瞞)하는 결과를 낳게 됩니다.[133]

그러나 성령님께 우리 마음을 맡기면 그렇지 않습니다.

성령님은 아주 철저하고 집요(執拗)하십니다. 그분 앞에 있다는 것은 의(義)의 태양 앞에 완전히 노출되었다는 것입니다. 성령님의 신령한 광선은 우리 마음속에 꽁꽁 감추어둔 가장 은밀한 것은 물론 작은 결점까지도 다 찾아내십니다. 성령님은 우리의 의식뿐 아니라 무의식의 창고까지 세세히 드려다 보시고, 꼭 필요한 것을 적당한 때에 보여주십니다.

그러므로 우리는 자기를 점검하고, 들어난 우리의 죄를 고백하는 일을 완전히 성령님께 맡겨드려야 합니다. 이렇게 성령님께 완전히 맡기고 있으면, 우리는 죄를 범하자마자 곧장, 양심에 가책을 받아 마음이 쓰리고, 때로 가슴이 찡~ 해 집니다.

성령님의 꿰뚫는 눈길 앞에서는 모든 것이 다 드러납니다.

성령님은 그 어떤 죄라도 숨기는 것을 용납하지 않습니다.

이처럼 성령님께 우리를 포기하여 드리기를 계속하면 주님의 거룩한 빛 앞에서 내 모습을 보고 저절로 죄를 고백하게 됩니다. 이렇게 주님께 죄를 고백할 때, 우리는 죄에 대하여 후회하고 슬퍼하고 통회하게 됩니다. 그러나 그것조차도 하나님께서 주시는 것이어야지 우리가 억지로 짜내는 슬픔과 탄식은 오히려 참다운 회개를 놓치게 합니다.

참된 회개는 우리가 주도하는 회개가 아니라
성령님께서 친히 주도하시는 회개입니다.

하나님은 죄를 미워하십니다. 그러니 성령님께서 주도하시는 회개는 단순히 죄를 슬퍼하고 통회하는 정도가 아니라 하나님이 미워하시는 수준만큼 죄를 미워하게 만드는 것입니다.

시편 51편 10-12절에 의하면 성령님은 우리 마음속에,
"정한 마음(a clean heart)"을 창조하십니다.
"정직한 영(a steadfast spirit)"을 새롭게 하십니다.
"구원의 즐거움(the joy of Your salvation)"을 회복하십니다.
"자원하는 심령(thy free spirit)"에 이르게도 하십니다.[134]

오직 성령님께 내 모습 이대로 드립시다. 성령님께서 내 모습을 보여 주실 때 통회하는 마음이 저절로 납니다. 혹 누가 우리에게 죄를 지었으면 용서하고 싶은 마음이 그냥 생깁니다. 이처럼 성령님께서 우리 마음의 모든 오물을 다 처리하신 후에는 구원의 즐거움이 가득하고 무엇보다 주님을 향한 뜨거운 눈물이 하염없이 흐릅니다.
이 눈물은 통한의 눈물이 아닙니다.
그것은, 아~, 그래요. 가슴 벅찬 감격의 눈물입니다.

우리 모두 이 시간 모든 일을 멈추고 성령님께 마음을 드리고 내 모습을 보여 달라고 기도합시다. 내 모습을 보여 주실 때까지 그렇게 잠잠히 기다립시다. 우리가 할 수 있는 유일한 일이란 성령님께서 하시는 교정(矯正)과정을 참고 견디는 것입니다.
성령님은 우리의 결점을 온전히 치유하십니다.
그러므로 내 모습을 보는 시작도 끝도 주님을 바라보는 삶입니다.

---

134) (시 51:10-12) 하나님이여 내 속에 정한 마음을 창조하시고 내 안에 정직한 영을 새롭게 하소서 나를 주 앞에서 쫓아내지 마시며 주의 성령님을 내게서 거두지 마소서 주의 구원의 즐거움을 내게 회복시켜 주시고 자원하는 심령을 주사 나를 붙드소서

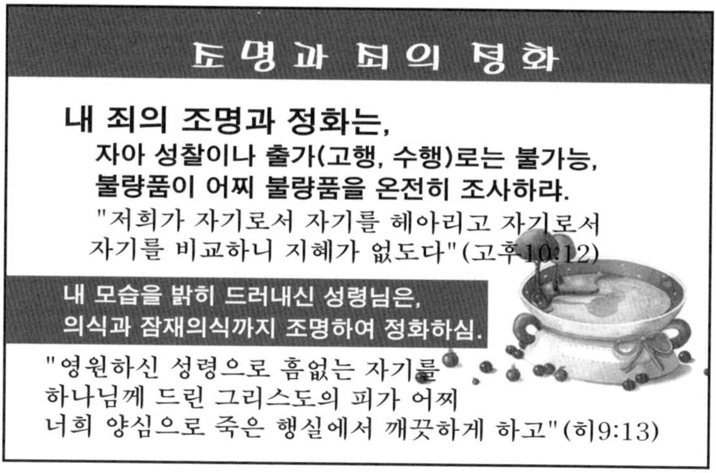

조명과 죄의 정화

내 죄의 조명과 정화는,
자아 성찰이나 출가(고행, 수행)로는 불가능,
불량품이 어찌 불량품을 온전히 조사하랴.
"저희가 자기로서 자기를 헤아리고 자기로서
자기를 비교하니 지혜가 없도다"(고후 10:12)

내 모습을 밝히 드러내신 성령님은,
의식과 잠재의식까지 조명하여 정화하심.
"영원하신 성령으로 흠없는 자기를
하나님께 드린 그리스도의 피가 어찌
너희 양심으로 죽은 행실에서 깨끗하게 하고"(히9:13)

그림 27 / 조명과 죄의 정화

[죄의 유혹을 이기는 길]

이제 죄를 이기는 방법을 살펴봅시다. 죄의 유혹을 이기는 비결이 무엇입니까? 제가 아는 어떤 전도자는 술집아가씨를 전도하러 갔다가 도리어 전도당하여 그녀와 함께 도망을 쳤습니다. 디모데후서 4장 10절에 나오는 데마도 아마 그런 사람 중에 한 사람이 아닐까 싶습니다.[135] 이런 사람을 비난할 마음은 추호도 없습니다. 이 사람을 손가락질 할 자격을 가진 사람이 누구이겠습니까?

예수님을 구주로 믿는 사람은 너나없이 모두 다 악(惡)해서라기보다 약(弱)해서 죄를 짓습니다. 그래요. 약해서 죄를 이길 수 없어 그렇습니다. 이길 수 없으니 어떡해야 합니까? 그냥 그렇게 죄를 짓고 회개하고 또 죄를 지으며 살아야 하나요, 아니면 끝까지 싸워야 합니까?

---

135) (딤후 4:10) 데마는 이 세상을 사랑하여 나를 버리고 데살로니가로 갔고 그레스게는 갈라디아로, 디도는 달마디아로 갔고

저도 한때 죄의 유혹을 이겨보려고 갖은 애를 다 써보고 열심히 기도하고, 소나무도 몇 그루 뽑아보고, 금식도 해보고, 그야말로 온갖 발버둥을 쳐봤습니다. 그래서 이제 좀 됐나 싶으면 머잖아 또 똑같은 죄를 반복해서 짓고 있는 저를 보며, 어처구니가 없어 다리 쭉 뻗고 울고 또 울다가, 저 자신이 진저리나게 밉고 싫어서 차라리 죽어 버릴까 하고 생각할 때가 한두 번이 아니었습니다.

여러분은 어떻습니까?

그러나 알고 보면, 죄를 이기는 것은 아주 쉽습니다. 그 방법이 무엇이냐고요? 예를 들어, 개(犬)가 쫓아오면 어린아이는 어떻게 합니까? 당연히 지체 없이 "엄마~"를 부르며 달려가 엄마의 품에 안기면 그것으로 끝입니다. 그런데 문제는 그 엄마가 가까이 없을 때이지요. 그때는 불쌍하지만 당할 수밖에……

이처럼 하나님의 자녀에게 죄라는 골리앗이 덤빌 때, 어떻게 해야 합니까? 물론 싸워야지요. 무엇으로요? 오늘날 많은 신자들은, 삼손이 나귀턱뼈로 블레셋군 일천 명을 물리 친 줄 알고 나귀턱뼈를 구하고……, 모세가 지팡이로 홍해바다를 가른 줄 알고 무슨 능력의 지팡이를 구하고……, 다윗이 물맷돌로 골리앗을 이긴 줄 알고 현대판 물맷돌을 찾고……, 이스라엘백성들이 여리고를 돌아서 성이 무너졌다고 오늘도 돌고 있으니……

실은, 그들의 승리는 하나같이 그들이 전폭적으로 의지한 여호와 하나님으로 된 것입니다. 마찬가지로 마음속에 늘 계신 성령님을 전적으로 믿고, 성령님을 바라보기만 하면, 성령님께 마음을 드리기만 하면, 모든 죄의 유혹을 이길 수 있습니다. 확실하게 통쾌하게 완벽하게 이

길 수 있습니다. 이런 이김을 주신 분을 찬송할 마음이 저절로 날 것입니다.

그렇습니다. 다른 길을 저는 잘 모릅니다. 아니, 다른 방법을 참 많이도 시도해 봤지만, 제대로 이겨본 적이 한 번도 없었습니다. 저처럼 실패한 분들은 이제 이 방법을 한번 시도해 보십시오.

더 이상 죄와 눈 맞추지 말고,
그 죄를 이겨보려는 생각조차도 하지 말고,
죄가 좇아오면 1초 이내에 성령님과 접속하십시오.
성령님께 온 몸을 던지십시오.

성령님은 어린아이가 위급할 때, 불러도 곁에 없는 엄마와 같은 분이 아니십니다. 성령님은 항상, 늘, 언제나, 지금, 우리 마음속에 상주(常住)하여 계십니다. 그리고 어린아이가 "엄마"를 부르듯, 마음속으로 또는 큰 소리로 "성령님"을 부르며 거룩한 숨을 크게 쉬십시오. 저는 이렇게 숨을 크게 두세 번 정도 쉬면, 거의 모든 유혹이 슬그머니 사라지는 것을 요즘도 자주 경험합니다.

썬다 싱은 죄를 이기는 방법에 대해 좋은 예화를 말했습니다. :

어느 날 나는 바위 위에 앉아 있었다. 나는 밑에서 새 한 마리가 이리저리 천천히 깡총거리며 뛰어다니는 것을 보았다. 나는 몸을 구부려 무슨 일이 일어나는지 관찰했다. 뱀이 그 마력적인 눈으로 새를 호리고 있었다. 뱀의 마력에 이끌려 그 새는 아무것도 모른 채 뱀 가까이 다가갔다. 뱀은 그 새가 바로 가까이에서 달아나지 못한다는 것을 알고는 이내 그 새를 잡아먹어 버렸다. 멀리 있었을 때는 그 새가 달아날 수도 있었을 것이다. 이와 같이 <u>사탄은 유혹과 쾌락으로 우리를 잡아끌려고</u>

한다. 그에게서 벗어나는 길은 단 한 가지, 사탄에게 마음을 돌리는 대신, 우리는 마음을 하나님께 고정시키는 것이다.[136)]

아그네스 샌포오드 여사는 그의 책 [하나님을 바라보라]에서 "기도-에너지를 발산하는데 필요한 제 1 단계는 우리 심령을 하나님의 심령과 연결시키는 것이다. …… 우리가 하나님과 하나가 될 수 있는 방법은 예수 그리스도님을 통해서이다. 예수님은 인간이 닫아버린 통로를 우리를 위해 열어 주셨다."고 했습니다.[137)]

이 글을 쓰고 있는 컴퓨터는 전원이 들어오지 않으면 단 일초도 사용할 수 없듯이, 사람들도 단 일초라도 주님을 떠나서는 살 수 없도록 지어졌습니다. 그래서 저는 내 마음속에 죄의 유혹이 생기면 즉시 속으로 [일초!]라고 외치며 주님과 접선(接線)/접속(接續)하고, 숨을 천천히 내쉬는 훈련을 계속합니다. 그러면 어떤 죄의 유혹도 손쉽게 물리칠 수 있습니다. 어떤 때는 닭쫓던 개 지붕 쳐다보듯이 주위에서 얼쩡거리며 입맛을 다시는 악의 기운을 느낄 때도 있습니다. 저는 이 훈련을 [일초접속훈련]이라고 이름 붙여 보았습니다.

야구, 볼 줄 아시죠. 타자(打者)가 출루했다면, 자기 베이스를 벗어나면 안 되지요. 그가 그 베이스를 벗어나는 순간, 어디선가 공이 날라옵니다. 그때, 공보다 먼저 베이스를 터치하지 않으면 아웃되고 맙니다. 우리도 마찬가지입니다.

성령님은 영원히 안전한 우리의 베이스이십니다.

---

136) B. H. 스트리터, A. J. 아파사미, 앞의 책, pp. 152~153.
137) 아그네스 샌포오드, 「하나님을 바라보라」], 이석산 역(서울: 한국양서, 1991), pp. 30-31. 그녀는 내적치유의 선구자이면서 전적으로 주님을 바라보며 치유하는 아름다운 사역자입니다.

아침에 출근하면서 1루 베이스만 보고 온 힘을 다해 뛰십시오. 오후에는 2루 베이스를 향하여 또 죽을힘을 다해 뛰십시오. 다급하면 슬라이딩이라도 해야지요. 늦은 오후 나른한 시간에 다시 3루 베이스를 향하여 걸음아 날 살려라 뛰십시오. 마지막으로 저녁 퇴근시간에는 한눈팔지 말고 곧장 달려 홈베이스로 대시하십시오.

이 베이스가 예수 그리스도님의 영, 성령님이십니다.

'일초 접속 훈련'

자, 지금 시작합시다. 성령님을 바라봅시다.

성령님께 마음을 드립시다. 그리고 그대로 멈춥시다.

그렇게 하루 온종일 성령님과 눈 맞추십시다!

죄의 유혹이 감지되면 속으로 즉각 [일초!]하고 외치며 접속하십시다! 공/적의 불화살 보다 먼저 베이스/성령님을 터치해야 합니다.

거룩한 숨님을 강하게 깊이 길게 내쉬십시다!

그러면 내 모습이 보이고, 또한 주님의 보혈로 깨끗이 씻어짐을 느끼게 되고, 어떤 죄의 유혹도 다 이기게 되고, 마음속 깊은 곳에서부터 영광스런 광채가 은은히 비치고, 영화로운 주님과 함께 동거함을 만민(萬民)이 알게 됩니다.

남편이, 아내가, 부모가, 자녀가, 만나는 온 이웃이

알아볼 그날이, 이제 속히 오리라. 샬롬!!

예수님 닮기 원합니다 성령님으로 성령님으로
예수님 닮기 원합니다 성령님으로
성령님으로 성령님으로
예수님 닮기 원합니다 성령님으로　아멘!

제 12장

십계명(1)

나는 너를
애굽(Egypt) 땅 종 되었던 집에서
인도하여 낸
너의 하나님 여호와로라
- 출애굽기 20장 1절 -

제12장
십계명(1)

저는 율법의 근간인 "십계명(十誡命)"을 참 많이 외웠습니다. 어릴 때 다니던 교회의 예배시간에 십계명을 외우는 순서가 있어서요. 그러나 그렇게 달달 외운 힘으로 십계명을 지킬 수 있는 것이 아니었습니다.

십계명/율법은 하나님의 공의(公義)를 드러냅니다.
아울러 그것은 하나님의 사랑향기로 가득합니다.
하나님께서 모세를 통해 히브리공동체에 십계명/율법을 주신 것은 그들을 억압하기 위해서가 아닙니다. 모세를 비롯한 히브리인들은 십계명/율법을 받고 이를 지키기 위해 참 많이도 애썼습니다. 구약의 역사는 십계명/율법을 어떻게 대했느냐에 따라 굽이친 역사입니다. 어떤 왕/지도자는 엄히 지키기 위해 자국(自國) 내에 남아있는 모든 '다른 신당이나 신상'을 혁파하고 박수무당과 그 제사장들을 처단하는데 시간을 다 보냈고, 또 다른 지도자/왕은 그것을 다시 복원하느라 역시 한 세월을 다 보냈습니다.

오늘날 우리는 어떻습니까?
우리 주위에는 구약은 율법이요, 신약은 복음이라고 보고, 구약의 율법을 몰아내는 일에 발 벗고 나선 사람도 없지 않습니다. 결국 우리도 이 십계명/율법을 어떻게 대하느냐에 따라 그 성도나 교회, 심지어 교단까지 춤추는 실정입니다.

예수님께서 오시기 이전 종교인들은 율법을 잘 지키기 위해 갖은 애를 다 썼지만 실패했습니다. 그 이유는 돌비에 새겨진 그 십계명/율법을 사람의 힘으로, 그것도 바깥에 이루어 보려고 하였기 때문입니다. 여러분, 아세요. 바깥에 있는 눈에 보이는 것들은 그보다 먼저 사람 속에 있었다는 사실을요. 눈에 보이게 세워진 모든 우상이나 신전은 사람 속에 이미 있던 것을 시각화(視覺化)한 것에 지나지 않습니다. 사람의 마음속에 거짓신이 들어가 있는 이상, 눈에 보이는 우상단지를 아무리 부순들 무슨 소용이 있겠습니까? 그러니 무엇보다도 마음속에 들어와 있는 악한 세력들을 소탕하는 것이 먼저입니다.

사람들을 억압하고 종살이 시키는 모든 악한 세력으로부터 해방시키는 분은 여호와 하나님이시오,

이 하나님의 심정을 갖고 이 땅에 오셔서 우리의 죄와 저주를 십자가에서 처리하신 분은 예수님이시오,

예수님의 피와 살을 가지고 우리 마음속에 들어와 계신 분은 성령님이십니다.

이제는 성령님께서 생명의 법을 친히 심비(心碑)에 새기시고 완성하시기 위해 우리 마음속에 임재하여 계십니다. 바로 이 성령님으로 곧 하나님 아버지의 심정으로 십계명을 따라 우리 마음을 살펴봅시다. 성령님의 참 빛 아래 들어난 모든 쓰레기를 제거하고, 거기에 빌붙어 살고 있는 악한 세력들을 추방합시다.

성령님의 조명을 받은 만큼, 정화됩니다.

거룩한 숨님을 숨 쉰 만큼, 생명의 성령님의 법이 완성됩니다.

십계명/율법,
그것은 더 이상 무거운 짐이 아닙니다.
그것은 주님을 더 잘 만나게 하는 길잡이.
그것은 타는 목마름을 해소하는 생명수.
그것은 감미롭고 장엄한 어버이의 목소리.
그것은 자녀의 안녕을 바라는 어버이의 마음입니다.

[십계명 전문]

십계명 전문(前文)은 이렇게 시작합니다.

[나는 너를 애굽 땅 종 되었던 집에서 인도하여 낸 너의 하나님 여호와로라(출 20:1)]

십계명을 주신 "나"는 하비루/히브리를 애굽의 종살이에서 해방시키신 "여호와 하나님"이십니다. 바로 이 전문이 모든 계명을 푸는 마스터 키(열쇠)입니다. 이 열쇠 없이 계명을 풀면, 더 복잡하게 얽힐 뿐 아니라, 오히려 아주 엄한 굴레가 되고 맙니다.

십계명 전문에 의하면, 계명/율법을 주신 하나님은 사람을 족쇄(足鎖) 채우는 분이 아니라, 우리들을 각종 멍에로부터 해방시키는 분이시라고 선언합니다. 이처럼 이 율법을 푸는 열쇠를 허락하신 하나님께서 우리의 모든 죄와 저주를 대신 짊어지기 위하여 육신을 입고 이 땅에 오셨으니, 그분이 바로 예수 그리스도님이십니다.

이 육신을 입으신 하나님, 예수님은 율법대로 살지 못하여 죄악으로 가득한 우리를 십자가에서 처리하시고, 무덤에 묻히신지 3일 만에 부활하사 하늘에 오르시어 예수 그리스도님의 영, 성령님을 보내어 주셨습니다. 바로 이 성령님은 율법을 깨닫고 누리게 하시는 '살아 있는 열쇠(Living Key)'입니다.[138]

이제 이 '살아 있는 열쇠'를 돌려봅시다.

1. [나 외에는 다른 신들을 네게 있게 말지니라]
[No other gods, only Me.]

여기서 말하는 "다른 신들(other gods)"은 무엇입니까? 그것들은 사람들을 죄 짓게 하고, 타락하게 하고, 괴롭히고, 억압하고, 종살이 시키고, 파멸시키는 신이지요. 여러분 주위에서 신(神)이라고 일컬어지는 모든 신들(gods)을 다 열거하여 보십시오. 그것들은 사람을 위해 무엇을 하는 신입니까? 그 모든 다른 신들은 무슨 이름이 붙었든지 간에 한 마디로 사람들을 얽어매는 신들입니다. 그렇지 않습니까?

그러나 오직 여호와는 우리를 죄와 저주와 질병과 억압과 죽음에서 해방시켜 참 자유와 평화와 행복을 주시는 하나님이십니다. 이 하나님께서 "너는 나 외에는 다른 신들을 네게 두지 말라"고 하신 것은 절대로 이기적인 독선(獨善)이 아닙니다. 애굽에서 신의 대리자로 자처하는 바로/왕들에 의해 몇 백년간이나 강제노역을 당한 히브리/하비루들의 입장에서 생각해 보십시오. 그들을 종살이 시킨 신은 어떤 신이며, 그 지긋지긋한 노예살이에서 해방시킨 신은 어떤 신입니까?

---

138) (마 16:19) 내가 천국 열쇠를 네게 주리니 네가 땅에서 무엇이든지 매면 하늘에서도 매일 것이요 네가 땅에서 무엇이든지 풀면 하늘에서도 풀리리라

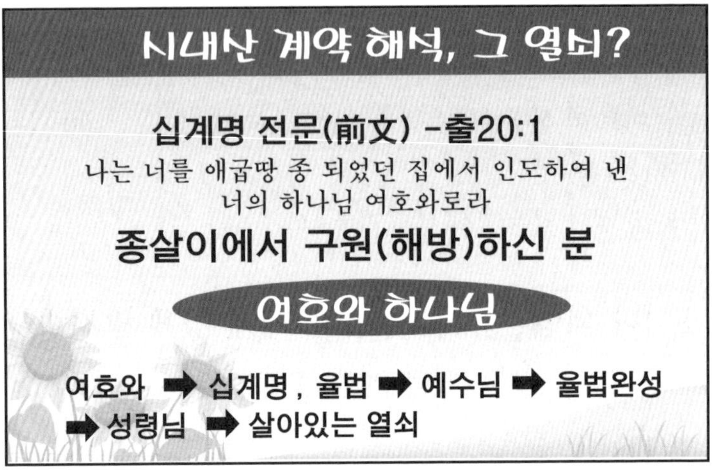

시내산 계약 해석, 그 열쇠?

십계명 전문(前文) -출20:1
나는 너를 애굽땅 종 되었던 집에서 인도하여 낸
너의 하나님 여호와로라

종살이에서 구원(해방)하신 분

여호와 하나님

여호와 ➡ 십계명, 율법 ➡ 예수님 ➡ 율법완성
➡ 성령님 ➡ 살아있는 열쇠

그림 28 / 시내산 계약 해석, 그 열쇠?

그러니까 처절한 노예로 더 이상 살지 않으려면, 나 여호와 하나님
만 섬기라는 말씀이지요. 이것이 과연 독선입니까? 사실 이보다 더 놀
라운 배려가 또 어디에 있을지요? 이보다 더 심오한 사랑을 어디서 맛
볼 수 있으리오!

포근한 사랑의 생명수가 흐르는 여호와 하나님의 심장.
그 여호와님의 심장을 그대로 품고 이 땅에 오신 예수님.
예수님께서 우리의 죄를 대신하여 지신 십자가.
십자가에 달려 터진 주님의 그 사랑, 그 심장.
그 심장에서 흐르는 생명수의 강줄기.
그 강줄기로 믿는 사람의 가슴에서 굽이쳐 흐르는 분.
오늘도 우리 마음을 성전 삼고 계신 바로 그분, 성령님!

여호와 하나님은 우리 마음(의식, 무의식)속에 "다른 신을 가지고 있
지 말라"(You shall have no other gods.)고 하셨는데, 우리는 아직도
다른 신들을 가지고 있습니다(have). 아니, 다른 신을 가지고 있는지
조차도 모르고 있으니……. 그러나 그것들은 우리가 알든지 모르든지,

틈만 나면 우리를 괴롭히고 파멸시키기 위해 혈안이 되어 있습니다. 예수님을 믿은 지 몇 년인데, 언제까지 그것들에게 농락당하며 사시렵니까?

우리가 오직 주님을 우러러 보고 있을 때, 그래서 그 사랑의 가슴에 푹 안겨 있을 때, 우리는 더 이상 다른 신들에게 이용당하지 않게 됩니다. 그리고 오직 주님만을 섬기고 싶어집니다. 계명은 우리 힘으로 지키는 것이 아닙니다. 그것은 오직 성령님으로 누리는 것입니다.

제 1 계명을 지금 여기서 누리고 싶지 않습니까?
그렇다면, 먼저 마음속에 계신 성령님을 의식하십시다!
예수님의 보혈을 온 몸에 뿌리고 바르고 덮고, 먹고 마시십시다!

성령님과 눈 맞추십시다!
삼사 대까지의 가족내력(家繼)을 면밀히 조사해 보십시다!
성령님께서 보여주시는 모든 죄를 철저히 회개하십시다!
성령님께서 보여주는 모든 오물/쓰레기를 토설하십시다!
오직 성령님의 강력한 조명을 받아 다른 신을 찾아내십시다! 주님보다 먼저 우리 마음속에 들어온 것들은 다 강도요 절도요, 처음부터 살인마였습니다.

> 나보다 먼저 온 자는 다 절도요 강도니(All who ever came before me were thieves and robbers)······ 도둑이 오는 것은 도둑질하고 죽이고 멸망시키려는 것뿐이요 내가 온 것은 양으로 생명을 얻게 하고 더 풍성히 얻게 하려는 것이라 (요 10:8,10)

오직 예수님의 이름으로 다른 신들을 물리치십시다!

오직 성령님의 강력한 권능으로 날강도들을 추방하십시다!

이제 천천히 거룩한 숨님/성령님을 숨 쉬어 보세요.

우리의 숨을 따라 운행하시는 성령님을 느껴보세요.

가만히 귀를 기울여 성령님의 목소리를 들어 보십시다!

잠잠히 "주님~, 성령님~"하고 불러 보십시다!

복된 주님의 목소리를 듣게 될 것입니다.

찬송가 79장(통 40) 3절을 불러 봅시다. 저는 종종 이 찬송을 "아~" 나, "어~"로 부르며 주님을 깊이 체험합니다.

> 주 하나님 독생자 아낌없이 우리를 위해 보내주셨네
> 십자가에 피 흘려 죽으신 주 내 모든 죄를 대속하셨네
> 주님의 높고 위대하심을 내 영혼이 찬양하네
> 주님의 높고 위대하심을 네 영혼이 찬양하네

2. [너를 위하여 새긴 우상을 만들지 말고]

또 위로 하늘에 있는 것이나 아래로 땅에 있는 것이나 땅 아래 물속에 있는 것의 아무 형상이든지 만들지 말며 그것들에게 절하지 말며 그것들을 섬기지 말라 나 여호와 너의 하나님은 질투하는 하나님인즉 나를 미워하는 자의 죄를 갚되 아비로부터 아들에게로 삼사 대까지 이르게 하거니와 나를 사랑하고 내 계명을 지키는 자에게는 천대까지 은혜를 베푸느니라

"우상을 만들지 말라(You shall not make an idol.)"는 계명은 어떻습니까? 히브리/하비루들이 노예살이 할 때, 애굽신전에 우뚝 서있던 우상은 무엇에 이용되었을까요? 분명히 그것들은 통치자의 전유물이 되어 피지배자를 억압하는 통치이데올로기(ideology)로 교묘히 이용

되었지요. 어마어마하게 깎아 세운 신상을 배경삼아 앉아 있는 애굽의 왕/바로를 상상해 보십시다!

바로/왕들의 무덤이라는 저 어마어마한 피라미드(2.5t 돌덩이 250만개, 10만 명이 20년 노동)를 보십시오.[139] 이 세상의 모든 독재자들은 예나 지금이나 하나같이 나름대로의 종교를 만들고, 거대한 신전과 궁전을 건축한 것을 역사가 증명하고 있습니다.

세상에 있는 모든 우상은 사람들을 얽어매는 수단에 불과합니다. 이런 우상은 물질일수도 있고, 권력이나 쾌락이나 종교일수도 있고, 짐승이나 사람(가족)일수도 있습니다. 심지어 성경도, 성전도, 교리도, 교단조차 우상이 될 수도 있습니다. "성경은 우리를 예수 그리스도님께서 누이신 구유로 인도하는 별과 같습니다. 그러나 아무도 별이나 구유에 대해 경배하지 않습니다. 만일 우리가 어떤 수단 자체를 중시한다면 우리는 우상숭배자가 되고 마는 것입니다."[140] 그리스도교역사에는 성경을 번역했다는 죄로, 성전을 모독했다는 죄 ⋯⋯ 등, 이런저런 황당한 죄목으로 화형당한 사례가 부지기수입니다. 그러니 무엇이든지, 땅에 있든, 하늘에 있든, 바다 속에 있든, 그것들을 만들지도 섬기지도 말고, 오직 여호와만 섬기라는 것입니다.

여호와님! 그분은 누구십니까?

---

139) "오늘날 카이로시 외곽지대에 잘 보존되어 있는 기자의 피라미드는 높이가 약 146미터이고 평균 무게가 2.5톤인 돌덩이 230만 개 정도가 사용되었다. 그리스역사가 헤로도토스(Herodotos)는 이집트를 여행하면서 본 것을 이렇게 보고하였다. '이 건축물은 수많은 사람들의 목숨을 바친 것이다. 내가 계산한 바에 따르면 여기서 약 10만 명의 사람들이 20년 동안 노동하였다.' 이렇게 집중적인 사람 노동력의 착취는 군대와 감시자로 운영되는 명백한 정치구조를 갖춘 국가에 의해서만 가능하다." 루츠 판 다이크, 「처음 읽는 아프리카의 역사」, 안인희 역(서울: 웅진씽크빅, 2009), pp. 59~60.
140) 후안 까를로스 오르띠즈, 「인간 심성의 외침」, 편집부 역(서울: 도서출판 바울, 1991), p. 51.

전문(前文)에서 밝힌 것처럼 노예들에게 참 자유를 주신 하나님이십니다. 이렇게 우상의 얽매임에서 자유를 주시기를 원하셨던 여호와 하나님께서 예수님의 십자가를 통하여 성령님을 보내어 주셨습니다. 이 성령님은 우리를 자유케 하시는 영입니다.[141] 우리를 얽매는 모든 우상에서 벗어나는 유일한 길은 성령님께 마음을 드리는 것입니다. 우리 마음이 성령님으로 가득하면, 더 이상 우상을 섬길 수 없고, 우상을 만들고 싶은 마음조차도 생기지 않게 됩니다.

그렇습니다. 성령님으로, 오직 성령님으로
모든 우상을 타파합시다.
당신에게는 무엇이 우상입니까?
아직도 당신의 마음속에 남아 있는 우상이 무엇입니까?
조상대대로 섬겨온 우상은 무엇입니까?
어릴 때 멋모르고 한 우상숭배는 없습니까?
주님을 믿지 않을 때 접한 우상은 무엇입니까?
그런 것들이 모조리 처리되었습니까?
그런 우상들에 붙어서 들어온 다른 신들을 다 추방했습니까?
주님과 함께 볼 수 없는 것(영상물)은 우상입니다.
주님과 함께 들을 수 없는 소리(음악)는 우상입니다.
주님과 함께 할 수 없는 말(잡담)은 우상입니다.
주님과 함께 만들 수 없는 것(형상)은 우상이지요.
주 하나님의 꿈이 아닌 모든 꿈(뜻, 비전)도 우상입니다.
주님을 기쁘시게 할 수 없는 것은 무엇이든지 우상입니다.

---

141) (고후 3:17) 주는 영이시니 주의 영이 계신 곳에는 자유가 있느니라(where the Spirit of the Lord is, there is Freedom.)

제 2 계명을 지금 여기서 누리고 싶습니까?

성령님께서 보여주시는 모든 우상을 철저히 회개하십시다!

성령님과 눈 맞추면서 삼사 대까지의 가계력을 조사하십시다!

우상숭배한 죄는 3-4대까지 저주가 임한다고 하셨습니다. 이 말씀은 결코 시대에 뒤떨어진 소리가 아닙니다. 그것은 실제입니다. 이 지구 땅에 태어난 사람치고 부모의 영향을 받지 않는 사람은 단 한 사람도 없습니다. 부모가 아프리카 사람이면 나는 아프리카 사람입니다. 구약 민수기에는 부모의 죄 때문에 자녀들도 동일하게 고통당한 기록이 있습니다. "너희의 자녀들은 너희 반역한 죄를 지고 너희의 시체가 광야에서 소멸되기까지 사십 년을 광야에서 방황하는 자가 되리라"(민 14:33). 한 여인이 자녀를 잉태하면, 그 자녀는 2대가 되고, 그 자녀가 여아이면 이미 엄마 태속에서 3대의 씨주머니(卵子)를 갖습니다. 그러니 부모의 우상숭배는 최소 3대가 영향을 받는다는 것이 오늘날의 과학입니다. 그래서 병원에서는 부모의 병력(病歷)을 물어봅니다. 부모의 좋은 성품이나 복된 신앙이 그대로 자녀에게 대물림 된다고 믿는다면, 이 저주의 말씀도 그렇습니다.

그러나 염려하지 마십시오. 우리 마음속에 성령님이 계십니다. 성령님은 이를 해결하시기 위해 우리 마음속에 오셨습니다. 이런 일을 처리하는 것은 성령님의 기쁨입니다.

> 그(성령님)가 와서 죄에 대하여, 의에 대하여, 심판에 대하여 세상을 책망하시리라(요 16:8)

> 진리를 알지니 진리가 너희를 자유롭게 하리라(the Truth shall make you Free.) (요 8:32)

성령님의 강한 조명을 받아 이런 저주의 근원을 색출하십시오.

성령님으로 그 모든 우상세력에 놀아난 잘못을 회개하십시오.

성령님께서 보여주는 모든 우상단지를 토설합시다.

성령님과 눈 맞추며 우상숭배를 부추기는 세력을 추방합시다.

이제 마음속에 계신 성령님을 의식하며,

거룩한 숨님/루아흐를 깊이 강하게 길게 숨 쉬어 보세요.

"아~"나, "오~"나, "어~"로 잘 아는 찬송을 불러보세요.

아주 감미로운 기운이 온몸을 휘감아 돌 것입니다.

그래서 너와 나는 오직 성령님으로

참 자유, 참 행복, 참 노래입니다.

찬송가 438장(통 495)을 먼저 가사를 생각하며 부르시고

다음에는 "아~"나 "어~"로 불러보십시오.

> 내 영혼이 은총 입어 중한 죄짐 벗고 보니
> 슬픔 많은 이 세상도 천국으로 화하도다
> 할렐루야 찬양하세 내 모든 죄 사함 받고
> 주 예수님과 동행하니 그 어디나 하늘나라

3. [너는 너의 하나님 여호와님의 이름을 망령되이 일컫지 말라]

> 나 여호와는 나의 이름을 망령되이 일컫는 자를 죄 없다 하지
> 아니하리라

"여호와님의 이름을 망령되이 부르지 말라(You shall not misuse the name of the LORD your God.)"는 계명은 어떻습니까?

이것도 수백 년간 노예로 살았던 사람들의 눈높이에서 보면 이해가

빠릅니다. 신의 말, 어떻습니까? 높은 보좌에 앉아서 '짐의 말이 곧 신의 말'이라는 바로/왕의 한 마디 말이 얼마나 많은 민초(民草)를 울리고, 괴롭히고, 착취하고, 죽였는지…….

그러나 여호와는 어떻습니까?
여호와는 "나는 있다" "나는 ~이다"입니다.
그 이름은 이처럼 복된 이름으로 불립니다.

　　여호와 이레 : 나는 준비하는 하나님이다,
　　여호와 닛시 : 나는 승리하는 하나님이다,
　　여호와 샬롬 : 나는 평화의 하나님이다.
　　여호와 하나님은 치료, 구원, 목자요,
　　　　　　　　기쁨, 행복, 자유, 정의, 사랑입니다.

　그런데 이처럼 복된 여호와님의 이름을 빙자하여 사람들의 자유를 억압하고, 공포분위기를 조성하고, 지갑을 노리고, 노동력을 착취하는 사례가 예나 지금이나 비일비재하니, 이 어찌 통탄할 일이 아니리요. 애굽의 종살이에서 인도하여 내어 자유를 주신 분이 말씀하셨습니다.

　　여호와님의 이름을 망령되이 일컫지 말라.
　　여호와님의 이름을 함부로 부르지 말라.
　　여호와님의 이름을 오남용(misuse ; 誤濫用)하지 말라.
　　여호와님의 이름을 잘못 사용하지 말라.

　오직 평화를 위하여, 공의를 위하여, 자유를 위하여,
　오직 치유를 위하여, 행복을 위하여, 사랑을 위하여,
　합당하게 부르라는 것입니다.
　이 또한 어버이의 아낌없이 주는 사랑입니다.

아~, 우리가 하나님의 이름으로 일컫는 하나님의 사람이 된지가 몇 년인데, 아직도 내 속에 망령된 생각, 말, 관습이 남아 있다니……. 그런데 이런 망령된 생각, 말, 관습, 행동을 조장하는 그 죄의 세력은 언제, 어떻게 우리 마음속에 들어왔습니까?

미처 통제가 안 되는 이런 망령된 버릇의 뿌리를 찾아보십시오. 부모나 조부모의 내력(來歷)을 자세히 살펴보십시오. 혹, 그들의 모습이나 버릇이 내 모습, 내 버릇이 아닌지요. 그런데 아세요. 그들도 역시 그런 관습을 대물림 받았다는 사실을……. 그러니 어떡합니까? 그들을 불쌍히 여기고 대신 회개해야지요.

> 우리의 조상들은 범죄하고 없어졌으며 우리는 그들의 죄악을 담당하였나이다(애 5:7)

> 내 이름으로 일컫는 내 백성이 그들의 악한 길에서 떠나 스스로 낮추고 기도하여 내 얼굴을 찾으면 내가 하늘에서 듣고 그들의 죄를 사하고 그들의 땅을 고칠지라(대하 7:14)

또한, 조상이나 우리가 그렇게 망령된 생각과 말과 행동을 하는 것은 누가 뭐래도 그 배후는 언제나 사탄(마귀/귀신)입니다.

> 죄가 문에 엎드려 있느니라 죄가 너를 원하나 너는 죄를 다스릴지니라(Sin is lurking at the door; its desire is for you, but you must master it.[NRSV]) (창 4:7)

> 마귀가 벌써 시몬의 아들 가룟 유다의 마음에 예수님을 팔려는 생각을 넣었더라(The devil had already put it into the heart of Judas Iscariot, to betray him.) (요 13:2)

조상대대로 우리를 괴롭히고, 하나님의 자녀가 된지 수십 년이 지난 오늘날까지도 우리를 농락하는 이런 망령된 세력들을 언제까지 당신의 마음속에 그대로 방치하시렵니까? 더 이상은 안 됩니다. 모조리 소탕합시다.

> 너희는 유혹의 욕심을 따라 썩어져 가는 구습을 따르는 옛사람을 벗어 버리고 오직 너희의 심령이 새롭게 되어 하나님을 따라 의와 진리의 거룩함으로 지으심을 받은 새사람을 입으라 (엡 4:22-24).

그래서 제 3 계명을 지금 여기서 누리며 삽시다. 그 좋은 방법이 있습니다. 믿는 사람이라면 누구나 할 수 있습니다. "내 이름을 망령되이 일컫지 말라"고 말씀하신 바로 그분, 그 거룩한 이름을 그대로 갖고 이 땅에 오셔서 흠도 점도 없는 고귀한 몸을 십자가에 찢어서 인류구원의 드라마를 완성하신 예수님.

> 그 이름, 예수님(Jesus)은 구원이요,
> 그 이름, 예수님은 자유요, 평화요, 기쁨이요,
> 그 이름, 예수님은 행복이요, 사랑입니다.
> 이 구원의 그 이름을 머금고 우리 마음속에 들어오신 분.
> 이 자유의 그 이름을 우리 마음속에 풀어놓으신 분.
> 이 평화의 그 이름을 우리 마음속에 운행시키는 분.
> 이 기쁨의 그 이름을 우리 마음속에 꽃 피우시는 분.
> 이 행복의 그 이름을 우리 마음속에 그득하게 하시는 분.
> 이 사랑의 그 이름으로 우리 마음속에 흐르시는 분.
> 오~, 예수님의 영, 여호와의 루아흐, 성령님!

그렇습니다. 그분은 성령님이십니다.

성령님의 강력한 조명을 받아 그런 망령된 생각, 말, 관습을 조장하는 모든 악한 세력을 색출하십시오.

그 망령된 세력에 놀아난 잘못을 성령님으로 회개하십시오.

성령님께서 보여주는 모든 망령된 것들을 토설하십시오.

성령님과 눈 맞추며 망령된 생각, 말, 행동을 부추기는 세력을 추방하십시오.

그렇게 알고, 믿고, 여기고 하기만 하면 됩니다.

성령님, 바로 이 성령님을 분초마다 우러러보는 그 사람.

그 배속에서 생명수의 강이 흘러넘치는 그 사람.

거룩한 숨님을 먹고 마시고 숨 쉬는 그 사람.

그 사람이 어떻게 하나님의 이름을 망령되이 부를 수 있으리오.

그 사람이 어떻게 망령된 생각, 말, 행동을 할 수 있으리오.

그 사람은 그 선 자리에서 오직 주님의 이름을 높이오리 …….

그 거룩한 이름을 드높이며 살리…….

복음송가 [사랑해요 목소리 높여]를 눈을 감고 가슴에 손을 얹고 가사를 생각하며 한번 부르고, [어~, 아~]로 해 보십시오. 노래 중간 중간에 들숨을 의식하며 부르면, 아마 가슴이 먹먹해 올지도 …….

> 사랑해요 목소리 높여
> 경배해요 내 영혼 기뻐
> 오 나의 왕 나의 목소리
> 주님 귀에 곱게 곱게 울리길

4. [안식일을 기억하여 거룩히 지키라]

엿새 동안은 힘써 네 모든 일을 행할 것이나 제 칠일은 너의 하나님 여호와님의 안식일인즉 너나 네 아들이나 네 딸이나 네 남종이나 네 여종이나 네 육축이나 네 문안에 유하는 객이라도 아무 일도 하지 말라 이는 엿새 동안에 나 여호와가 하늘

과 땅과 바다와 그 가운데 모든 것을 만들고 제 칠일에 쉬었음
이라 그러므로 나 여호와가 안식일을 복되게 하여 그 날을 거
룩하게 하였느니라

"안식일을 기억하여 거룩히 지키라(Remember the Sabbath day,
to keep it holy.)"도 사랑입니다.

낯선 이국땅에서 노예로 전락한 사람들. 그래서 짐승 취급을 받으며
사는 사람들. 그들에게 무슨 안식(安息)이 있었겠습니까? 이런 그들을
노예살이에서 해방시키신 하나님은 천지를 창조하시고, 한 날을 복주
시며, 안식하셨습니다. 그 분이 말씀하십니다.

애들아, 좀 쉬었다 하렴 …….
나도 쉬었으니,
한 주일에 한날만은 남종도 여종도
심지어 짐승까지 푹 쉬게 하려무나 …….

그런데 이 계명조차도 무지막지한 법으로 둔갑(遁甲)하여 연약한 사
람, 없는 사람들을 억압하는 수단이 되었으니. 예수님은 그래서 "내가
너희를 쉬게 하리라"고 하셨습니다. 바로 이 예수님은 안식일을 제정
하시고, 안식을 사람들에게 기쁨으로 허락하신 "안식일의 주인"이십
니다.

수고하고 무거운 짐진 자들아 다 내게로 오라 내가 너희를 쉬
게(rest:안식하게) 하리라(마 11:28)

인자는 안식일의 주인(Lord of the Sabbath)이니라(마 12:8)

이 예수님을 구주로 믿는 사람은 제4계명을 제정하시고 공포하신 안

식일의 주인을 마음속에 모신 사람이요, 안식일의 주인의 영이신 성령님을 모신 사람입니다. 그러니 성령님께 시선을 집중하고 사는 사람은 무슨 일을 만나든지, 어떤 요일이 되었든지, 안식을 누리게 됩니다. 그래서 성령님의 인도를 받는 사람은 1년 365일이 주님 안에서 쉬는 안식일입니다.

요즘 "주일성수"라는 신종 율법이 등장하여 성도의 신앙을 측정하는 도구로 오남용 되고 있습니다. 주일성수는 참 좋은 것입니다. 하나님께서 매우 기뻐하는 것이기도 합니다. 그러나 그것도 강요에 의해서가 아니라 성령님으로 해야지요. 성령님께 마음을 드리고 성령님의 인도를 받는 사람이 일요일에 예배드리는 것을 알면서 어딜 가서 무얼 하겠습니까? 과연 그 발걸음이 들로 산으로 향하겠습니까? 예수님은 참 안식과 평화를 우리에게 주시기 위하여 성령님을 보내 주셨습니다.

그러니 성령님을 바라봅시다.

오직 성령님으로 하면 저절로 안식됩니다.

"세상이 줄 수 없는 주님의 평안"을 주십니다.[142]

우리는 1년 365일, 하루 24시간 내내 성령님을 바라보고, 성령님께 마음을 드리므로 지금 여기서 천국의 안식과 평화를 마음껏 누리도록 작정된 사람들입니다. 그런데 어인 일입니까? 내 안에 평화가 없습니다. 안식이 파괴되는 날이 심심찮게 있습니다. 나도 모르게 짜증이 나고, 불평, 불만, 낙심, 한숨이 나오기도……. 도대체 왜? 안식일의 주인님을 모시고 사는데, 왜 그렇습니까?

---

142) ((요 14:27) 평안을 너희에게 끼치노니 곧 나의 평안을 너희에게 주노라 내가 너희에게 주는 것은 세상이 주는 것 같지 아니하니라 너희는 마음에 근심도 말고 두려워하지도 말라

여러분은 어떻습니까?

하루 온종일 마냥 행복합니까?

부부사이는 이글이글 사랑으로 안녕합니까?

우리가정은 일 년 내내 웃음꽃이 만발한 에덴입니까?

그게 아니라면, 그 원인은 무엇입니까?

그것은 아직도 우리의 마음(의식, 무의식) 속에 숨어있는 죄의 세력 (악령의 잔류물) 때문입니다. 여러분, 지뢰(地雷) 아세요. 적들이 땅속에 묻어둔 채 도망가면서 그냥 두고 간 폭발물 말입니다. 옛 주인(악령)이 쓰다버리고 간 지뢰(불평, 낙심, 한숨……)를 무심코 밟아서 터진 것이지요. 이런 안식을 파괴하는 영을 제거하지 않고는 참 안식을 누릴 수 없습니다.

이를 제거합시다.

소탕합시다.

물리칩시다.

오직 성령님! 그렇습니다. 오직 성령님으로 됩니다.

성령님께 마음을 드리십시다!

성령님과 눈 맞추십시다!

성령님의 불꽃같은 눈으로 그런 세력들을 색출하십시다!

성령님의 조명을 받아 그런 것들과 놀아난 죄를 회개합시다.

성령님의 도우심을 받아 그런 세력(기운)을 뽑아냅시다.

저는 주로 [소리기도]와 [호흡기도]로 이것들을 토해 냅니다.

그리고 그 세력의 뿌리까지 대적하여 추방합시다.

성령님은 맨 처음 안식의 땅, 그 에덴을 회복하기 원하십니다.

이제는 성령님을 모신 우리 마음이 에덴입니다.

안식일의 주인과 함께 노니는 모든 날이 에덴입니다.

이런 에덴의 기운으로 가득한 우리 마음과 가정을 기대하면서 찬송가 191(통427) 1, 3절을 불러봅시다.

> 내가 매일 기쁘게 순례의 길 행함은
> 주의 팔이 나를 안보함이요
> 내가 주의 큰 복을 받는 참된 비결은
> 주의 영이 함께함이라
>
> [후렴] 성령님 계시네 할렐루야 함께 하시네
> 좁은 길을 걸으며 밤낮 기뻐하는 것
> 주의 영이 함께함이라
>
> 나와 동행하시고 모든 염려 아시니
> 나는 숲의 새와 같이 기쁘다
> 내가 기쁜 맘으로 주의 뜻을 행함은
> 주의 영이 함께 함이라

5. [네 부모를 공경하라]

그리하면 너의 하나님 나 여호와가
네게 준 땅에서 네 생명이 길리라

"네 부모를 공경하라(Honor your father and your mother.)"는 어떻습니까? 이것도 사랑이지요.

평생을 노예로 살면서 가정을 지키고 부모와 자식 간에 서로 사랑을 나누며 산다는 것이 그리 쉬웠겠습니까? 그 얼마나 많은 사람들이 제대로 먹지 못해 병들어 죽어 가는 부모나 자식을 그대로 두고, 피눈물을 머금고 강제노역장으로 차마 떨어지지 않는 발걸음을 옮겨야 했으리……. 타의(他意)에 의하여 부모와 자식 간에 생이별당하는 아픔을 겪어야 했으리……. 그들이 무슨 수로 부모를 제대로 공경할 수 있었 겠습니까?

"부모를 공경하라"고 하신 분이 그 부모와 자식들을 모두 노예살이 에서 해방시키신 여호와이십니다. 그분은 또한, 온 인류의 아버지십니 다. 바로 이 여호와님의 영이 예수님 십자가를 통하여 우리 마음속에 임하신 양자의 영, 성령님이십니다. 성령님은 하나님을 향하여 "아바, 아버지"라 부르게 하셨습니다.143)

그러므로 하나님을 향하여 "아바 아버지"라고 부르는 우리가 어찌 이 땅에서 동일하게 "어버이"라 부르는 분들을 사랑하지 않은 수 있겠 습니까? 어디 부모뿐이겠습니까? 형제자매, 일가친척들을 사랑하는 것도 당연하지요. 사실 비신자(非信者)들도 부모와 자식 간에는 남들 보다 더 진하게 사랑합니다. 그들이 서로 사랑하는 것은 누가 시켜서 가 아니라, 저절로 되는 것입니다. 그들은 한 피와 한 생명을 나누었기 때문입니다. 이는 또한, 인류는 모두 사랑 자체이신 여호와 하나님의 형상을 닮았다는 뚜렷한 표식입니다.

하물며 하나님의 아들, 예수님의 피와 생명을 받은 우리가 부모형제 를 사랑하는 것은 당연합니다. 그렇습니다. 당연하고 마땅히 저절로 되어야 합니다. 사도 바울은 부모를 공경하는 것이 약속이 있는 첫 계 명이라고까지 말했습니다.

---

143) (갈 4:4-6) 때가 차매 하나님이 그 아들을 보내사 여자에게서 나게 하시고 율법 아래 나게 하신 것은 율법 아래 있는 자들을 속량하시고 우리로 아들의 명분을 얻게 하려 하심이라 너희가 아들인고로 하나님이 그 아들의 영을 우리 마음 가운데 보내사 아 바 아버지라 부르게 하셨느니라

네 아버지와 어머니를 공경하라 이것은 약속이 있는 첫 계명
이니 이로써 네가 잘되고 땅에서 장수하리라(엡 6:2-3)

그런데 그게, 그렇게 마음먹은 대로 잘 안 된다는 소리가 곳곳에서
들려옵니다. 왜, 입니까? 당신은 어떻습니까? 그 이유가 무엇입니까?
그것은 우리가 예수님을 믿는 즉시 소탕하지 못한 잔재(殘在)들 때문
이지요. 우리나라가 일본에서 해방된 지 벌써 수십 년이나 지났는데
도, 아직도 그 잔재가 곳곳에 버젓이 남아 있는 것을 볼 수 있습니다.
마찬가지로 예수님을 믿은 지 몇 년이 되었어도 부모로부터 물려받은
잘못된 영들이 그대로 잔재해 있다면, 계속 그렇게 당할 수밖에 없습
니다.

우리 조상을 포함한 부모님은 우리에게 생명을 공급하신 귀한 분들
입니다. 그러나 그분들도 그들의 한계에 갇혀 많은 잘못된 영향을 우
리에게 끼친 것도 분명한 사실입니다. 그러니 먼저 조상과 부모로부터
대물림된 다른 신을 철저히 색출합시다. 또한, 부모로부터 알게 모르
게 받은 모든 상처를 정확히 조사합시다. 지금 당장 부모나 친지를 찾
아가 가문의 뿌리에 관해서 들어보십시오. 그 모든 가계의 역사를 성
령님과 함께 듣고 정리하다가 발견되는 모든 잘못을 회개합시다. 이때
조심할 것은 그들조차도 피해자라는 사실입니다. 그러니 그들을 이해
하고 진심으로 용서하여 마침내 공경할 마음이 생길 때까지 토설합시다.

그리고 그 배후에 있는 불효의 세력을 대적합시다. 여기서 잠깐, 하
나 꼭 집고 넘어가야 할 것이 있습니다. 그것은 우리 주위에서 흔히 보
는 시부모와의 갈등문제입니다. 어떻게 풀면 좋을까요. 여러 가지 방
법을 말하고 있습니다만, 저는 무엇보다 먼저 부부가 뜨겁게 사랑하는

것이 최우선이라고 생각됩니다. 정말로 부부가 서로를 사랑한다면 그 배우자의 부모를 존중하지 않을 수 없겠지요. '마누라가 예쁘면 처갓집 말뚝보고도 절한다.'는 옛말이 있잖습니까? 마찬가지로 '서방이 좋으면 시댁 말뚝보고도 절한다.'는 말이 성립되겠지요. 그러니 무엇보다 서로서로 사랑해야 합니다. 이처럼 서로를 사랑하기 위해서는 배우자의 가정역사와 성장기 역사, 곧 라이프스토리를 공유하는 것이 좋습니다. 그래서 서로를 이해할 뿐 아니라 그 역사를 타고 흐르는 조상의 영, 부모의 영, 그리고 배우자의 성장기를 통해 쓰며든 악의 세력을 함께 물리치는 것입니다. 이렇게 하면서 서로를 이해하고 사랑하면 당연히 배우자의 부모까지 사랑하고 존경하게 될 것입니다.

반드시 속히 그날이 옵니다.
우리의 의지나 무슨 결심으로 되는 것이 아닙니다.
오직 성령님으로 하면 됩니다.
바로 이 성령님은 천국제 사랑열매를 맺는 영이십니다.
지금 우리 마음에 계신 성령님과 분초마다 눈 맞추노라면 저절로 천국제 사랑이 가득하게 됩니다. 이렇게 천국의 사랑으로 가득한 마음에서 나오는 그 사랑이 어디로 향하겠습니까?
마땅히 부모에게, 가족친지에게, 이웃에게로 향하리니 …….
그들을 공경할 마음이 그냥 저절로 생기리 …….

오, 이 따뜻한 사랑,
오, 이 천국제 사랑,
오, 이 에덴의 향취가 어버이를 향하여 넘쳐 흐르리……

여기서는 찬송가 89장(통 89)을 불러봅시다. 저는 "샤론의 꽃"을 "사랑의 꽃"으로 부르다가 [소리기도]를 하면서 큰 은혜를 누리곤 합니다.

샤론(사랑, 평화, 행복……)의 꽃 예수님 나의 마음에
거룩하고 아름답게 피소서
내 생명이 참 사랑의 향기로
간 데마다 풍겨나게 하소서
예수님 샤론(사랑, 평화, 행복……)의 꽃
나의 맘에 사랑으로 피소서.

예수님 닮기 원합니다 성령님으로 성령님으로
예수님 닮기 원합니다 성령님으로
성령님으로 성령님으로
예수님 닮기 원합니다 성령님으로 아멘!

제 13장

십계명(2)

새 계명을 너희에게 주노니
서로 사랑하라
내가 너희를 사랑한 것 같이
너희도 서로 사랑하라
– 요한복음 13장 34절 –

제13장
십계명(2)

6. [살인하지 말지니라]

"살인하지 말라(You shall not murder.)"도 사랑이지요.

히브리/하비루들이 애굽에서 종살이 할 때, 영문도 모르는 억울한 죽음들을 생각해보십시오. 또는 얼마나 많은 사람들이 너무나 어처구니없는 사건들에 휘말려 서로 죽이고, 죽어야 했으리……. 오늘날도 이런 끔찍한 살인과 죽음의 소식들이 끊이지 않고 들려옵니다. 그런데 문제는 그런 사건사고를 일으키는 요인들이 너무나 가까이 있다는 것입니다. 얼마나 가까우냐고요. 아예 내 안에 있습니다. 그렇습니다. 우리 마음속에 '살인의 기운(殺氣)'이 도사리고 있습니다.

여러분, 생각해 보십시오. 살인소식을 들을 때, 살인에 관한 영상물을 볼 때, 그런 충동이 내면에서 일어나지 않습니까? 전혀 아무런 반응이 없는 사람이 과연 있을까요. 다소 억울한 일을 당했을 때 속에서 어떤 반응이 생기는지요. 속에서 올라오는 그 무엇이 무엇입니까? 예수님은 형제에게 화를 내고 욕하는 것조차도 살인이라고 하셨습니다.[144] 그런데 예수님은 또한 마귀는 처음부터 살인자라고 하셨습니다. 인류 최초의 살인자인 가인은 어떻게 동생 아벨을 죽였습니까? 하나님은 바로 죄, 곧 살인을 충동하는 영이 문 앞에서 기다리고 있으니, 그것을 다스리라고 하셨는데, 기어이 그것들에게 사로잡혀서 동생을 죽이고 말았습니다.[145]

그러므로 어떤 사건사고를 접할 때마다 내속에서 꿈틀거리는 혈기, 분노, 증오, 살기(殺氣)를 부추기고, 과거의 어떤 불쾌한 사건까지 들추어가며 충동하는 세력들이 언제 어떻게 우리 마음속에 들어왔는지 성령님의 조명을 받으며 철저히 살피는 것이 마땅합니다. 그렇게 찾아낸 세력에게 농락당하여 지은 죄를 이제는 성령님의 도우심을 받아 철저히 회개해야 합니다.

그 다음 무엇을 해야 합니까? 많은 성도들이 이렇게 회개하면 다 끝난 것으로 생각합니다. 아니, 그렇게 지도자들이 가르치고 말아버립니다. 회개(Metanoia)란 원래 방향전환 곧, 전향(轉向)을 뜻합니다. 그러니까 "회개하라!(Metanoeite!)"는 말은 '가던 방향을 완전히 바꾸라'는 것입니다.

방향을 돌이켜야지요.

어디서 어디로 방향을 돌이키라는 것입니까?

'죽음의 세력에게서 주님에게로' 방향을 돌이키라는 것이지요.

그렇게 180도 방향을 바꾸지 아니하면, 또 다시 문 앞에 웅크리고 기다리는 죄의 세력에게 사로잡혀 같은 죄를 반복해서 지을 수밖에 없습니다.

---

144) (마 5:21-22)옛 사람에게 말한 바 살인하지 말라 누구든지 살인하면 심판을 받게 되리라 하였다는 것을 너희가 들었으나 나는 너희에게 이르노니 형제에게 노하는 자마다 심판을 받게 되고 형제를 대하여 라가라 하는 자는 공회에 잡혀가게 되고 미련한 놈이라 하는 자는 지옥 불에 들어가게 되리라
145) (창 4:7) 네가 선을 행하면 어찌 낯을 들지 못하겠느냐 선을 행하지 아니하면 죄가 문에 엎드려 있느니라 죄가 너를 원하나 너는 죄를 다스릴지니라(sin is crouching at your door; it desires to have you, but you must master it.)

그래서 '개가 토한 것을 도로 먹듯이 한다.'는 옛말까지 있습니다.[146] 이것은 이 땅에 사는 사람이라면 어느 누구도 예외가 아닙니다.

이렇게 우리가 죄를 뉘우치고 방향을 돌이키는 것을 결사코 반대하는 세력이 무엇일까요. 그것들이 공중권세를 잡은 세력입니다. 그것들은 죄를 뉘우치기만 하고 그냥 그렇게 계속 살라고 유혹합니다. 죄를 짓고 뉘우치고 죄를 짓고 또 뉘우치고 그렇게 쳇바퀴를 굴리며 살다가라고……. 이제 우리는 반드시 해야 하는 것인데, 지금까지 안 해왔던 것을 해야 할 때가 되었습니다. 그것이 무엇입니까? 그것은 살인의 영, 또는 죽음의 영을 대적하는 것입니다. 이런 [대적기도]는 이미 앞에서 나누었습니다. 우리는 이미 이런 살인의 영/죽음의 영을 토설하고 밟아 뭉개버릴 능력을 받아 가지고 있습니다.[147] 그 권능을 이럴 때 쓰지 않고 언제 쓰시렵니까? 오직 성령님으로 내 안에 있는 그 죽음의 영/살인의 영을 향하여 "당장 나가!"라고 선포하십시오. 물러간 것이 느껴질 때까지 계속 하십시오. 그러면 반드시 물러갑니다.

이렇게 해서 죽음/살인의 영이 나가면, 죽이고 싶은 마음도, 죽고 싶은 마음도 모두 다 사라집니다. 문제는 얼마나 정확히 파악하여, 그 근원을 모조리 회개하고, 토설하고, 대적하느냐에 달려 있습니다. 성령님은 바로 이 일을 위해서 우리 마음속에 와 계십니다. 승리의 비결은 언제나 지금 마음속에 계신 성령님께로 마음을 돌이키는 것입니다. 앞에서 말씀드린 [일초접속훈련], 기억나시죠. 내 마음속에 갈등이 생기면 속으로 [일초!]라고 외치며 즉각 주님과 눈 맞추고, 숨을 "후~"하고

---

146) (벧후 2:22) 참된 속담에 이르기를 개가 그 토하였던 것에 돌아가고 돼지가 씻었다가 더러운 구덩이에 도로 누웠다 하는 말이 그들에게 응하였도다
147) (눅 10:19) 내가 너희에게 뱀과 전갈을 밟으며 원수의 모든 능력을 제어할 권능을 주었으니 너희를 해칠 자가 결코 없으리라

내쉬는 훈련 말입니다. 잘 하고 있으시지요. 그리하면 어떤 죽음/죽임의 세력도 손쉽게 제압할 수 있습니다.

누구나 됩니다. 다 됩니다.

성령님, 오직 성령님으로 됩니다.

성령님과 분초마다 눈 맞춘 만큼 됩니다.

예수님의 보혈을 뿌리고 바르고 덮은 만큼 됩니다.

거룩한 숨님을 먹고 마시고 숨 쉰 만큼 됩니다.

지금 시작하십시다!

7. [간음하지 말지니라]

"간음하지 말라(You shall not commit adultery.)"도 사랑입니다.

하나님께서 천지만물을 만드시고 맨 마지막에 하나님의 형상을 따라 모양대로 사람을 만드셨습니다. 그들이 행복한 가정을 이루어 살게 하신 동산이 "에덴"입니다. 에덴, 그곳은 하나님 앞에서 "벌거벗었으나 부끄럽지 아니한 곳"이었습니다. 그렇습니다.

성(sex)은 부끄러운 것이 아닙니다.

성(性)은 하나님께서 사람에게 주신 고귀한 선물입니다.

그런데 그 아름다운 성(sex)이 어느 날부터 변질되고 말았습니다. 왜 그렇게 되었을까요. 누가 개입하면서부터 입니까? 그 주범이 사탄입니다. 사탄이 임의로 사람을 죽이거나 성적 타락을 일으킬 수 없습니다. 악마는 그렇게 하도록 사람을 유혹하고 충동합니다. 사람들이 거기에 휩쓸려 놀아난 것이지요.

성경에는 이런 이야기들로 가득합니다.

야곱의 아들 유다-다말사건이, 다윗-밧세바사건이, 그 아들 암논-다말사건도 그랬습니다. 특히, 이 암논-다말사건을 보십시오. 암논은 다말을 그렇게 사랑하여 상사병(相思病)이 날 지경이었는데, 정작 강제로 정욕을 채운 후에는 "그를 심히 미워하니 이제 미워하는 미움이 전에 사랑하던 사랑보다 더한지라", 미움이 극이 달하여 그녀를 집에서 쫓아 내버렸습니다(삼하 13:15). 무엇을 말합니까? 제정신으로 한 것일까요, 암논을 갖고 논 세력이 무엇입니까?

그 아름다운 하나님의 선물을 한낱 일그러진 성욕의 노리개로 악용하는 남녀군상들을 보십시오. 애굽에서 노예살이 할 때, 그 얼마나 많은 여인네들이 공사판 간부들의 노리개로 전락되었을지……. 고대종교를 연구한 사람들의 증언을 들어보십시오. 신전마다 풍요를 빙자한 성창(聖娼)제도가 있어 갖은 더러운 짓을 다 하고, 심지어 한 아버지와 아들이 같은 여인과 잠을 자기도…….[148] 야곱의 아들, 유다가 자기 며느리 다말을 창녀(성창)로 알고도 아무런 죄의식 없이 잔(to sleep) 사건은 이런 성창제도의 악영향이 얼마나 보편화 되었는지, 그 심각성을 잘 말해주고 있습니다.[149]

여호와 하나님께서 십계명/율법을 주시면서 가장 많이 강조한 것이 간음죄 문제입니다. 신전과 신상을 부수고 다른 신을 섬기지 말라고 강조한 것은 바로 이 계명과 거의 직결되어 있습니다. 여호와 하나님께서 이처럼 강경한 어조로 말씀하시면서, 반드시 지키고 싶어 하신 것이 무엇일까요. 그것은 [가정]입니다. 그렇습니다. [가정]입니다.

---

148) (암 2:7) 아버지와 아들이 한 젊은 여인에게 다녀서(Both father and son sleep with the same woman) 내 거룩한 이름을 더럽히며
149) (창 38:15) 그(다말)가 얼굴을 가리었으므로 유다가 그를 보고 창녀로 여겨 길 곁으로 그에게 나아가 이르되 청하건대 나로 네게 들어가게 하라 하니

가정은 하나님의 모든 창조의 완성입니다. 사람은 이 가정에서 태어나서, 가정에서 자라서, 짝을 만나 가정을 이루어서, 가정을 가꾸다가, 가정에서 죽어서, 영원한 가정으로 돌아갑니다. 그러므로 이 지구에서 가장 소중한 곳이 가정입니다. 직장도 종교도 국가도 가정을 위해 존재합니다. 우리가 가야할 천국도 하나님을 아버지로 모신 영원한 가정입니다.

이 창조의 극치인 가정이 망가지는 것은 하나님의 창조섭리 자체를 완전히 무효화하는 것입니다. 생각해 보십시오. 가정이 파괴되면, 그 후손에 후손들도 피폐해지고, 그래서 이 지구땅은 타락의 도가니가 되고 말 것입니다. 이를 절대로 그냥 방치할 수 없어서 그렇게도 강경한 어조로 선포하신 것입니다. 그런데 사탄은 바로 그 하나님의 아린가슴에 고춧가루를 뿌리듯이 더욱 더 남녀군상과 매스컴을 선동하여 음풍(陰風)이 안방까지 불게 하여, 결국 가정이 해체되는 것을 보고 쾌재를 부르고 있습니다. 지금 이 글을 쓰고 있는 시간에도 한 남자가 세 어린 여자를 납치하여 10년간이나 감금생태에서 강간과 낙태를 일삼은 사건을 포함한 각종 간음/음란사건이 인터넷을 도배하고 있습니다. 이는 결코 남의 일이 아닙니다. 이에서 자유로운 사람은 아무도 없습니다.

바로 이 문제를 해결하기 위해서 육신을 입고 이 땅에 오셔서 인류의 죄와 저주를 대신 지고 십자가에 달려 죽어 주신 분이 예수님이십니다. 예수님은 장사한지 삼일 만에 다시 살아나시고 하늘에 오르사 보혜사 성령님을 믿는 사람 마음속에 보내어 주셨습니다.
왜, 이지요? 무엇을 하시기 위함입니까?
우리 마음속에 아직도 똬리를 틀고 숨어서 혀를 널름거리고 있는 간음/음란의 영을 박멸하기 위함이지요. 회개하고, 다짐하고, 울고불고,

수양하고, 수련하고, 고행하고, 금식해도 안 됩니다. 많이들 들어보고, 시도해 보셨지 않습니까?

어떡해야 합니까? 방법이 있습니까?
예, 있습니다. 방법이 있습니다. 그 방법이면 확실합니다.
무엇입니까?
성령님, 그렇습니다. 성령님이 방법입니다.
오직 성령님으로 하면 됩니다.

오직 성령님으로 이런 더러운 간음/음란이 언제, 어디서, 어떤 경로로, 누구를 통해 우리 몸속에 들어왔는지, 그 뿌리까지 정확히 찾아내어 철저히 회개하고, 토설하고, 음란/간음의 영을 대적하고, 추방하면 됩니다.

먼저 시간을 초월하신 성령님과 함께 당신의 어린 시절로 시간여행을 해 보십시오. 당신이 맨 처음 성(sex)과 접촉한 때를 추적해 보십시오. 그때 그 시간, 그 장소, 그 상대, 그 장면을 떠올려 보십시오. 그리고 성령님의 조명을 받아 기억나는 그 죄를 증오하기까지 회개하십시오.

이제는 성령님과 함께 그 장면이 완전히 가루가 되어 사라질 때까지 토설하십시오. 토설하는 도중에 떠오르는 모든 간음현장과 음란물을 함께 토설하십시오.

다음에는 성령님으로 모든 음란/간음의 영을 물리치십시오.
그리고 성령님과 함께 집과 사무실에 가서, 그곳에 예수님의 피를 뿌리고 바르고 쏟아 붓고 물어보십시오. "저의 책장이나 컴퓨터에서 없애야 할 것이 무엇입니까?" 성령님께서 지적하시는 모든 것을 미련 없이 내쫓고, 쏟고, 엎고, 치우십시오.

다 하셨습니까? 참 잘 하셨습니다.

이후부터 늘 성령님을 분초마다 바라보십시다!

성령님을 먹고 마시고 숨 쉬십시다!

성령님의 기름 부으심을 24시간 느끼게 될 것입니다.

혹, 깜빡하여 주님을 놓쳤으면 깨닫는 즉시 주님과 눈 맞추기를 계속 하십시오. 방심은 금물입니다. 40일 금식기도를 몇 차례 했네, 영성에 관한 책을 몇 백번이나 읽었네, 그거 자랑할 것이 못됩니다. 무슨 고매한 인격, 탁월한 영성가 운운, 그거 독약(毒藥)입니다. 제 아무리 신령한 영성의 대가(大家)라 할지라도 주님과 접속되어 있지 않으면 한 순간에 당합니다.

　　　그런즉 선 줄로 생각하는 자는 넘어질까 조심하라(고전 10:12)

앞에서 야구 이야기 한 것, 생각나시죠. 타자가 공을 치고 출루하면, 절대로 자기 베이스를 벗어나지 말아야 한다는 것 말입니다. 공이 어디서 날아오던 항상 공보다 먼저 베이스를 터치해야 사는 것처럼, 우리도 음란독화살이 날아오기 전에 베이스/성령님과 접속해야만 살 수 있습니다.

　　　가정은 에덴입니다.
　　　하나님 앞에서 벌거벗은 남녀가 사랑을 나누던 동산,
　　　맑고 밝고 부끄럽지 아니한 "너와 나"의 공간,
　　　지글지글 사랑으로 가득한 부부만의 신방, 안방!
　　　그곳이 '에덴' 입니다.
　　　에덴회복은 가정회복입니다.

여호와 하나님의 첫사랑이 서려있는 '에덴가정'을 회복합시다. 여호와 하나님의 입가에 미소를 머금게 할, 그 '에덴가정성전'을 지금 여기서 누립시다. 샬롬!!

8. [도둑질하지 말지니라]

"도둑질하지 말라(You shall not steal.)"도 사랑이지요.

애굽의 노역장에서 밤낮없이 빈발했을 도둑질을 생각해 보십시오. 도둑맞아 본적이 있습니까? 눈에 넣어도 아프지 않을 자식을 잃어버리고 방방곡곡 헤매며 찾고 있는 어버이를 보신 적이 있습니까? 바로 그 어버이의 심정, 그 심정이 하나님 아버지의 마음입니다. 여호와님은 당신의 분신(分身)을 도둑맞으셨습니다. 그래서 도둑질은 절대로 안 된다(You must not steal.)고 하셨습니다. 그러나 이름만 다를 뿐 빵을 훔치는 좀도둑에서, 한나라를 훔치는 큰도둑까지 이런 도둑질이 꼬리에 꼬리를 물고 오늘날까지 이어오고 있습니다.

그리스도교!, 예! 그렇습니다. 그리스도님을 본받는 종교입니다. 그런데 세계사를 찬찬히 들여다보면, 예수님이름으로 벌인 추악한 도둑질이 비일비재한데, 그런 도둑놈을 성자(Saint)로 추대하려 하다니……. 그래, 하도 어처구니가 없어서 한 노신학자는 [그리스도교죄악사]란 책을 두 권이나 썼습니다. 조찬성 교수님에 따르면 "콜럼버스가 4차에 걸쳐서 개척한 침략수로(侵略水路)를 뒤따른…… 천주교인들이 처음에 도착하였을 때 중미의 원주민 인구는 약 2,500만이었는데, 침략이 시작된 후 약 100년 동안에 그 인구가 100만으로 줄었다는 백인들의 기록이 남아 있다."[150] 도대체 100년 동안에 몇 명이나 죽었다는 말인가? 약2,400만 명 이상이나 학살하고 땅을 도둑질 하다니 ……. 예수님이름으로 멀쩡한 사람을 잡아다가 노예로 팔아먹은 사람이 몇이며 짐짝처럼 실려 가다가 각종 질병으로 죽어서 바다에 수장된

---

150) 조찬성, 「그리스도교죄악사 상」,(서울: 평단문화사, 2000), pp.143, 147.

사람은 또 얼마나 되……?

　도둑질은 절대로 안 돼!"

　이 여호와님의 심장을 고스란히 갖고 이 땅에 오신 분이 계십니다. 그분은 인류의 모든 죄를 짊어지고 십자가에 달려 죽으시면서 "다 이루었다!"고 선언하셨습니다. "다 이루었다!" 예, 다 이루셨습니다. 얼마나 귀한 복음입니까? 복음의 진수(眞髓)입니다. 그런데 아세요. 바로 이 말씀이 그리스도교의 올무가 되고 있다는 사실을 ……. 누구든지 이처럼 다 이루신 예수님을 구주로 믿기만 하면 이 땅에서 무슨 짓을 하며 살든지 다 구원받아 천국에 간다나……. 어찌, 이런 엉터리복음 (?)이…….

　"다 이루었다!" 무슨 말씀입니까?
　누가, 무엇을, 어떻게 다 이루었다는 말씀입니까?
　예수님께서 사람의 힘으로 할 수 없는 여호와 하나님의 마음과 뜻과 의도, 한 마디로 인간을 대신 하여 십자가에 달려 다 구약성경을 이루셨다는 선언이지요. 그렇습니다. 다 이루셨습니다. 바로 그 다 이루신 분의 영이 성령님으로 지금 우리 맘속에 임하셨습니다. 왜, 입니까? 우리 마음속에서도 하나님의 말씀을 통째로 다 이루시기 위해서이지요. 그래서 "생명의 성령님의 법"을 심비에 새기시고 우리의 뼈 속, 살 속까지, 성령님의 생명수를 공급하셔서 되살리는 사역을 지금도 하시고 계십니다. 아니, 놀고 계십니다.
　무슨 말이냐고요. 일거리가 있어야 일하지요.
　일할 밭, 마음을 주어야 갈아엎지요.
　마음밭을 갈아엎어서 고쳐야 씨앗을 뿌리지요.
　씨알을 뿌려야 열매를 맺지요.

열매를 맺어야 "다 이루었다"가 완성되지요.

열매완성은 성령님께서 우리 속에서 선언하시는 그날입니다.

　"다 이루었다~!"

나무는 그 열매로 압니다.[151] 이제 성령님의 조명을 받아 자신을 돌아보고 남의 것에 손댄 도둑놈심보를 철저히 회개합시다. 배상해야 할 것은 성경대로 5분의 1을 더하여 반드시 갚으십시오(레 5:16). 예수님은 "예물을 제단 앞에 두고 먼저 가서 형제와 화목하고 그 후에 와서 예물을 드리라"(마 5:24)고 하셨습니다.

오직 성령님으로 우리 가문에 도둑질과 가난을 누가 심었는지 세세히 밝히십시오.

성령님의 조명을 받아서, 나는 언제 어디서 남의 물건에 손을 대었는지 기억여행을 통해 찾아내어 철저히 회개하십시오.

그리고 역시 성령님의 지도를 받으면서, 그 때, 그 사건, 그 장면이 시야에서 사라질 때까지 토설하십시오.

마지막으로 도둑질과 가난을 조장하는 영을 대적하고, 추방하십시오. 여기가 중요합니다. 지금까지 수많은 사람이 회개하고도, 또 반복할 수밖에 없었던 것이 바로 이것입니다. 이것이 빠졌기 때문에, 큰 도둑이 15년 동안 교도소에서 살다가 예수님을 믿고, 출소하여 신학교를 나와서 목사님(75세)이 되었으나 여기저기 간증집회하면서 또 도둑질을 하여 쇠고랑을 찬 안타까운 소식을 들었습니다. 남의 일이 아니라 우리 일, 우리의 초라한 자화상입니다. 옛말에 '제 버릇 개 못 준다.' 지요. 그렇습니다. 그러니 그 버릇을 성령님께 드리십시오.

---

151) (마 12:33) 나무도 좋고 열매도 좋다 하든지 나무도 좋지 않고 열매도 좋지 않다 하든지 하라 그 열매로 나무를 아느니라(the tree is known by its fruit.)

성령님으로 그 도둑질을 조장하는 세력을 대적하고 각자 마음속에서 영원히 추방합시다.

그리고 날마다 분초마다 오직 성령님과 눈 맞추며 삽시다.

주님과 눈을 맞추고 있으면 절대로 도둑질 할 수 없습니다.

도둑질 하니, 부끄러운 죄가 하나 생각나는군요.

군대 훈련 중에 하루는 운동화를 신고 연병장에 집합하라는 명령이 떨어져서 급히 가보니 씻어 놓은 운동화가 없어졌습니다. 마침 인근 부대화단에 빨아서 널어놓은 것을 보고 달려가서 잽싸게 집어 들고 돌아서다가, 창밖을 내다보고 있는 중대장과 눈이 딱 마주쳤으니……. 당시 저는 군인교회에 다녔고, 그분은 그 교회의 집사님이었는데……. 그래, 얼굴이 홍당무가 되어 얼른 놓고, 맨발로 연병장을 뛰었던 기억이 지금도…….

그렇습니다. 중대장/집사님과 눈이 마주쳐도 도둑질 할 수 없는데, 하물며 주님과 늘 눈 맞추고 있으면, 어떻게 죄를 지을 수 있겠습니까? 더 이상 어떤 죄도 지을 수 없게 됩니다. 그러니 오직 성령님과 눈 맞추는 훈련을 계속합시다. 예수님께서 "내가 온 것은 양으로 생명을 얻게 하고 더 풍성히 얻게 하려는 것이라"(요 10:10)고 하셨습니다. 오직 성령님으로 지금 여기서 생명을 얻고 더 풍성히 누리는 나날입시다.

찬송가 255장(통 187)을 가사를 음미하며 함께 불러봅시다.

악한 죄 벗으라고 주님 너를 부르네
악한 죄 벗으라고 주님 너를 부르네
하나님 크신 사랑 한이 없어라
악한 죄 벗으라고 악한 죄 벗으라고
주님 너를 부르네 주님 너를 부르네 - 아멘

9. [네 이웃에 대하여 거짓 증거하지 말지니라]

"거짓증거하지 말라(You shall not give false testimony.)"도 사랑입니다.

자기 살자고 이웃을 음해하는 악랄하고 교활한 거짓을 보십시오. 아마 애굽에서 노예살이를 할 때는 이런 거짓증거가 더욱 기승을 부렸을 것이 불을 보듯 뻔합니다. 그때나 지금이나. 거짓, 하얀 거짓, 검은 거짓, 거짓말, 거짓증인, 거짓이 거짓을 낳고. 짝퉁으로 도배된 세상. 물로 쓸어버려도, 불로 태워버려도, 끊임없이 쏟아지는 거짓, 짜가, 짝퉁들. 짜가 성도, 짝퉁 목사, 사이비 그리스도교단까지……

아, 이걸 어쩌나 ~!!!
그래서 예수님께서 오실 수밖에 없었습니다.
그래서 그렇게도 "진실로 진실로"를 거듭하셨나 봅니다.
그래서 십자가를 관통하신 예수님의 피사발을 들고
우리 마음속에 오신 분이 성령님.
그분의 다른 이름은 "진리의 영"이십니다.

예수님을 구주로 믿고 그 마음의 보좌에 성령님을 모신 사람은 진리의 영을 모신 사람입니다. 그러므로 그리스도인들은 진리의 사람이어야 마땅합니다. 그런데 아~, 그런데 우리 속에서 무슨 일이 일어나고 있습니까? 그야말로 거짓이 활개를 치고 있습니다. 왜, 그렇습니까? 아직도 다른 신들이 그득하기 때문입니다. 한 마디로 우리 마음은 "거짓신들의 전쟁터(the battleground of the gods)"입니다.[152]

---

152) 카일 아이들먼, 「거짓신들의 전쟁」, 배응준 역(서울: 규장, 2013), p.38

예수님은 당시 종교인들에게 "너희는 너희 아비 마귀에게서 났으니 너희 아비의 욕심대로 너희도 행하고자 하느니라 그는 처음부터 <u>살인한 자</u>요 진리가 그 속에 없으므로 진리에 서지 못하고 거짓을 말할 때마다 제 것으로 말하나니 이는 그가 <u>거짓말쟁이</u>요 <u>거짓의 아비</u>가 되었음이라(요 8:44)"고 하셨습니다. 이걸 어찌해야 됩니까? 어떤 방법이 좋을까요. 지금까지 배운 방법을 다 써 보셨으면 이 방법을 써 보십시오. 반드시 좋은 소식을 나누게 될 것입니다.

먼저 언제 어디서 누구를 통해 그런 거짓이 내 속에 들어왔는지 성령님의 조명하에 추적하여 자세히 밝히십시오.

그런 다음, 그것을 하나하나 회개하십시오. 이것도 성령님의 지도를 받아야 합니다.

이제는 그런 장면 장면을 떠올려 시야에서 사라질 때까지 크게 소리치며 토설하십시오. 역시, 성령님을 의식하지 않으면 속이 좀 시원해졌다는 느낌정도로 끝나버립니다.

끝으로, 거짓과 위증을 부추기는 거짓신을 예수님 이름으로 대적하고 추방하십시오. 그러면 거짓/위증의 영이 쫓겨나가고, 그 자리에 성령님으로 가득하게 됩니다.

우리는 살 속까지, 뼈 속까지, 진리의 영으로 충만합시다.

진리 그 자체입시다.

빌라도는 예수님을 신문하면서 "진리가 무엇이냐"고 물었습니다. 진리를 코앞에 모시고도 말입니다. 당신도 혹시, 빌라도처럼 진리를 찾아 헤매는 사람은 아닙니까? 더 이상 헤매지 마십시오. 진리는 당신의 마음속에 계십니다. 그분, 진리의 영, 성령님과 접속하기를 연습하십시오. 그렇게 계속 훈련하십시오.

방심하고 있을 때, 거짓이 갑자기 들이닥치면, 가슴이 울렁울렁 할 것입니다. 그렇게 가슴이 요동치고 있다면, 당신 마음속에는 아직도 거짓신이 숨어 있다는 증거입니다. 숨 쉴 때마다 공기 중에 있는 무수한 각종 바이러스가 몸속에 들어오듯이, 우리 몸속에는 언제나 수천 수억 마리 거짓신/거짓바이러스가 들어옵니다.

이를 무엇으로 이깁니까? 각종 바이러스를 우리의 체력과 면역력으로 이기듯이, 거짓신/거짓바이러스도 영력(Spiritual Power)으로 이깁니다. 영력, 그것은 성령님이 우리를 점령한 영역에 비례합니다. 우리가 외국어를 할 때 일초 이내에 말이 나오지 아니하면 아직 그 문장은 내 영역이 아니듯이, 일초 만에 거짓영을 제압하고 마음에 평정을 찾지 못한다면, 아직 그 분야는 우리의 영역으로 확보된 것이 아닙니다. 그러니 일초 이내에 성령님을 의식하고, 그 거짓기운, 거짓신을 숨을 통해 토해내십시오. 그렇게 자주 [일초접속훈련]하고, [호흡기도], [대적기도]를 하다보면, 차츰 어지간해서는 미동도 하지 않게 될 그날이 속히 올 것입니다.

> 오, 나는 자유하리……. 자유주시는 진리의 영으로!!
> 세상의 소금 그리고 세상의 빛!(마 5:13-14)
> 진리 그리고 자유!

> 진리를 알지니 진리가 너희를 자유롭게 하리라(You will know the truth, and the truth will set you free.)(요 8:32)

찬송가 586장(통 521) 가사를 음미하면서 함께 불러봅시다.

> 어느 민족 누구게나 결단 할 때 있나니
> 참과 거짓 싸울 때에 어느 편에 설건가
> 주가 주신 새 목표가 우리 앞에 보이니

빛과 어둠 사이에서 선택하며 살리라

악이 비록 성하여도 진리 더욱 강하다
진리 따라 살아갈 때 어려움도 당하리
우리 가는 그 앞길에 어둔 장막 덮쳐도
하나님이 함께 계셔 항상 지켜주시리 -아멘

10. [네 이웃의 집을 탐내지 말지니라]

네 이웃의 아내나 그의 남종이나
그의 여종이나 그의 소나 그의 나귀나
무릇 네 이웃의 소유를 탐내지 말지니라

"탐내지 말라(You shall not covet.)"도 사랑입니다.

애굽에서 종살이 당시, 작업장 간부들의 탐욕으로 남아나는 것이 없는 노예들을 보십시오. 그들의 피폐한 삶을 보다보다 못해 여호와 하나님께서 모세를 보내셔서 열 가지 재앙을 퍼부었습니다. 애굽 왕/바로의 목전에서 나일강물이 "피(blood)"로 변하는 재앙은 무엇을 말합니까? 수많은 노예/하비루들이 흘린 피눈물, 그렇습니다. 바로 그것입니다. 얼마나 많은 사람들이 짐승취급을 받으면서 시달리다 죽어갔을까. 그렇게 억울하게 죽어간 사람들의 핏소리가 하늘에 사무쳐, 강(River)이 핏물 되어 흘렀으리……

다음에는 수많은 "개구리(frog)"가 왕궁침실에까지 올라가고, "이(lice), 파리(fiy)"가 애굽 천지를 덮었는데, 이는 그간 노예들의 움막과 몸에 득실거리던 것인데, 탐욕에 눈이 멀어 백성들을 등쳐서 만든 그 아방궁에다 그것들을 냅다 집어던진 것이리……

그래도 말 안 들으니, "짐승과 사람에게 괴질"이 번졌지요. 그때, 참 이상한 명령을 하셨습니다. "화덕(풀무)의 재를 취하여 공중에 날리라 (Take ashes from a furnace; let throw them toward the heaven.)"[153] 무슨 말씀입니까? 풀무는 창칼과 연장을 만드는 곳입니다. 아! 그렇습니다. 얼마나 많은 노예/하비루들이 탐욕자들에게 강간/강탈당하면서도 그 무지막지한 창칼이 두려워 벙어리 냉가슴 앓듯 하다 하늘을 향해 두 눈 부릅뜨고 죽어갔으리……. 모세가 그 재를 한 움큼 쥐고 하늘을 향해 날리자, 잿가루가 괴질이 되어 탐욕자들의 살 속, 뼈 속까지 파고들었으니…….

그 다음에 "우박, 메뚜기, 흑암, 장자죽음"으로 이어지는 이 모든 저주는 사람위에 군림하며 사람의 피를 빨아 자기 배를 채우는 탐욕이야말로 천인공노(天人共怒)할 죄라는 사실을 만천하에 천명한 여호와 하나님의 경고입니다. "내가 그 밤에 애굽 땅에 두루 다니며 사람이나 짐승을 막론하고 애굽 땅에 있는 모든 처음 난 것을 다 치고 애굽의 모든 신을 내가 심판하리라 나는 여호와라"(출 12:12) 이런 재앙을 퍼붓고 노예/하비루들을 구원하신 여호와 하나님께서 "네 이웃의 집을 탐내지 말지니라"고 하셨습니다. 그러나, 아~! 그러나 이 계명을 제대로 지킨 사람이 없습니다. 아니, 아무도 지킬 수 없었습니다. 그럼에도 불구하고 그 계명/율법은 거룩(Holy)하고, 의롭고(righteous) 선(good)합니다.[154]

---

153) (출 9:8-9) 여호와께서 모세와 아론에게 이르시되 너희는 화덕의 재 두 움큼을 가지고 모세가 바로의 목전에서 하늘을 향하여 날리라 그 재가 애굽 온 땅의 티끌이 되어 애굽 온 땅의 사람과 짐승에게 붙어서 악성 종기가 생기리라
154) (롬 7:8,12) 죄가 기회를 타서 계명으로 말미암아 내 속에서 온갖 탐심을 이루었나니 이는 율법이 없으면 죄가 죽은 것이라 …… 이로 보건대 율법은 거룩하고 계명도 거룩하고 의로우며 선하도다

이 거룩한 계명/율법을 품고 이 땅에 오신 예수님께서 십자가에 달려 계명/율법을 다 이루시고 성령님을 보내어 주셨습니다. 다른 사람을 억울하게 한 일이 없습니까? 가족친지는 모두 안녕하십니까? 부모의 욕심이 자녀를 망치고, 배우자의 탐욕이 한 가정을 파멸시킵니다. 우리 이웃은 평안하십니까? "갑(甲)"의 탐욕에 "을(乙)"이 골병들고, 정치인의 부패가 백성들을 도탄에 빠뜨립니다. 우리 교회는 행복이 가득합니까? 성도들의 탐욕이 그리스도 예수님의 얼굴에 먹칠하고, 목회자의 야망이 성도 눈에서 피눈물을 흘리게 합니다.

> 오직 정의를 물 같이, 공의를 마르지 않는 강 같이 흐르게 할 지어다(Let justice roll on like a river, righteousness like a never-failing stream!)(암 5:24)

> 그러므로 땅에 있는 지체를 죽이라 곧 음란과 부정과 사욕과 악한 정욕과 탐심이니 탐심은 우상숭배(greed is idolatry)니 라(골 3:5)

탐심은 우상숭배입니다. 이웃의 아내나 물건을 탐하는 것은 누가 뭐래도 건전한 정신이 아닙니다. 그것은 지옥 정신, 지옥의 가라지입니다. 그런 가라지에게 종말을 고하는 날이 오늘이고 싶지 않습니까? 성령님께서 너와 나의 마음에 임하시는 그날이 우리 몸속에 기생하는 모든 다른 신들에게는 종말을 선고한 날입니다.

먼저 이런 탐심이 어떤 경로를 통해 우리 몸속에 들어왔는지 찾아내십시오. 성령님께 아직도 해결되지 못한 모든 죄가 기억나게 해달라고 기도하십시오. 그리고 성령님의 조명을 받아 철저히 회개하고, 삭개오처럼 배상할 것은 배상하십시오.[155]

---

155) (눅 19:8) 삭개오가 서서 주께 여짜오되 주여 보시옵소서 내 소유의 절반을 가난한 자들에게 주겠사오며 만일 누구의 것을 속여 빼앗은 일이 있으면 네 갑절이나 갚겠 나이다

이제 그것들에게 당한 세월만큼, 억울하고 분한 감정을 소리에 실어 토설하십시오.

성령님께서 우리 마음속에 임하신 것은 이런 오물을 통해 들어온 사악한 세력을 제거하기 위함입니다.[156] 그러니 반드시 탐심을 부추기는 영을 예수님의 이름으로 대적하고 과감히 추방하십시오.

그것들이 추방된 그 자리에 예수님의 피를 뿌리고 바르고 덮고 성령님을 초청하십시오. 성령님은 생명수 강이십니다.

마침내 생명수 강물이 흐르고 흘러 온몸이 에덴으로 회복될 그날이 속히 올 것입니다.

> 그 때에 저는 자는 사슴 같이 뛸 것이며 말 못하는 자의 혀는 노래하리니 이는 광야에서 물이 솟겠고 사막에서 시내가 흐를 것임이라(사 35:6)

찬송가 182장(통 168)의 가사를 음미하면서 함께 불러봅시다.

> 강물같이 흐르는 기쁨 성령님 강림 함이라
> 정결한 맘 영원하도록 주의 거처 되겠네
> 주님 주시는 참된 평화가 내 맘 속에 넘치네
> 주의 말씀에 거센 풍랑도 잠잠하게 되도다 아멘!

십계명/율법, 무엇입니까?

얼마나 사무치게 절규하던 참된 해방의 종소리!
얼마나 타는 목마름으로 고대하던 참된 자유의 종소리!
얼마나 감격스러운 참된 평화의 종소리!
얼마나 간절히 기다리던 참된 사랑의 황금종소리 입니까!

---

156) (갈 5:24-26)그리스도 예수님의 사람들은 육체와 함께 그 정욕과 탐심을 십자가에 못 박았느니라 만일 우리가 성령님으로 살면 또한 성령님으로 행할지니 헛된 영광을 구하여 서로 노엽게 하거나 서로 투기하지 말지니라

이 해방과 자유, 평화와 사랑의 황금종소리는 예나 지금이나 조금만 귀를 기울이면 누구나 들을 수 있습니다. 그러나 문제는 그 하나님의 사랑을 누릴 힘이 우리에게 없다는 것입니다. 사람들은 저마다 틈만 나면, 엎치락뒤치락 사람 위에 사람이 되려고 기를 쓰고 서로 으르렁거리고 군림하고 억압하고 착취하고, 그렇게 득죄하여 하나님의 영광에 이르지 못했습니다. 수천 년의 인간역사가 이를 명명백백히 증언하고 있습니다.

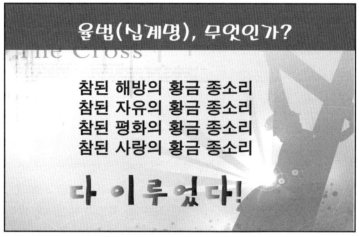

그림 29 / 십계명, 무엇인가?

그래서 사람들에게 십계명을 주신 바로 그 사랑의 하나님께서 외아들 예수님을 보내어 주셨습니다. 육신을 입고 이 땅에 오신 예수님은 하나님의 수준인 율법의 정신이요, 사상이요, 근본이요, 율법을 선포하신 하나님의 심장 그 자체입니다. 예수님은 율법의 거울에 비추어 죄인 된 사람들의 모든 죄와 저주를 가슴에 품고, 십자가에 달려 그 뜨거운 하나님사랑의 심장을 터뜨리시고, 성령님을 보내어 주셨습니다. 그러니 이 성령님을 모신 사람들은 모세에게 십계명을 돌판에 새겨 주신 여호와 하나님을 모신 것입니다. 십계명을 주신 분을 모심이 무엇을 의미하는지 아십니까? 이를 예레미야는 "나의 법을 그들의 속에 두며 그 마음에 기록하여 나는 그들의 하나님이 되고 그들은 내 백성이 되리라"(렘 31:33)고 예언하고, 에스겔은 "내 영을 너희 속에 두어 너희로 내 율례를 행하게 하리라"(겔 36:27)고 예언했습니다.

이 예언은, 예수님의 십자가 보혈로 "새 영, 새 마음"이 된 사람 속에 "주님의 법"을 기록하여 "주님의 백성, 주님의 자녀"로 삼는다는 말씀이요. 또한 "주님의 영, 성령님"을 보내서서 "주님의 율례"를 행하게 하신다는 말씀입니다. 한마디로 율법을 선포하신 분이 직접 우리 마음속에 오셔서 심비(心碑)에 율법을 새기시고, 우리를 위하여 그 율법을 대행(代行)하신다는 말씀입니다. 사도 바울은 로마서 8장 1-4절에서 이를 이렇게 말씀하셨습니다.

> 이제 그리스도 예수님 안에 있는 자에게는 결코 정죄함이 없나니 이는 그리스도 예수님 안에 있는 생명의 성령님의 법이 죄와 사망의 법에서 너를 해방하였음이라 율법이 육신으로 말미암아 연약하여 할 수 없는 그것을 하나님은 하시나니 곧 죄를 인하여 자기 아들을 죄 있는 육신의 모양으로 보내어 육신에 죄를 정하사 육신을 좇지 않고 그 영을 좇아 행하는 우리에게 율법의 요구를 이루어지게 하려 하심이니라

우리들이 육신이 연약하여 율법을 지킬 수 없는 것을 아시고, 하나님께서 자기 아들을 죄인의 모습으로 보내시어, 우리 죄를 대신 담당하게 하시고, 생명의 법으로 죄와 사망의 법에서 해방시키셨습니다. 다시 말해서, 그의 영, 성령님을 따라 사는 우리 속에서 율법의 요구가 모두 이루어졌습니다.

그렇다면 우리의 할 일이 무엇입니까?

우리 마음에 강림하신 생명의 성령님은 믿는 사람의 심장에 맞닿은 하나님의 사랑의 강줄기이십니다. 내주(內住)하시며 내 마음속에서 일하시는 성령님(God who works in you)은 우리의 속사람을 날마다 새롭게 하시고, 기쁘신 뜻대로, 그분의 선하신 목적대로 행하십니다.[157] 예수님을 구주로 영접한 우리 몸을 성전 삼고, 성령님께서 임하신 것은 주님의 불과 피와 물로 정화(淨化)하여, 마침내 생명의 성령님의 법을 완성시켜, 주님과 완전히 하나(complete unity ; Perfect unity ; 合一)가 되게 하시기 위함입니다.

> 내가 그들 안에 있고 아버지께서 내 안에 계시어 그들로 온전함을 이루어 하나가 되게 하려 함은 아버지께서 나를 보내신 것과 또 나를 사랑하심 같이 그들도 사랑하신 것을 세상으로 알게 하려 함이로소이다(요 17:23)

우리 모두 지금 예수님의 피와 살을 움켜쥐고, 우리 마음속에 임재하신 성령님을 바라보고, 성령님을 먹고 마시고, 거룩한 숨님을 숨 쉬므로, 마침내 지금 여기서 예수님인격을 재현하는 하나님의 사람입시다.

더 이상 무엇을 망설이리요.
오직 성령님께 마음을 드립시다.
오직 성령님만 갈망합시다.
오직 성령님으로 회개하고 토설하고 거짓신을 추방합시다.
그러면 모든 율법의 올무에서 벗어난 새와 같이,
창공 높이 날아오를 것입니다.

---

157) (빌 2:13)너희 안에서 행하시는 이는 하나님이시니 자기의 기쁘신 뜻을 위하여 너희로 소원을 두고 행하게 하시나니(to will and to act)

무엇보다 주님의 사랑의 높이와 깊이와 넓이와 길이를 알고 그 사랑
에 푹 젖은 심장을 터뜨려 점점 사랑이 식어 가는 이 세상을 촉촉이 적
시는 하나님의 사람이 되리니…….

　자! 지금 시작합시다.
　이제 이 책도 덮으십시다!
　두 눈을 지그시 감고, 우리 마음을 성령님께 드리십시다!
　이제 성령님을 잠잠히 바라보며 숨을 부드럽게 깊이 쉬십시다!
　그리고 고백하십시다!

　　"오, 사랑하는 성령님, 사랑합니다."
　　"귀하신 성령님, 고맙습니다."
　　"자유케 하시는 성령님, 찬양합니다."

　그렇게 그대로 몇 시간이고
　그냥 있을 수 있으면 좋으련……. 샬롬!!

　　예수님 닮기 원합니다 성령님으로 성령님으로
　　예수님 닮기 원합니다 성령님으로
　　성령님으로 성령님으로
　　예수님 닮기 원합니다 성령님으로　아멘!

　참고로,
　우리 교회에서 하고 있는 십계명의 따른 치유사역과 예수호흡기도를
함께 나누고 싶습니다. 저는 아침에 눈을 뜨면, 이 십계명에 따른 예수
호흡기도부터 시작하는데 많은 도움을 보았습니다. 자유롭게 활용하
시면 좋겠습니다.

십계명에 따른 치유사역

[전문] 나는 너를 애굽 땅, 종 되었던 집에서 인도하여 낸 네 하나님 여호와니라 :

사람들을 억압하고 종살이 시키는 모든 세력으로부터 해방시키는 분은 여호와 하나님이시오, 하나님의 마음을 갖고 이 땅에 오셔서 우리의 죄와 저주를 십자가에서 처리하신 분은 예수님이시오, 예수님의 피와 살을 가지고 우리 마음속에 들어와 계신 분은 성령님이십니다.

예수님은 율법을 폐하러 오신 것이 아니라 완성하기 위하여 오셨습니다(마 5:17). 예수님 이전 종교인들은 율법의 형식을 지키기 위해 갖은 애를 다 썼지만 실패했습니다. 그 이유는 돌비에 새겨진 그 율법을 사람의 힘으로 이루려 하였기 때문입니다. 이제는 성령님께서 예수님의 피와 살을 움켜쥐고 우리 마음속에 임하셔서 생명의 법을 친히 심비(心碑)에 새기시고, 성전된 몸 안에 완성하기 위해 조명(照明)하여 정화(淨化)하십니다. 그러므로 우리가 치유사역에 쓰는 최상의 무기는 오직 예수님의 이름과 보혈, 그리고 성령님의 조명입니다.

1. 너는 나 외에는 다른 신들을 네게 두지 말라 :

"다른 신들은(the other gods)" 사람을 억압하고 종살이 시키는 신이지만, "나 여호와"는 사람을 그 압제에서 구원/해방하는 하나님이시다. 그러니 가계도를 자세히 조사하고, 주님보다 먼저 마음속에 들어와 있는 다른 신(사탄/마귀/귀신)을 찾아내어 소탕하는 것이 모든 사역 중에서 우선이어야 한다. 오직 예수님의 보혈과 성령님의 조명으로 회개, 토설하고, 대적, 축사하라!!

2. 너를 위하여 새긴 우상을 만들지 말라 :

우상은 지배자가 피지배자를 억압하고 수탈하는 수단이었다. 하나님과 함께 할 수 없는 것(물질, 권력, 쾌락, 종교, 짐승, 사람⋯)은 모두 다 우상이다. 우리 몸속에 새겨져 있는 모든 우상을 회개, 토설하고, 우상숭배를 부추기는 영을 대적, 축사하라!!

3. 너는 네 하나님 여호와님의 이름을 망령되게 부르지 말라 :

"짐의 말이 곧 신의 말"이라는 왕의 이 한 마디에 얼마나 많은 사람들이 녹아났는가! 하나님의 거룩한 이름을 도용하여 자기 실속만 차린 망령된 생각, 말, 행동을 철저히 회개, 토설하고, 이를 조장하는 악한 영을 대적, 축사하라!!

4. 안식일을 기억하여 거룩하게 지키라 :

여호와님은 안식/평화를 주시는 분이시오, 예수님은 안식의 주인이시오, 성령님은 우리 마음속에 안식을 실현하는 영이시다. 이 복된 안식을 깨뜨리고, 강제노동을 시키고, 일중독에 빠진 죄를 회개, 토설하고, 안식을 파괴하는 영을 대적, 축사하라!!

5. 네 부모를 공경하라!! :

우리 조상을 포함한 부모님은 우리에게 생명을 공급하신 귀한 분들이다. 그러나 그들의 한계에 갇혀 많은 잘못된 영향을 끼쳤다. 그러니 조상과 부모로부터 대물림된 저주와 망령된 행실을 회개하고 차단하고, 그들로부터 받은 상처를 정확히 조사하여, 진심으로 용서하고 공경할 마음이 생길 때까지 토설하고, 불효의 영을 대적, 축사하라!!

6. 살인하지 말라 :

애굽에서 종살이 할 때, 영문도 모르는 억울한 죽음들을 생각해보라. 그 끔찍한 살인과 죽음이 누구를 통해, 무슨 사건을 통해 우리 몸속에 들어왔는지 파악하여, 그 근원부터 모조리 회개, 토설하고, 살인과 죽음을 조장하는 죽음의 영을 대적, 축사하라!!

7. 간음하지 말라 :

하나님께서 주신 고귀한 성을 일그러진 성욕의 노리개로 악용하는 남녀군상들을 보라. 이런 추악한 간음, 음란이 언제, 어디서, 어떤 경로로, 누구를 통해 우리 몸속에 들어왔는지, 그 첫 번 경험부터 치를 떨며 회개, 토설하고, 음란의 영을 대적, 축사하라!!

8. 도둑질하지 말라 :

애굽의 노역장에서 밤낮없이 빈발하는 도둑질을 보라! 아울러 자신을 돌아보고 남의 물건에 손댄 모든 것을 철저히 회개/변상하고, 우리 가문에 도둑질, 가난을 누가 심었는지 세세히 밝혀서 토설하고, 도둑질과 가난을 조장하는 영을 대적, 축사하라!!

9. 네 이웃에 대하여 거짓 증거하지 말라 :

자기 살자고 이웃을 음해하는 악랄하고 교활한 위증을 보라! 거짓말과 위증하는 습관을 찾아내어 회개, 토설하고, 거짓말과 위증을 부추기는 영을 대적, 축사하라!!

10. 네 이웃의 집을 탐내지 말라 :

애굽에서 종살이 당시 작업장 간부들의 탐욕으로 남아나는 것이 없는 이웃을 보라! 탐심은 우상숭배다. 각종 탐심/중독의 배경이 무엇인지 찾아내어 완전히 회개, 토설하고, 탐심을 일으키는 영을 대적, 축사하라!!

　예수님을 구주로 영접한 우리 몸을 성전 삼고, 성령님께서 임하신 것은 주님의 불과 피와 물로 정화(淨化)하여 마침내 생명의 성령님의 법을 완성시켜 주님과 하나(合一)가 되게 하시기 위함입니다. 우리 모두 지금 우리 마음속에 예수님의 피와 살을 움켜쥐고 임재하신 성령님을 바라보고(照明), 성령님을 먹고 마시고, 거룩한 숨님을 숨 쉬므로, 마침내 지금 여기서 예수님인격을 재현하는 하나님의 사람입시다.
샬롬~

십계명에 따른 예수호흡기도

- 몸을 바로 세우고, 앞뒤 좌우로 가볍게 흔들어 보십시오.
- 숨을 가볍게 쉬며, 느껴보십시오.
- 떠오르는 생각을 자연스럽게 놓아 버리십시오.
- 조용히 성령님의 임재를 의식하십시오.
- 내 몸 안에서 나를 기다리시는 성령님을 고요히 바라보십시오.

[전문] 나는 너를 애굽 땅, 종 되었던 집에서 인도하여 낸 네 하나님 여호와니라

1. 너는 나 외에는 다른 신들을 네게 두지 말라 [다른 신 제거] :
예수님 피, 예수님 보혈! 예수님 피, 예수님 보혈!
(들숨) 예수님 피, (날숨) 예수님 보혈!
2. 너를 위하여 새긴 우상을 만들지 말라 [우상 제거] :
주 예수 그리스도님, 저를 불쌍히 여기소서!
(들숨) 주 예수 그리스도님, (날숨) 저를 불쌍히 여기소서!

3. 너는 네 하나님 여호와님의 이름을 망령되게 부르지 말라
   [망령 제거] :

   예수님 피, 예수님 보혈! 예수님 피, 예수님 보혈!

   (들숨) 예수님 피, (날숨) 예수님 보혈!

4. 안식일을 기억하여 거룩하게 지키라 [안식파괴의 영 제거]:

   주 예수 그리스도님, 저를 불쌍히 여기소서!

   (들숨) 주 예수 그리스도님, (날숨) 저를 불쌍히 여기소서!

5. 네 부모를 공경하라!! [조상/부모의 영 제거] :

   예수님 피, 예수님 보혈! 예수님 피, 예수님 보혈!

   (들숨) 예수님 피, (날숨) 예수님 보혈!

6. 살인하지 말라 [살인/죽음의 영 제거] :

   주 예수 그리스도님, 저를 불쌍히 여기소서!

   (들숨) 주 예수 그리스도님, (날숨) 저를 불쌍히 여기소서!

7. 간음하지 말라 [간음/음란의 영 제거] :

   예수님 피, 예수님 보혈! 예수님 피, 예수님 보혈!

   (들숨) 예수님 피, (날숨) 예수님 보혈!

8. 도둑질하지 말라 [도둑/가난의 영 제거] :

   주 예수 그리스도님, 저를 불쌍히 여기소서!

   (들숨) 주 예수 그리스도님, (날숨) 저를 불쌍히 여기소서!

9. 네 이웃에 대하여 거짓 증거하지 말라 [위증/거짓신 제거] :

   예수님 피, 예수님 보혈! 예수님 피, 예수님 보혈!

   (들숨) 예수님 피, (날숨) 예수님 보혈!

10. 네 이웃의 집을 탐내지 말라 [탐심/중독의 영 제거] :

　　주 예수 그리스도님, 저를 불쌍히 여기소서!

　　　(들숨) 주 예수 그리스도님, (날숨) 저를 불쌍히 여기소서!

　　다른 영이 제거된 만큼 성령님으로 충만 하소서.
　　예수님의 이름으로 .... 아멘!!

제 14장

사도신경

주는 그리스도님이시오
살아 계신 하나님의 아들이시니이다
너는 베드로라
내가 이 반석 위에 내 교회를 세우리라
– 마태복음 16장 16절 –

제14장
사도신경

성도들 대부분이 "사도신경" 외우고 있습니다.

이는 주후 200년경에 히폴리투스에 의해 로마교회의 세례/침례문답 용으로 [사도전승(Apostolic Tradition)]이 처음 쓰였습니다. 이 사도 신경은 사실 논란(論難)도 적지 않습니다. 그러나 신앙생활에 꼭 필요 한 요소들을 거의 다 담고 있어, 믿음을 굳게 하여 주는 것으로 이만한 자료도 없습니다. 이야말로 믿음의 선배들이 물려준 고귀한 선물이라 아니할 수 없습니다.

[전능하사 천지를 만드신 하나님 아버지를 내가 믿사오며]

내가 믿습니다. 아버지를!!

전능하신 하나님은, 천지를 창조하신 하나님은 나의 아버지이심을 내가 믿습니다.

저 광활한 우주, 밤하늘에 반짝이는 별, 은하수, 별똥별……,

기기묘묘한 산천과 그 속의 이름 모를 들꽃……, 풀벌레……,

저 넓고 깊은 바다에서 하염없이 춤추는 물고기……, 수초들…….

그래서 우주만물은 사랑입니다. 이처럼 장엄하고 섬세하게 모든 것을 만드신 전능하신 하나님이 너와 나의 아버지이십니다. 믿음의 선배들은 이것을 내가 믿는다고 제일 먼저 고백하고 이 놀라운 고백을 우리에게 유산으로 물려주었습니다.

어떻게 그럴 수 있었을까요?
감히 이 고백! 이 황송한 고백을 할 수 있는 자가 누구입니까?
예수님을 내 구주로 믿고 영접한 사람!
우리 그리스도인들만이 할 수 있습니다.
이 감격스러운 고백, 이처럼 엄청난 고백이 우리의 입에서 나올 수 있게 하기 위하여 하나님께서 하신 일이 무엇인지 아십니까?

독생자 예수님을 주셨으니, 예수님께서 육신을 입고 이 땅에 오셔서, 이 동네에서 돌에 맞고, 저 광야에서 굶주리고, 그 도시에서 모욕을 당하시다가, 급기야 십자가에 달려 피와 생명을 쏟고 죽으시고, 무덤에 묻히시고, 지옥형벌까지 감당하시고, 장사한지 삼일 만에 무덤에서 부활하사, 하나님의 보좌 우편에 앉으시고, 성령님을 보내어 주시므로, 인류 구원 계획을 완성하셨습니다.

예수님을 구주로 믿고 그 마음에 성령님을 모신 우리는 전능하신 하나님의 영, 천지창조의 영을 모신 하나님의 자녀로 거듭났습니다. 이제 우리는 하나님께서 보시기에 심히 좋았던 우주만물을 바라보고 음미하면서 우리 속사람의 시선은 언제나 지금 마음속에 임재하신 천지창조의 영, 성령님께로 향하여야 합니다.

성령님을 바라봄이 없는 신앙고백은 한낱 형식적인 중언부언에 지나지 않습니다. 아무리 머리로 그것을 이해하고, 열심히 외워도 실제로 전능하시고 사랑이 한량없으신 하나님 아버지와의 참된 만남과 교제를 지금 여기서 누릴 수 없다면, 그런 고백을 골 천 번 한들 무슨 유익이 있겠습니까? 그러니 우리 마음속에 거하시며 이 고백을 듣고 계시는 아버지의 얼굴을 면대(面對)하여 뵈오며 고백합시다. 지금 그렇게 합시다.

> 사랑하는 아버지, 아버지는 전능하사 천지를 만드신 하나님이심을 내가 믿습니다. 우주만물을 성령님으로 보고 그것들을 통하여 말씀하시는 아버지의 목소리를 듣고 깨달을 수 있도록 들을 귀를 허락하소서.
> 성령님으로, 오직 성령님으로. 아멘!!

[그 외아들 우리 주 예수 그리스도님을 믿사오니]

그래요. 내가 믿습니다.

하나님 아버지의 외아들 주 예수 그리스도님을…….

그런데 우리는 어느 누구의 눈치도 보지 않고 목숨의 위험을 전혀 느끼지 않고 이 고백을 합니다. 그러나 초대교회 성도들은 그렇지 않았습니다. 이 고백에는 섬뜩한 핏자국이 선명하게 남아 있습니다. 그리스도 예수님을 향하여 우리는 "주(Lord)"라고 고백합니다.

후안 C. 오르티즈 목사님의 현장감 있는 글을 읽어봅시다.[158] :

> 오늘날 '주'라는 말은 예수님이 이 땅에 계실 때 이 말이 의미하던 바와는 다르다. 애초에 이 말은 "최고의 권세자, 으뜸인 분, 모든 것 위에 뛰어난 분, 만유의 주인"이라는 뜻을 가지고

---

158) 후안 카를로스 오르티즈, 「제자입니까」, 김성웅 역(서울: 두란노서원, 1989), p. 12

있었다. 소문자로 쓴 헬라어의 '퀴리오스'(주)는 노예들이 자기들의 주인을 가리킬 때 쓰던 말이었다. 그러나 그 말의 첫 글자를 대문자로 쓰면, 로마제국을 통틀어 오직 한 사람만을 가리키는 말이 되었다. 로마의 가이사가 주님(the Lord)이었다. 그때는 공무원들과 군인들이 거리에서 만났을 때, 그들은 "가이사가 주님이시오!"라고 인사해야 했다. 그러면 "옳소, 주님은 가이사이시오"라고 대답하는 것이 상례였다.

그래서 그리스도인들은 문제에 부딪혔다. "가이사가 주님이시오"라고 인사를 받았을 때, "아니오, 예수 그리스도님께서 주님이시오"라고 그들은 대답했던 것이다. 이 일로 인하여 그들은 즉각 곤경에 빠졌다. 주님이라는 칭호를 못 받은 황제의 질투심 때문이 아니었다. 문제는 훨씬 더 깊은 곳에 있었다. 황제는 그리스도인들이 다른 권세에 복종하고 있다는 것과, 그들의 삶에 있어서 자기에게보다 예수 그리스도님께 훨씬 더 많은 비중을 두고 있다는 사실을 알았다.

그들은 말했다. "황제여, 당신은 우리를 당신 마음대로 할 수 있습니다. 그러나 굳이 선택을 하라면, 우리는 예수님과 함께 하겠습니다. 우리는 우리의 삶을 그분께 맡겨 왔기 때문입니다. 그분은 으뜸인 분이십니다. 그분은 주님, 우리를 다스리시는 최고의 권세가이십니다." 황제가 그리스도인들을 박해한 것은 하나도 이상한 일이 아니다.

그 결과가 어떠했는지는 여러분도 너무나 익히 알 것입니다. 수많은 사람들이 짐승취급을 받아 찢기고, 불에 태워지고, 십자가형틀에 매달려 죽었습니다. 그들은 도시나 부락에서 편히 살지 못하고 박해를 피하여 산으로 들로 유리방황하였으며, 많은 이들이 "지하묘지(Catacomb)"에 기거해야 했습니다. 이에 대한 생생한 증언이 히브리서 11장 35-38절에 남아 있습니다.

여자들은 자기의 죽은 자를 부활로 받기도 하며 또 어떤 이들은 더 좋은 부활을 얻고자 하여 악형을 받되 구차히 면하지 아니하였으며 또 어떤 이들은 희롱과 채찍질뿐 아니라 결박과 옥에 갇히는 시험도 받았으며 돌로 치는 것과 톱으로 켜는 것과 시험과 칼에 죽는 것을 당하고 양과 염소의 가죽을 입고 유리하여 궁핍과 환난과 학대를 받았으니 이런 사람은 세상이 감당치 못하도다 저희가 광야와 산중과 암혈과 토굴에 유리하였느니라

예수님의 보혈과 선배신앙인들의 붉은 피에 절은 이 믿음을 입술로 고백할 때, 너와 나, 우리의 마음은 과연 어떠해야 합니까? 혹시 립-서비스(lip-service)정도로 후다닥 해치워버리지는 않는지요? 갈보리 십자가를 통과하여 우리 마음을 천국의 궁궐로 삼고 지금 와 계시는 성령님은 그들이 그처럼 고난당할 때, 그들의 마음속에서 그 인고(忍苦)의 시간을 그들과 함께 견디신 바로 그 하나님이십니다.

이제 성령님께 마음을 드리십시다!
성령님의 눈을 바라보십시다!
좀 더 눈을 크게 뜨고 깊숙이 들여다보십시다!
그분의 눈에 선명하게 비치는 피 묻은 십자가를 마주보십시다!
또한 눈을 감고 앞서 간 순교자들을 떠올리며 그들 앞에서 천천히 또박또박 고백해 보십시다! 지금 그렇게 해 보십시다!

> 사랑하는 주님, 하나님의 외아들 예수 그리스도님을 나의 구주로 내가 믿습니다. 빈들이나 초막이나 내 주 예수님을 모신 곳을 하나님의 나라로 누리는 요지부동(搖之不動)의 하나님의 사람으로 살게 하소서.
> 성령님으로, 오직 성령님으로. 아멘!!

[이는 성령님으로 잉태하사 동정녀 마리아에게 나시고]

예수님은 성령님으로 마리아의 태에 잉태하셨습니다. "천사 가브리엘이 하나님의 보내심을 받아 갈릴리 나사렛이란 동네에 가서 다윗의 자손 요셉이라 하는 사람과 약혼한 처녀에게 이르니 그 처녀의 이름은 마리아라"(눅 1:26-27). 그 "마리아"는 "동정녀(a virgin)"입니다. 그러나 사실 하나님의 면전(面前)에서 동정녀는 없습니다. 마리아도 죄인(罪人)입니다. 마리아가 동정녀/숫처녀라면, 이는 전적으로 성령님에 의해서 그렇습니다.

> 천사가 대답하여 이르되 성령님이 네게 임하시고 지극히 높으신 이의 능력이 너를 덮으시리니(The Holy Spirit will come upon you, and the power of the Most High will overshadow you.) 이러므로 나실 바 거룩한 이는 하나님의 아들이라 일컬어지리라(눅 1:35)

그런데 사도 바울은 예수님을 영접하고 성령님으로 사는 사람들을 가리켜 "정결한 처녀(a pure virgin)"라고 했습니다.

> 내가 하나님의 열심으로 너희를 위하여 열심을 내노니 내가 너희를 정결한 처녀(a chaste virgin[KJV], a pure virgin)로 한 남편인 그리스도님께 드리려고 중매함이로다(고후 11:2)

그런 의미에서 성령님을 모신 우리는 내 모습 이대로 성령님께 드리고 날마다 매순간순간 예수 그리스도님의 십자가 보혈로 씻고 또 씻어 언제 어디서나 하나님 앞에서 "정결한 처녀/순전한 동정녀"로 발견되어야 합니다.

그 옛날 유대 땅에서 성령님을 모신 마리아는 동정녀입니다. 우리는 그녀를 사랑하고 존경하여야 마땅합니다. 그러나 이제는 그 마리아만 동정녀가 아닙니다. 오직 성령님으로 예수님의 보혈을 뿌리고 바르고 덮고, 먹고 마시고, 성령님과 눈 맞추고, 거룩한 숨님을 숨 쉬며, 성령님으로 사는 너와 나도 역시 마리아와 동일한 "영적 동정녀", "영적 정결한 처녀"입니다. 무엇으로 말입니까? 오직 성령님으로 그렇습니다. 이를 믿습니까? 이를 믿고 감사하소서! 그리고 이를 믿지 못하게 하는 세력을 단호히 대적하십시오.

그런데 그 동정녀 마리아에게 성령님이 임하신지 열 달 만에 아기 예수님이 태어났습니다. 여러분, 이를 믿습니까? 당연하게 들립니까? 예, 당연한 이치입니다. 오히려 아기 예수님이 태어나지 않는 것이 이상하지요. 그렇다면 우리는 마음속에 성령님을 모신지 벌써 몇 년이나 되었습니까?

그 마음속에서 무엇이 나옵니까?
무엇이 나와야 정상입니까?
무엇이 나올 때가 많습니까?
성질이 나올 때가 많은지요? 성령님이 나올 때가 많은지요?
성령님이 나와야지요.
불평불만이 많이 나와요? 예수님이 많이 나와요?
예수님이 나와야지요.
예수님이 나오다니요?
쉽게 말해서 예수님의 마음 곧, 성령님의 열매, 예수님의 인격이 나와야 한다는 것이지요.

수고하고 무거운 짐 진 자들아 다 내게로 오라 내가 너희를 쉬게 하리라 나는 마음이 온유하고 겸손하니 나의 멍에를 메고 내게 배우라 그러면 너희 마음이 쉼을 얻으리니 이는 내 멍에는 쉽고 내 짐은 가벼움이라(마 11:28-30)

너희 안에 이 마음을 품으라 곧 그리스도 예수님의 마음이니 그는 근본 하나님의 본체시나 하나님과 동등됨을 취할 것으로 여기지 아니하시고 오히려 자기를 비어 종의 형체를 가져 사람들과 같이 되었고 사람의 모양으로 나타나셨으매 자기를 낮추시고 죽기까지 복종하셨으니 곧 십자가에 죽으심이라 (빌 2:5-8)

예수님의 마음은 온유요, 겸손이요, 죽기까지 복종입니다. 예수님의 영, 성령님의 열매는 사랑, 희락, 화평이요, 오래 참음, 자비, 양선이요, 온유, 충성, 절제입니다. 이런 열매가 우리 마음에서 넘쳐 나와야 마땅합니다. 그런데 신앙생활을 한 지가 벌써 몇 년이나 되었는데, 여전히 육신의 열매 곧, 음행과 더러운 것과 호색과 우상 숭배와 술수와 원수를 맺는 것과 분쟁과 시기와 분냄과 당 짓는 것과 분리함과 이단과 투기와 술 취함과 방탕함과 또 그와 같은 불평, 원망, 낙심, 한숨과 혈기, 짜증이 시도 때도 없이 쏟아지고 있으니, 이 얼마나 어처구니없는 일입니까?

이런 사악한 것을 우리 마음속에서 보고 계시는 성령님.

이런 악취가 진동하는 쓰레기더미 속에 임하신 성령님.

성령님은 지금도 말할 수 없는 탄식으로 기도하시고 계십니다.[159]

지금까지 형식적으로 한 것만으로도 족합니다. 이제부터는 이 신앙고백이 우리 몸에 육화(Incarnation)되도록 합시다. 어떻게 말입니까?

---

159) (롬 8:26) 이와 같이 성령님도 우리 연약함을 도우시나니 우리가 마땅히 빌 바를 알지 못하나 오직 성령님이 말할 수 없는 탄식으로 우리를 위하여 친히 간구하시느니라

지금 마음속에 계신 성령님께 마음을 드리면 됩니다. 그전까지 우리 마음을 제 멋대로 갖고 놀던 악령이 우리가 예수님을 구주로 영접하는 순간에 더 이상 있지 못하고 나갔지만, 아직도 그들이 쓰다버린 육신의 일, 몸에 배인 습관 부스러기들이 몸 구석 어딘가에 숨어 있습니다. 마치 적군들이 퇴각(退却)하면서 그대로 방치해둔 지뢰(地雷)나 각종 장애물(障碍物), 또는 낙오병(落伍兵)들이 곳곳에 남아 있는 것처럼 말입니다. 이런 것들은 기회만 오면 순식간에 여기저기서 터집니다. 사탄의 잔당들은 우리 몸의 은밀한 곳에 숨어서 호시탐탐 기회를 엿보는가하면, 또한 우리 몸에서 쫓겨나간 세력들도 주위를 빙빙 돌다가 틈만 나면 지체 없이 쳐들어와서 몸속에 남은 세력과 내통하여 잔혹한 테러를 저지릅니다.

우리 마음속에 계신 성령님은 이런 우리 마음을 깨끗이 씻고 갈아엎고 쏟고 쫓으실 뿐 아니라, 부드러운 마음으로 만드시는 전문가이십니다. 성령님은 사탄의 세력들이 더 이상 우리 몸과 마음에 거하지 못하도록 그들의 거점을 깨끗이 제거하십니다.[160] 그 분께 마음을 맡기십시오. 사도신경을 처음부터 끝까지 아무런 생각 없이 골백번 외우는 것보다 더 중요한 것이 성령님께 부복(俯伏)하는 것입니다.

더 이상 지체하지 마십시다!

지금 그렇게 성령님의 얼굴에 초점을 맞추십시다!

성령님께 고백하십시다!

> 사랑하는 성령님, 예수님이 성령님으로 동정녀 마리아에게서 나신 것을 내가 믿습니다. 오직 성령님으로 저 또한 정결한 처녀, 즉 순수한 동정녀가 이미 되었음을 믿습니다. 이제 제 마음

---

160) (고후 10:4) 우리의 싸우는 무기는 육신에 속한 것이 아니요 오직 어떤 견고한 진도 무너뜨리는 하나님의 능력이라

에 있는 모든 옛사람의 잔재(殘滓)들을 제거하시어, 저의 인격이 예수님의 인격을 닮아 동정녀 마리아처럼 예수님을 낳는 정결한 동정녀이게 하소서.
성령님으로, 오직 성령님으로. 아멘!!

[본디오 빌라도에게 고난을 받으사]

본디오 빌라도는 예수님 당시에 유대를 통치하던 로마총독입니다. 그의 이름은 '창을 잘 쓰는 사람'이란 뜻입니다. 그는 부모의 소원대로 초강대국 로마군의 장수로 출세가도를 달렸습니다. 그러나 오늘날 그의 이름은 사도신경을 외우는 전 세계 그리스도인들의 입에 오르내리며 예수님을 십자가에 못 박은 자로 각인(刻印)되고 있습니다. 그렇습니다. 한 순간의 선택이 얼마나 엄청난 결과를 초래하는지는 종종 삶의 현장에서 섬뜩하게 경험합니다. 한 순간의 선택이 영원을 좌우합니다.

빌라도는 예수님에 대한 정보를 충분히 입수하여 예수님의 활약상을 소상히 파악할 수 있는 위치에 있었습니다. 또한 그의 아내가 꿈을 통해 하나님의 경고 메시지를 받고 조언했습니다. 그럼에도 불구하고 그는 책임을 회피하기 위해 예수님의 재판에서 중요한 결정권을 군중에게 떠넘기는가 하면, 심지어 군중들 앞에서 손을 씻는 장면까지 연출(演出)했습니다.

남의 탓으로 책임을 전가(轉嫁) 하는 행위.
그것은 인류의 시작부터 있어온 저질 관습입니다.
그것은 책임전가의 대상을 자신의 주인으로 모셨다는 뜻입니다.
빌라도는 예수님처형의 책임을 군중에게 전가함으로써 군중을 주인으로 섬긴 셈입니다. 빌라도에게 있어서 군중은 두려운 우상(偶像)이었습니다. 그래서 신앙인들은 증언하고 있습니다. 예수님께서 역사적인 인물 본디오 빌라도에게 고난을 받으셨다고……

그러나 사실 우리도 빌라도의 전철(前轍)을 그대로 밟고 있습니다. 한 사람의 예외도 없이 우리는 모두 빌라도의 후예들입니다. 빌라도는 너와 나의 일그러진 자화상(自畵像)입니다. 이 빌라도에게 고난을 받으신 예수님을 구주로 믿는 우리의 마음속에는 예수 그리스도님의 영, 성령님께서 임하십니다. 성령님은 우리 마음속에 아직도 도사리는 빌라도를 몰아내시고, 올바르게 책임지고, 올곧게 판단하도록 도우십니다. 우리 모두 제2, 제3의 빌라도가 되지 않기 위해라도 두 눈을 성령님께 고정시킵시다.

온 마음을 성령님께 바칩시다.

오직 성령님으로 기회주의 빌라도의 기운을 몰아냅시다.

오직 성령님, 진리의 영으로 가득합시다.

그래서 책임감이 넘치는 신앙인으로 오늘을 삽시다.

> 사랑하는 성령님, 예수님께서 빌라도에게 고난을 받은 것을 믿습니다. 이 빌라도는 누구이며 나는 누구입니까? 빌라도보다 더 교활한 저를 구원하여 주신 주님, 감사합니다. 저도 제 마음을 어찌할 수 없어 제 마음을 그대로 드립니다.
> 불쌍히 여기시고 지금 고쳐주옵소서.
> 성령님으로, 오직 성령님으로. 아멘!!!

[십자가에 못 박혀 죽으시고]

장사한 지 사흘 만에 죽은 자 가운데서 다시 살아나시며 하늘에 오르사 전능하신 하나님 우편에 앉아 계시다가 저리로서

산 자와 죽은 자를 심판하러 오시리라

이 고백을 가장 잘 표현한 말씀이 요한복음 3장 16절입니다.

> 하나님이 세상을 이처럼 사랑하사 독생자를 주셨으니 이는 저
> 를 믿는 자마다 멸망치 않고 영생을 얻게 하려 하심이니라
> (요 3:16)

하나님은 사랑입니다. 사랑 자체이신 하나님께서 하나님의 형상대로 사람을 낳았으니, 사람도 역시 사랑입니다. 하나님 아버지의 사랑으로 가득해야 할 사람이 다른 것을 탐했으니, 이것이 죄요, 이 죄는 사람을 영원한 파멸로 몰아넣고 있습니다. 이를 차마 볼 수 없어 가슴앓이 하시는 아버지께서 세상을 이처럼 사랑하사 독생자를 주셨습니다.

> "이처럼 사랑하사"의 결과는 "독생자를 주셨으니"입니다.
> 이는 창조주께서 피조물의 몸을 입으심이요.
> 이 악한 피조계(被造界)에 오심이요.
> 죄악으로 가득한 악한 시간 속에 사심이요.
> 모든 피조물의 죄와 저주를 뒤집어쓰심이요.
> 침 뱉음과 채찍질을 당하심이요.
> 골고다로 끌려가다 쓰러지고 또 끌려가심이요.
> 십자가에 못 박히시어 목마르심이요.
> 모든 죄를 용서하시고, 모든 것을 다 이루심이요.
> 무덤에 묻히시고, 장사한지 3일 만에 무덤에서 부활하심이요.
> 승천하사 하나님 보좌 우편에 앉으심이요.
> 보혜사 성령님을 보내 주심이요.
> 저리로서 산 자와 죽은 자를 심판하러 오심입니다.

> "이처럼 사랑하사 독생자를 주셨으니" 이는 또한,
> 예수님을 구주로 믿는 사람은 죄사함을 받음이요.

하나님의 영원한 생명을 받음이요.
하나님의 자녀됨, 주님의 신부됨이요.
성령님으로 난 사람됨이요. 심판에 이르지 아니함이요.
지옥에서 천국으로의 개선(凱旋)입니다.

그러므로 우리 마음속에 '성령님이 임하심'은,
"이처럼 사랑하사 독생자를 주셨으니"의 완결(完結)이요,
"십자가에 못 박혀죽으시고 장사한 지 사흘 만에 죽은 자 가운데서
다시 살아나시며 하늘에 오르사 저리로서 산 자와 죽은 자를 심판하러
오시리라"의 성취(成就)입니다.

사랑하는 성령님, 세상을 이처럼 사랑하시는 아버지의 아픈 심
장을 십자가에서 터뜨리신 독생자의 피 강줄기로 내 마음에
잠잠히 흐르시는 성령님! 오, 주님. 저도 감히 내 삶의 자리에
서 이처럼 사랑이 흐르는 실개천이게 하소서!
성령님으로, 오직 성령님으로. 아멘!!

[성령님을 믿사오며]

거룩한 공회와 성도가 서로 교통하는 것과 몸이 다시 사는 것
과 영원히 사는 것을 믿사옵나이다. 아멘

성령님을 믿사오며. 성령님의 무엇을 믿는다는 말입니까?
성령님으로 거룩한 공회와, 성령님으로 성도가 서로 교통하는 것과,
성령님으로 몸이 다시 사는 것과, 성령님으로 영원히 사는 것을 믿는
다는 고백입니다.

여기서 말하는 "거룩한 공회"는 무엇입니까?
가톨릭교에서는 "보편적인 교회(the Catholic Church)"로,

희랍 정교회에서는 "정통적인 교회(the Orthodox Church)"로, 우리는 "거룩한 공회(公會)"로 번역합니다.

저는 우리의 번역이 참 좋습니다.

"거룩한 공회" 그러니까 교회는 반드시 구별된 공(公)이어야지 절대로 사(私)가 되어서는 안 된다는 것입니다. 교회는 어떤 사람이 헌금을 얼마나 했든지, 그 교회를 위해 무슨 공로가 있든지 간에, 언제나 "거룩한 공적 교회"여야 합니다.

죄가 무엇입니까? 공(公)을 사(私)로 만드는 것이지요. 에덴에서 있었던 선악과 사건도 따지고 보면, 하나님의 것을 따먹은, 즉, 공유물(公有物)을 사유화(私有化)한 것이 아닙니까? 이 세상의 모든 죄는 무슨 죄목이 붙었든지, 사유화로 인한 것임을 역사가 입증하고 있습니다. 사유화 문제는 세상 그 무엇으로도 해결할 수 없습니다. 아무리 입산수도하여 '무소유(無所有)'를 주장해도 육신을 입고 있는 한, 사람의 힘으로는 도저히 불가능합니다. 그러면 무엇으로 '공회'를, 그것도 '거룩한 공회'를 이룰 수 있습니까? 오직 하나님의 신으로, 성령님으로 됩니다.

그런데 오늘날 우리의 교회들은 어떻습니까?

과연 '공적 교회'입니까? '사적 교회'입니까?

어떤 흑인성도가 백인교회에 들어가려다가 거절당하고 교회계단에 쭈그리고 앉아 기도하다가 누가 옆에 같이 앉아서 기도하기에 자세히 보니 예수님이셨다는 것처럼, 예수님도 들어가실 수 없는 그런 교회가 얼마나 많을지…… 이는 사유화된 공유물을 다시 공유화(公有化)하기 위해 오신 성령님, 즉 개인의 것으로 전락한 것을 우리 것, 곧 하나님의 것으로 회복하기 위해 지금 우리 마음속에 계신 성령님을 철저히 외면하기 때문입니다.

소위 영적이라는 사람들이 성령님을 찾긴 하지만 그들의 대부분은 성령님의 열매, 곧 내적 인격 변화보다 성령님의 은사, 곧 외적 기술을 찾기에 급급합니다. 이는 자신과 교회당 또는 기도원을 공유물 즉, 성령님의 소유로 만들기 위해서라기보다 오히려 성령님의 은사를 이용하여 더 많은 사람과 물질을 끌어 모아 더욱 더 사유화하여 자기 이름을 높이기 위함이 아닐는지요? 참으로 서글프지만 현실이 ……

이제 더 이상 지체하지 맙시다. 시간이 없습니다.
이 글을 접하고 있는 나와 너부터 시작합시다.
나를 주님께 드립시다.
우리는 처음부터 다 주님의 것입니다.

생명이 내 것이라고 단언할 수 있습니까?
몸이 정말로 내 것입니까?
시간이 과연 내 것이 맞습니까?
그 생명, 몸, 시간 가지고 벌어드린 재물은 어떻습니까?
우리는 원래 '없음(nothing)'이었습니다.
'없음'이 '있음(being)'이 된 것은 전적인 은혜입니다.
그렇습니다. 내 것은 없습니다.
다 주님의 것입니다.

우리는 또한, 주님께서 부르시는 그 날, 모든 것을 다 놓고 가야 합니다. 일찌감치 나의 전부를 주님의 손에 드립시다.
그래서 오직 성령님으로 아무런 막힘이 없이,

물질도 인정도 사랑도 나누며,

서로 서로 교통하며 살다가 주님께서 부르시는 그 날,

거룩한 성전이요, 정결한 신부된 몸으로 다시 살아,

꿈에도 그리던 신랑 예수님과 함께 영원히 삽시다.

이것을 내가 믿습니다. 아멘!

진실로 그렇게 믿습니다. 아멘!!

　　믿는 만큼 보고, 본 만큼 믿습니다.

오직 성령님을 보고 또 보고, 믿고 또 믿어,

여기 각자의 삶의 현장에서 이 사도신경이 육화(Incarnation)된,

너와 나를 온 세상 사람들이 볼 수 있게 삽시다.

[신앙고백, 무엇입니까?]

끝으로, "신앙고백"에 대해서 좀 살펴보아야 하겠습니다. 신앙고백하면 제일 먼저 예수님의 제자 베드로가 떠오릅니다. 아마 "사도신경"도 베드로의 신앙고백을 토대로 한 것일 것입니다. 그런데 베드로는 언제 진정한 베드로가 되었는지 아십니까? 요한복음 1장 40-42절에는 이런 말씀이 나옵니다. 세례/침례자 요한의 말을 듣고 예수님을 좇은 시몬 베드로의 형제 안드레는 예수님을 만나고 함께 거한 후, 곧바로 형 시몬에게 가서 "우리가 메시야를 만났다"고 말했습니다. 그리고는 시몬과 함께 예수님께 왔을 때, 예수님께서 시몬을 보시고 말씀하셨습니다.

　　장차 게바/베드로라 하리라(요 1:42)

이 '장차 베드로'는 언제 '정식 베드로'가 되었습니까?

마태복음 16장 16, 18절에서 신앙고백을 한 이후입니다.

주는 그리스도님이시요 살아 계신 하나님의 아들이시니이다
너는 베드로라 내가 이 반석위에 내 교회를 세우리라

베드로의 뜻은 다 아는 대로 "반석"입니다. 예수님을 3년 동안 따라
다닌 요한의 아들 시몬. 그의 신앙고백은 얼마나 고귀했던지 예수님께
서 이 신앙고백을 듣고 흐뭇해하시며 친히 주신 복된 그 이름이 베드
로입니다. 그러니까 요한의 아들 시몬, 장차 베드로가 신앙고백을 하
고 난 이후에야 비로소 정식 베드로 칭호를 받았습니다. 그런데 베드
로는 비록 정식으로 베드로라고 불리었지만, 그 이후에도 반석답지 못
한 행동을 여러 번했습니다.

그림 30 / 사도신경 요약

베드로는 예수님께서 잡히실 때 검을 빼어 대제사장의 종을 쳐서 오
른편 귀를 베고 도망가 버렸습니다. 그는 또한, 예수님께서 당시 대제
사장의 집에 끌려가 심문을 받으실 때, 몰래 들어가 거기 있었습니다.

한 여종이 "너도 이 사람의 제자가 아니냐?"고 할 때, "나는 아니다."고 했습니다. 다른 사람이 물을 때도 "나는 아니다."고 부인했고, 또 다른 사람이 물을 때도 역시 부인했습니다. 물론 이는 전적으로 베드로의 자백에 의한 것이긴 합니다만, 이런 일련의 언행은 반석이기는커녕, 한 졸장부의 전형을 보는 것 같습니다.

> 그런데 바로 이 이름뿐인 베드로가
> 전혀 딴 사람, 신령한 하나님의 사람, 베드로로
> 칭송을 받게 되는 사건이 생겼습니다.
> 무슨 일이 일어난 것입니까?
> 성령님께서 그의 마음속에 강림하신 것이지요.
> 예수님 십자가를 관통하고 임하신 성령님께서
> 무기력한 베드로를 신실한 베드로로 변화시키신 것입니다.

너와 나도 예수님을 구주로 신앙고백하고 성령님을 모심은 허울뿐인 베드로를 진정한 베드로로 변화시키신 바로 그 동일한 성령님을 모심입니다.

> 우리는 더 이상 '장차 베드로'가 아닙니다.
> 너와 나는 지금 여기서 '정식 베드로'입니다.
> 주님의 교회를 세우는 '영적 반석'입니다.
> 누가 뭐라 해도 하나님께서 인정하시는 '영적 베드로'입니다.
> 이것은 실재입니다.

그런데 이게 어인 일입니까? 이름뿐인 베드로와 복사판(複寫版)같은 행동을 반복하고 있으니……. 아 ~, 이를 어찌하리오.

그 이유가, 원인이 무엇입니까?

그것은 지금 우리 마음속에서 일하고 계시는 성령님께 마음을 드리지 않고 있기 때문입니다.

예배시간마다 신앙고백을 하는 것이 다가 아닙니다.

교회생활도 전부(全部)가 아닙니다.

오직 성령님으로 신앙고백하고 그대로 사는 삶이 전부입니다.

이제 우리는 이런 베드로의 전철을 더 이상 밟지 않기 위해서라도 온 종일 성령님께 두 눈을 고정시킵시다.

우리가 여기 이 땅에서 음부의 권세가 감히 넘볼 수 없는 거룩한 공회를 이루는 길은 오직 하나, 지금 마음속에 계신 성령님께 온 마음을 드리고 분초마다 성령님을 바라보고 먹고 마시고 숨 쉬는 이것뿐입니다.

지금 시작합시다.

우리는 성령님을 의식하고 바라보는 시간만

'거룩한 공적 반석, 영적 베드로' 입니다.

각자 선 자리에서 예수님의 인격을 닮은 베드로로

일컬음을 받는 그 날까지 초지일관 그렇게 삽시다. 샬롬!!

> 예수님 닮기 원합니다 성령님으로 성령님으로
> 예수님 닮기 원합니다 성령님으로
> 성령님으로 성령님으로
> 예수님 닮기 원합니다 성령님으로 아멘!

참고로,

우리 교회에서 하고 있는 '사도신경'에 따른 '예수호흡기도'를 올려봅니다. 정확성을 기하기 위해 새로운 번역을 따랐습니다. 도움이 되었으면 좋겠습니다.

새 사도신경에 따른 예수호흡기도

- 몸을 바로 세우고, 앞뒤 좌우로 가볍게 흔들어 보십시오.
- 숨을 가볍게 쉬며, 느껴보십시오.
- 떠오르는 생각을 자연스럽게 놓아 버리십시오.
- 조용히 성령님의 임재를 의식하십시오.
- 내 몸 안에서 나를 기다리시는 성령님을 고요히 바라보십시오.

나는 전능하신 아버지 하나님, 천지의 창조주를 믿습니다.
　예수님 피, 예수님 보혈! 예수님 피, 예수님 보혈!
　(들숨) 예수님 피, (날숨) 예수님 보혈!

나는 그의 유일하신 아들, 우리 주 예수 그리스도님을 믿습니다.
　주 예수 그리스도님, 저를 불쌍히 여기소서!
　(들숨) 주 예수 그리스도님, (날숨) 저를 불쌍히 여기소서!

그는 성령님으로 잉태되어 동정녀 마리아에게서 나시고,
　예수님 피, 예수님 보혈! 예수님 피, 예수님 보혈!
　(들숨) 예수님 피, (날숨) 예수님 보혈!

본디오 빌라도에게 고난을 받아, 십자가에 못 박혀 죽으시고,
　주 예수 그리스도님, 저를 불쌍히 여기소서!
　(들숨) 주 예수 그리스도님, (날숨) 저를 불쌍히 여기소서!

장사된 지 사흘 만에 죽은 자 가운데서 다시 살아나셨으며,
　예수님 피, 예수님 보혈! 예수님 피, 예수님 보혈!
　(들숨) 예수님 피, (날숨) 예수님 보혈!

하늘에 오르시어 전능하신 아버지 하나님 우편에 앉아 계시다가,
주 예수 그리스도님, 저를 불쌍히 여기소서!
(들숨) 주 예수 그리스도님, (날숨) 저를 불쌍히 여기소서!

거기로부터 살아 있는 자와 죽은 자를 심판하러 오십니다.
예수님 피, 예수님 보혈! 예수님 피, 예수님 보혈!
(들숨) 예수님 피, (날숨) 예수님 보혈!

나는 성령님을 믿으며, 거룩한 공교회와
주 예수 그리스도님, 저를 불쌍히 여기소서!
(들숨) 주 예수 그리스도님, (날숨) 저를 불쌍히 여기소서!

성도의 교제와 죄를 용서받는 것과,
예수님 피, 예수님 보혈! 예수님 피, 예수님 보혈!
(들숨) 예수님 피, (날숨) 예수님 보혈!

몸의 부활과 영생을 믿습니다. 아멘!
주 예수 그리스도님, 저를 불쌍히 여기소서!
(들숨) 주 예수 그리스도님, (날숨) 저를 불쌍히 여기소서!

제 15장
성령님의 열매

오직 성령님의 열매는
사랑과 희락과 화평과 오래 참음과
자비와 양선과 충성과 온유와 절제니
이같은 것을 금지할 법이 없느니라
– 갈라디아서 5장 22–23 –

제15장
성령님의 열매

예수님의 말씀을 잠잠히 들어 봅시다.

> 나는 참 포도나무요 내 아버지는 그 농부라 …… 너희는 가지
> 니 저가 내 안에 내가 저 안에 있으면 이 사람은 과실을 많이
> 맺나니(요 15:1,5)

하나님의 마음을 닮은 사람들.
하나님께서 보시기에 심히 좋았던 사람들.
아버지와 자녀간의 흐뭇한 사랑으로 감미로웠던 에덴.
그 복된 동산을 그려보십시오.
이름 그대로 기쁨이요, 행복이요, 평화입니다.
그런데 다른 것에 마음이 빼앗겼으니…….
그래서 아버지와 관계가 단절(斷絕)되고…….
그러나 하나님께서 사람의 죄를 대신하여 흠도 없고 점도 없는 짐승
의 피를 받으시고, 교제의 끈을 이으시며, 하나님의 성품이 회복되기
를 바라셨으니……. 이사야 5장 1-7절에는 이런 애절한 사연으로 가득
합니다.

> 내가 나의 사랑하는 자를 위하여 노래하되 나의 사랑하는 자
> 의 포도원을 노래하리라 나의 사랑하는 자에게 <u>포도원이 있음</u>
> 이여 심히 기름진 산에로다 땅을 파서 돌을 제하고 극상품 포

도나무를 심었도다 그 중에 망대를 세웠고 그 안에 술틀을 팠었도다 좋은 포도 맺기를 바랐더니 들 포도를 맺혔도다 예루살렘 거민과 유다 사람들아 구하노니 이제 나와 내 포도원 사이에 판단하라 내가 내 포도원을 위하여 행한 것 외에 무엇을 더할 것이 있었으랴 내가 좋은 포도 맺기를 기다렸거늘 들포도를 맺힘은 어찜인고

사랑하는 자를 위하여 만드신 포도원.
좋은 포도 맺기를 천년을 하루같이 기다리시는 하나님.
그런데 들포도 밖에 못 맺는 사람들……
이들을 보다 못해 미어지는 가슴……
하염없이 흐르는 눈물……
끊임없이 이어지는 통곡……
처절한 탄식……
"내가 행한 것 외에 무엇을 더 할 것이 있었으랴"

전능하신 하나님의 지혜와 능력으로 하실 수 있는 것은 무엇이든 다 해 주시고 기다리셨습니다. 그것도 하루 이틀이 아니라 몇 십 년, 몇 백 년도 아니라, 몇 천 년씩이나 말입니다.
그러나, 아, 그러나……

"공평 대신에 포학을 맺는 사람들",
"의로움보다는 부르짖음을 맺는 사람들"

여러분 같으면 어떻게 했겠습니까?
그럼에도 불구하고 또 새로운 길을 다시 여셨으니……
그분이 예수 그리스도님이십니다.
하나님의 독생자, 예수님은 아버지의 앓는 가슴을 그대로 품고 이 땅에 오셔서 십자가에 달려 대신 죽으시고 부활하사 성령님을 보내어 주셨습니다.

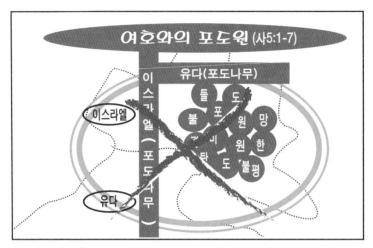

그림 31 / 이사야의 포도원 예언(사5:1-7)

예수님을 구주로 믿는 사람의 마음속에 입주(入住)하신 성령님.
성령님께서 새 일을 행하십니다.

이제 저와 함께 예수님께서 친히 하신 요한복음 15장 1-5절 말씀을
한 폭의 그림으로 그려봅시다.

> 내가 참 포도나무요 아버지는 그 농부라 …… 가지가 포도나
> 무에 붙어 있지 아니하면 절로 과실을 맺을 수 없음 같이 너희
> 도 내 안에 있지 아니하면 그러하리라 나는 포도나무요 너희
> 는 가지니 저가 내 안에 내가 저 안에 있으면 이 사람은 과실
> 을 많이 맺나니 나를 떠나서는 너희가 아무 것도 할 수 없음이라

자, 준비 되셨습니까? 우선 종이를 길게 놓고, 그 종이 맨 위쪽에 하
늘 구름을 그리고 그 한 가운데 이렇게 적어 보십시오

천국농부 : 성부 하나님

그 밑에 포도나무를 하나 큼직하게 그리고 그 줄기에 이렇게 쓰십시오.

줄기 : 성자, 예수 그리스도님

다음에 가지를 멋들어지게 그리고 그 가지에다가는 각자 자기 이름을 쓰십시오.

가지 : ○ ○ ○

다 그렸습니까? 그럼 이제 그 그림을 가지고 얘기해 봅시다.

천국농부이신 성부 하나님께서, 천국제 단비, 즉 사랑, 희락, 화평, 인내, 자비, 양선, 온유, 충성, 절제를 뿌리십니다.

포도나무이신 성자 예수 그리스도님은, 뿌리로부터 잎으로부터 그 천국제 생명수를 빨아들이십니다.

가지된 나는 줄기에 붙어서 그 진액을 빨아들여야 하지요.

그런데 가지된 내게는 그 진액을 빨아들일 힘이 없습니다.

이것이 문제입니다. 여기서 많은 그리스도인들이 갈등하다 그대로 주저앉고 맙니다. 그래서 수십 년을 그냥 그렇게 살고 지고…… 혹 몇몇이 발버둥을 쳐보지만 천국제 생명수액을 받아먹을 힘이 없으니…… 그래요. 가지역할도 제대로 못하는 주제에 좋은 열매는 무슨…… 여러분은 어떻습니까? 잘 빨아먹고 있습니까? 저만 그런 것입니까? 사실 있잖아요. 예수님을 삼년 내내 따라다녔던 제자들조차도 다 그랬습니다.

그렇습니다. 이는 사람의 힘으로는 절대로 할 수 없는 일입니다. 줄기에 붙어 있는 것도, 생명수액을 빨아먹는 것도 사람의 힘으로는 도저히 불가능합니다. 그것은 이천년을 이어온 그리스도교역사가 증명하는 엄연한 사실입니다. 또한, 몇 천 년이나 기대를 걸고 사람농사를 지어오신 천국농부 하나님 아버지의 결론(結論)이기도 합니다.

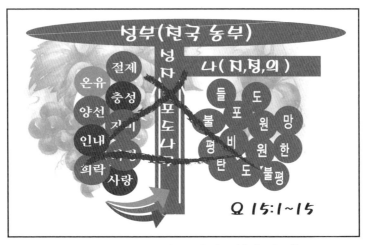

그림 32 / 포도나무 가지=나(지.정.의)

그래서 하늘 농부님은 한 획기적인 조치를 단행하셨습니다. 그것이 무엇입니까?

"성령님을 받으라"

그렇습니다. "성령님을 받으라"가 그 해법(解法)입니다.

이는 예수님께서 십자가에 죽으시고 무덤에서 다시 살아나셔서, 안식일 후 첫날 저녁에 제자들에게 오시어 저희를 향하여 하신 선언이기도 합니다. 천지만물을 만드시고 맨 마지막 날 사람을 흙으로 빚으시고 그 코에 생기를 불어 넣으셨듯이(breathed), 이제는 마가의 다락방에서 제자들에게 숨을 깊이 들이키시고(a deep breath) 내쉬며(breathed) 거룩한 숨님(the Holy Breath)을 불어 넣으셨습니다. 이는 에덴동산에서 한 사람 아담의 범죄로 말미암아 그 마음속에서 살수 없어서 나가셨던 하나님의 생기/생명이 십자가를 관통하고 부활하신 예수님으로 말미암아 사람의 마음속에 다시 오실 수 있게 된 사건입니다. 그렇게 포도나무 가지된 우리 마음속에 들어오신 분이 바로 성령님이십니다.

그러니 이제, 우리 그림을 다시 보강해야 하겠습니다.

어떻게요? 가지에 있는 각자의 이름 앞에 "성령님"이라고 써넣고 각자의 이름을 '괄호(○ ○ ○)'로 처리하십시오.

그러면 이렇게 되지요.

> 천국농부 : 성부 하나님
> 줄기 : 성자 예수 그리스도님
> 가지 : 성령님(○ ○ ○)

이제야 그림이 다 완성된 것 같군요.

> 천국농부 성부님께서 천국제 단비를 뿌려주시면……,
> 포도나무 성자님은 온 몸으로 그 생명수를 받으시고……,
> 가지 속에 계신 성령님은 그 생명수액을 끌어드려
> 여기 저기 잔가지에까지 골고루 공급하시고……,
> 그래서 포도나무가 자라고 꽃이 피고 열매를 맺고…….

어떻습니까? 어디 한 곳도 막힘없이 물 흐르듯 하지 않습니까?

이 얼마나 아름다운 성삼위일체 하나님의 합력(合力)입니까?

이 고귀한 사역(使役)에 감히 그 알량한 힘을 좀 보태시겠다고요? 그, 그게 항상 문제입니다. 바로 그것이 너무나 자연스러운 하나님의 사역을 방해하는 주된 요인입니다.

포도나무 가지에 향긋하고 달콤한 극상품 포도열매가 맺히고 안 맺히고는 전적으로 가지 속에 계신 성령님께 달렸습니다. 그것은 오로지 성령님의 몫입니다. 우리는 단지 마음그릇을 성령님께 드리고 잠잠히 기다리기만 하면 됩니다. 우리 마음을 성령님께서 온전히 소유하시도록 드리고, 비바람이 몰아치나 햇볕이 내리 쬐나 마냥 그렇게 기다리는 삶.

　그것이 "성령님 충만의 비결"이요,
　그것이 "극상품 포도열매를 맺는 비책"입니다.
　그것이 하나님의 형상대로 지음 받은 사람에게서 천국제 극상품 포도 열매를 얻고 싶어 하시는 '성삼위 하나님의 최종 복안(腹案)' 입니다.

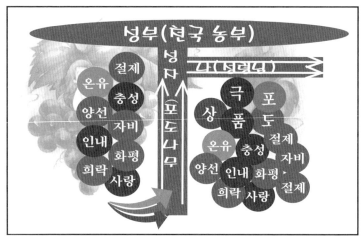

그림 33 / 포도나무 가지 = 나(성령님)

　우리가 마음을 드리면 어떤 일이 일어납니까?
　우리 마음을 받으신 성령님은 포도나무[예수님] 줄기에 가득히 들어와 있는 천국제 수액을 빨아들이기 시작합니다. 그렇게 빨아들인 수액을 우리 마음그릇에 차곡차곡 쌓고 또 쌓다가 마침내 넘쳐서 우리 혼

(정신)속으로 …… 더 나아가 온몸 구석구석으로 흐르고 흘러 …… 분출하여 쌓이고 ……. 그래서 하나님께서 그렇게도 기다리시던 천국제 극상품 포도열매가 뼈 속까지, 살 속까지 맺습니다. 바로 그 극상품 열매가 곧, 성령님의 열매입니다.

> 오직 성령님의 열매는 사랑과 희락과 화평과 오래 참음과 자비와 양선과 충성과 온유와 절제니 이 같은 것을 금지할 법이 없느니라(갈 5: 22-23)

[성령님의 열매가 맺는 과정]

여기서 잠깐 우리 영혼 속에서 성령님의 극상품 열매가 맺히는 과정을 그림으로 그려봅시다.

먼저 타원형 원을 하나 그리고, 그 한 가운데 [자아]라고 쓰고, 왼쪽에는 [혼]을, 오른쪽에는 [영]이라고 쓰고, 이어서 더 오른쪽에 [성령님]이라고 쓰십시오. 다 썼습니까? 이제 [자아]로부터 [화살표]를 [혼]쪽으로 그리고 그 [화살표] 속에 [외향(外向)]이라고 쓰십시오. 그리고 자아로부터 [불평, 원망, 낙심, 한숨……등]이 마치 문어발처럼 뻗어 나오는 장면을 그리십시오.

[자아]가 [혼]과 함께 바깥으로 향하면, 쉽게 말해서 세상으로 향하면 견물생심(見物生心)이라 욕심이 생기고, 욕심으로부터 [불평, 원망, 낙심, 한숨 ……등]이 무분별하게 이 모양 저 모양으로 뻗어 나와서 결국 죄를 낳고 죄가 자라서 사망을 낳고 맙니다.

이를 그려본 것이 다음의 그림입니다.

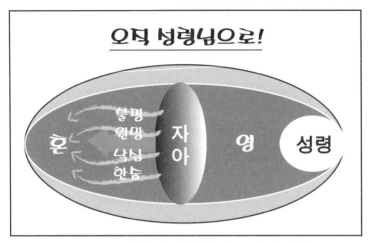

그림 34 / 자아의 성향에 따른 변화(외향)

이제는 [자아]로부터 역시 [화살표]를 [영:성령님]쪽으로 그리고 그 [화살표]속에 [내향;內向]이라고 쓰십시오. 이는 우리가 날마다 분초마다 마음속, 곧, 영의 깊은 곳에 계신 성령님께로 [자아]가 향하는 것을 의미합니다. 그렇게 되면 바깥으로 뻗치던 [불평, 원망, 낙심, 한숨……등]의 어두운 세력들이 내면으로 향하게 됩니다.

이를 그려본 것이 아래의 그림입니다.

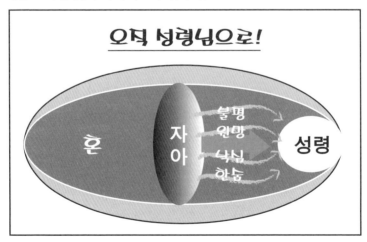

그림 35 / 자아의 성향에 따른 변화(내향)

여기까지 되었습니까? 이렇게 내면으로 향하던 자아에서 뻗어 나온 원망, 불평, 낙심, 한숨……등의 촉수(觸鬚)는 성령님의 맑고 드밝은 조명을 받는 순간 하나 하나 녹아집니다. 그리고 성령님을 잠잠히 바라보고, 숨을 쉬면, 성령님으로부터 [사랑, 인내, 화평 …… 절제]등이 흘러나와서 영과 혼과 육에 가득하게 펴져나가 마침내 잘 익은 [천국제 성령님열매]가 됩니다. 이를 표현해 본 것이 아래 그림입니다. 이 모든 것을 가능케 하시는 분은 물론 오직 한 분, 성령님이십니다.

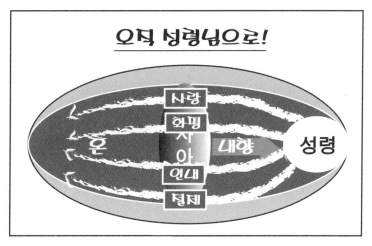

그림 36 / 성령님 열매 맺는 과정

[극상품 성령님의 열매]

자, 이제 이렇게 맺은 '극상품 성령님의 열매' 하나를 좀 더 자세히 그려봅시다.

종이 한 가운데 작은 원을 그리고 그 원 속에 이렇게 쓰십시오.

영(靈) : 의화(義化 : Justification)

우리가 예수님을 구주로 믿고 성령님을 영접하는 순간에 무엇보다 먼저 예수 그리스도님의 십자가 보혈로 우리의 영이 의롭게 됩니다. 그래요. 성령님께서 우리 마음의 깊은 곳, 영(spirit)속에 좌정하시는 순간, 우리 모두는 하나님께서 보시기에 의롭다고 인정됩니다. 우리가 이렇게 의롭게 된 것은 무슨 의로운 행위에 의해서가 아닙니다. 하나님의 생명을 받으므로 우리의 신분이 하나님의 자녀, 곧 의로운 신분으로 바뀌었기 때문입니다.

그래서 이제는 혹, 우리가 또 다시 무슨 죄를 짓는다 할지라도 그건 흰옷에 얼룩이 묻은 것이요, 악(惡)해서가 아니라 약(弱)해서 넘어진 것입니다. 그 얼룩은 우리가 성령님을 바라보고, 예수님의 피를 요청하는 순간에 예수님 십자가 보혈로 깨끗이 씻기고, 또한, 성령님의 조명으로 나날이 더 정화되어 갈 것입니다. 그래서 더 이상 아무도 그 누구도 우리를 정죄할 수 없게 됩니다. 우리는 이미 의화(義化) 되었습니다.

그림 37 / 성령님 열매 : 영(의화)

그러나 이때는 우리의 영속에 성령님의 열매가 단지 씨앗으로 보관된 상태입니다. 이런 상태만으로 신앙생활을 하고 있으니 열매를 맺을 수 없을 수밖에…… 생각해 보십시오. 씨앗을 밭에 심지 않고 처마 밑에 달아두고서야 어찌 열매를 맺을 수 있겠습니까? 밭에 심어야 싹이 나고 꽃이 피고 열매를 맺지요.

영속에 성령님을 모신 것은 참 잘한 일입니다.

그러나 그것만으로는 부족합니다.

혼속에 성령님의 씨앗이 심겨지고 싹이 나와야 합니다.

그래야 열매를 기대할 수 있습니다.

그러니 마음밭을 성령님께 드립시다.

성령님을 바라봅시다.

성령님을 바라보는 시간이 마음밭을 드리는 시간입니다.

하나님을 바라보는 것을 계속 연습합시다.

[하나님임재연습]이라는 책을 1천 번이나 읽어도 실제로 하나님과 눈 맞추는 [일초접속훈련]을 지속하지 않으면 아무런 소용이 없습니다. 브라더 로랜스처럼 하나님임재를 연습합시다.

다음에 두 번째 원을 양궁 과녁을 그리듯 그리고, 이 원 안에는 이렇게 쓰십시오.

혼(魂) : 성화(聖化 ; Sanctification)

그리고 그것을 아홉 칸으로 나누고 각 칸마다 성령님의 열매를 하나씩 써넣으세요.

사랑	희락	화평
인내	자비	양선
온유	충성	절제

이렇게 우리 혼이 성령님의 열매로 가득하게 되는 것이 성화(聖化)입니다. 우리의 영속에 계신 성령님은 우리가 마음, 곧 혼의 지(知), 정(情), 의(義)를 드리고 계속 우러러보고 거룩한 숨님을 숨 쉬는 동안에 우리 마음속 깊은 곳, [지성소]에서 생명수의 강으로 굽이굽이 흘러 이사야 선지자가 58장 11절에서 예언한 물댄 동산 같게 하십니다.

> 나 여호와가 너를 항상 인도하여 마른 곳에서도 네 영혼을 만족케 하며 네 뼈를 견고케 하리니 너는 물댄 동산 같겠고 물이 끊어지지 아니하는 샘 같을 것이라

그림 38 / 성령님 열매 : 혼(성화)

이제 마지막 원을 역시 양궁 과녁을 그리듯 크게 하나 더 그리고, 그 원 속에 이렇게 쓰십시오.

육(肉) : 영화(靈化 : Spiritualization)

그것도 역시 먼저 그린 둘째 원에 연이어 아홉 칸으로 나누어 각 칸

마다 "성령님의 열매"를 써넣으십시오.

사랑	희락	화평
인내	자비	양선
온유	충성	절제

우리 혼/정신에 가득한 성령님의 아홉 가지 진액이 우리가 끊임없이 주님께 마음을 드리고 주님과 눈 맞추고 있노라면, 우리 몸의 이곳저곳에 그대로 흘러 넘쳐서 살 속까지 쌓이고 뼈 속까지 스며들어 아름답고 영롱한, 그야말로 하나님께서 영광을 받으실 열매가 맺힐 것입니다.

이 영화(靈化)는 예수님께서 재림하셔서 우리 몸이 부활에 참여할 때나 가능하리라고 생각하는 사람들이 많습니다. 저도 동감(同感)합니다. 그러나 그에 앞서 먼저 지금 여기 이 땅에서 우리는 반드시 하나님께 영광을 돌리는 신령한 몸들이 되어야 합니다. 고린도전서 6장 19-20절에서는 이를 이렇게 말씀하셨습니다.

너희 몸은 너희가 하나님께로부터 받은바 너희 가운데 계신 성령님의 전인 줄을 알지 못하느냐 너희는 너희의 것이 아니라 값으로 산 것이 되었으니 그런즉 너희 몸으로 하나님께 영광을 돌리라

이 성령님의 열매를 무엇이라고 불러야 옳겠습니까? 원래 "성령님의 열매(the fruit of the Spirit)"는 아홉 가지가 아니라 하나입니다. 열매는 하나인데 다섯 가지 맛을 내는 열매를 '오미자(五味子)'라고 하듯이, 열매는 하나인데 아홉 가지 맛을 내는 열매, 무엇이라고 불러야 옳겠습니까?

저는 이 열매를 "구미자(九味子)"라고 부르고 싶습니다.

구미자(九味子), 천국제 구미자!

어떻습니까? 이 천국제 구미자 열매가 주렁주렁 맺는 삶.

그래서 각자 선 자리에서 예수님의 인격을 그대로 재현하는 삶.

바로 이것이 그렇게도 열망하시던 하나님 아버지께 극상품 포도열매를 한 아름 안겨 드리는 삶이 아니겠는지요.

그런데 그 열매가 잘 익은 극상품이 되기까지 걸리는 기간은 사람에 따라 다 다릅니다. 아브라함도, 요셉도, 모세도, 다윗도, 베드로도, 바울도 대부분 수십 년은 족히 걸렸습니다. 그러나 저는 확신합니다. 우리가 마음을 드리면 드린 만큼 그 시간이 단축될 것이라고……. 먹든지 마시든지, 깨든지 자든지, 살든지 죽든지, 주의 영광을 나타내려는 일념 하나로 온몸과 마음을 성령님께 드리면 드린 만큼 더 빨리 더 잘 익은 열매가 될 것이라고…….

그림 39 / 성령님 열매 : 육(영화)

이제는 실천입니다.

저와 함께 지금 곧 실천하지 않겠습니까?

실천하지 않으면 지금까지 읽은 것은 그대로 지식으로 머리에 남아 언젠가 그 지식이 교만이라는 독약(毒藥)이나 화석(化石)이 되어 여러분의 마음을 마비시켜 돌같이 굳어지게 할 것입니다.

오직 성령님께 마음을 드리십시다!

언제 어디서나 성령님께 두 눈을 고정시키십시다!

거룩한 숨님을 먹고 마시고 숨 쉬십시다!

항구를 떠나는 돛단배가 그 항구를 벗어나기까지는 다소 힘이 들겠지만, 드넓은 바다로 나서면, 어디선가 불어오는 시원한 바람을 받게 되어 …… 순풍에 돛단배가 저 푸른 바다 위를 유유히 달리듯이, 더 쉽게, 더 빠르게, 그리고 더 깊이, 더 가까이, 주님의 심장을 향하여 질주하리니 …….

그래서 머지않아 우리 온 몸에

성령님의 사랑, 희락, 화평, 인내, 자비, 양선,

성령님의 충성, 온유, 절제가 잠잠히 스며 나오리니…….

그제야 하나님의 입가에 가만히 번지는 미소를 보게 되리라.

> 너희가 과실을 많이 맺으면 내 아버지께서 영광을 받으실 것이요 너희가 내 제자가 되리라 샬롬!!

> 예수님 닮기 원합니다 성령님으로 성령님으로
> 예수님 닮기 원합니다 성령님으로
> 성령님으로 성령님으로
> 예수님 닮기 원합니다 성령님으로 아멘!

참고로,

'성령님의 열매에 따른 [예수호흡기도]'를 올립니다.

[성령님의 열매에 따른 예수호흡기도]

-갈라디아 5장 22-23절

- 몸을 바로 세우고, 앞뒤 좌우로 가볍게 흔들어 보십시오.
- 숨을 가볍게 쉬며, 느껴보십시오.
- 떠오르는 생각을 자연스럽게 놓아 버리십시오.
- 조용히 성령님의 임재를 의식하십시오.
- 내 몸 안에서 나를 기다리시는 주님을 고요히 바라보십시오.

오직 성령님의 열매는 사랑~~

　예수님 피, 예수님 보혈! 예수님 피, 예수님 보혈!

　(들숨) 예수님 피, (날숨) 예수님 보혈!

희락~~

　주 예수 그리스도님, 저를 불쌍히 여기소서!

　(들숨) 주 예수 그리스도님, (날숨) 저를 불쌍히 여기소서!

화평~~

　예수님 피, 예수님 보혈! 예수님 피, 예수님 보혈!

　(들숨) 예수님 피, (날숨) 예수님 보혈!

오래 참음~~

　주 예수 그리스도님, 저를 불쌍히 여기소서!

　(들숨) 주 예수 그리스도님, (날숨) 저를 불쌍히 여기소서!

자비~~

　예수님 피, 예수님 보혈! 예수님 피, 예수님 보혈!

　(들숨) 예수님 피, (날숨) 예수님 보혈!

양선~~

　주 예수 그리스도님, 저를 불쌍히 여기소서!

　　(들숨) 주 예수 그리스도님, (날숨) 저를 불쌍히 여기소서!

충성~~

　예수님 피, 예수님 보혈! 예수님 피, 예수님 보혈!

　　(들숨) 예수님 피, (날숨) 예수님 보혈!

온유~~

　주 예수 그리스도님, 저를 불쌍히 여기소서!

　　(들숨) 주 예수 그리스도님, (날숨) 저를 불쌍히 여기소서!

절제~~

　예수님 피, 예수님 보혈! 예수님 피, 예수님 보혈!

　　(들숨) 예수님 피, (날숨) 예수님 보혈!

제 16장

시간 구원

세월을 아끼라 때가 악하니라
- 에베소서 5장 16절 -

제16장
시간 구원

하나님께서 처음 만든 세상과 하나님을 닮은 사람은 보시기에 심히 좋았습니다. 그러나 인류의 타락과 함께 그렇게도 좋았던 것들이 모두 다 일그러지고 변질되었습니다. 사람도, 땅도, 바다도, 동식물도 그리고 시간(Time, Day, Age)' 까지도 말입니다. 예수님께서 이 땅에 오신 것은 우리를 죄와 저주에서 구원하기 위함입니다. 이는 또한 "이 악한 세대(from the present evil age)"로부터 우리를 구원하는 것이기도 합니다.[161]

우리가 예수님을 구주로 영접하는 순간 우리 마음속에 임하신 성령님은 악한 세대에서 우리를 건져내어 지금 여기서 천국을 누리게 하십니다. 성령님께서 이 복된 일을 하시기 위해서 요청하시는 것이 우리의 마음이요, 그 다음은 시간입니다. 하루는 누구에게나 24시간입니다. 그러나 우리에게 다가오는 모든 시간들은 "악(evil)"합니다. 사탄은 이 사악한 시간 속에 숨어서 인간들을 유혹하여 타락시키기 위해 혈안입니다.

홀로 있는 심심하고 따분한 시간. 그 때야말로 시간 속에 숨어 있는

---

161) (갈 1:4) 그리스도님께서 하나님 곧 우리 아버지의 뜻을 따라 이 악한 세대에서 우리를 건지시려고 우리 죄를 위하여 자기 몸을 드리셨으니

사악한 세력이 준동(蠢動)하기에 가장 좋은 시간입니다. 그래서 돈 좀 있고 할 일없는 사람들이 이 사악한 시간 속에 숨어서 호시탐탐 기회를 노리는 악마의 희생(犧牲)제물이 되고 맙니다. 여러분 주위에는 그런 사람이 없습니까? 혹시 당신은 아닌지요.

그런가 하면 눈코 뜰 새도 없이 바쁘게 보낸 시간조차도 우리를 타락으로 몰고 가는 악한 시간일 수 있습니다. "바쁘다 바빠", "빨리 빨리"가 부실(不實)을 양산(量産)하여 얼마나 많은 사람들을 죽이고, 가정을 파괴하고, 회사를 망가뜨리고, 한 나라까지도 몰락시키고 있는지 보십시오. 우리는 거의 매일 이런 뉴스를 접하고 삽니다. 속전속결(速戰速決)은 부실로 인한 패망의 지름길입니다.

시간은 원래 악하기 때문에 그 시간 속에 한번 빠지면 누구나 헤쳐나오기 힘든 몹쓸 병에 걸립니다.
이 무서운 병의 이름이 "안달병, 조급증"입니다.
혹 당신은 이런 안달병 환자가 아닙니까?

> 세월을 아끼라 때가 악하니라(엡 5:16)
> Redeeming the time, because the days are evil.

여기서 말하는 "세월을 아끼라"에서 "아끼라"는 "구원하라, 구속하라(Redeeming)"입니다. 그래서 "세월을 아끼라"는 "시간을 구원하라(Redeeming the time.)"입니다.
왜, 하나님께서 '시간을 구원하라'고 하셨습니까?
그것은 "모든 날들이 악하기(the days are evil.) 때문"입니다.

우리 앞에 다가오는 시간이 느리게 온다고 느껴지든, 빠르게 온다고 느껴지든, 그 시간들은 모두 다 악한 시간이기 때문입니다. 이 말씀은 단지 시간이 귀하니까 시간을 아껴야 한다는 차원 정도가 아닙니다. 그 이상입니다. 시간을 악에서 구원해야 한다는 것입니다. 그렇지 않으면 그 시간은 악한 시간인 채로 흘러 가 버립니다. 우리가 그냥 흘러 보낸 그 시간이나 또는 죄악을 즐기며 보낸 시간은 예외 없이 모두 다 사악한 시간인 채로 지나갑니다.

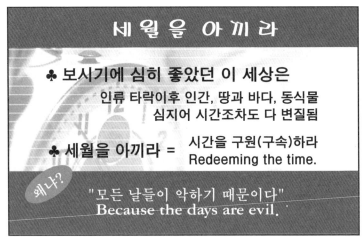

그림 40 / 세월을 아끼라

그러므로 그 악한 시간을 반드시 구원해야 합니다.

어떻게 시간을 구원합니까?

여기서 우리 주 예수님께서 하신 말씀을 살펴봅시다.

사랑하는 나사로가 병들었다는 소식을 듣고 다시 유대로 가시면서 요한복음 11장 9-11절에서 이렇게 말씀하셨습니다.

"예수님께서 대답하시되 낮이 열두시가 아니냐 사람이 낮에 다니면 이 세상의 빛을 보므로 실족하지 아니하고 밤에 다니면 빛이 그 사람 안에 없는 고로 실족하느니라 이 말씀을 하신

후에 또 가라사대 우리 친구 나사로가 잠들었도다 그러나 내
가 깨우러 가노라"

"낮이 열두시가 아니냐"[개역]
"Are there not twelve hours in the day?"[KJV]
"Are there not twelve hours of daylight?"[NIV]

이 말씀은 "낮이 열두 시간이 아니냐[개정]" 또는, "낮에 열두 시간이
있지 아니하냐[킹흠정]"로 번역하는 것이 옳습니다.

그렇습니다. 낮은 열두시간입니다.

여기서의 낮은 무엇을 말하는 것입니까?

이는 예수 그리스도님을 지칭합니다.

예수님은 자신을 '세상의 빛, 생명의 빛'이라고 하셨습니다.[162]

예수님께서 이 땅에 계시는 동안은 항상 '낮의 시간'입니다.

때가 아직 낮이매(While it is day) 나를 보내신 이의 일을 우
리가 하여야 하리라 밤이 오리니(the night come) 그때는 아
무도 일할 수 없느니라 내가 세상에 있는 동안에는(While I
am in the world) 세상의 빛이로라(I am the light of the
world.) (요 9:4-5)

빛이신 예수님과 함께 다니면 언제나 낮입니다.
낮이신 예수님과 함께 다니면,
아무리 위험한 현장에 있어도 낮이요,
죽음에 직면해 있어도 낮이요,
이미 죽어 송장이 되어 있어도 낮입니다.
왜, 그렇습니까?

---

162) (요 8:12) 나는 세상의 빛(the light of the world.)이니 나를 따르는 자는 어두움에
다니지 아니하고 생명의 빛(the light of life)을 얻으리라

> 예수님은 참 빛이시고, 낮을 만드신 분이요,
> "정오의 빛보다 더 밝은 빛"이시기 때문입니다.163)

예수님께서 우리의 죄를 대신 지고 십자가에서 죽고 부활하사 성령님을 보내 주셨습니다. 그러므로 예수님을 구주로 믿는 사람의 마음속에는 항상 낮의 시간으로 사신 예수님의 영, 성령님이 임하십니다. 성령님은 생명의 빛이요, 세상의 빛이신 예수님의 영이십니다.

사도행전에는 사울이 예수님 믿는 사람을 잡으러 가다가 "정오의 빛보다 더 밝은 빛" 가운데서 예수님을 만나고, 성령님으로 충만하여, 전혀 딴 사람이 된 기사가 나옵니다. 이는, '참 빛의 육화(肉化)이신 예수님'께서 '참 빛의 영화(靈化)이신 성령님'으로 사울의 마음속에 임하여 모든 어두움 즉, 밤을 몰아내었기 때문입니다. 그 후 사울은 이방 땅에 복음을 전하면서 그 지역의 언어풍습을 따라 "바울"로 개명하여, 수많은 사람들을 "어둠에서 빛으로" "사단의 권세에서 하나님께로" 돌아오게 하는 전도자가 되었습니다.164) 그는 언제 어디서나 늘 그렇게 살았지만 특히, "유라굴로라는 광풍"을 만나 생사의 갈림길에서 다들 죽는다고 아우성치는 절박한 상황에서도 항상 낮과 같은 여유를 보이며 수많은 사람들을 살렸습니다.165)

> '밤의 사람이던 사울'을 '낮의 사람 바울'로 만드신 분!
> 참 빛의 육화(肉化)이신 예수님의 영,
> 곧 참 빛의 영화(靈化)이신 성령님이
> 지금 너와 나, 우리 마음속에 계십니다.

---

163) (행 26:13) 왕이여 때가 정오나 되어 길에서 보니 하늘로서 해보다 더 밝은 빛이 나와 내 동행들을 둘러 비추는지라
164) (행 26:18) 그 눈을 뜨게 하여 어두움에서 빛으로 사단의 권세에서 하나님께로 돌아가게 하고 죄 사함과 나를 믿어 거룩케 된 무리 가운데서 기업을 얻게 하리라 하더이다
165) (행 27:34) 음식 먹으라 권하노니 이것이 너희 구원을 위하는 것이요 너희중 머리터럭 하나라도 잃을 자가 없느니라 하고
166) (롬 13:12) 밤이 깊고 낮이 가까웠으니 그러므로 우리가 어두움의 일을 벗고 빛의 갑옷을 입자(let us put on the armour of light.)

이제 우리도 모든 어둠의 삶을 청산합시다.

빛의 자녀답게 항상 낮으로 삽시다.

이를 위해 정오의 빛보다 더 밝은 생명의 빛/세상의 빛의 영화(靈化)로 우리 마음속에 오신 성령님께 마음을 드립시다. 그러면 성령님은 우리 마음속 여기저기에 아직도 숨어있는 밤의 잔당들(불평, 염려, 걱정, 근심, 불안, 초조……)을 소리 소문 없이 말끔히 소탕(掃蕩)하십니다. 성령님은 또한 우리 마음을 부드럽게 만드셔서 "빛의 갑옷(the armour of light)"을 입혀 주십니다.[166]

너와 나에게 혹 갑자기 어떤 피치 못할 일이 생겼습니까? 도무지 사람의 상식으로는 전혀 불가능한 현실일지라도 나는 틀렸고 성령님은 항상 옳습니다. 내 판단으로는 죽은 것이 분명해 보여도 주님이 "잠들었다"고 하시면 잠든 것입니다.

우리는 오직 주님의 말씀에 "아멘" 합시다.

제자들은 "함께 죽으러 가자"며 예수님을 따랐습니다.

그렇게 예수님을 따르다 십자가를 넘어서 성령님을 모시고, 그 성령님께 자신을 전부 드린 제자들은 그 후 언제 어디서나 항상 낮 12시로 살았습니다.

> 거짓 누명을 쓰고 지하 감옥에 갇혀도 낮 12시요,
> 짐승의 가죽을 쓰고 쫓겨 다녀도 낮 12시요,
> 원형극장에서 짐승에게 찢겨 죽어가면서도 낮 12시요,
> 불에 타 죽어가면서도 낮 12시요,
> 십자가에 거꾸로 매달려 죽어가도 낮12시였습니다.
> 이는 오직 세상의 빛, 생명의 빛이신 성령님으로 가능했습니다.
> 밤을 낮으로, 어둠을 빛으로, 사탄의 권세에서 하나님께로,
> 시간을 구원할 수 있는 분은 오직 성령님 한 분뿐이십니다.

나 홀로 쓴 시간은 아무리 정교하게 썼다고 해도 그 시간은 구원받지 못한 시간입니다. 제자들이 예수님과 함께 있을 때만 세상의 빛을 보고 실족하지 않은 것처럼 우리의 시간도 오직 성령님께 드려진 시간만이 구원받은 시간입니다.

한 사람이 얼마나 빨리 예수님의 인격을 닮느냐 하는 것은 전적으로 주어진 시간을 얼마나 많이 성령님께 드리느냐에 달려 있습니다. 하루에 한 시간을 성령님께 드린 사람과 24시간을 성령님께 드린 사람과의 차이는 엄청납니다. 거의 매일 하루 온종일 주님의 빛의 조명을 받는 사람은 일 년이 채 못 되어 알아보지 못할 정도로 전혀 딴 사람이 되어 있을 것입니다. 하물며 하루에 단 한 시간도 성령님께 마음을 드리지 않은 사람은 어떠하겠습니까? 저는 집회를 가는 곳마다 성령님께 마음을 드리고 시간을 드릴 것을 강조합니다. 그리고 다음 해에 다시 가서 보면, 매 순간순간 마음과 시간을 성령님께 드린 사람과 그렇지 않은 사람이 현격히 구별되는 것을 똑똑히 보았습니다.

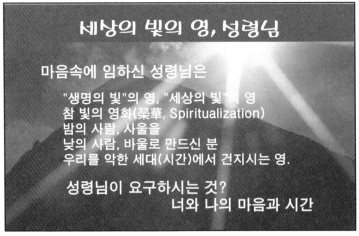

그림 41 / 세상의 빛의 영, 성령님

하루 24시간을 성령님께 드립시다.

성령님이 우리 시간을 쓰시게 합시다.

성령님께 양도된 시간만이 너와 내가 천국으로 다듬어지고 여기 이 땅에서 천국을 누리는 구원받은 시간입니다. 이렇게 성령님으로 시간을 구원한 사람은 최단시간에 예수님의 인격을 닮은 사람으로 발견 될 것입니다.

거듭 말씀드립니다.

지금 시작합시다. 내일이면 늦습니다.

지금까지 허송한 세월로 족합니다.

이 글을 읽고도 기어이 그냥 흘러 보낸 시간들.

그 시간들이 구원받지 못한 시간입니다.

오늘도 우리 곁으로 구원받지 못한 시간들이 흐르고 있습니다.

머지않은 그 날, 그 시간들이 소리칠 것입니다.

"당신이 구원하지 않은 내가(시간) 여기 있소. 나를 보시오."

그 소리가 소름끼치는 절규로 다가올 것이요,

회한(悔恨)과 통한(痛恨)의 눈물을 자아낼 것입니다.

절대로 허튼소리가 아닙니다.

> "아무 공적도 없는 부끄러운 구원".[167]
> "잿더미 속에서 겨우 목숨만 건진 구원".
> "벌거벗은 수치스러운 구원".[168]
> "바깥 어두운데 쫓겨나 슬피 울며 이를 갊이 있는 구원".[169]

---

167) (고전 3:15) 누구든지 그 공적이 불타면 해를 받으리니 그러나 자신은 구원을 받되 불 가운데서 받은 것 같으리라

168) (계 3:18) 내가 너를 권하노니 내게서 불로 연단한 금을 사서 부요하게 하고 흰 옷을 사서 입어 벌거벗은 수치를 보이지 않게 하고 안약을 사서 눈에 발라 보게 하라

169) (마 25:30) 이 무익한 종을 바깥 어두운 데로 내쫓으라 거기서 슬피 울며 이를 갈리라 하니라

그러니 지금 이 시간을 구원합시다.

지금 이 시간이 이를 실천할 구원의 때입니다.

성령님께 드린 시간만큼 더 받아 넉넉하게 될 것이요,

시간을 성령님께 드리지 않은 사람은 그 있는 것마저도 빼앗길 것입니다.[170)]

> 하나님은 일 년에 며칠이나 당신을 보고 계실까요?
> 하루에 몇 시간, 몇 분, 몇 초나 보고 계십니까?
> 매일! 매시! 매분! 매초마다! 라고 하여도 되겠지요.
> 맞습니까? 그렇다면 여러분은 어떻습니까?
> 하루에 몇 시간이나 주님과 눈을 맞추는지요?

하나님은 과거에 얼마나 찬란한 업적을 남겼느냐와 상관없이 지금 이 순간에 우리 한 사람 한 사람과 매순간순간 교제하고 싶어 하십니다. 그런데 사탄이 우리를 파멸시키기 위해 결사적으로 하는 것이 무엇인지 아십니까?

그것은 우리의 "순간(Moment)"을 앗아가는 것입니다.

사탄은 우리로 하여금,

과거를 되새김질하게 해서 "지금 이 순간"을 빼앗아가고,

미래에 대한 불안과 염려에 사로잡히게 하여 역시 "오늘 이 순간"을 구원받지 못한 시간으로 만들어 버립니다. 지나간 과거의 모든 실패와 상처는 이미 주님께서 대신 십자가에 못 박혀 죽으심으로 온전히 처리하셨습니다. 우리에게 있는 시간은 오늘, 현재, 지금, 그리고 이 순간뿐입니다. 주님의 뜻은 오직 성령님으로 오늘 하루 순간순간을 자유롭

---

170) (마 13:12) 무릇 있는 자는 받아 넉넉하게 되되 무릇 없는 자는 그 있는 것도 빼앗기리라

고 행복하게 사는 것입니다. 그러므로 우리 그리스도인의 사명(使命)중에 원초적인 사명은 매 순간순간을 오직 성령님으로 사는 이것입니다.

다시 한 번 더 강조합니다.

"매순간순간을 오직 성령님으로 사는 삶"
"매순간순간 하나님의 루아흐를 숨 쉬는 삶"

이것이 성도의 소명(召命)입니다.

자 이제 드립시다.

오늘을 성령님으로 삽시다.

지금 성령님과 눈 맞춥시다.

매 순간순간 성령님을 우러러봅시다.

온종일 거룩한 루아흐를 숨 쉽시다.

오늘이, 지금이, 순간순간이, 하루하루가 쌓이고 쌓여서, 마침내 각자 있는 그 자리에 예수님의 인격을 닮은 하나님의 사람으로 우뚝 서 있을 것입니다.

바쁜 일에 쫓기는 시간에도 일에 빠지지 말고 성령님께 마음을 고정하시고 잠잠히 숨 쉬십시오.

지금, 바로 지금 그 순간순간을 성령님께 드리십시오.

급히 차를 몰아야 하는 시간에도 운전에 마음이 빼앗기면, 조급하고 짜증나고 때로 흥분되어 얼굴을 붉히기 쉽습니다.

그러니 그 시간도 성령님께 드리십시오.

마일즈 스탠포드(Miles J. Stanford) :

영적 성숙에 있어서 속성과정이란 존재하지 않는다. 유성(流星)은 다른 별보다 빨리 타 버린다. 그러나 항성(恒星)은 그 꾸준한 빛으로 인해 항해자들에게 도움을 준다. 그리스도인 또한 영적 성장기간의 의미를 제대로 알지 못하면 "영적 체험"이나 "축복"에 이르기 위한 거짓 지름길로 접어드는 위험에 처하게 된다.[171)

"순간적인 은혜의 체험보다는 그 은혜 안에서 우리의 품성, 습관, 삶의 방식 등이 모두 변화되는 것이 중요하다. 은혜를 받았다고 해서 그리스도인들이 마땅히 치러야 할 영적전투를 건너뛴 채 곧바로 영광에 이를 수 있다고 생각하면 오산이다. 열매는 하루아침에 맺어지지 않는다. 햇볕도 쬐고, 폭우도 맞으면서 서서히 익어 간다. 폭풍을 잘 이겨 낸 열매가 제대로 익듯이 우리의 영적 성숙도 축복과 시험이 교차되는 가운데서 서서히 진행된다." …… "너희 속에서 착한 일을 시작하신 이가 그리스도 예수님의 날까지 이루실 줄을 우리가 확신하노라"(빌 1:6)는 성경말씀을 통해 알 수 있듯이 우리의 영적 성숙에는 시간이 필요하다"[172)

하나님을 의지하면서 영적으로 성숙하여 하나님의 영광을 드러낸 많은 그리스도인들의 이름을 우리는 알고 있다. 그들은 바로 피어슨(Pierson), … 무디(Moody), … 고포드(Goford), 뮬러(Mueller), 테일러(Taylor), … 마이어(Meyer), … 머리(Murray), … 귀용(Guyon), … 하이드(Hyde), … 맥셔인(McCheyne), … 홉킨스(Hopkins) … 등이다. 이들이 그리스도님을 영접한 이후 성숙한 그리스도인이 되어 자기를 의존하지 않고 자기 안에서 역사 하시는 하나님만을 전적으로 의뢰하며 사역을 시작하기까지는 평균 15년 정도의 시간이 필요했다. 그 시간이 너무 길다고 실망할 필요는 없다. 이러한 사실을 통해 우리는 영원을 바라보며 성숙해 나갈 수 있다.[173)

무슨 말이 더 필요하겠습니까? 이제 우리 마음을 시간보자기로 폭 싸서 성령님께 드립시다. 사도 바울처럼 지속적으로 뒤에 있는 것을 잊어버리고 오직 성령님을 바라보며 좇아갑시다.

> 내가 이미 얻었다 함도 아니요 온전히 이루었다 함도 아니라 오직 내가 그리스도 예수님께 잡힌바 된 그것을 잡으려고 좇아가노라 형제들아 나는 아직 내가 잡은 줄로 여기지 아니하고 오직 한 일 즉 뒤에 있는 것은 잊어버리고 앞에 있는 것을 잡으려고 푯대를 향하여 그리스도 예수님 안에서 하나님이 위에서 부르신 부름의 상을 위하여 좇아가노라(빌 3:12-14) 샬롬!!

> 예수님 닮기 원합니다 성령님으로 성령님으로
> 예수님 닮기 원합니다 성령님으로
> 성령님으로 성령님으로
> 예수님 닮기 원합니다 성령님으로 아멘!

참고로,

'바울기도'는 바울서신에 나오는 바울의 기도입니다. 이 기도문에서 "나"자에 '자기 이름'이나 '기도대상의 이름'을 넣어서 기도하여 많은 사람이 도움을 받았습니다. 이 '바울기도에 따른 예수호흡기도'를 올려봅니다. 그냥 외우는 것보다 더 효과가 있고 더 빨리 실제가 될 것입니다.

---

171) 마일즈 스탠포드, 「그리스도님의 장성한 분량까지」, 임금선 역(서울: 생명의말씀사, 1995), p. 23.
172) 같은 책, p. 24. 조지 굿맨(George Goodman)의 글을 재인용.
173) 같은 책, p. 25.

[바울의 기도]

(엡 1:17-19, 엡 3:14-19)

우리 주 예수 그리스도의 하나님, 영광의 아버지께서 지혜와 계시의 영을 나에게 주사 하나님을 알게 하시고 나의 마음의 눈을 밝히사 그의 부르심의 소망이 무엇이며 성도 안에서 그 기업의 영광의 풍성함이 무엇이며 그의 힘의 위력으로 역사하심을 따라 믿는 나에게 베푸신 능력의 지극히 크심이 어떠한 것을 나로 알게 하시기를 구하옵나이다. 아멘!! (엡 1:17-19)

이러므로 하늘과 땅에 있는 각 족속에게 이름을 주신 아버지 앞에 무릎을 꿇고 비노니 그의 영광의 풍성함을 따라 그의 성령님으로 말미암아 나의 속사람을 능력으로 강건하게 하시오며 믿음으로 말미암아 그리스도께서 나의 마음에 계시게 하시옵고 내가 사랑 가운데서 뿌리가 박히고 터가 굳어져서 능히 모든 성도와 함께 지식에 넘치는 그리스도의 사랑을 알고 그 너비와 길이와 높이와 깊이가 어떠함을 깨달아 하나님의 모든 충만하신 것으로 나에게 충만하게 하시기를 구하옵나이다. 아멘!! (엡 3:14-19)

[바울기도에 따른 예수호흡기도]

- 몸을 바로 세우고, 앞뒤 좌우로 가볍게 흔들어 보십시오.
- 숨을 가볍게 쉬며, 느껴보십시오.
- 떠오르는 생각을 자연스럽게 놓아 버리십시오.
- 조용히 성령님의 임재를 의식하십시오.
- 내 몸 안에서 나를 기다리시는 주님을 고요히 바라보십시오.

우리 주 예수 그리스도님의 하나님,
　예수님 피, 예수님 보혈! 예수님 피, 예수님 보혈!
　(들숨) 예수님 피, (날숨) 예수님 보혈!

영광의 아버지께서 지혜와 계시의 영을 나(OO)에게 주사 하나님
을 알게 하시고
　주 예수 그리스도님, 저를 불쌍히 여기소서!
　(들숨) 주 예수 그리스도님, (날숨) 저를 불쌍히 여기소서!

나(OO)의 마음의 눈을 밝히사 그의 부르심의 소망이 무엇이며
　예수님 피, 예수님 보혈! 예수님 피, 예수님 보혈!
　(들숨) 예수님 피, (날숨) 예수님 보혈!

성도 안에서 그 기업의 영광의 풍성함이 무엇이며
　주 예수 그리스도님, 저를 불쌍히 여기소서!
　(들숨) 주 예수 그리스도님, (날숨) 저를 불쌍히 여기소서!

그의 힘의 위력으로 역사하심을 따라 믿는 나(OO)에게 베푸신
능력의 지극히 크심이 어떠한 것을 나로 알게 하시기를 구하옵나
이다. 아멘!!
　예수님 피, 예수님 보혈! 예수님 피, 예수님 보혈!
　(들숨) 예수님 피, (날숨) 예수님 보혈!

이러므로 하늘과 땅에 있는 각 족속에게 이름을 주신 아버지 앞에 무릎을 꿇고 비노니
　주 예수 그리스도님, 저를 불쌍히 여기소서!
　　(들숨) 주 예수 그리스도님, (날숨) 저를 불쌍히 여기소서!

그의 영광의 풍성함을 따라 그의 성령님으로 말미암아 내(OO)의 속사람을 능력으로 강건하게 하시오며
　예수님 피, 예수님 보혈! 예수님 피, 예수님 보혈!
　　(들숨) 예수님 피, (날숨) 예수님 보혈!

믿음으로 말미암아 그리스도님께서 내(OO)의 마음에 계시게 하시옵고
　주 예수 그리스도님, 저를 불쌍히 여기소서!
　　(들숨) 주 예수 그리스도님, (날숨) 저를 불쌍히 여기소서!

내(OO)가 사랑 가운데서 뿌리가 박히고 터가 굳어져서
　예수님 피, 예수님 보혈! 예수님 피, 예수님 보혈!
　　(들숨) 예수님 피, (날숨) 예수님 보혈!

능히 모든 성도와 함께 지식에 넘치는 그리스도님의 사랑을 알고
　주 예수 그리스도님, 저를 불쌍히 여기소서!
　　(들숨) 주 예수 그리스도님, (날숨) 저를 불쌍히 여기소서!

그 너비와 길이와 높이와 깊이가 어떠함을 깨달아
　예수님 피, 예수님 보혈! 예수님 피, 예수님 보혈!
　　(들숨) 예수님 피, (날숨) 예수님 보혈!

하나님의 모든 충만하신 것으로 내(OO)에게 충만하게 하시기를 구하옵나이다. 아멘!!
　주 예수 그리스도님, 저를 불쌍히 여기소서!
　　(들숨) 주 예수 그리스도님, (날숨) 저를 불쌍히 여기소서!

제 17장

찬송과 사랑 생활

이 백성은 내가 나를 위하여 지었나니
나의 찬송을 부르게 하려 함이니라
– 이사야 43장 21절 –

제17장
찬송과 사랑 생활

[찬송 생활]

'찬송생활', 어떻습니까?

이 말만 들어도 흐뭇하지 않습니까?

누구나 찬송생활을 동경할 것입니다.

그러나 누구에게나 다 가능한 것은 아닙니다. 찬송생활은 노래를 잘 하는 사람이라고 할 수 있는 것이 아니요, 음치(音癡)라고 누리지 못 하는 것도 아닙니다. 노래를 잘 하고 못 하고 와는 전혀 상관없이 성령님을 마음속에 모신 사람이면 누구나 할 수 있습니다. 그래서 찬송생활은 성령님으로 사는 사람이 누리는 특권입니다. 당신은 눈을 뜨면서부터 해가 질 때까지 입에서 찬송이 떠나지 않습니까? 찬송이 찔끔찔끔 새어나옵니까? 콸콸 터져 나옵니까? 어느 곳에 있던지 무슨 일을 만나든지 찬송하며 살기를 원하십니까? 그렇다면 방법이 딱 하나 있습니다. 당신의 마음을 성령님께 드리십시오. 그 길이 유일한 길입니다.

태초에 하나님은 사람을 '찬송의 사람'으로 지으셨습니다. 사람 뿐 아니라 우주 만물은 모두 다 찬송하도록 만드셨습니다. 저 높은 산도 노래하며, 골짜기를 흐르는 개울물도 노래하며, 장엄하게 떨어지는 폭포수도 노래합니다. 하늘을 나는 종달새도 노래하며, 바람에 이리저리

떠도는 구름도 노래입니다. 우주는 찬송입니다. 이 지구 땅에 있는 것 치고 찬송 아닌 것이 없습니다. 마음눈을 성령님께 고정시킨 채 죄악을 벗은 해맑은 눈으로 천지만물을 바라보십시오. 그 순전한 눈길이 머무르는 곳마다 온통 시(詩)가 되고 사랑(愛)이 되고 노래(頌)가 됩니다.

E. **까르데날**의 글을 다시 인용합니다. :

"나는 하나님이 보내신 편지가 길거리 여기저기에 떨어져 있는 것을 발견했다. 그리고 편지마다에는 하나님의 이름이 적혀 있었다."고 미국의 시인 월트 휘트먼(W. Whitman)은 쓰고 있다. 휘트먼의 말투를 빌어 말하자면 푸르른 나뭇잎은 한쪽 구석에 하나님의 이름이 새겨져 있는 향기로운 손수건이며, 하나님은 우리가 그것을 보고 그분을 생각하도록 일부러 나뭇잎을 떨어뜨려 놓은 것이다. …… 우리는 자연만물에서 하나님의 이름을 발견하며, 삼라만상은 하나님께서 우리에게 보내는 사랑의 편지인 것이다. …… 세상만물은 우리들 가슴속에 하나님의 사랑의 촛불을 밝혀줌으로써 가장 완전한 만족과 가장 큰 기쁨을 주게 된다. 자연은 하나님의 아름다움과 빛이 반영된 하나님의 그림자와 같다. 고요한 호수의 푸른 물결이 그분의 거룩한 빛을 비춰준다. 세상만물의 가장 작은 조각마다에도 하나님의 지문(指紋)이 찍혀 있다.[174]

자연만물은 그 자체가 노래요, 음악이요, 소리인 것이다. 삼라만상이 혹은 속삭이고 혹은 콧노래를 부르고, 떨리는 목소리로 이야기를 하고, 지저귀고, 으르렁거리고, 울부짖고, 끙끙 신음하고, 포효하고, 비명을 지르고, 울고 혹은 중얼거린다. …… 모든 피조물은 순수한 서예(書藝)와 같아서, 획 하나하나에 모두 다 의미가 담겨 있다. …… 자연만물이 자기를 위해 만들어졌다는 사실을 깨닫지 못하고 또 그 뜻을 모르면서도 심취할

174) E. 까르데날, 앞의 책, pp. 39-40.

수 있는 사람들은, 우연히 손에 들어온 편지가 왕자님이 보내온 사랑의 편지인 줄도 모르고 아름다운 글씨에 취해 기뻐하고 있는 글을 모르는 시골처녀와 같은 사람이다. 우리들 역시 하나님에 의해 씌어진 글씨이며, 우리는 모두 우리 내부에 거룩한 글씨를 지니고 있으며, 우리의 모든 존재는 하나님의 말씀이요 이야기다. …… 우리는 모두 하나님의 형상들이다.[175]

시편 148편에서는 천지만물을 이렇게 노래하고 있습니다.

> 할렐루야
> 하늘에서 여호와님을 찬양하며 높은 데서 찬양할지어다
> 그의 모든 사자여 찬양하며 모든 군대여 찬양할지어다
> 해와 달아 찬양하며 광명한 별들아 찬양할지어다
> 하늘의 하늘도 찬양하며 하늘 위에 있는 물들도 찬양할지어다
> 그것들이 여호와님의 이름을 찬양할 것은 저가 명하시매 지음을 받았음이로다
> 저가 또 그것들을 영영히 세우시고 폐치 못할 명을 정하셨도다

아씨시의 성 프랜시스 :

그는 말년에 심한 눈병에 걸려 실명상태에서 한 장엄한 찬송시를 읊었습니다. 우리 다 함께 불러 봅시다.[176] :

> 온 천하 만물 우러러 다 주를 찬양하여라
> 할렐루야 할렐루야
> 저 금빛 나는 밝은 해 저 은빛 나는 밝은 달
> 하나님을 찬양하라
> 할렐루야 할렐루야 할렐루야
> 힘차게 부는 바람아 떠가는 묘한 구름아
> 할렐루야 할렐루야

---

175) 같은 책, pp. 42-43.
176) 찬송가 69장(통 33) '온 천하 만물 우러러' 1,2절

저 돋는 장한 아침 해 저 지는 고운 저녁 놀
하나님을 찬양하라
할렐루야 할렐루야 할렐루야

하나님 아버지께서 사람을 만드심은 하나님을 찬양하게 하기 위함입니다. 이사야 43장 21절에서 이렇게 말씀하셨습니다. "이 백성은 내가 나를 위하여 지었나니 나의 찬송을 부르게 하려 함이니라" 그런데 사람은 온 마음을 다 하여 하나님을 찬송하기보다는 오히려 다른 것들에게 마음이 빼앗겼으니……. 그래서 맑은 물에 사는 물고기가 더러운 물에서는 더 이상 살 수 없어 가버리듯이, 하나님의 영이 추악한 마음속에 더 이상 계실 수 없어서 나갈 수밖에 없으셨으니……. 이것이 인류의 파멸을 초래하였고, 하나님은 찬송을 잃어버린 결과를 가져왔습니다.

예수님께서 이 땅에 오셔서 십자가에서 우리의 죄와 저주, 그리고 옛사람까지 다 처리하시고, 새생명을 주셔서 하나님의 자녀로 삼으셨습니다. 이는 '하나님의 은혜의 찬송을 다시 회복하기 위함' 입니다. 에베소서 1장 3-6절에서는 이를 이렇게 말씀합니다.

> "찬송하리로다 하나님 곧 우리 주 예수 그리스도님의 아버지께서 그리스도님 안에서 하늘에 속한 모든 신령한 복으로 우리에게 복 주시되 곧 창세전에 그리스도님 안에서 우리를 택하사 우리로 사랑 안에서 그 앞에 거룩하고 흠이 없게 하시려고 그 기쁘신 뜻대로 우리를 예정하사 예수 그리스도님으로 말미암아 자기의 아들들이 되게 하셨으니 이는 그의 사랑하시는 자 안에서 우리에게 거저 주시는 바 그의 은혜의 영광을 찬미하게 하려는 것이라"

사도 바울은 또한 '시와 찬미와 신령한 노래를 부르며 찬양하고 감사하라'고 권면하고 있습니다.[177] 그러므로 예수님을 구주로 믿고 성령님을 그 마음에 모신 사람은 누구든지 언제나 어디서나 무엇을 하든지 하나님을 찬송하는 사람이 되어야 마땅합니다. 그런데 성령님을 모시고도 찬송을 잊어버리고 있고, 혹 찬송을 한다고 해도 그 곡조나, 자기 목소리나, 아니면 동원된 악기 소리에 마음을 빼앗긴 사람들이 부지기수입니다.

멀린 R 캐로더스 :

[감옥생활에서 찬송생활로] [찬송생활의 권능]를 쓴 목사님은 하나님을 찬송하는 삶을 몸소 보여준 찬송의 사람입니다. :

> 짐의 아버지는 30년 전부터 알코올 중독자였습니다. 이 30년 동안 짐의 어머님과 그 후 짐의 젊은 아내까지 하나님께 그를 고쳐주시기를 기도했으나 명확한 고침을 받지 못했습니다.……
> 어느 날 짐은 나의 설교에서 우리가 우리를 괴롭히는 환경을 변화시켜 줄 것을 요구치 않고 범사에 하나님을 찬양할 때에 역사하시는 능력에 관하여 들었습니다.
> "여보 아버님의 술 마시는 것을 주님께 감사합시다. 그러한 아버님의 상태가 하나님이 계획하신대로 보다 멋진 아버지의 삶이 되는 것이니 주님께 찬양합시다."
> 그날 그 시간 이후 그들 부부는 일어나는 사건 하나하나의 모든 것에 대하여 주님께 감사하며 찬송하기 시작하였습니다. 그날 저녁때 그들은 벌써 전율과 소망을 느낄 수 있었습니다.…… 몇 주일 안 되어 짐의 아버지는 그의 음주 문제를 생

---

177) (골 3: 16-17) 그리스도님의 말씀이 너희 속에 풍성히 거하여 모든 지혜로 피차 가르치며 권면하고 시와 찬미와 신령한 노래를 부르며 마음에 감사함으로 하나님을 찬양하고 또 무엇을 하든지 말에나 일에나 다 주 예수님의 이름으로 하고 그를 힘입어 하나님 아버지께 감사하라

각하게 되었고 예수 그리스도님 앞에 나와 기도를 한 후 완전히 고침을 받았습니다. 그는 이제 가족과 어울려 하나님을 찬양할 때 생기는 권능에 대하여 다른 사람에게 이야기합니다.[178]

깜깜한 방 안에 들어갔을 때, 꽈당 발부리가 걸려 넘어지거나 머리를 부딪치고, 심지어는 앞으로 푹 코방아를 찧은 경험이 있을 것이다. 그러나 일단 스위치를 찾아내서 불을 켜면, 저 멀리 발전소에서부터 흘러오는 불빛을 즐길 수 있다. 또 스위치를 계속 켜놓은 상태로 두는 한 전력은 계속 공급된다. 우리가 찬양의 스위치를 계속 켜놓으면, 하나님의 무한한 기쁨도 계속해서 우리 삶 속으로 흘러 들어올 것이다. 그러나 기쁨의 부재는 우리를 고난이라는 어둠 속에서 넘어지도록 만든다. 하나님께 계속해서 찬양의 기도를 드리면(히 13:15), 하나님의 기쁨이라는 스위치가 항상 켜져 있도록 할 수 있다.[179]

나는 종종 동일한 환경에 처해 있는 두 사람을 비교해 봅니다. 그 두 사람은 다 최종 단계의 암으로 진단을 받았습니다. 또 둘이 다 실직했다거나 가까운 친척과 사별을 한 경우 또는 아내가 이혼을 제의해 온다는 등 여러 가지 경우가 있겠지요. 그 중 한 사람은 비애에 빠져 있으나 또 다른 한 사람은 기쁨에 차 있습니다. 그 이유가 무엇일까요? 이유는 간단합니다. 후자의 사람은 예수님만을 바라보나 또 다른 한 사람은 자신의 문제에만 집착해 있기 때문입니다.[180]

지금 이 글을 읽고 계신 독자께서 병석에 누워 신음하는 환자일 수도 있으며, 집안 문제로 인해 낙심한 사람, 또 남에게 기만당하고 이용당하여서 이제는 아무런 일을 할 수 없게 되었

---

178) 멀린 R. 캐로더스, 「찬송생활의 권능」, 민병기 역(서울: 보이스사, 1993), pp. 11~12.
179) 멀린 캐로더스, 「두려움에서 확신으로」, 장밀알 역(서울: 생명의말씀사, 1999), p. 84.
180) 머린 R. 캐로더스, 「지옥생활에서 천국생활로」, 권명달 역(서울: 보이스사, 1992), pp. 134.

다고 느끼시는 분일지도 모르겠습니다. 하나님께서는 우리의 비천함과 약함을 잘 알고 있습니다. 여러분 자신의 힘으로 모든 일을 처리해 나갈 수 없다는 것도 잘 알고 있습니다. 그러나 주님은 그가 우리에게 주신 한 가지 일을 행하기를 원하고 계십니다. 눈을 뜨고 주님을 바라보십시오.[181]

여러분이 굳은 마음과 하나 된 눈으로 예수님만을 바라볼 때 모든 일은 올바르게 풀려 나갈 것이다. 오직 주님만을 생각하십시오. 여러분이 품고 있던 두 가지 마음에 대해 회개하십시오. 그 때에 여러분은 다윗 왕과 함께 찬송을 부를 수 있게 될 것입니다. "하나님이여 내 마음이 확정되었고 내 마음이 확정되었사오니 내가 노래하고 내가 찬송하리이다 … 주여 내가 만민 중에서 주께 감사하오며 뭇 나라 중에서 주를 찬송하리이다"(시 57:7, 9)[182]

우리가 지금까지 믿노라 하면서도 이런 복된 찬송생활이 되지 않은 것은 우리의 시선을 주님 외에 다른 것에게 빼앗겼기 때문입니다. 그것이 무엇이든, 육적인 것이든지, 혼적인 것이든지, 심지어 영적인 것이라 할지라도 예수님 외에는 모두 우상입니다. 그래서 사도 바울은 주 예수 그리스도님을 아는 것 외에 모든 것을 "배설물(rubbish)"로 여기고 버렸습니다.

무엇이든지 내게 유익하던 것을 내가 그리스도님을 위하여 다 해로 여길뿐더러 또한 모든 것을 해로 여김은 내 주 그리스도 예수님을 아는 지식이 가장 고상함을 인함이라 내가 그를 위하여 모든 것을 잃어버리고 배설물로 여김은 그리스도님을 얻고 그 안에서 발견되려 함이니(빌 3:7-9)

---

181) 같은 책. p. 135.
182) 같은 책. pp. 136-137.

이제 우리의 시선을 예수님께 고정시킵시다.

너와 나의 시선이 마음속에 계신 예수 그리스도님의 영, 성령님께 고정될 때, 영혼의 깊은 곳에서는 맑은 가락이 흘러나올 것입니다. 이를 가장 잘 노래한 찬송이 412장(통 469)입니다.

> 내 영혼의 그윽이 깊은 데서 맑은 가락이 울려나네
> 하늘 곡조가 언제나 흘러나와 내 영혼을 고이 싸네
> 평화 평화로다 하늘 위에서 내려오네
> 그 사랑의 물결이 영원토록 내 영혼을 덮으소서

저는 또한 요즘 시시때때로 "사막에 샘이 넘쳐흐르리라"는 찬양에서 "사막"을 "내맘"으로 바꾸어서 즐겨 부릅니다. 함께 불러봤으면 좋겠습니다.

> 내 맘에 샘이 넘쳐흐르리라 내 맘에 꽃이 피어 향내 내리라
> 주님이 다스리는 그 마음이 되면은 내 맘이 낙원 되리라
> 사자들이 어린양과 뛰놀고 어린이들 함께 뒹구는
> 참 사랑과 기쁨의 그 마음이 날로 충만하리라.
>
> 내 맘에 숲이 우거지리다. 내 맘에 예쁜 새들 노래하리라.
> 주님이 다스리는 그 마음이 되면은 내 맘이 낙원 되리라.
> 독사 굴에 어린이가 손 넣고 장난쳐도 물지 않는
> 참 사랑과 평화의 그 마음이 날로 충만하리라.
>
> 내 맘에 젖과 꿀이 흐르리라. 내 맘에 강같이 생명수나리라.
> 주님이 다스리는 그 마음이 되면은 내 맘이 에덴 되리라.
> 천사들과 성도들이 손잡고 춤을 추며 찬양하는
> 참 사랑과 영광의 그 마음이 날로 충만하리라. 아멘!!

[사랑 생활]

하나님은 사랑입니다. 사람도 역시 사랑입니다.

하나님의 형상을 따라 하나님의 모양대로 창조된 것이 사람이기에 그렇습니다. 그래서 최초의 사람 아담은 하나님께서 자신의 갈비뼈로 만들어 주신 여인을 향하여 노래를 바쳤습니다.

> 이는 내 뼈 중의 뼈요 살 중의 살이라(창 2:23)
> This is bone of my bones, and flesh of my flesh.

이것이 인류최초의 노래입니다.

에덴동산에 울려 퍼진 그 노래는 '아내에게 바치는 노래' 입니다.

이 노래를 듣고 하나님 아버지께서 노여워하셨을까요?

아니면…….

그래요, 아니지요 아니고 말고 지요.

그것은 또한 여인을 만드신 분에게 바치는 찬양이기도 하니까요.

오히려 그 노래, 그 사랑의 노래가 계속 울려 퍼지길 원하셨지요.

사랑의 노래, 얼마나 뭉클합니까?

이 노래는 사람의 가슴속에서 나오는 것입니다. 하나님은 피조물의 가슴에 창조주의 생명과 사랑을 담아 주셨습니다. 그 사람의 가슴, 그 곳은 하나님의 생기가 있는 곳이요, 하나님의 생명이 사랑으로 약동하는 곳입니다. 그래서 모든 생명 있는 사람의 원초적인 몸짓은 사랑입니다. 지금도 우리의 가슴을 감동시키는 모든 시와 노래, 소설과 드라마는 다소 변질되기는 했지만, 거의 대부분 사랑의 가락을 담고 있습니다. 이는 사람은 원래 사랑이었다는 희미한 흔적입니다.

하나님은 영원히 순수한 사랑입니다.

마찬가지로 사람도 그렇게 순수한 사랑입니다.

전에는 그랬습니다.

갓 태어난 어린아이의 천진난만한 얼굴에,

귀여운 몸짓에, 청아한 눈동자에 잘 나타나 있습니다.

모든 어린아이는 그대로 순수 사랑입니다.

그러나 이 땅에 있는 사랑은 거의 다 변질된 사랑입니다.

왜, 이렇게 사랑이 변질되었습니까?

그것은 사람이 사탄의 유혹에 빠져서 "생명나무"보다 "지식나무"를 택했기 때문입니다. 생명보다 지식을, 가슴보다 머리를 택했기 때문입니다. 머리에는 선과 악을 구별하는 지식이 있고, 가슴에는 생명이 가득한 사랑이 있습니다.

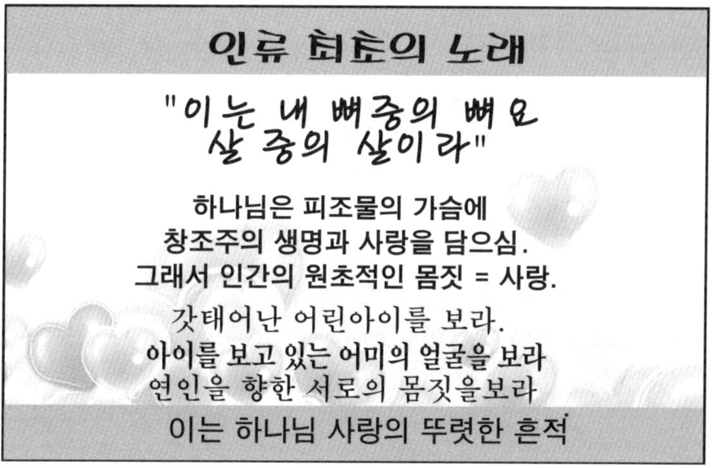

인류 최초의 노래

"이는 내 뼈중의 뼈요 살 중의 살이라"

하나님은 피조물의 가슴에
창조주의 생명과 사랑을 담으심.
그래서 인간의 원초적인 몸짓 = 사랑.
갓태어난 어린아이를 보라.
아이를 보고 있는 어미의 얼굴을 보라
연인을 향한 서로의 몸짓을보라
이는 하나님 사랑의 뚜렷한 흔적

그림 42 / 인류 최초의 노래

머리를 택하여 머리로 하는 사랑, 어떻습니까?

이를 참 사랑이라고 할 수 있습니까? 오늘날 가정을 멍들게 하고, 수많은 신혼가정을 파경(破鏡)으로 몰고 가는 것은 다름 아닌 머리로 계산하는 변질된 사랑입니다. 요즘 들어 급증하는 50대 이후 황혼이혼도 마찬가지 이지요. 이야말로 타락한 인간의 산물이 아닌지요. 하나님의 가슴사랑으로 가득해야 할 사람이 변질된 머리사랑으로 가득하여 서로 물고 뜯고 속이고 죽이다가 마침내 영원한 파멸로 떨어지는 것을 차마 볼 수 없어 가슴 앓으시는 하나님.

이 영원한 사랑의 진원지에 계시던 독생자 예수님께서 육신을 입고 이 땅에 오셨습니다. 예수님은 영원한 참 사랑의 저수지입니다. 예수님은 사람의 변질된 사랑으로 인하여 생기는 모든 죄와 저주를 대신하여 십자가에 달려 심장을 터치셨으니, 이는 참 사랑의 저수지 둑이 터진 것입니다. 십자가에서 터져 흐르는 참 사랑의 강물은 수세기를 걸쳐 굽이쳐 흘러내리며, 예수님을 구주로 영접한 사람들의 가슴속에 스며들어 그 배속에서 "생명수의 강"(요 7:38)으로 솟아나고 있습니다.

> 예수님을 내 구주로 영접함, 무엇입니까?
> 이는 죄 사함 받고 영생을 얻음이요.
> 하나님의 자녀, 주님의 신부됨이요.
> 성령님으로 난 사람됨입니다.
> 이 성령님의 강림은 사랑의 강림, 첫사랑의 회복이요.
> 성령님의 거함은 '사랑의 안착(安着)'이요.
> 성령님의 충만은 '사랑의 만개(滿開)'입니다.

사도 바울은 이 참 사랑의 송가(頌歌)를 고린도전서 13장 1-4절에서 읊었습니다. 이 아름다운 노래를 다함께 음미해 봅시다.

내가 사람의 방언과 천사의 말을 할지라도 사랑이 없으면 소리 나는 구리와 울리는 꽹과리가 되고 내가 예언하는 능이 있어 모든 비밀과 모든 지식을 알고 또 산을 옮길 만한 모든 믿음이 있을지라도 사랑이 없으면 내가 아무 것도 아니요 내가 내게 있는 모든 것으로 구제하고 또 내 몸을 불사르게 내어줄지라도 사랑이 없으면 내게 아무 유익이 없느니라

이 말씀을 읽고 있노라면 이런 공식이 나옵니다.

방언 − 사랑 = 소리 나는 구리[잡음]
천사의 말 − 사랑 = 울리는 꽹과리[소음]
예언 − 사랑 = 아무것도 아님[공포]
비밀을 아는 지식 − 사랑 = 아무것도 아님[교만]
산을 옮길 만한 믿음 − 사랑 = 아무것도 아님[맹신]
모든 것으로 구제 − 사랑 = 아무 유익 없음[동냥]
몸을 불살라 줌 − 사랑 = 아무 유익 없음[개죽음]

이는 한마디로 [영생 − 사랑 = 지옥]을 말합니다.

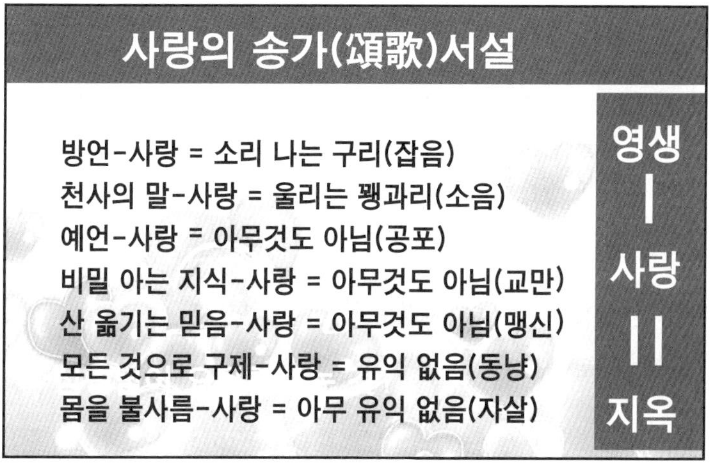

사랑의 송가(頌歌)서설

방언-사랑 = 소리 나는 구리(잡음)
천사의 말-사랑 = 울리는 꽹과리(소음)
예언-사랑 = 아무것도 아님(공포)
비밀 아는 지식-사랑 = 아무것도 아님(교만)
산 옮기는 믿음-사랑 = 아무것도 아님(맹신)
모든 것으로 구제-사랑 = 유익 없음(동냥)
몸을 불사름-사랑 = 아무 유익 없음(자살)

영생
|
사랑
||
지옥

그림 43 / 사랑의 송가 서설(序說)

그리스도교는 사랑이 전부입니다.

사랑은 인류에게 없어서는 안 되는 산소(Oxygen)입니다.

사랑은 성도들이 반드시 맺어야할 열매입니다. 그러므로 우리가 다른 것을 혹 잘 하지 못 했다면 변명할 수 있지만, 사랑하지 못한 것은 변명의 여지가 없습니다. 이는 포도나무가 다른 열매를 맺지 못 하는 것에 대해서는 할 말이 있지만, 포도열매를 맺지 못하는 것에 대해서는 할 말이 없는 것과 같습니다.

우리는 성령님나무입니다.

성령님나무의 열매는 사랑입니다.

그러니 우리는 사랑열매를 맺어야 합니다.

그런데 우리가 사랑을 맺지 못한다면 어떤 이유로도 변명의 여지가 없습니다. 다른 것을 아무리 잘 했어도 사랑이 없으면 헛것입니다. 아무것도 아닙니다. 입이 만 개라도 할 말이 없을 것입니다. 계속해서 고린도전서 13장 4-7절을 봅시다.

> 사랑은 오래 참고 사랑은 온유하며 투기하는 자가 되지 아니하며 사랑은 자랑하지 아니하며 교만하지 아니하며 무례히 행치 아니하며 자기의 유익을 구치 아니하며 성내지 아니하며 악한 것을 생각지 아니하며 불의를 기뻐하지 아니하며 진리와 함께 기뻐하고 모든 것을 참으며 모든 것을 믿으며 모든 것을 바라며 모든 것을 견디느니라

이는 한마디로 [영생 + 사랑 = 천국]을 말합니다.

이 복된 말씀에서 "사랑" 대신에 "예수님" 또는 "성령님"을 넣어서 읽어보십시오.

예수님[성령님]은 오래 참고

예수님[성령님]은 온유하며

예수님[성령님]은 투기하는 자가 되지 아니하며

예수님[성령님]은 자랑하지 아니하며

예수님[성령님]은 교만하지 아니하며

예수님[성령님]은 무례히 행치 아니하며

예수님[성령님]은 자기의 유익을 구치 아니하며

예수님[성령님]은 성내지 아니하며

예수님[성령님]은 악한 것을 생각지 아니하며

예수님[성령님]은 불의를 기뻐하지 아니하며

예수님[성령님]은 진리와 함께 기뻐하고

예수님[성령님]은 모든 것을 참으며

예수님[성령님]은 모든 것을 믿으며

예수님[성령님]은 모든 것을 바라며

예수님[성령님]은 모든 것을 견디느니라

할렐루야! 여러분, 이에 아멘이십니까? 진실로 그렇습니다.

예수님은 하나님의 이처럼 사랑의 육화(肉化)이시요,
성령님은 하나님의 이처럼 사랑의 영화(靈化)이십니다.

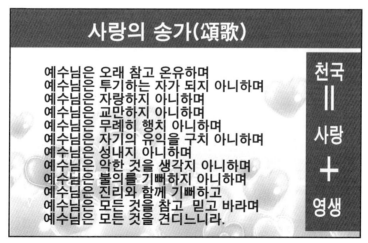

그림 44 / 사랑의 송가 (頌歌)

이제는 "사랑" 대신에 "너와 나"를 넣어서 읽어봅시다.

> 내[너]는 오래 참고
> 내[너]는 온유하며
> 내[너]는 투기하는 자가 되지 아니하며
> 내[너]는 자랑하지 아니하며
> 내[너]는 교만하지 아니하며
> 내[너]는 무례히 행치 아니하며
> 내[너]는 자기의 유익을 구치 아니하며
> 내[너]는 성내지 아니하며
> 내[너]는 악한 것을 생각지 아니하며
> 내[너]는 불의를 기뻐하지 아니하며
> 내[너]는 진리와 함께 기뻐하고
> 내[너]는 모든 것을 참으며
> 내[너]는 모든 것을 믿으며
> 내[너]는 모든 것을 바라며
> 내[너]는 모든 것을 견디느니라.

이것이 아무런 거리낌 없이 술술 잘 읽혀지는지요!

마음이 울렁거리지 않습니까?

얼굴이 화끈거리지 않는지요!

너와 나의 삶과는 너무나 거리가 멀리 느껴지지 않습니까?

이 거리감을 좁히는 것이 신앙생활입니다.

사랑의 용량이 점점 더 커지는 것이 영적성숙입니다.

고린도전서 13장 11절에서는 이처럼 사랑이 충만한 사람을 "어린아이의 일을 벗은 장성한 사람"이라고 했습니다.

> 내가 어렸을 때에는 말하는 것이 어린 아이와 같고 깨닫는 것이 어린 아이와 같고 생각하는 것이 어린 아이와 같다가 장성한 사람이 되어서는 어린 아이의 일을 버렸노라(고전 13:11)

장성(長成)한 사람!
그 사람은 사람의 방언과 천사의 말을 하는 사람이 아닙니다.
그 사람은 예언하는 능이 있어 모든 비밀과 모든 지식을 아는 사람이
아닙니다.
그 사람은 산을 옮길 만한 모든 믿음이 있는 사람이 아닙니다.
그 사람은 자신에게 있는 모든 것으로 구제하는 사람이 아닙니다.
그 사람은 자신의 몸을 불사르게 내어주는 사람도 아닙니다.

장성한 사람!
그 사람은 오래 참는 사람이요,
그 사람은 온유한 사람입니다.
그 사람은 투기하는 사람이 아닙니다.
그 사람은 자랑하는 사람이 아닙니다.
그 사람은 교만한 사람이 아닙니다.
그 사람은 무례히 행하는 사람이 아닙니다.
그 사람은 자기의 유익을 구하는 사람이 아닙니다.
그 사람은 성내는 사람이 아닙니다.
그 사람은 악한 것을 생각하는 사람이 아닙니다.
그 사람은 불의를 기뻐하는 사람이 아닙니다.

장성한 사람!
그 사람은 진리와 함께 기뻐하는 사람입니다.
그 사람은 모든 것을 참는 사람입니다.
그 사람은 모든 것을 믿는 사람입니다.
그 사람은 모든 것을 바라는 사람입니다.
그 사람은 모든 것을 견디는 사람입니다.
장성한 사람! 그 사람은 한 마디로,
사랑의 용량이 큰 사람입니다.
예수님의 마음을 품은 사람입니다.

바울은 또한, 에베소서 3장 16-19절에서 사랑의 성취를 위하여 무릎을 꿇고 기도한다고 했습니다.

> 그 영광의 풍성을 따라 그의 성령님으로 말미암아 너희 속사람을 능력으로 강건하게 하옵시며 믿음으로 말미암아 그리스도님께서 너희 마음에 계시게 하옵시고 너희가 사랑 가운데서 뿌리가 박히고 터가 굳어져서 능히 모든 성도와 함께 지식에 넘치는 그리스도님의 사랑을 알아 그 넓이와 길이와 높이와 깊이가 어떠함을 깨달아 하나님의 모든 충만하신 것으로 너희에게 충만하게 하시기를 구하노라

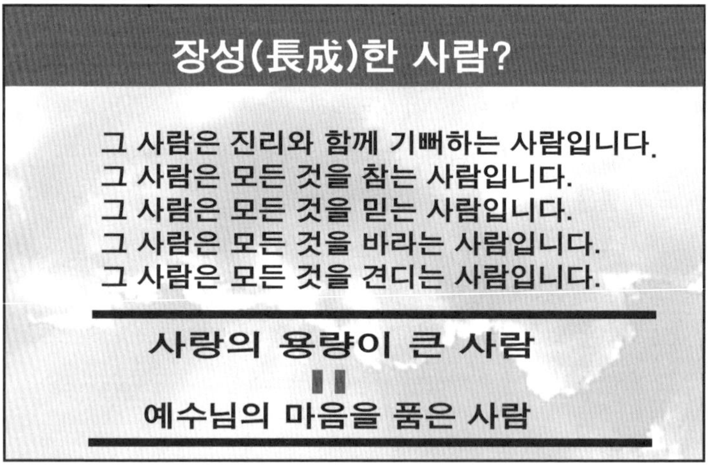

장성(長成)한 사람?

그 사람은 진리와 함께 기뻐하는 사람입니다.
그 사람은 모든 것을 참는 사람입니다.
그 사람은 모든 것을 믿는 사람입니다.
그 사람은 모든 것을 바라는 사람입니다.
그 사람은 모든 것을 견디는 사람입니다.

사랑의 용량이 큰 사람
=
예수님의 마음을 품은 사람

그림 45 / 장성한 사람?

성령님으로 말미암아 그리스도님께서 우리 마음에 계신 것을 믿으며, 예수 그리스도님의 사랑 가운데서 뿌리가 박히고 터가 굳어져서, 모든 성도와 함께 지식에 넘치는 예수 그리스도님의 사랑의 넓이와 길이와 높이와 깊이를 알고 누리며 사는 사람이 진정으로 성숙한 그리스도인입니다.

이런 사람이 예수님의 인격을 닮은 사람입니다.

하나님은 너와 내가 성숙한 그리스도인이 되기를 원하십니다.

요한일서 4장 7-11절에서는 하나님은 사랑이시니, 하나님을 모신 사람은 반드시 서로 사랑하여야 마땅하다는 것을 끊임없이 강조하고 있습니다.

> 사랑하는 자들아 우리가 서로 사랑하자 사랑은 하나님께 속한 것이니 사랑하는 자마다 하나님께로 나서 하나님을 알고 사랑하지 아니하는 자는 하나님을 알지 못하나니 이는 하나님은 사랑이심이라 하나님의 사랑이 우리에게 이렇게 나타난바 되었으니 하나님이 자기의 독생자를 세상에 보내심은 저로 말미암아 우리를 살리려 하심이니라
> 사랑은 여기 있으니 우리가 하나님을 사랑한 것이 아니요 오직 하나님이 우리를 사랑하사 우리 죄를 위하여 화목제로 그 아들을 보내셨음이니라
> 사랑하는 자들아 하나님이 이같이 우리를 사랑하셨은즉 우리도 서로 사랑하는 것이 마땅하도다

그렇습니다. 서로 사랑하는 것이 마땅합니다.

아마 그것을 모르는 사람은 아무도 없을 것입니다.

부모와 자식이 서로 사랑해야 하는 것.

며느리와 시어머니가 서로 사랑해야 하는 것.

형제와 자매가 서로 사랑해야 하는 것.

목회자와 성도가 서로 사랑해야 하는 것.

원수까지라도 사랑해야 하는 것이 마땅하지요.

그런데 문제는 사랑하려고 해도 사랑할 힘이 없다는 것입니다.

한 목사님이 교회당을 재건축하는 것보다 영혼구원을 위하여 선교를 하는데 재정을 쓰자고 했다가 교회의 몇몇 중직들의 반대에 부딪쳐 교

회에서 쫓겨났습니다. 목사님은 그 일로 크게 상처를 받고 후에 계속해서 많은 아픈 일을 겪었습니다. 그러던 어느 날 자기를 쫓아내는데 주동이 되었던 사람이 장로님으로 안수 받는다는 소문을 들었습니다. 갈까 말까 망설이고 있는데 십자가에 달려 피를 흘리시면서 용서를 구하시는 주님의 모습을 보는 순간 마음이 움직였습니다. 그는 그 장로님의 장립예배에 참석하여 미소를 보내며 그를 꼭 끌어안고 축복해 주었습니다. 그 목사님의 뺨에는 뜨거운 눈물이 잠잠히 번졌습니다. 그 눈물은 가슴에서 흐르는 주님의 사랑의 실개천이었습니다.

생명수의 강이신 성령님!
성령님이 우리 마음속에 거하심은 우리를 천국의 생명수가 넘치는 사랑의 강으로 만들기 위함입니다. 성령님은 사람들을 천국으로 만드시는 '천국 예술가' 입니다.
저 아름다운 하늘을, 저 기기묘묘한 바위를 보십시오.
풀잎에 맺힌 이슬방울에 담긴 하늘을 보십시오.
저 광대한 바다와 그 속에서 춤추는 생물을 보십시오.
저 천진난만한 아기의 눈동자를 가만히 들여다보십시오.
우리 보다 앞서간 위대한 사랑의 사람들을 보십시오.
모두 다 사랑이신 그 분의 솜씨입니다.

레브 길렛의 심오한 글을 다시 나누고 싶습니다. :

사람들은 내 이름을 기계적이고 습관적으로 사용하기도 했다.…… 너는 이렇게 말했다: 하나님, 나의 하나님, 하나님이신 당신, 주 하나님. 너는 분명히 고대에 사용하던 명칭에서, 신성한 이름에서 새로운 혀를 끌어낼 수 있다.…… 그리하여 너는 나에게, 아름다우신 분; 진리이신 분; 나의 순결하신 분; 나의 빛이신 분; 나의 힘이 되시는 분; 그리고 '사랑이신 분'이라고 말할 수도 있을 것이다. 이 마지막 표현은 내 마음에 가장 근접한 표현이다. 너는 나에게 '사랑이신 주', 또한 간단히 '사랑'이라고 말할 수 있다. …… 내 사랑하는 자야, 나는 가이없는 사랑이다. …… 이는 내가 최고의 사랑, 우주적인 사랑, 절대적인 사랑, 무한한 사랑(Limitless Love)이기 때문이다.[183)]

내 아들아, 네 시야를 넓혀 우주적인 사랑(Love), 내 마음의 여러 차원을 보아라. 무한한 사랑은 인간에게만 주어지는 것이 아니다. 나의 사랑은 우주 전체를 받쳐 주고 있다. 그것은 모든 존재, 모든 사물, 그리고 그들에게 생명을 주신 분을 연결해 주는 근원적인 유대이다.

무한한 사랑의 큰 물결에 휩쓸려 가거라. 그 사랑의 에너지, 자연 전체가 가지고 있는 타락의 결과들로부터 구원받기를 기다리면서 기대하는 소망에 휩쓸려 가거라. 인간은 나에게 이르기 위해 위를 바라본다. 그러나 인간에게로, 만물에게로 내려오는 것을 보지 못해서는 안 된다.

손에 한 송이 꽃을 들어라. 돌 한 개를 집어라. 과학적인 관점이 아니라 사랑(Love)의 관점에서 그것들에 대해 생각해 보아라. …… 풀잎에서, 나뭇잎에서, 나뭇가지에서 사랑(Love)의 아름다움을 보아라. 향기롭고 다채로운 제물을 바쳐라. 너의 생명을 우주의 생명에 포함시키며, 동일한 하나님의 계획에 복종시켜라. 산과 바다, 바람과 폭풍우, 사나운 짐승들과 아주 작은 동물들을 생각해 보아라. …… 나는 작은 모래알 하나, 나무 한 그루, 동물들 하나하나를 사랑해왔다. …… 너는 태양을 사랑하느냐? 별들을 사랑하느냐? 은하계를 사랑하느냐? 그것들을 만들어 존재하게 한 나에게 감사하느냐? 존재하는 모든 것으로 인해 거룩한 사랑(Love) 안에 들어가느냐?

돌을 물에 던지면 동심원이 생긴다. 이와 같이 눈에 보이지 않는 움직임이 우주의 모든 분자들에게 영향을 미친다. 나의 무

---

183) 레브 길렛, 앞의 책, pp. 16-17.

한한 사랑도 그와 같다. 내 사랑은 무한으로 퍼져가며, 존재하는 모든 것을 본질적으로 결합해 주는 감정이다.[184]

태양을 보면, 어두움에 덮인 세상의 빛이신 분을 생각하여라. 매년 봄이 되면 파랗게 물드는 나무와 나뭇가지들을 보면, 나무 십자가에 매달려 모든 것을 자기에게 끌어당기신 분을 생각하여라. 돌과 바위를 보면, 무덤 입구를 막아 놓았던 바위를 생각하여라. 그 바위는 굴려서 옮겨졌으며, 그 후 무덤 문은 다시 닫히지 않았다. 죄가 없음에도 불구하고 말없이 도살장으로 끌려가는 양을 보면, 특별한 방법으로 하나님의 양이 되기를 원하셨던 분을 생각하여라. 꽃잎이 붉게 물드는 것을 보면, 지극히 순결하신 분에게서 콸콸 쏟아져 나온 귀중한 피를 생각하여라.[185]

E. 까르데날은 "우리는 사랑으로 만들어졌으며 사랑하도록 창조되었다. 우리는 사랑이라는 고압전류를 전해주는 전깃줄이다. …… 우리는 우리 자신을 송두리째 사랑에 바쳐서 사랑의 고압전류가 우리의 몸을 통해 흐르게 해야 한다. 우리는 사랑의 송신기들이다. 하나님이 거처하시는 우리들 존재의 중심인 우리의 속마음은 이 궁전에 꾸며놓은 신방(新房)이다."고 노래했습니다.[186]

이 우리의 속마음, 깊고 은밀한 신방에서 너와 나를 사랑으로 빚으시기 위해 사랑 자체이신 예수님께서 성령님으로 와 계십니다.

이제 그 분께 온 몸과 마음을 드립시다.

더 이상 지체하지 말고 드립시다. 전폭적으로 믿고 맡깁시다.

---

184) 같은 책, pp. 23-24.
185) 같은 책, p. 26-27.
186) E. 까르데날, 앞의 책, pp. 58, 51.

내가 먼저 성령님의 예술품으로 변해야 합니다.
내가 먼저 하나님처럼 '삼위일체 사랑'으로 변해야 합니다.
그래야 나를 보는 아내도/남편도 자녀도 변할 것입니다.
인류가 맨 처음 살았던 에덴, 무엇입니까?
하나님 그리고 아담과 하와, 셋이 하나 된 가정,
아담하와 가정성전 거기가 에덴이지요.

> 성부님과 성자님 그리고 성령님, [삼위일체]!
> 하나이면서 셋, 셋이 하나, [삼위일체사랑]!
> 이 삼위일체사랑이 영원하신 하나님의 존재양식이듯이,
> 하나님 그리고 아담과 하와, 셋이 하나, 하나이면서 셋.
> 아담과 하와가 하나님 앞에서 나누는 벌거벗은 사랑.
> 하나님 앞에서 한 점 부끄럼이 없는 부부사랑.
> 삼위일체사랑 실현!
> 아담하와에덴가정성전!
> 이것이 우리 삶의 영원한 모본입니다.

그처럼 아름다운 에덴가정의 파멸, 무엇이 어떻게 된 것입니까?
둘이 하나, 사실은 한 남자와 여자 그리고 마귀,
이렇게 셋이 하나 된 가정이 되어버렸으니…….
그것이 인류비극의 시작입니다.

에덴 회복, 무엇을 어떻게 하라는 것입니까?
맨 처음 그대로 복원하는 것입니다.

> 한 남편과 아내 그리고 하나님,
> 아니, 하나님 그리고 한 남편과 아내,
> 이렇게 하나님 앞에서 셋이 하나 된 가정 회복.[187]
> 삼위일체사랑 회복!

한 남자와 여자가 하나님 앞에서 나누는 벌거벗은 사랑 회복!
한 남자와 여자가 하나님 앞에서 부끄럽지 아니한 삶 회복!
깨끗하고 아름다운 가정 회복,
성령님+신랑(OO)+신부(OO)에덴가정성전 회복,
이것이 에덴 회복입니다.

그렇습니다. 가정회복, 좀 더 구체적으로 안방회복이 에덴회복입니다. 저는 이 가정 회복, 안방회복을 위하여 인류최초의 노래를 생각하다가 저 나름대로 '아내에게 바치는 노래'를 불러봤습니다. 군 생활하면서 자주 불렀던 노래인데 가사는 임의대로 지었습니다.

이 세상에 수니 없이 무슨 재미로
앞을 봐도 수니, 뒤를 봐도 수니
해를 봐도 수니, 달을 봐도 수니
수니가 최고야!!
(그러면 아내가 화답합니다.)
아니야, 아니야 여보가 최고야!
(그 다음에는 합창합니다.)
아니야, 아니야 예수님이 최고야!

처음에는 좀 쑥스러웠지만, 개그맨들은 청중을 웃기기 위해 별의별 포즈를 다 취하는데, 사랑하는 아내를 위해 못할 것이 무엇이랴 생각하고 눈 질끈 감고 시작했지요. 그런데 막상 하고 나니 기분이 좋아서 내친김에 식탁을 대할 때도 노래를 불러줍니다.

아 맛이 있어라 이쁜 수니 솜씨
어쩌면 나 어쩌면 요로코롬 맛있을까

---

187) 김종주 장로님이 쓰신「셋이 만드는 행복한 가정」(서울: 도서출판 예솔, 1996), 「우리 가정 작은천국 만들기」(논산: 양촌체유센터,)는 부부가 다년간 가정사역을 하면서 경험한 지혜를 담은 책입니다. 가정사역을 시작하는 분에게 좋은 길잡이가 될 것입니다.

고맙습니다.

이 음식 잘 먹고 성령님으로
범사에 감사하며 알콩 달콩 살고지고
고맙습니다.

가정회복보다 더 중요하고 시급한 일도 없습니다.
그 일을 위해서 못할 일이 무엇이겠습니까?
하나님의 아들, 예수님은 인류 구원을 위해 십자가에 달리시는 수모를 당하셨는데, 가정을 살리는 일이라면 우리가 망설일 이유가 무엇입니까?
더 이상 핑계대지 맙시다.
아내 스타킹이라도 뒤집어쓰고 망가지십시오.
잘못했으면 자식들 앞에라도 무릎을 꿇고 용서를 구하십시오.
가정행복을 위해서 몸으로 할 수 있는 일은 다 해야 마땅합니다.
그래서 우리 가정이 처음 그대로 천국예술품이 되어야
친지들도 이웃들도 우리 가정처럼 '천국의 예술품'이 되고 싶어 하지 않겠는지요!

당신은 천국의 예술품으로 살고 있습니까?
당신은 정말 천국의 사랑이고 싶습니까?
당신은 정말 삼위일체 사랑을 누리고 싶습니까?
여기 그 길이 있습니다.
지금 당신의 마음에 계신 성령님을 지속적으로 앙망하십시다!
당신의 마음을 성령님께 꾸준히 드리십시다!
성령님을 의식하십시다!
성령님을 끊임없이 먹고 마시십시다!

머릿속에서 마음속에서 뱃속에서 사악한 기운/지옥의 기운이 올라 오면 지체 없이 주님과 눈 맞추고, 그런 기운들을 날숨(呼氣)으로 뿜어 내고, 들숨(吸氣)으로 거룩한 기운/천국의 기운을 힘껏 들이키십시오. 그런 [호흡기도]로는 안 되겠다 싶으면 [소리기도]를 하십시오, 그것도 해결이 안 되면 온 힘을 다해 [토설기도]를 하시고 [대적기도]를 하십시 오. 그리고 언제나 마무리는 [임재기도]입니다.

저는 몇 십 년도 전에 한 세미나에서 크게 감동 받아 지금도 잊히지 않는 말씀이 있습니다.

> "여러분, 천국에 가면 가장 후회되는 게 무엇인지 아십니까?
> 그건 사랑하라고 하나님께서 맺어주신 사람을 더 사랑하지 못 한 걸 겁니다.
> 서로 사랑하라고 맺어주신 남편과 아내를 더 사랑하지 못한 걸 가장 후회할 겁니다.
> 서로 사랑하라고 주신 아들딸을 더 사랑하지 못한 걸 가장 후 회할 겁니다.
> 서로 사랑하라고 만나게 해 주신 목사님과 성도님들을 더 사 랑하지 못한 걸 가장 후회할 겁니다.
> 서로 사랑하라고 한 마을에 살게 해 주신 이웃들을 더 사랑하 지 못한 걸 후회할 겁니다.
> 그 날, 바로 그 날이 점점 더 가까이 다가오고 있습니다."

그렇습니다. 더 늦기 전에 우리 모두 성령님으로 사랑입시다.
오직 성령님으로 장성한 하나님의 사람입시다.
우리 마음이 오직 성령님의 사랑으로 가득한 고압전류입시다.
그 사랑의 고압전류를 흘러 보내는 사랑의 송신기입시다.

그래서 지금 여기서 에덴가정성전을 누립시다.

그래서 갈망하는 사람들이 그 에덴가정을 보고 찾아오게 합시다.

이것이 저절로 되는 전도입니다.

이것이 그냥 되는 전도입니다.

그렇게 찾아온 그 깨어진 가정을 에덴가정으로 회복하는 섬김.

어떻습니까?

해보고 싶지 않습니까?

진정한 전도, 전도의 백미는 에덴가정성전 회복입니다. 샬롬!!

참고로,

우리 교회에서 하고 있는 고린도전서 13장 4-8절에 있는 [사랑장에 따른 예수호흡기도]와 가정사역을 하면서 부부가 손잡고 읽었던 아가서에서 발췌한 말씀을 올려봅니다. 도움이 되었으면 좋겠습니다.

[사랑장에 따른 예수호흡기도]

-고린도전서 13장 4-7절-

- 몸을 바로 세우고, 앞뒤 좌우로 가볍게 흔들어 보십시오.
- 숨을 가볍게 쉬며, 느껴보십시오.
- 떠오르는 생각을 자연스럽게 놓아 버리십시오.
- 조용히 성령님의 임재를 의식하십시오.
- 내 몸 안에서 나를 기다리시는 주님을 고요히 바라보십시오.

사랑은 오래 참고

　예수님 피, 예수님 보혈! 예수님 피, 예수님 보혈!

　(들숨) 예수님 피, (날숨) 예수님 보혈!

사랑은 온유하며, 시기하지 아니하며

　주 예수 그리스도님, 저를 불쌍히 여기소서!

　(들숨) 주 예수 그리스도님, (날숨) 저를 불쌍히 여기소서!

사랑은 자랑하지 아니하며, 교만하지 아니하며

　예수님 피, 예수님 보혈! 예수님 피, 예수님 보혈!

　(들숨) 예수님 피, (날숨) 예수님 보혈!

사랑은 무례히 행하지 아니하며, 자기의 유익을 구하지 아니하며

　주 예수 그리스도님, 저를 불쌍히 여기소서!

　(들숨) 주 예수 그리스도님, (날숨) 저를 불쌍히 여기소서!

사랑은 성내지 아니하며, 악한 것을 생각하지 아니하며

　예수님 피, 예수님 보혈! 예수님 피, 예수님 보혈!

　(들숨) 예수님 피, (날숨) 예수님 보혈!

사랑은 불의를 기뻐하지 아니하며,

　주 예수 그리스도님, 저를 불쌍히 여기소서!

　　(들숨) 주 예수 그리스도님, (날숨) 저를 불쌍히 여기소서!

사랑은 진리와 함께 기뻐하고

　예수님 피, 예수님 보혈! 예수님 피, 예수님 보혈!

　　(들숨) 예수님 피, (날숨) 예수님 보혈!

사랑은 모든 것을 참으며, 모든 것을 믿으며

　주 예수 그리스도님, 저를 불쌍히 여기소서!

　　(들숨) 주 예수 그리스도님, (날숨) 저를 불쌍히 여기소서!

사랑은 모든 것을 바라며, 모든 것을 견디느니라

　예수님 피, 예수님 보혈! 예수님 피, 예수님 보혈!

　　(들숨) 예수님 피, (날숨) 예수님 보혈!

나의 사랑하는 자(OO)는

-아가서-

* "자, 너, 네" 대신에 '배우자의 이름'을 넣어서 읽어봅시다.

나의 사랑하는 자(OO)는 내 품 가운데 몰약 향주머니요(1:13)

나의 사랑하는 자(OO)는 내게 엔게디 포도원의 고벨화 송이로 구나(1:14)

나의 사랑하는 자(OO)야 너는 어여쁘고 화창하다(1:16)

나의 사랑하는 자(OO)는 수풀 가운데 사과나무 같구나(2:3)

내 사랑하는 자(OO)의 목소리로구나 보라 그가 산을 빨리 넘어오는구나(2:8)

내 사랑하는 자(OO)는 노루와도 같고 어린 사슴과도 같구나(2:9)

나의 사랑, 내 어여쁜 자(OO)야, 일어나서 함께 가자(2:10)

내 사랑하는 자(OO)는 내게 속하였고 나는 그에게 속하였도다(2:16)

나의 사랑, 너(OO)는 어여쁘고 아무 흠이 없구나(4:7)

나의 사랑하는 자(OO)가 그 아름다운 열매 먹기를 원하노라(4:16)
내가 잘지라도 마음은 깨었는데, 나의 사랑하는 자(OO)의 소리가 들리는구나(5:2)

나의 누이, 나의 사랑, 나의 비둘기, 나의 완전한 자(OO)야 문 열어 다오(5:2)

내 사랑하는 자(OO)가 문틈으로 손을 들이밀매, 내 마음이 움직이는구나(5:4)

일어나 나의 사랑하는 자(OO)를 위하여 문을 열 때 몰약이 내 손에서 떨어지는구나(5:5)

너희가 나의 사랑하는 자(OO)를 만나거든 내가 사랑하므로 병이 났다고 하려무나(5:8)

내 사랑하는 자(OO)는 희고도 붉어 많은 사람 가운데에 뛰어나구나(5:10)

이는 나의 사랑하는 자(OO)요 나의 친구로다(5:16)

나는 내 사랑하는 자(OO)에게 속하였고 내 사랑하는 자(OO)는 내게 속하였다(6:3)

나는 내 사랑하는 자(OO)에게 속하였도다 그가 나를 사모하는구나(7:10)

내가 나의 사랑을 네(OO)게 주리라(7:12)

내 사랑하는 자(OO)야 우리가 함께 들로 가서 동네에서 유숙하자(7:11)

내가 내 사랑하는 자(OO), 너를 위하여 쌓아 둔 것이로다(7:13)

내 사랑하는 자(OO)가 원하기 전에는 흔들지 말며 깨우지 말지니라(8:4)

내 사랑하는 자(OO)야 너는 향기로운 산 위에 있는 노루와도 같고 어린 사슴과도 같아라(8:14)

예수님 닮기 원합니다 성령님으로 성령님으로
예수님 닮기 원합니다 성령님으로
성령님으로 성령님으로
예수님 닮기 원합니다 성령님으로 아멘!

제 18장

맺는 말

베드로가 대답하여 가로되 주여 만일 주시어든
나를 명하사 물 위로 오라 하소서 한대
오라 하시니
베드로가 배에서 내려 물 위로 걸어서
예수님께로 가되
– 마태복음 14장 28-29 –

제18장
맺는 말

오늘날은 새로운 영성이 요청되는 시대입니다.

지금까지 세계교회를 주도해 온 영성은 '베드로의 영성'입니다.

그는 예수님으로부터 "반석"이라는 새 이름을 받은 제자이지요. 베드로영성은 강력한 권위와 의지를 표방하고, 주로 마르다와 같이 바깥으로 향하여 거대한 성전을 짓는 성향을 띠어 왔습니다.

그러나 이제는 '요한의 영성'이 동터오고 있습니다.

그는 "주님의 사랑받는 제자"요, 최후의 만찬자리에서 예수님의 품에 기대어 "주님의 심장박동소리"를 들은 제자입니다. 요한영성은 사랑과 부드러운 감성을 추구하고, 주로 마리아와 같이 잠잠히 내면으로 향하는 성격을 띠고 있습니다.

베드로영성이 바위(Rock), 불(Fire), 외면(外面), "하나님 말씀을 듣는 영성"이라면,

요한영성은 나무(Wood), 물(Water), 내면(內面), "하나님을 듣는 영성"이라고 할 수 있습니다.[188] 이런 요한영성을 잘 들어내는 찬송이 패트릭(주후430)의 "흉배(Breastplate)"입니다.[189]

---

188) 필립 뉴엘, 「켈트 영성 이야기」, 정미현 역(서울: 대한그리스도교서회, 2003), p. 108. 저는 이 책을 읽고 '베드로의 영성'과 '요한의 영성'을 정리했습니다.
189) 같은 책, 44.

흉배(Breastplate) - 패트릭(430)

그리스도님이 나와 함께 하시고, 내 안에 그리스도님,
Christ be with me, Christ with in me,
내 뒤에 그리스도님, 내 앞에 그리스도님,
Christ behind me, Christ before me,
내 옆에 그리스도님, 나를 이기신 그리스도님,
Christ beside me, Christ to win me,
나를 위로하고 회복시키는 그리스도님,
Christ to comfort and restore me,
내 밑에 그리스도님, 내 위에 그리스도님,
Christ beneath me, Christ above me,
조용할 때에 그리스도님, 위험할 때에도 그리스도님,
Christ in quiet, Christ in danger,
나를 사랑하는 모든 사람의 마음속에 그리스도님,
Christ in hearts of all that love me,
친구와 낯선 사람의 입에 그리스도님이 계시네.
Christ in mouth of friend and stranger.

참 아름다운 노래이지요. 그런데 이런 찬양이 중세기에 베드로영성이 기승을 부릴 때는 금지곡이었다는 사실을 아십니까? 오늘에는 이런 요한영성을 갈망하고 있습니다. 그래서인지 곳곳에서 물의 영성을 얘기하며 생명수를 합창하고 있습니다. 심지어 세상 사람들도 20세기가 석유시대(Black Gold)였다면, 21세기는 물의 시대(Blue Gold)가 왔다고 말하고 있으니……. 하나님께서 그렇게 몰아가시는 듯합니다.

김용덕 목사님은 그의 책에서 지금까지 그리스도교를 주도해온 불의 영성의 한계를 지적하고, 생명수의 영성을 입에 침이 마르도록 강론하고 있습니다.

마틴 로이드 존스 목사님이 생애 마지막 설교에서 '복음 중에 복음은 생수의 복음'이라고 말씀하셨는데, 과연 그렇다. 오늘도 나는 이렇게 기도한다. '주님! 주님의 생수가 내 안에서부터 강같이 흐르길 원합니다.'[190]

하나님의 불은 반드시 필요하다. 강하고 빠르게 역사하는 하나님의 불은 죄악 가운데서 헤매는 자들에게, 사단과 세상에게 오늘도 임해야 한다. 그러나 성령님의 생수도 반드시 흘러야 한다. 그래야 진정으로 그 속에 있는 생명들이 살아나기 때문이다. 에스겔 선지자가 외친 하나님의 뜻을 보니, 죄악을 깨트리고 회개케 하는 일과 심지어 우상으로 인하여 더러워진 심령도 물로서 깨끗하게 된다고 말씀하고 있다. "맑은 물로 너희에게 뿌려서 너희로 정결케 할 것이며"(겔 36:25)…… 긍휼의 하나님께서는 맑은 성령님의 생수로, 그리고 어린 양의 물과 피로서 죄악의 더러움과 우상숭배의 깊은 수치도 정결하게 씻어 주신다고 약속하셨다. 죄악으로 인해 생긴 상처 속에 기생하고 있는 모든 사단의 세력까지도 씻어내서 우리를 정결케 해 주신다고 하셨다.[191]

한국교회는 지금까지 권위, 외면, 활동지향, 불의 역사로 세계 그리스도교에 크게 공헌해 왔습니다. 그러나 이제는 사랑, 내면, 정관(靜觀;contemplation)[192]지향, 물의 영성으로 나아가야 할 시대가 되었습니다. 우리는 오직 성령님과 눈 맞추므로 마음속에 있는 모든 죄를 철저히 회개하고, 성령님의 조명을 받아 상처/쓰레기를 토설하고, 그것들을 먹이삼아 내면에 숨어있는 거짓신들을 예수님의 이름으로 제거하고, 배에서부터 생명수의 강이 흘러넘치는 성령님의 사람입시다.

---

190) 김용덕, 「생명수의 강이 흐르게 하라」,(서울: 앵커출판&미디어, 2012), pp.74~75.
191) 김용덕, 「생명의 강」,(서울: 열린숲, 2009), p. 97.
192) "contemplation"을 가톨릭에서는 "관상(觀想)"로 번역하여 쓰고 있으나 저는 "정관(靜觀)", 즉 '정숙하게 바라봄'으로 읽고 싶습니다.

저는 몇 년 전에 주님을 만나기 위해 종교개혁지를 답사한 적이 있습니다. 스위스 제네바에서는 칼뱅(J. Calvin)을 만나주신 하나님을, 독일에서는 마르틴 루터를 만나주신 하나님을, 그리고 이탈리아 아시시에서는 프랜시스를 만나주신 하나님을 만나보고 싶어서 열심히 기도하며 다녔습니다. 그때, 체코슬로바키아의 한 신학대학 총장 댁을 방문했습니다. 아흔(90세)이 넘으신 교수님과 함께 순교자 보헤미아의 후스에 관하여 얘기를 나누다가 마지막으로 물었습니다.

"총장님은 공산치하에서 어떻게 신앙을 지키셨습니까?"

그분은 한동안 눈을 지그시 감고 계시다가 우리를 바라보며 천천히 말했습니다. :

> 나는 베드로처럼 걸었습니다
> 공산주의라는 성난 파도가
> 조국과 신학교와 내 친구 그리고 내 가족까지
> 모두 삼키는 현장에서 오직 주님만 바라보며
> 묵묵히 그 파도를 밟고 걷고 또 걸었지요
>
> 사랑하는 한국의 동역자 여러분,
> 그대들도 베드로처럼 걸으십시오
>
> 우리는 여기 이 땅에서 다시는 만날 수 없을 것입니다
> 그러나 우리 모두 오직 주님만 바라보며 걷다가
> 거기서 만납시다

우리는 너나없이 모두 다 그 자리에서 일어나 박수를 치며 뜨거운 눈물로 함께 포옹했습니다. 이 글을 쓰는 지금도 저의 가슴 깊숙한 곳에서 뜨거운 기운이 뭉클 올라와 눈시울이 적셔옵니다.

예수님도 제자들을 한 자리에 모아 놓고 이 땅에서 육신을 입고 지새

우는 마지막 밤에 긴긴 말씀을 나누었습니다. 그것이 요한복음 13장부터 17장까지의 말씀입니다.

예수님께서 자기 사람들을 사랑하시되 끝까지 사랑하실 뿐 아니라 (He loved them to the end.) (요 13:1), 실제로 제자들의 발을 씻기시는 사랑의 삶을 몸소 보여주시면서 말씀하셨습니다. "내가 너희에게 행한 대로 서로 발을 씻어주어라."(요 13:14) 이처럼 서로 발을 씻어주는 섬김을 가능하게 하는 비결은 "내가 너희에게 행한 대로(As I have done for you)"입니다. "내가 너희에게 행한 대로"를 그대로 가지고 우리 맘속에 임하신 분이 예수님의 영, 성령님이십니다. 그렇게 행하신 성령님과 눈 맞추지 않고는 즐거운 마음으로 "서로 발을 씻어주어라(wash one another's feet.)"를 실천하는 삶은 불가능합니다. 언제 어디서 무엇을 하든지 "내가 너희에게 행한 대로"를 재현하시기 위하여 우리 마음속에 임재하신 성령님을 의식하고, 눈 맞추고, 숨을 쉽시다.

제자들의 발을 씻기시면서, 아마 가룟 유다의 발은 더 오래 꼭 쥐고 애절하게 씻으셨으리……. 그러나 끝내 주님의 손길을 뿌리치고 "유다가 나간 후에"(When he had gone out) 선언하셨습니다. "지금 인자가 영광을 받았고(Now is the Son of Man glorified)"(요 13:31), 무슨 말씀입니까? 유다가 예수님을 팔려고 나가자마자 "지금, 영광!"이라니, 이해가 되십니까?

여러분이 삼년간이나 공들인 어떤 사람이 여러분의 손을 뿌리치고 배신을 때리기 위해 막 뛰쳐나갔다면, 어떻게 할 것 같습니까? 한 모임에서 이 말씀을 나눌 때, "그런 놈은 뒤쫓아 가서 다리몽디를 콱…….", "미션 임파서블!(Mission Impossible!)", 털썩 주저앉아 넋 놓고 쳐다

볼 수밖에…… 등 다양한 반응을 보였습니다.

그런데 잘 보십시오. 예수님께서 "지금, 영광!"을 외치시면서 "하나님도 인자로 말미암아 영광을 받으셨도다(God is glorified in Him.)"고 하셨습니다. 무얼 말하고 있습니까? 예수님의 눈이 어디로 향하고 있습니까? 그렇습니다. 예수님의 시선이 문을 박차고 나간 가룟 유다를 향하지 않고, 하나님에게 고정되어 있습니다. 이것입니다. 이것이 그런 상황에서 "지금, 영광!"을 선언할 수 있는 비결입니다.

"지금, 영광(Now, Glorified)!!"
"하나님, 영광(God, Glorified)!!"

이 외침은 사실 누구 들으라고 하신 것이 아니라, 주님 자신을 향한 선언입니다. 아마 복음서를 쓰고 있는 요한사도도 처음에는 도무지 이해가 되지 않았을 것입니다. 그러나 오랜 세월 목회하면서 수많은 배신을 경험하고서야 비로소 조금씩 이해할 수 있었으리……. 예수님께서 유다의 배신을 어떻게 대하셨는지 되새기다가 말이지요. "지금 영광!"을 외치신 예수님의 영, 그 성령님께서 지금 우리 마음속에 와 계십니다. 어떠한 상황에서도 마음눈을 그분과 맞추면 절로 터져 나옵니다. 그러면 도무지 그 무엇으로도 감당할 수 없는 감정의 파도를 잠재우고, 예수님처럼 영광의 찬가를 부를 수 있게 됩니다.

"지금, 영광!, 나우, 글로리파잇!!!!"
"하나님, 영광!, 갓, 글로리파잇!!!!"

그 후에 예수님은 제자들에게 새계명 "내가 너희를 사랑한 것 같이, 서로 사랑하라"(요 13:34)를 주셨습니다. 이 새계명, "서로 사랑하라!(Love one another!)"를 그대로 받아서 자기 힘으로 사랑해 보려고 애쓴다면, 이는 필시 또 하나의 무거운 율법이 되고 맙니다. 그래서 "내가 너희를 사랑한 것처럼(As I have loved you,)"을 주셨습니다. 무슨 말씀입니까? 바로 이 '내가 너희를 사랑한 것처럼'을 십자가에서 완성하신 예수님께서 보내주신 성령님은 '내가 너희를 사랑한 것처럼'을 고스란히 가지고 우리 마음속에 들어오셨습니다. 그러므로 성령님과 눈 맞추고, 거룩한 숨님을 호흡할 때, 새 계명 "서로 사랑하라"가 우리 마음속에서 그냥 솟아납니다.

그때 베드로가 예수님께 물었습니다.

> "주여 어디로 가시나이까"
> "내가 가는 곳에 네가 지금은 따라올 수 없으나 후에는 따라오리라"
> "주여 내가 지금은 어찌하여 따라갈 수 없나이까 주를 위하여 내 목숨을 버리겠나이다"
> "네가 나를 위하여 네 목숨을 버리겠느냐 내가 진실로 진실로 네게 이르노니 닭 울기 전에 네가 세 번 나를 부인하리라 너희는 마음에 근심하지 말라 하나님을 믿으니 또 나를 믿으라…… 내가 곧 길이요 진리요 생명이니 나로 말미암지 않고는 아버지께로 올 자가 없느니라."[13:36–14:6]

"지금은" 따라올 수 없지만, "후에는" 따라오리라.

"지금은" 목숨을 버리기는커녕 나를 세 번이나 부인하지만, "후에는" 나를 위해 기꺼이 목숨을 버릴 수 있으리라.

"지금은" 근심하겠으나 "후에는" 내 아버지 집에 나와 함께 있게 하리라.

무슨 말씀입니까?

"지금은"과 "후에는" 사이에 무슨 일이 있었습니다.

예수님은 아시는데, 제자들이 모르는 그 일이 무엇입니까?

이제 우리는 알고 있지요.

그렇습니다. 성령님이십니다.

성령님은 "길이요 진리요 생명"의 영이십니다.

"지금은" 예수님 마음속에만 계시던 성령님께서, "후에는" 제자들 마음속에 강림하셨습니다.

이제는 동일한 성령님께서 우리 마음속에 강림하셨습니다.

우리 마음속에 "그 길(I am the Way.)"이 들어 와 계십니다.

우리 마음속에 "그 진리(I am the Truth.)"가 임재하십니다.

우리 마음속에 "그 생명(I am the Life.)"이 거주하십니다.

오직 그 길, 그 진리, 그 생명의 영과 눈 맞추십시다!

오직 그 길, 그 진리, 그 생명의 루아흐를 숨 쉬십시다!

계속 그리하십시다! 진득하게 하십시다!

머잖아 그 길, 그 진리, 그 생명의 사람이 되어 있을 것입니다.

이번에는, 빌립이 "주여 아버지를 우리에게 보여 주옵소서"하고 강청했습니다. 그러자 예수님은 "나를 본 자는 아버지를 보았거늘(He who has seen Me has seen My Father!"(요 14:9)이라는 놀라운 말씀을 하셨습니다.

이 감격스러운 말씀을 좀 깊이 생각해 보십시오.

예수님은 모든 삶의 목표/비전/꿈이 초지일관 하나였습니다.

아버지를 보여주는 삶!

이것이 예수님의 생애전부입니다.

예수님은 이 험한 세상에서 어떻게 아버지를 보여주는 삶을 온전히 살 수 있었을까요? 그 비결이 무엇입니까? 그것은 "내 안에 살아계신 아버지(the Father, Living in Me!)"(요 14:10)입니다. 이처럼 아버지께서 예수님 속에 살아계시고, 그 아버지와 계속 눈 맞추시므로 가능했습니다.

예수님은 우리도 이런 고귀한 삶을 살게 하기 위하여 "다른 보혜사(Another Counselor), 진리의 영(Spirit of Truth)"을 보내셔서 영원히 우리와 함께 하시겠다(to be with you forever!)고 하셨습니다(요 14:16). "그 날에는 내가 아버지 안에(I am in My Father), 너희가 내 안에(you are in Me), 내가 너희 안에(I am in you.)" 있는 것을 알리라(요 14:20). 그래서 마침내 성부하나님과 성자하나님 그리고 성령님께서 "거처를 그와 함께 하리라(Make Our Home with him!)"(요 14:23)고 하셨습니다. 이 말씀을 잘 보십시오. 그러니까 예수님을 영접한 사람 속에 삼위일체하나님께서 거하시는 홈(Our Home)을 만드신다고 하셨습니다.

우리 마음은 삼위일체 하나님의 궁전입니다.
당신 마음속, 하나님의 궁전은 얼마나 지어졌습니까?
무슨 재질(材質)로 짓고 있습니까?
금, 은, 보석, 나무, 풀 ,짚, 어느 것입니까?[193]
죽어서 가는 '거기(There)' 보다 '여기(Here)'가 먼저입니다.
'여기'에 지어진 재료대로 '거기'에도 지어집니다.

---

193) (고전 3:9-15) [9] 우리는 하나님의 동역자들이요 너희는 하나님의 밭이요 하나님의 집이니라 …… [12] 만일 누구든지 금이나 은이나 보석이나 나무나 풀이나 짚으로 이 터 위에 세우면 [13] 각 사람의 공적이 나타날 터인데 그 날이 공적을 밝히리니 이는 불로 나타내고 그 불이 각 사람의 공적이 어떠한 것을 시험할 것임이라 [14] 만일 누구든지 그 위에 세운 공적이 그대로 있으면 상을 받고 [15] 누구든지 그 공적이 불타면 해를 받으리니 그러나 자신은 구원을 받되 불 가운데서 받은 것 같으리라

마음성전, 심령천국이 먼저입니다.

마음속에 이런 하늘궁전을 지으시는 분이 누구신지 아시죠.

예, 그분은 천국건축가이신 성령님이십니다.

성령님이 너와 나의 마음속에 이미 들어와 계십니다.

성령님께서 우리 마음에 천국궁전을 지금 짓고 계십니다.

> **너희도 성령님 안에서 하나님이 거하실 처소가 되기 위하여 그리스도 예수님 안에서 함께 지어져 가느니라(엡 2:22)**

드립시다. 분초마다 드리십시다!

오직 성령님과 눈 맞추고, 크고 깊고 길게 숨 쉽시다.

마침내 심령천국이 완성될 그날이 속히 올 것입니다.

그 즘에, 세상임금(the ruler of this world)이 가룟 유다를 길잡이 삼아 몰려오고 있었습니다. 그 때도 예수님은 "그는 내게 관계할 것이 없다(He has no hold on me!)", 다른 말로 "그는 내게서 아무것도 가져갈 것이 없다(He has nothing in Me![NKJV])"(요 14:30)고 선포하셨습니다. 이 단호한 선언이야말로 사탄의 유혹을 물리치는 강력한 무기입니다. 이 강력한 선언을 그대로 간직하고 우리 마음속에 와 계신 성령님과 눈 맞추고 대적해 보십시오. 그러면 어떤 유혹도 통쾌하게 물리칠 수 있습니다.

"노 홀드 온미! No hold on me!"
"낫띵 인미! Nothing in Me!"

이제 그 유명한 포도나무 비유를 봅시다. 많은 열매를 맺는 방법이 무엇이라고요. 포도나무에 붙어있는 삶. 그것은 "내가 너희 안에 거하는 것처럼, 내안에 거하라"(요 15:4)입니다. 예, 그렇습니다. 바로 이

"내가 너희 안에 거하는 것처럼(as I in you!)"을 완성하신 예수님의 핏사발을 들고 내 안에 거하시는 성령님과 계속 접속하고 숨 쉬노라면 "내 안에 거하라(Abide in Me)"가 그냥 됩니다.

그러면 저절로 성령님의 열매를 풍성히 맺으리니,

그것이 앞에서 말한 '천국제 구미자'입니다.

예수님의 무한한 사랑(Limitless Love)을 무엇으로 표현하면 좋겠습니까? 여기에 감격스러운 한 표현이 있습니다. "이보다 더 큰 사랑은 없나니(No one has Greater Love than This!)"(요 15:13). 어떻습니까? 이보다 더 황송한 사랑이 또 어디에 있습니까! 예수님은 우리를 종(a servant)이 아니라 친구라고 선언하시고(You are my friends!), 친구를 위하여 기꺼이 목숨을 바친다고 하셨습니다.

바로 이 "이보다 더 큰 사랑은 없나니"를 고스란히 가슴에 담고서 우리 속에 들어오셔서 우리 뼈 속, 살 속까지 '이보다 더 큰 사랑은 없나니 사랑'으로 그득하게 하시는 분이 성령님이십니다.

날마다 분초마다 성령님께 마음을 접속하십시다!

마음을 붙잡으십시다(Take heart!).

결코 그 어떤 것에도 마음을 빼앗기지 마십시다!

오직 성령님께 시선을 고정시키십시다!

거룩한 루아흐를 깊고 길게 숨 쉬십시다!

성령님의 조명을 받으면서 모든 미해결된 감정을 토설하십시다!

성령님으로 모든 거짓신을 대적하십시다!

마침내 우리도 "친구를 위하여 자기 목숨을 버리면

이보다 더 큰 사랑은 없나니" 사랑이 되어 있으리…….

지금 여기서 "기쁨이 충만하리라"(요 16:24),

"내가 세상을 이기었노라"(요 16:33)를 누리게 되리니 …….

> 저 장미꽃 위에 이슬 아직 맺혀 있는 그 때에[194]
> 귀에 은은히 소리 들리니 주 음성 분명하다
> 주님 나와 동행을 하면서
> 나를 친구 삼으셨네
> 우리 서로 받은 그 기쁨은
> 알 사람이 없도다

　예수님은 이 모든 말씀을 마치시고, 제자들이 다 들을 수 있도록 기도하셨습니다. 그 기도에서 "영생(Eternal Life)"을 말씀하셨습니다. 영생, 무엇입니까? 무엇이라고 알고 있었습니까? 그냥 천국 가서 영원히 사는 것, 그 이상입니다. 그것은 "유일하신 참 하나님과 예수 그리스도님을 아는 것(that they may know you, the only true God, and Jesus Christ.)"(요 17:3)입니다.[195] 여기서의 '아는 것'은 그냥 앎이 아닙니다. 그것은 부부관계처럼 친밀한 앎을 말합니다. 그러니까 결국 영생은 참 하나님과 예수 그리스도님과의 깊은 사귐, 친밀한 교재, 함께 삶입니다. 바로 이 유일하신 참 하나님과 예수 그리스도님을 똑바로 알고 사귀고 함께 살게 하기 위하여 지금 우리 속에 임하신 분이 성령님이십니다. 이 성령님과 눈 맞추는 연습이야말로 주님과 함께 동행 하는 영생을 누리는 지름길입니다.

　지금 시작합시다. '내일'이 아니라 '오늘'입니다.

---

194) 찬송가 442장(통 499)
195) (요 17:3) 참되고 영원한 생명은 아버지, 곧 유일하신 참 하나님을 알고 아버지께서 보내신 예수 그리스도님을 아는 것입니다.(This is the real and eternal life : That they know you, The one and only true God, And Jesus Christ, whom you sent.)[MSG]

'거기서'가 아니라 '여기서'입니다.

유일하신 참 하나님과 예수님을 바로 아는 영생.

예수 그리스도님과 바로 사귀고 교제하는 영생.

주님의 마음, 아버지의 심정으로 사는 영생!

> 영생은 지금 여기서!!
> 오늘이 영생의 날입니다. 오직 성령님으로!!

예수님께서 그 밤에 하신 기도의 요점은 무엇입니까?

그것은 성부/성자/성령하나님, "우리가 하나인 것처럼(As We are One), 그들도 우리 안에서 하나가 되게 하옵소서!(They may be One in Us![NKJV])"(요 17:21)입니다.[196] 그것도 "완전한 일치(Teteleiomenoi eis hen ; Complete unity ; Perfect unity)"(요 17:23)를 이루는 것이야 말로 성부하나님의 소원이요, 그 가슴을 그대로 품고 오셔서 아버지를 보여주며 사시다가 십자가에 달려 "다 이루었다!" 선언하신 성자예수님의 소원이요. 또한 예수님의 핏사발을 움켜쥐고 지금도 우리 마음속에 강림하신 성령하나님의 소원이기도 합니다.

> 완전한 일치(Complete unity, Perfect unity)!
> 테텔레이오메노이 에이스 헨(Teteleiomenoi eis hen)!

그리스도교영성에서 영성가들이 마침내 도달할 영봉(靈峰)은 언제나 일치(合一, Unity, oneness, Unification)였습니다. 이를 위해 갖은 애를 다 쓴 흔적이 유럽 곳곳에 남아있는 수도원입니다. 지금도 누군가가 그 영봉에 오르기 위해 수도(修道)하고 있으리……

---

196) (요 17:22) 내게 주신 영광을 내가 그들에게 주었사오니 이는 <u>우리가 하나가 된 것 같이 그들도 하나가 되게 하려 함이니이다</u>

그러나 지금까지 소위 그리스도교 영성인들이 걸어온 그 길은 안타깝게도 잘못 간 길이었습니다. 그 길은 하나님의 창조를 악(惡)으로 보는 헬라철학에 빠진 길입니다. 그래서 그들은 하나님의 창조의 백미인 가정(Home)을 버리고 가출(run away from home)하여, 세상을 등지고 사막으로 산으로 들어가서 헬라철학의 영봉(Apatheia, Hesychia)에 오르기 위해 은둔, 금욕, 고행했습니다.[197]

이제는 돌이킵시다.

헬레니즘(Hellenism)의 옷을 훌훌 벗고 헤브라이즘(Hebraism)의 옷을 입읍시다.

구약의 아브라함, 모세, 예언자들이 간 길을 되찾읍시다.

신약의 예수님의 제자들이 간 그 길(The Way)을 회복합시다.

> "우리가 하나인 것처럼(As We are One) 완전한 일치."
> 예수님의 인격과 완전히 일치된 하나님의 사람.
> "우리 안에서 하나(One in Us)"로 사는 에덴가정.
> 바로 이 에덴가정성전이 '영봉'(Spiritual Mountain)입니다.

어떻습니까?

예수님의 인격을 닮은 성도님! 집사님! 권사님! 장로님! 목사님!

삼위일체사랑으로 하나 된 에덴가정성전!

아~! 듣기만 해도 가슴이 흐뭇해지는 군요.

이런 예수님의 인격을 닮은 사람이 많이 나왔으면 좋겠습니다.

이런 에덴가정성전이 마땅히 곳곳에 세워졌으면 좋겠습니다.

무엇으로 가능합니까?

---

197) 지금까지 그리스도교 영성사는 한마디로 플라톤(Platon)의 [신비철학]을 위-디오니시우스(Pseudo-Dionysius)가 [신비신학으로 재해석한 [정화-조명-합일]의 길을 걸어왔습니다. 이를 가장 명쾌하게 진단하고 올바로 처방한 책이 길동무의 책, [하비루의 길, 죄인의 길, 비움의 길(의왕: 케노시스영성원, 2007)]입니다.

언제 어디서 무엇을 하든지 주님과 눈 맞추십시다!
성령님을 의식하고 깊이 길게 크게 부드럽게 숨 쉬십시다!
[일초접속훈련], 그것으로 됩니다.
꾸준히 지속적으로 일관되게 연습하십시다!
한만큼 됩니다.

앞에서 말씀드린 주님의 말씀을 다시 상기해 보십시오.

> 내가 진실로 진실로 너희에게 이르노니 아들이 아버지께서 하
> 시는 일을 보지 않고는 아무 것도 스스로 할 수 없나니 아버지
> 께서 행하시는 그것을 아들도 그와 같이 행하느니라 아버지께
> 서 아들을 사랑하사 자기가 행하시는 것을 다 아들에게 보이
> 시고 또 그보다 더 큰 일을 보이사 너희로 놀랍게 여기게 하시
> 리라(요 5:19-20)

그렇습니다.
예수님도 성령님으로 아버지께서 행하시는 것을 보고,
그대로 말씀하시고,
그대로 행하셨습니다.
우리도 오직 지금 마음속에 계신 성령님을 보고,
성령님의 사인(sign)이 떨어지면,
그대로 말하고,
그대로 행하고,
그대로 사랑하는 하나님의 사람입시다. 샬롬!!

완전한 일치!!!
예수님인격을 닮은 사람!!!
예수님인격재현!!!
에덴가정성전!!!

예수님 닮기 원합니다 성령님으로 성령님으로
예수님 닮기 원합니다 성령님으로
성령님으로 성령님으로
예수님 닮기 원합니다 성령님으로   아멘!

참고 도서

1. B. H. 스트리터, A. J. 아파사미, 「실천종교에 있어서 신비주의에 관한연구 사두 선다싱」, 황선국 역, 서울: 은성, 1993.
2. E. 까르데날, 「침묵 속에 떠오르는 소리」, 김영무 역, 왜관: 분도출판사, 1980.
3. 강흥수 역편, 「썬다 싱전집」, 서울: 성광문화사, 1978.
4. 길동무/강인태 목사님의 [비움의 길], 의왕: 케노시스영성원, 2007.
5. 길동무/강인태 목사님의 [죄인의 길], 의왕: 케노시스영성원, 2007.
6. 길동무/강인태 목사님의 [하비루의 길], 의왕: 케노시스영성원, 2007.
7. 김용덕, 「생명수의 강이 흐르게 하라」, 서울: 앵커출판&미디어, 2012.
8. 김용덕, 「생수의 강」, 서울: 열린숲, 2009.
9. 김종주 엮음, 「나는 왜 그럴까요?」, 논산: 치유와 영성, 2008.
10. 김종주, 「가계치유」, 논산: 크리스찬치유영성연구원, 2009.
11. 김종주, 「우리 가정 작은 천국」 55호, 논산: 양촌치유센터, 2012. 여름호.
12. 김종주, 「우리가정 작은천국」 47호, 논산: 양촌치유센터, 2010년 여름호.
13. 김종주, 서울: 도서출판 예루살렘, 2006.
14. 도날드 휘트니, 「당신의 영적 건강을 진단하라」, 편집부 역, 성남: NCD, 2002.
15. 레브 길렛, 「당신의 임재 안에서」, 엄성옥 역, 서울: 도서출판 은성, 2000.
16. 로렌스 형제, 「하나님 임재연습」, 배응준 역, 서울: 규장, 2010.

17. 로이 헷숀, 「갈보리 언덕Ⅱ」, 김철직 역, 서울: 그리스도교문서선교회, 1983.

18. 루츠 판 다이크, 「처음 읽는 아프리카의 역사」, 안인희 역, 서울: 웅진씽크빅, 2009.

19. 마이클 웰즈, 「영적 자기 진단과 치료」, 김순기 역, 서울: 크리스챤서적, 1993.

20. 마일즈 스탠포드, 「그리스도님의 장성한 분량까지」, 임금선 역, 서울: 생명의말씀사, 1995.

21. 마크 D. 로버츠, 「무례한 기도」, 로리 킴 역, 고양: 스테스톤, 2009.

22. 멀린 캐로더스, 「두려움에서 확신으로」, 장밀알 역, 서울: 생명의말씀사, 1999.

23. 멀린 R. 캐로더스, 「지옥생활에서 천국생활로」, 권명달 역(서울: 보이스사, 1992)

24. 멀린 R. 캐로더스, 「찬송생활의 권능」, 민병기 역, 서울: 보이스사, 1993.

25. 무명의 순례자, 「순례자의 길」, 엄성옥 역, 서울: 은성, 1999.

26. 버니드 맥긴 & 존 마이엔도르프 & 장 레크레르크 편집, 「기독교영성(Ⅰ)」, 유해룡 외 3명 역, 서울: 은성, 2003.

27. 브라더 로렌스 · 프랭크 루박, 「하나님의 임재 체험하기」, 편집부 역, 서울: 생명의말씀사, 2000.

28. 앤드류 머리, 「겸손, 하나님을 바라라, 그리스도님처럼」, 원광연 역, 일산: 크리스챤다이제스트, 2001.

29. 앤드류 머리, 「겸손」, 김희보 역, 서울: 총신대학출판부, 2001.

30. 앤드류 머리, 「십자가의 보혈」, 조무길 역, 서울: 생명의말씀사, 2000.

31. 엠마누엘 융클라우센, 「예수기도 배우기」, 김영국 역, 서울: 성바오

로, 2011.

32. 이에로테오스, 「예수기도」, 그레고리오스 박노양 역, 서울: 정교회
    출판사, 2010.

33. 이윤재 「내가 죽어야 예수님이 산다」, 서울: 규장, 2011.

34. 이진희, [유대문화를 통해 본 예수님의 비유], 서울: 쿰란출판사,
    2010.

35. 이진희, 「어, 그게 아니네?」, 서울: 쿨란출판사, 2011.

36. 잔느 귀용, 「시퀌의 기도」, 서희연 역, 서울: 좋은씨앗, 2011.

37. 잔느 귀용, 「예수 그리스도님을 깊이 체험하기」, 채소범 역, 서울:
    도서출판 두란노, 2000.

38. 잔느 귀용, 「잔느 귀용의 순전한 사랑」, 유평애 역, 서울: 도서출판
    두란노, 개정 24쇄, 2011.

39. 정원, 「예수호흡기도」, 서울: 영성의 숲. 2009.

40. 조찬성, 「기독교 죄악사상」, 서울: 평단문화사, 2000.

41. 찰스 R. 솔로몬, 「영적 치유의 핵심」, 김우생 역, 서울: 나침반출판
    사, 2004.

42. 카일 아이들먼, 「거짓신들의 전쟁」, 배웅준 역, 서울: 규장, 2013.

43. 토마스 아 켐피스, 「그리스도를 본받아」김정준 역(서울: 대한기독
    교서회, 1982)

44. 필립 뉴엘, 「켈트 영성 이야기」, 정미현 역, 서울: 대한그리스도교
    서회, 2003.

45. 한수환, 「영적 존재에로의 인간학」, 서울: 도서출판 이레서원,
    2004.

46. 후안 까를로스 오르띠즈, 「인간 심성의 외침」, 편집부 역, 서울: 도
    서출판 바울, 1991.

47. 후안 카를로스 오르티즈, 「제자입니까」, 김성웅 역, 서울: 두란노
    서원, 1989.

도서 구입 안내

도서 구입을 원하시는 분은

아래와 같이 송금을 하신 후

전화나 메일로 연락을 주시면

즉시 보내 드리겠습니다.

감사합니다.

＊연락처와 송금할 곳＊

전화 : 055) 327-0491

핸드폰 : 017-350-3114

E-mail : phjn@nate.com

농협 836-02-064530

예금주 : 박화준

예수님
인격
재현
성령님을 바라보자

지 은 이 / 박화준 · 조순이
발 행 인 / 이혜숙
초판발행일 / 2010.1.25
개 정 판 / 2013. 8.23
등   록 / ISBN 978-89-960111-7-0
발 행 처 / 치유와 영성
등록된곳 / 320-854 충남 논산시 양촌면 중산리 711-1
판 매 처 / 경남 김해시 삼정동 198-10
연 락 처 / T.055-327-0491, 017-350-3114
E-mail / phjn@nate.com

기획 · 인쇄 : 샬롬기획인쇄 (042-633-0678/98)

값 18,000원

「이 도서의 국립중앙도서관 출판시도서목록(CIP)은 서지정보유통지원시스템 홈 페 이 지 (http://seoji.nl.go.kr)와 국 가 자 료 공 동 목 록 시 스 템 (http://www.nl.go.kr/kolisnet)에서 이용하실 수 있습니다.(CIP제어번호: CIP2013015337)」